我国预防刑法的法治限度研究

刘夏 著

·郑州·

图书在版编目(CIP)数据

我国预防刑法的法治限度研究 / 刘夏著. --郑州：河南大学出版社,2024.10. -- ISBN 978-7-5649-6120-6

Ⅰ.D924.04

中国国家版本馆 CIP 数据核字第 2024GR8151 号

责任编辑　郑华峰
责任校对　林方丽
封面设计　高枫叶

出　版	河南大学出版社
	地址：郑州市郑东新区商务外环中华大厦 2401 号　邮编：450046
	电话：0371-86059715(高等教育与职业教育出版中心)　网址：hupress.henu.edu.cn
	0371-86059701(营销部)
排　版	郑州市今日文教印制有限公司
印　刷	郑州市今日文教印制有限公司
版　次	2024 年 10 月第 1 版　　　　印　次　2024 年 10 月第 1 次印刷
开　本	710 mm×1010 mm　1/16　　　印　张　18.75
字　数	316 千字　　　　　　　　　　定　价　49.00 元

(本书如有印装质量问题,请与河南大学出版社营销部联系调换。)

目　录

绪　论 …………………………………………………………… 001
第一章　预防刑法的概念与表现 ……………………………… 011
　　第一节　预防刑法的概念界定 …………………………… 012
　　第二节　预防刑法的现实考察 …………………………… 033
　　第三节　预防刑法的具体表现 …………………………… 051
第二章　预防刑法的价值分析 ………………………………… 077
　　第一节　预防刑法的现实基础 …………………………… 077
　　第二节　预防刑法的理论依据 …………………………… 101
　　第三节　预防刑法的法治风险 …………………………… 124
　　第四节　预防刑法的立场选择 …………………………… 132
第三章　预防刑法的法治限度：理论层面 …………………… 136
　　第一节　外部制约：合宪性控制 ………………………… 137
　　第二节　内部制约：法益保护原则 ……………………… 146
第四章　预防刑法的法治限度：立法层面 …………………… 174
　　第一节　预防刑法的立法思路 …………………………… 175
　　第二节　抽象危险犯的立法限制 ………………………… 186
　　第三节　独立预备犯的立法限制 ………………………… 209

第四节　共犯行为正犯化的立法限制 …………………… 226
　　第五节　预防刑法的刑罚设置 …………………………… 230
第五章　预防刑法的法治限度：司法层面 ………………… 240
　　第一节　抽象危险犯的司法限制 ………………………… 240
　　第二节　预备犯的司法限制 ……………………………… 255
　　第三节　共犯行为正犯化的司法限制 …………………… 268
　　第四节　刑事责任扩张的司法限制 ……………………… 281
参考文献 ……………………………………………………… 293
后　　记 ……………………………………………………… 295

绪　论

一、研究背景与现状

预防刑法是刑法开放发展、适应社会变迁的产物,具体表现为刑事立法主要以预防为导向,调控范围逐年扩张、刑法功能日益泛化、犯罪门槛不断降低,实现了从"后犯罪社会"到"前犯罪社会",以及从"惩罚国家"到"预防国家"的转变,也使得传统刑法理论发生了重大转型。

(一) 研究背景

预防刑法理论起源于西方。在经济转型、人口变化、地理流动性增加、恐怖主义威胁,以及对民族国家维持足够安全水平的信心下降所带来的广泛社会焦虑的背景下,以美国为代表的"新自由主义"国家,出现了 David Garland 教授所称的"控制文化"。在一个如此多元化的社会中,将所有公民团结在一起的共同宗教取向和道德协议的基础被侵蚀到了几近崩溃的程度,而法律被认为是唯一或多或少能够稳定解决冲突的替代物,可以让人们普遍接受。这样做的后果是社会变得越来越"法治化",因此刑法作为应对异常行为的手段的重要性也随之增加。在经济和就业等政策领域,时代的政治基调是减少政府干预;但在犯罪控制领域则不同,对犯罪的恐惧导致要求政府采取更多行动。而在这种"通过控制犯罪治理国家"理念的影响下,自 20 世纪 70 年代起,西方发达国家的刑法普遍产生了较为严重的预防化趋势,以惩治恐怖主义、贩毒和有组织犯罪为代表的、旨在预防犯罪的法律越来越多,并随着网络犯罪与反恐斗争的全球化在新世纪愈发突出。例如,在"9·11"事件后不久,联合国安理会第 1373 号决议就指示所有成员国确保将资助、计划、准备、实施恐怖主义行为或参与支持恐怖主义行为确定为国内法中的严重犯罪。而 2014 年的第 2178 号决议则进一步要求所有国家颁布法律禁止为实施、计划、准备或参与恐怖行为，提供或接受恐怖主义训练的特定出行；恐怖主义融资；为潜在的外国恐怖分子组织出行或招募他们前往国外等行为。显然，这些规定极大提前了反恐刑法的介入时间，扩张了其规制范围，体现出防范危险的突出目的。种种迹象都表明：在当前的刑事司法体系中，控制犯罪的主要范式正逐渐从解决和惩罚已经犯下的罪行（起诉范式），转变为识别"危险"人物并在其犯罪之前剥夺他们的自由（预防范式），越来越多地处罚尚未给法益造成实际损害的行为。

在英美，预防必要性逐渐成为界定罪与非罪的首要标准。在强大的政治、经济和社会力量的促成下，国家以控制风险为目的，对人身危险性进行前置化控制，并呈现出一种"过罪化"（over-criminalisation）的趋势。而在以德国为代表的大陆法系国家，近年来刑法典也进行了十分频繁的修正，大量修改、增设了恐怖主义、金融、环境、侵犯数据等犯罪，明显体现出一种预防性思维。刑法学界普遍认为，这一变化导致了一种具有全新特征、在本质上不同于"传统刑法"的新的刑法范式。一方是"古典"刑法，其特点主要包括个人主义、自由主义、严格的合法性、个人法益的主导地位与结果犯；另一方则是"现代"刑法，其特点是反个人主义的、社会性的、大量使用空白规范、行政从属性等立法模式，设立了大量的集体法益和抽象危险犯。古典刑法是启蒙运动时期刑法学者们理想化的产物，而现代刑法则代表了近几十年来立法改革所实施的全新模式。

（二）研究现状

1. 国外研究现状

为了合理制约这一预防性变革，西方学者对预防刑法理论进行了深入研究。英美学者大多从刑事一体化的宏观视角出发，在刑法学、犯罪学、刑事政策学、刑事诉讼法学的多元框架下探讨刑法的调控范围。在 Parker、Feinberg 等学者关于刑事制裁界限的研究基础上，作为研究预防刑法理论的代表人物，Andrew Ashworth 教授与 Lucia Zedner 教授肯定了预防的合理性，提出了国家预防义务的观点，并指出预防刑法应恪守伤害原则、必要性原则、比例原则、成本最小化原则等基本要求。Husak 教授则在宪法框架的基础上，试图对这种过度犯罪化现象进行内部与外部的双重限制，并提出了重大风险、预防风险、完成危害与可归责性这四大要件限制预防危险犯罪的膨胀。除了上述讨论的规范分析外，David Garland、Jonathan Simon 等学者则将犯罪治理的变革置于更广泛的社会环境中进行分析，有助于我们更好理解上述变化的原因与影响。

德国学者更注重通过对传统刑法教义学体系的修改完善，解决预防性导向的正当性与合法性问题。自从 Jakobs 教授于 1985 年发表了其代表性论文《法益侵害前阶段的犯罪化》(Kriminalisierung im Vorfeld einer Rechtsgutsverletzung)后，风险刑法、预防刑法及刑法的前置化等问题成为德国刑法学界关注的重点。Stratenwerth 教授对刑法的预防转型及未来走向进行了深入、系统的分析，指出了传统刑法理论对风险社会应对的不足，从未来刑法理论出发，有条件地肯定了作为面向未来保障的刑法保护前置化。Hilgendorf 与 Sieber 等学者以法益概念为核心，认为在风险社会，预防性刑事立法虽应尽量实现保护法益的抽象化、普遍化与早期化，但绝不能将刑事可罚性过度扩张到尚未对法益产生危险的阶段。而为了应对预防刑法对自由刑法的全面侵蚀，Roxin 教授试图赋予法益概念规范性的意味，努力捍卫法益关联性与法治国的其他归责原则，并成功将预防因素整合到犯罪论体系之中，构建目的理性（功能性）的刑法体系。Jakobs 教授的规范主义刑法体系以及敌人刑法理论，也体现了风险社会、预防刑法对刑法理论的深刻影响。当然，以 Hassemer 教授为代表的法兰克福学派[1]则明确反对刑法的预防转向，认为这种转向意味着放弃古典刑法的原则，违背了刑法的最后手段性，还将构成对公民自由领域的非法干涉——（预防刑法）在惩罚性解决方案的滥用和犯罪规制范围不必要的延伸中，创造了一种不加区别的预防，即使在现代化的压力下，刑法体系也需要保持与古典刑法的联系。如果缺乏这种联系，刑法就可能会变得很危险。因此，在核心区域仍需坚持传统刑法理论，而将为了解决实际问题带来的理论"突破"交由干涉法等其他法律。

---

[1] 代表学者还包括 Wolfgang Naucke、Peter-Alexis Albrecht、Cornelius Prittwitz 等教授。

2. 国内研究现状

在我国，作为风险刑法理论的现实表现，预防刑法随着风险刑法理论逐步进入学者的研究视野。劳东燕教授于2007年首开风险刑法研究之先河，引发了对刑法在风险社会中新作用的大讨论。[1]陈兴良、张明楷、卢建平、齐文远、田宏杰、陈晓明、刘艳红等知名学者均参与到这场激烈的讨论之中，[2]研究热度于2012年前后达到顶峰。虽然理论界大多对预防性刑事立法这一变革持批评与反思态度，但立法机关的肯定态度却日趋明显。尤其在《刑法修正案（九）》颁布之后，新增的恐怖主义犯罪、网络犯罪条文体现出明显的预防导向，预防刑法在我国由碎片化条款转变为类型化立法。越来越多的学者认识到，应当在肯定预防刑法的基本立场上，认真考虑其可能引发的法治风险，进而在法治国框架对预防刑法的适用对象、调控范围等予以科学控制。2017年前后，劳东燕、周光权、姜敏等学者分别从不同角度对预防性刑事立法的正当性与合理限制展开论述，[3]何荣功教授更是首次明确使用了"预防刑法"概念，[4]将这一近年来有所沉寂的问题重新推向讨论的热点，"安全"和"预防"成为讨论的新关键词。而随着《刑法修正案（十一）》的制定与通过，以"积极刑法观"与"消极刑法观"的论战为导火索，这一问题愈发得到理论界的广泛关注。

关于如何对预防刑法进行法治控制，学者们在坚持宪法对预防刑法的制约、明确法益侵害与预防刑法的关系、加强刑事立法的科学性、对抽象危险犯

---

[1] 参见：劳东燕.公共政策与风险社会的刑法[J].中国社会科学,2007(3):126-139+206.

[2] 参见：陈兴良."风险刑法"与刑法风险:双重视角的考察[J].法商研究,2011(4):11-15.张明楷."风险社会"若干刑法理论问题反思[J].法商研究,2011(5):83-94.卢建平.风险社会的刑事政策与刑法[J].法学论坛,2011(4):21-25.齐文远.刑法应对社会风险之有所为与有所不为[J].法商研究,2011(4):3-6.田宏杰."风险社会"的刑法立场[J].法商研究,2011(4):20-25.陈晓明.风险社会之刑法应对[J].法学研究,2009(6):52-64.刘艳红."风险刑法"理论不能动摇刑法谦抑主义[J].法商研究,2011(4):26-29.

[3] 参见：劳东燕.风险社会与功能主义的刑法立法观[J].法学评论,2017(6):12-27.周光权.转型时期刑法立法的思路与方法[J].中国社会科学,2016(3):123-146+207.姜敏.系统论视角下刑法修正案犯罪化限制及其根据[J].比较法研究,2017(3):71-87.

[4] 参见：何荣功.预防刑法的扩张及其限度[J].法学研究,2017(4):138-154.

等前置化犯罪的范围进行合理限制等方面达成了共识,但在下列问题上仍存在较大争议。

第一,对待预防刑法的态度。具体而言,围绕刑法应当在当下的社会治理中发挥何种作用,是否有必要树立预防导向,进行规范结构与机能上的综合调整,我国理论界存在明显分歧。肯定观点认为,在当今社会,基于对安全的迫切需求与对风险的有效预防,传统刑法理论有必要进行转型,由事后的被动防御转向事前的积极预防。[1] 否定说则主张,预防刑法颠覆了法治国的基本原则,不当夸大了刑法的社会治理功能,用之不当,可能会对国民自由造成严重侵犯。[2] 限制说则指出,应当在接受刑法的预防转向这一基础上,将该理论及其表现限定在合理的范围内。[3] 当然,至于如何进行合理限缩,应当着重考虑哪些因素,则仍然存在着较大分歧。

第二,刑法谦抑性与预防刑法的关系。张明楷教授、卢建平教授等认为,刑法谦抑性的具体内容会随着时代发展而变化,不应过分强调谦抑性而使刑法丧失积极作用;[4] 周光权教授主张将谦抑性原则的着眼点从主要牵制立法转向制约司法活动;[5] 何荣功教授则认为无论是立法还是司法,预防刑法都应当坚持刑法谦抑性,否则将导致公民遭受不合比例的严厉刑罚。[6]

第三,预防刑法的立法模式。劳东燕教授主张采用多轨制的刑法立法模

---

[1] 参见:周光权.积极刑法立法观在中国的确立[J].法学研究,2016(4):23-40.张明楷.增设新罪的观念:对积极刑法观的支持[J].现代法学,2020(5):150-166.

[2] 参见:刘艳红.积极预防性刑法观的中国实践发展:以《刑法修正案(十一)》为视角的分析[J].比较法研究,2021(1):62-75.刘艳红.象征性立法对刑法功能的损害:二十年来中国刑事立法总评[J].政治与法律,2017(3):35-49.

[3] 参见:高铭暄,孙道萃.预防性刑法观及其教义学思考[J].中国法学,2018(1):166-189.黎宏.预防刑法观的问题及其克服[J].南大法学,2020(4):1-21.王强军.刑法干预前置化的理性反思[J].中国法学,2021(3):229-247.

[4] 参见:张明楷.增设新罪的观念:对积极刑法观的支持[J].现代法学,2020(5):150-166.卢建平.轻罪时代的犯罪治理方略[J].政治与法律,2022(1):51-66.

[5] 参见:周光权.法典化时代的刑法典修订[J].中国法学,2021(5):39-66.周光权.论通过增设轻罪实现妥当的处罚:积极刑法立法观的再阐释[J].比较法研究,2020(6):40-53.

[6] 参见:何荣功.预防刑法的扩张及其限度[J].法学研究,2017(4):138-154.

式,以缓解立法的稳定性与灵活性之间的紧张。[1] 张明楷教授也支持该观点,主张采取刑法典、附属刑法、单行刑法并行的立法模式。[2] 而周光权教授则主张在原则上坚持目前的一元化立法模式,建构以刑法典为核心,以轻犯罪法为辅助,刑罚和保安处分措施并行的成文刑法体系。[3]

第四,预防刑法涉及的具体理论问题。预防刑法涉及非常丰富的理论问题,在学者们广泛讨论的基础理论、基本原则等宏观问题之外,还包括集体法益、抽象危险犯、预备犯、帮助行为正犯化、行政从属性等刑法教义学层面的诸多具体内容。这些内容与预防刑法边界的划定紧密相关,构成了预防刑法理论的"血肉"。当前,围绕这些领域,我国学者展开了较为广泛的研究,但也存在较大争议。例如集体法益与个人法益的关系,就具有"一元说""二元说"等学说的对立;对于累积犯、适格犯等犯罪类型的性质与范围,目前的研究领域较为集中,还有待进一步深入;至于某一立法究竟属于帮助行为的正犯化还是单纯的量刑规则,或是中立帮助行为成立犯罪的标准,更是众说纷纭,莫衷一是。

综上所述,国内外相关研究成果主要集中在两个方面:一是如何在传统刑法理论的长期支配地位下,论证预防刑法的正当性问题;二是如何在法治国的框架内,对预防刑法进行合理限制。这些成果无疑具有重要的理论与实践价值,从而为笔者的进一步研究提供了"巨人的肩膀"。但也存在下列不足:(1)对预防刑法理论研究的体系性不足。我国目前关于预防刑法的研究尚属薄弱,与国外存在较大差距,一些重要问题还存在较大争议,需要进一步厘清。而即使是刑法教义学异常发达的德国,尽管在反恐刑法、经济犯罪、危险犯等研究领域不乏预防刑法的身影,但也缺乏专门针对预防刑法的体系书,相关内容散落于刑法研究的各个角落,在理论上缺少一条串联起整个预防刑法体系,能够对其进行全面、系统研究的主线。(2)研究视野偏向于"宏大叙事",集中于价值分析、态度取舍与基本原则等层面,对具体操作方案的研究有待进一步深入。尤其是英美法系的相关研究,虽然视域开阔,但大多属于哲理性的理论思

---

[1] 参见:劳东燕.风险社会与功能主义的刑法立法观[J].法学评论,2017(6):12-27.

[2] 参见:张明楷.刑法修正案与刑法法典化[J].政法论坛,2021(4):3-17.

[3] 参见:周光权.法典化时代的刑法典修订[J].中国法学,2021(5):39-66.

辨,从而导致结论过于抽象,难以有效指导立法与司法实践,应用价值不免打了折扣。

二、研究进路

(一) 研究目的

本书的研究目的有以下几个:(1)创建一种结构清晰的预防刑法模式以及一种符合预防目的的安全格局,确保刑法保障措施的适用范围并实现法的安定性;(2)通过总结我国预防性刑事立法的经验与教训,形成具有一定共识的新理论,为预防刑法的立法与适用提供理论指导;(3)对预防性刑事立法的必要性审查、调整范围、重点领域、具体模式、刑罚设置等问题提供对策建议;(4)为司法实践中长期存在的诸如抽象危险犯的实质性判断、中立帮助行为的入罪标准、新型网络犯罪的共犯认定等疑难问题提供解决思路。

(二) 研究内容

本书的研究对象为我国的预防性刑事立法现象及相关理论。重点研究两个密切相关的问题:一是,我国当前刑法立场的选择问题——预防刑法还是传统刑法;二是,预防刑法的法治限度问题——如何在理论、立法与司法这三个层面通过指导原则与具体措施,防范预防刑法对法治国根基的解构。

本书遵循"实践问题－理论分析－问题解决"的研究思路:(1)在确定具体研究目标的基础上,对预防性刑事立法在我国及外国的规范表现进行详细梳理,揭示该现象产生的背景与研究价值,认为预防刑法主要表现为法益保护前置化、刑法介入早期化与责任范围扩张化这三种类型;(2)对预防刑法与传统刑法的核心区别进行阐述与分析,在比较分析预防刑法的积极作用与法治风险的前提下,结合时代背景,明确我国转型期刑法的发展走向——在法治国框架内合理制定预防刑法;(3)在法治国的框架内,从理论上解决预防刑法的正当性问题,在宏观上划定预防刑法的调控边界,并提出了对法益保护前置化的应对思路;(4)深入研究预防刑法在立法与司法层面的重点、难点问题,结合抽象危险犯、预备犯、正犯化的共犯、违反行政义务的纯正不作为犯等具体犯罪类型,对刑法介入早期化与责任范围扩张化的法治限度提出具体操作意见。

（三）研究方法

1. 比较研究法

如前所述，预防刑法的兴起不单是中国现象，也是世界趋势。因此，有必要对英国、美国、德国、日本等发达国家的相关理论与实践经验进行比较研究。但与西方法治发达国家相比，目前我国混合了前现代、现代和后现代等多种身份，具有独特的社会与政治结构。因此，在中外社会发展历程以及刑法体系的巨大差异下，如何在中国法治语境下合理借鉴其理论，是课题研究中所需要着重考虑的问题。

2. 类型化研究法

除了宏观论述之外，将预防刑法对应的犯罪予以类型化，以抽象危险犯、独立预备犯、正犯化的共犯为基本形态，结合具体罪名，分别讨论其立法正当性与合理界限问题，以小见大，进而勾勒出预防刑法的边界。

3. 社科法学与法教义学并重

对预防刑法的研究不能脱离广泛的社会、政治和知识背景。在预防刑法的立场选择与正当化论证层面，课题组不拘泥于刑事法学的传统框架，更多地结合社会、政治、文化等多方面因素，对预防刑法进行价值判断与权衡；而在刑法体系与刑法解释的构建层面，更多地以法教义学的范式为导向，并注重实现两种研究方法的协调。

三、成果价值与创新之处

（一）学术价值

本书的学术价值有以下几个方面：（1）协调解决预防刑法与传统刑法理论、法治国原则的冲突问题，发展、完善新时期的刑法理论；（2）规范预防刑法的准入机制，厘清预防性立法的必要性、范围与标准等问题，确立预防刑法的正当化基础，并在整体上构建一个系统性、全方位的制约框架；（3）对犯罪论中的抽象危险犯、独立预备犯等重要问题提出新的见解，为我国的刑法基础理论研究注入活力。

（二）应用价值

本书的应用价值有两个方面：一是，综合评估我国新近的预防刑法趋势，为我国的刑事政策提供科学依据与前瞻性预测，为转型期预防性刑事立法的思路、模式、路径与重点领域提供参考建议；二是，为司法机关通过法律适用，在司法层面实现对预防刑法的法治限制，构建指导原则与实质性解释方法。

（三）创新之处

1. 研究视角创新

我国理论界对于预防刑法的研究视角偏重于宏大叙事。本书拓展研究视野，在宏观上构建预防刑法理论体系的同时，在立法、司法层面针对预防刑法的法治限度提出具体、实用、有针对性的操作建议与解决方案。另外，本书在研究中大量梳理、使用了第一手的德文、日文、英文资料，为我国学者较为全面地了解国外研究现状提供了相对扎实的基础素材。

2. 研究成果创新

本书能够为我国刑法学研究的相对薄弱领域提供理论创新，并初步形成了以下几点创新性的学术观点。

（1）应当从以下三方面入手，对预防刑法的调控范围进行合理限定：一是理论层面，从外部的宪法与内部的刑法教义学两大角度出发，为预防刑法的法治限度、适用范围等奠定理论基础，进而指导其实践运行；二是立法层面，探讨立法者可以针对哪些领域、何种类型的犯罪制定预防刑法；三是司法层面，通过灵活使用各种解释方法，对既有的预防刑法类型进行合理限缩，以避免其在适用中的无限制扩张。

（2）集体法益具有十分重要的意义，值得刑法予以保护，应当肯定刑法中的秩序性法益。集体法益尽管与个人法益具有十分密切的关系，却不能被还原为个人法益，否则只是个人法益的集合。因此，应当准确区分集体法益与"虚假"或"表面"的集体法益。在限缩适用时，如果某一行为被设定为侵犯个人法益的犯罪就足以起到保护效果，就没有必要再作为侵犯集体法益的犯罪。

（3）在对抽象危险犯进行立法限制时，应当从立法内容与立法技术两方面出发。在立法内容上，只能对可能引发法益侵害严重后果的高概率风险行为设置抽象危险犯。在立法技术上,应当采取适格犯、微罪不罚、客观处罚条件、特殊中止条款等方式,以合理调控抽象危险犯的成立范围。在对抽象危险犯进行司法限制时,应当采取实质判断的立场,如果在个案中不存在发生危险的可能性,就应否定行为的可罚性。此外,也要对构成要件进行实质解释,以判断行为是否达到了引起立法者所预设的应罚危险的基准。为此,应当尽量将抽象危险犯解释为适格犯。

(4)刑法中设置独立预备犯时,必须满足为了保护重大法益,预备行为具有明确性与类型化,预备行为具有侵犯法益的显著危险,预备行为具备侵害法益的适宜性与典型性,以及行为人对将要实施的犯罪行为具有明确的犯罪故意等条件。如果某一行为不能被明确归入独立预备犯的处罚范围,就不应再认定为从属预备犯。而在对从属预备犯进行司法限缩时,必须强调预备工作对法益侵害具有实质影响,消除了犯罪实施过程中的重大障碍,并排除日常意义上的行为。

(5)帮助行为正犯化的基础依据在于帮助行为"一对多"属性所引发的"积量成罪"。在确定中立帮助行为的处罚范围时,必须区分"一对一"的帮助与"一对多"的帮助,后者才是当今社会的常见形态。在"一对多"的帮助过程中,如果行为人提供的物品可能被用于违法犯罪活动的比例较高,达到了在社会公认的规范下所不能忽视的程度,并且明确认识到自己的中立行为在帮助哪些具体对象实施犯罪时,才能构成正犯化的帮助犯。

第一章
预防刑法的概念与表现

法律的发展主要是由解决具体社会问题的需要所推动的。初看起来,刑法似乎最不应当受到社会变化的影响。诸如杀人、伤害、盗窃、抢劫、强奸等自然犯从最初就处于刑法的核心领域,显然是超越时代及社会多样化变化的存在。但事实上则不尽然,刑法也一直随着时代的演进而发展变化,并不断呈现出新的特征。现代刑法的矛盾之处在于,尽管其形成于一种限制国家权力范围的自由主义情感,以及尊重个人权利和自由的愿望,但自18世纪晚期以来,刑法的调控范围却或多或少一直在扩大。[1] 而在当今社会,刑法正在经历一场变革,一场转型,甚至是一场"范式转变",其在社会中的角色与作用成了一个引发广泛而复杂思考的重要问题。敌人刑法、战斗刑法、风险刑法、现代刑法、攻击性刑法、预防刑法等概念纷至沓来,[2] 令人目不暇接。在本章中,笔者首先对预防刑法的概念进行界定,并在此基础上讨论其在实践中的具体表现形式。

---

[1] FARMER L. Making the modern criminal law: criminalization and civil order [M]. Oxford: Oxford University Press, 2016: 298.

[2] Bozbayindir A E. The advent of preventive criminal law: an erosion of the traditional criminal law? [J]. Criminal Law Forum, 2018(1): 25-62.

第一节 预防刑法的概念界定

一、预防刑法的概念

"预防刑法"一词对应德文 Präventionsstrafrecht 或英文 Preventive Criminal Law,是近年来我国刑法学界新兴的重要话题。但遗憾的是,不少学者并未对该词进行准确定义,而对于已有的概念,也远未达成共识,有待进一步探讨。笔者认为,要想厘清"预防刑法"的内涵与外延,必须首先从其核心概念——"预防"一词入手展开研究。

(一)预防的概念

西方语境下的"预防",源于拉丁文 precautionis 一词,意思是事前要谨慎,而现在通常指事前防范,预先做好防备。预防思想并不是现代社会的"发明",前现代的秩序和法律制度也诉诸它。例如,早在我国《周易》中,就有"君子以思患而豫防之"的说法。只不过决定性的区别可能在于:前现代的预防仍然植根于神圣命运的形而上学中,即"对上天的信任";在这种威胁面前,人们能做的其实非常有限,只能尽力遵循所谓神的旨意。而现代预防则更加怀疑和激进,个人和社会、恐惧、越轨和犯罪……凡此等等,只有在可以被计算和确定为风险的情况下才能被控制。[1]

现代意义上的预防原则(Vorsorgeprinzip)最初是在环境监管领域发展起来的。显然,各种破坏环境行为所造成的风险属于我们生活中的"巨型风险"。这些风险一旦转变为实害,将会是长时间、跨国界甚至不可逆的。但根据作为该原则内核的"无知理论",人类干预对环境所能产生的影响,在原则上永远也不会完全为人所知,更不用说对行为与结果之间的因果关系进行科学界定了。

---

[1] PUSCHKE J, SINGELNSTEIN T. Der staat und die sicherheitsgesellschaft [M]. Wiesbaden: Springer VS, 2018:63.

对此，只能倍加小心，尽量提前避免，而不能将科学上的不确定性当成不作为的理由，放任危险发生。在这一背景下，以《里约环境与发展宣言》的通过为契机，预防原则主张，如果严重损害的风险是不可预测或不确定的，并且带来的损害将是不可逆转的，就不应以缺乏充分的科学确定性为理由，不采取或推迟采取适当措施来防止这种危害的发生。[1] 欧盟也于 2000 年进一步指出，适用预防原则的前提是：当一个现象、产品或程序预计将产生危害结果，但其风险系以不充分确定的科学评估所决定的；决策者必须知道，何种不确定因素环绕着现有科学资讯评价的结果；社会大众期待可能的风险程度的确定，是一个与高度政治责任相联结的决定；决策者对于不能接受的风险，在科学上尚未确定且面临公众疑虑时，必须有所反应；决策过程必须公开透明，将所有利害相关人纳入程序中。目前，预防原则已经超越了最初的环境领域，成为指导消费者权益保护、人类健康与安全乃至法律等重要领域决策的核心原则之一。它在总体上表达了这样一种观点：即使在因果关系不确定的情况下，基于安全的需要，国家也有义务采取必要的行动。其特征主要包括：第一，所保护的法益可能面临危险（而无须实际发生危险）；第二，行为与可能发生的后果存在科学上"合理"的不确定性，但无需达到盖然性。第三，后果必须是"严重的"或者"不可逆转的"。

随着实证主义神话，即一切都可以进行科学解释的观点轰然倒下，人们逐渐意识到，每一个新的发现都会产生新的问题，新的黑暗领域总是比已经被照亮的地方更为广阔。基于这一原因，法律就不再局限于规范那些已经得到充分解释的东西，而只能硬着头皮为人类活动中出现的所有问题提供答案，哪怕这些问题处于十分模糊的区域。面对未知的恐惧，预防的意识也就愈发明显，需要法律对科技进步所带来的不可预测性进行回应。具体到法律制度中，"预防"系指即使无法确切证实风险与危害结果的关联性，但为了达到最大程度限制风险发生的目的，就允许制裁措施在距离危险发生尚有一段距离时便可提前介入，尽可能防患于未然。"立法者不能总是等到科学解决了最终的疑惑后

---

[1] MCSHERRY B, NORRIE A, BRONITT S. Regulating deviance: the redirection of criminalisation and the futures of criminal law [M]. Portland: Hart Publishing, 2009: 46.

才履行职责,而必须根据有根据的怀疑进行干预。"[1]由此不难看出,预防概念的吸引力在其与未来的关联性。而能够掌控未来,无疑是现代社会的核心利益。因此,预防原则才会在当代得到越来越高度的重视。正如劳东燕教授所指出的,如果预防是因为技术的进步与由此引起的不确定性而引发的,则只要技术前进的步伐不停息,那么在可预期的将来,预防必定是只增不减的。[2]

目前,这种趋势也已经从最初的行政法蔓延到同样发挥风险管控作用的刑法之中,预防原则作为公共决策的指导框架,已开始影响犯罪政策。在传统意义上,预防犯罪被理解为在犯罪之前就进行干预,但这种干预并不只是通过刑法来实现的。如有学者明确指出,预防犯罪是指"除刑法的执行外,旨在减少由国家定义为犯罪的行为所造成的损害的所有私人倡议与国家政策的总和。"[3]"犯罪预防包括所有旨在从数量上防止作为社会现象的犯罪(宏观层面)与作为个人事件的犯罪(微观层面),从质量上减少犯罪或至少将犯罪的直接后果(如损害程度)保持在低水平的措施。"[4]从这个角度出发,预防主要属于安全机关和警察法的监管领域,只能算是刑法的附带效果。但在当前的犯罪预防中,刑法却发挥着越来越重要的作用,甚至成为国家预防范式的核心,以至于"预防刑法"也成为近年来刑法学研究的热点问题。

(二)预防刑法的界定

通过对相关文献的梳理,目前国内外围绕"预防刑法"这一概念存在多种观点,兹列举代表性学说如下:

第一种表述是"预防刑法"。何荣功教授是我国最早提出"预防刑法"的代表性学者之一。不过,他并未对其给出精确定义,而是主要采取了特征列举的方式,指出预防刑法是不再严格强调以既成的法益侵害结果作为追究刑事责

---

[1] JESCHECK H H. Die Vorverlegung des strafrechtsschutzes durch gefährdungs- und unternehmensdelikte[M]. Berlin:Walter de Gruyter,1987:54.

[2] 参见:劳东燕.风险社会与变动中的刑法理论[J].中外法学,2014(1):70-102.

[3] Van Dijk J J M, De Waard J. A two-dimensional typology of crime prevention projects: with a bibliography[J]. Criminal Justice Abstracts,1991(3):483-503.

[4] LANGE H-J. Wörterbuch zur inneren sicherheit [M]. Wiesbaden: VS Verlag,2006:165.

任的依据,而是基于对安全的关注,着重于防范潜在的法益侵害危险,从而实现社会的有效控制的刑法。[1]而在持这一概念的众多学者中,有人主张预防刑法是相对于传统刑法而言的,将积极预防社会风险作为价值导向的一系列刑事立法活动的统称。[2]也有学者认为,预防刑法是指根据其犯罪结构,通过对行为的禁止,旨在防止行为人本人或第三人更严重的后续犯罪,或行为人不可控制的风险的刑事规范。[3]还有学者认为,预防刑法是指具有刑法介入时间与空间的扩大,且有机结合、浑然一体这一全新特征的刑法。[4]

第二种表述是"预防型(性)刑事立法",是指在危害结果发生之前就予以介入,从而实现对法益事前保护的刑事立法。[5]值得注意的是,有学者原先使用"预防刑法"一词,后来却转而使用"预防性刑法"。[6]国外也有学者指出,预防性刑事立法是根据其犯罪结构,旨在防止行为人本人或第三人"更严重"的后续犯罪,或行为人无法控制风险的行为禁令。当然,也有上述两种目的的结合,例如有组织犯罪,其既防止行为人加入组织后从事其他犯罪行为,也防止其与所谓"志同道合"者联手的不可控性。除了广泛认可的预备犯、组织型犯罪和抽象危险犯外,预防性刑法条款还包括适格犯与累积犯。[7]

第三种表述是"刑法预防性立法",是指出于防范和化解重大风险的需要,

---

[1] 参见:何荣功.预防刑法的扩张及其限度[J].法学研究,2017(4):138-154.

[2] 参见:房慧颖.预防刑法的天然偏差与公共法益还原考察的化解方式[J].政治与法律,2020(9):101-109.

[3] BRUNHÖBER B. „Ohne sicherheit keine freiheit" oder „umbau des rechtsstaats zum präventionsstaat"? [C]// BRUNHÖBER B. Strafrecht im präventionsstaat. Stuttgart:Franz Steiner Verlag,2014:9-15.

[4] 参见:关哲夫,王充.现代社会中法益论的课题[J].刑法论丛,2007(2):334-359.

[5] 参见:于改之,蒋太珂.刑事立法:在目的和手段之间:以《刑法修正案(九)》为中心[J].现代法学,2016(2):117-126.

[6] 参见:房慧颖.预防刑法的天然偏差与公共法益还原考察的化解方式[J].政治与法律,2020(9):101-109.房慧颖.预防性刑法的风险及应对策略[J].法学,2021(9):104-118.房慧颖.预防性刑法的具象考察与理念进路[J].法学论坛,2021(6):72-82.

[7] BRUNHÖBER B. Von der unrechtsahndung zur risikosteuerung durch strafrecht und ihre schranken[C]//HEFENDEHL R,HÖRNLE T,GRECO L. Streitbare strafrechtswissenschaft:festschrift für bernd schünemann zum 70. Geburtstag. Berlin:Walter de Gruyter,2014:3-15.

把实害结果发生之前,能够引发实害结果的关联行为予以犯罪化的立法。[1]也有学者将这一概念等同于刑法的前置化,认为刑法预防性立法是指根据社会的急剧变化,刑法提前介入社会调整的情况。[2]

笔者认为,以上三种表述虽然称谓各异,但在内容上没有本质区别,都指出了预防刑法的核心系出于防范风险需要,允许刑法提前介入保护法益。而这里的"提前",则是针对传统意义上的实害犯而言的。因此,无论是"预防刑法","预防型(性)刑事立法"还是"刑法预防性立法",都是"预防"与"刑法"的有机组合,无非是词语的偏正结构或缩略程度不同,进行咬文嚼字实无必要。相较而言,"预防刑法"一词更为精练、简洁,故为笔者采用。

从字面上看,所谓预防刑法,是指带有明显的预防性特征的刑法。出于减少与控制当今社会中日益增多的风险这一预防目的,刑法进行了一定程度上的扩张,包括介入时机的提前与规制范围的拓展。[3] 在这里,刑法已经成为积极应对社会新型风险的重要工具;刑事立法的重心由事后惩罚向事前预防偏移;法益保护和人权保障的平衡正发生倾斜。[4] 毫无疑问,预防是刑法的核心功能之一,如果刑法纯粹是一项追溯性、责备性的制度,那就没有意义了;使这些错误受到惩罚的"从后看的"理由必须包含一个"前瞻性的"关切,即在未来减少此类错误的发生。因此,刑法的主要目的就在于预防犯罪——"无论对个人还是社会,预防犯罪行为的发生要比处罚已经发生的犯罪行为更有价值,更为重要。"[5] 既然预防是刑法理论的核心理念,那么专门创设出"预防刑法"的概念,是否属于多此一举?理论界对此也不乏质疑之声。如有学者明确指出,所有刑法在某种程度上都是预防性的,没有哪个时代存在着纯粹的非预防性刑法,即使19世纪的刑法中也规定有抽象危险犯,亦能起到预防犯罪的

---

[1] 参见:姜敏.刑法预防性立法:罪型图谱和法治危机消解[J].政法论坛,2021(6):176-188.

[2] 参见:王利宾.刑法预防性立法问题及解决途径[J].河南教育学院学报(哲学社会科学版),2020(6):49-55.

[3] アルントゥ・ジン.組織犯罪及びテロ行為における処罰の早期化[J].比較法雑誌,2015(1):101-125.

[4] 参见:孙国祥.新时代刑法发展的基本立场[J].法学家,2019(6):1-14+191.

[5] 李斯特.德国刑法教科书[M].徐久生,译.北京:法律出版社,2006:23.

作用。[1] Andrew Ashworth 教授等也认为,"典型的刑事处罚不仅是一种预防性限制,而且是一种预防形式,至少具有那些受到普遍批评的预防性限制形式的一些特点"[2]。"刑事司法在其形成时期在取向上显然更具预防性,而不是惩罚性。因此,问题不在于为什么犯罪预防发展得如此之晚,而在于为什么在随后两个世纪的刑事司法历史中,预防没有更有力地持续下去,也没有更坚定地塑造,以至于现在预防似乎是一个新的方向。"[3]根据上述学者的观点,既然预防是所有类型的刑法都具备的特征,那么提出"预防刑法"又有什么意义呢?这要么是彻底的伪命题,要么将导致只以预防为目的的"纯粹"的预防刑法,有严重侵犯人权之虞。

笔者认为,"预防刑法"并非一个炒冷饭的概念,而是具有独立的意义。虽然同为"预防",但在传统刑法与预防刑法的各自语境下,却有着不同的含义。在传统刑法中,预防犯罪主要指以预防再犯为核心的事后预防。无论是一般预防还是特殊预防,针对的都是已然之罪,可谓是刑事处罚的伴随效果,而非一种独立的国家策略。但在预防刑法中,预防犯罪主要指防患于未然的事前预防,针对的是未然之罪,较之传统刑法的预防功能更为积极、主动。其核心是通过宣布实施某行为是一种犯罪,从而降低实施另一严重犯罪的可能性。举个通俗的例子,刑法就如同一堵社会防卫的高墙,保护人民在其中安居乐业。传统刑法认为,只有当行为人破坏了这堵高墙,或者对高墙造成了损害的危险时,刑法才应当介入。此时,通过对犯罪人进行处罚,可以起到预防其本人或者一般人实施类似犯罪行为的效果。但在后来,人们发现有些原本不违法,或是仅违反行政法的行为虽然不会对高墙安全产生直接危险,却具有极大的风险。例如,行为人在墙的附近从事一些高风险行业,虽然事实上没有对高墙造成任何影响,但一旦失手或者日积月累,就可能会动摇地基,引发墙体的

---

[1] BRUNHÖBER B. Funktionswandel des strafrechts in der sicherheitsgesellschaft [C]//PUSCHKE J, SINGELNSTEIN T. Der staat und die sicherheitsgesellschaft. Wiesbaden:Springer VS, 2018:193-215.

[2] ASHWORTH A, ZEDNER L, TOMLIN P. Prevention and the limits of the criminal law[M]. Oxford:Oxford University Press, 2013:15.

[3] ASHWORTH A, ZEDNER L. Preventive justice[M]. Oxford:Oxford University Press, 2014:28.

崩塌。为了避免这种巨大风险,且出于一劳永逸的思想,人们索性在高墙之内再建成一堵内墙,原则上禁止他人触碰。而这堵内墙,就是预防刑法思维的典型体现。此时,预防的重点不是防止人们再次破坏外墙,而是通过处罚破坏内墙的行为,预防破坏外墙行为的发生。这就体现出传统刑法与预防刑法关于"预防"的差异。

综上所述,预防刑法是指通过提前介入时机、扩张处罚范围等方式设立犯罪,以有效防范更严重犯罪或者重大风险的刑法类型。需要指出的是,除了犯罪化之外,对刑罚或诉讼程序的改革亦能发挥预防效果,如保安处分、没收制度、企业合规不起诉等。但就本书而言,主要在犯罪论的范畴内,以分则的罪刑条款为支撑讨论预防刑法,而不涉及刑罚方式的改变等内容。

二、与相关概念的辨析

近年来,理论界常常在"刑法"之前加上各种修饰性前缀,创设出诸如风险刑法(Risikostrafrecht)、象征刑法(symbolische Strafrecht)、预防刑法(Präventionsstrafrecht)、现代刑法(moderne Strafrecht)、敌人刑法(Feindstrafrecht)等术语。而根据使用者和涉及领域的不同,这些术语的解释自然也不同。但无一例外,这些词语都反映出当代刑法的最新变化与问题,值得我们关注。目前,理论界对上述术语的基本内涵尚未达成一致,至于彼此之间的联系与区别,更是存在较大分歧。如我国有学者认为,现代刑法是上位概念,风险刑法和预防刑法都是其下位概念,是对现代刑法不同侧面的揭示。而安全刑法则与自由刑法相对称,关涉刑法性质的整体定位,内涵和外延均超越了现代刑法。[1] 但也有学者认为,预防刑法、风险刑法与象征刑法其实描述的都是刑法功能化立法、抽象危险犯的广泛适用与新型犯罪人罪化的趋势这一类现象,应属于同一概念。[2] 而德国的 Cornelius Prittwitz 教授则在其代表作《刑法与风险》一书中,根据风险的不同提出了三种类型的社会模式:危险社会模式、不安全的社会模式和风险社会模式,它们分别对应的刑法类型为预防刑法、象征刑法和风险刑法。具体内容见表1-1。但他也指出,事实上,这三

---

[1] 参见:王良顺.预防刑法的合理性及限度[J].法商研究,2019(6):52-63.
[2] 参见:张晶.风险刑法:以预防机能为视角的展开[M].北京:中国法制出版社,2012:39.

种形态的刑法模式是无法截然区分的,而是呈现出混合形态,例如环境刑法兼具预防刑法、象征刑法与风险刑法的多重属性。[1]

表 1-1　不同社会模式及对应的刑法类型

社会模式	刑法类型
危险社会模式:重大危害是技术进步的副作用	预防刑法
不安全的社会模式:提升了客观的安全与主观上的不安全感	象征刑法
风险社会模式:对危险的具体处理,"危险"变成"风险",更多的选择产生更多的风险	风险刑法

由此可见,刑法学界对于上述概念存在较大争议,有必要予以厘清。接下来,笔者将在系统梳理前述概念的基础上,与预防刑法进行比较、分析,以期更为深入地了解预防刑法的内涵与外延。

(一) 与风险刑法的辨析

在 20 世纪末,风险社会理论被引入我国,并迅速得到了刑法学界的广泛关注,发展成为"风险刑法"理论,讨论热度经久不衰。时至今日,仍有学者认为预防刑法不过是风险刑法的另一种表述,二者没有本质区别。如高铭暄先生等认为,"风险刑法理论在刑事立法层面的具体表现即是预防刑法"[2]。也有学者认为,使用"预防刑法"概念具有误导性,因为它很难将其与关于刑罚预防目的的讨论区分开来。既然当前刑法旨在控制风险,因此,采纳 Prittwitz 教授提出的"风险刑法"概念更为恰当。[3] 那么,风险刑法与预防刑法究竟具有何种关联? 为了解决这一疑问,有必要先对风险刑法概念的产生与发展进行简要梳理。

---

[1] PRITTWITZ C. Strafrecht und risiko[M]. Frankfurt:Vittorio Klostermann,1993:365-366.

[2] 高铭暄,孙道萃.预防性刑法观及其教义学思考[J].中国法学,2018(1):166-189.

[3] BRUNHÖBER B. Funktionswandel des strafrechts in der sicherheitsgesellschaft[C]//PUSCHKE J,SINGELNSTEIN T. Der staat und die sicherheitsgesellschaft. Wiesbaden:Springer VS,2018:193-215.

按照 Ulrich Beck 教授在其代表作《风险社会》中的说法,现代社会被称为"风险社会"。现代科技在交通、经济、环境、能源、医疗等领域产生了广泛的影响,也带来了各种各样的风险。风险社会不再是为了实现"好的",而只是为了防止已经开始在我们社会中蔓延的"最坏的"。[1] Ulrich Beck 教授认为,当今社会面临着自身的风险,风险是人类作为和不作为的镜像。因此,风险的根源"不再是外部的、外来的、非人类的,而是人类历史上获得的对所有生命的生殖条件进行自我改变、自我设计和自我破坏的能力"[2]。同时,经济和社会的全球化也使风险全球化,巨大的跨境风险越来越多,法律必须对此做出适当的回应。概言之,与旧的工业和阶级社会相比,风险社会是一个现代化的方向,其特点是机会和风险并存,并包含全球现代化的威胁和后果。

风险社会中充斥着无处不在的风险和危害。随着社会中巨大风险的出现,当今社会持续处于一种高度仰赖社会控制机制的氛围之中,亦即,要求国家积极采取行动排除或降低风险,以实现安全保证的需求,防止生存基础毁败的呼声愈发强烈。[3] 在此背景下,刑法被认为是一种必要的控制手段,因为它对社会安全及其稳定具有强大的保护功能。为了规制潜在的风险,保障公众的安全,国家与社会便逐渐增强了对刑法的诉求,赋予其作为系统控制重要工具的角色。[4] 风险刑法理论于是应运而生。Prittwitz 教授指出,风险刑法是一种目的性刑法,从传统对恶的不法评价发展至以危险性作为刑法对象。而所谓的"目的性",应当被理解为风险的最小化,并涉及"透过行为操控实现法益保护"(或规范稳定)的功能。[5] 在风险刑法理论中,比起消极的禁止、命令,更加关心积极的要求;比起行为结果,更加关心自律性的行为意思;比起规

---

[1] BECK U. Risikogesellschaft: Auf dem weg in eine andere moderne[M]. Frankfurt: Suhrkamp Verlag, 1986: 65.

[2] 同[1] 300.

[3] CALLIESS R-P. Strafzwecke und strafrecht: 40 jahre grundgesetz-an der wende vom freiheitlichen zum sozial-autoritären Rechtsstaat? [J]. Zeitschrift für Evangelische Ethik, 1989(1): 109-120.

[4] 参见:普赫特维茨,陈昊明.论刑法的机能主义化[J].北航法律评论,2014(1): 46-61.

[5] PRITTWITZ C. Strafrecht und risiko[M]. Frankfurt: Vittorio Klostermann, 1993: 367.

制外在行动的犯罪预防,更加关心内在秩序意识的稳定化;比起消极的一般预防与消极的特殊预防,更加关心通过相互间的和解与宽恕而形成的积极的社会统合性一般预防,以及将重点放在犯人的自我化和社会化的积极的特殊预防。[1]

风险刑法理论旨在解决刑法能够在何种范围内,通过其自由法治国的工具来应对现代的生活风险。但即使在其发源地德国,也有不少学者对该理论提出批评,认为在风险社会中,危险并非简单的实际存在,而是一种解释性的建构。因此,作为保障工具的刑法就被集体的安全需求"功能化"了,从而丧失了通过压制手段实现个人法益保护的传统功能,沦为公共服务的管理手段。而这种"刑法政策化"的后果,就是恣意性的开端。[2] 长期来看,会产生法治国所不能容忍的国民法意识的低下、对法秩序的信赖降低以及法秩序有效性的降低。[3] 不过,也有许多学者认可该理论,认为在风险社会中,个人的生命、身体和财产安全等重要法益严重依赖于作为社会基础的复杂系统;一旦控制失败,无疑会对个人法益产生重大危害。因此,认为侵害这一系统不是对个人法益的直接侵害,或者仅引发了抽象危险而不值得处罚的争论,并不符合风险社会的现实。[4] 当然,在适用风险刑法理论时,仍必须遵守法益保护和法治国的其他原则,否则就会丧失正当性。

在德国语境下,预防刑法与风险刑法均属于预防国图像中两个不同阶段的刑法模式,能够被广义上的预防刑法所涵盖。两者的相同点在于,都是为了预防危害结果发生而扩张了刑法的介入时机与范围,基本模式也均由绝对报应型转向目的导向型。[5] 例如 Winfried Hassemer 教授主张的风险刑法所

---

[1] 参见:金日秀,郑军男.风险刑法、敌人刑法与爱的刑法[J].吉林大学社会科学学报,2015(1):21-31+171.

[2] 参见:科里亚特,张志钢.有关危险犯的争论[J].刑事法评论,2016(2):352-372.

[3] PRITTWITZ C. Strafrecht und risiko [M]. Frankfurt: Vittorio Klostermann, 1993:365-366.

[4] 四方光.現代社会のリスクの本質と社会安全政策[J].法社会学,2008(69):5-21.

[5] 参见:敬力嘉.功能视域下刑法最后手段性原则的教义学重述[J].刑事法评论,2021(1):28-49.

具备的"设置了大量表述模糊的集体法益,存在诸如抽象危险犯等广泛的犯罪化前置,传统教义学机制被修改或灵活化"等特点,同样适用于预防刑法。[1]但细究起来,二者还是有所差别,有必要进行区分。

本书认为,风险刑法与预防刑法的核心区别在于对刑法的最后手段性,亦即对刑法功能应当有清晰而确定的规范边界这一基本原则的背离程度,以及对限定刑法功能边界的相应教义学原则的解构程度。[2]具体而言,风险刑法所针对的"风险"绝非日常生活意义上的风险,而是"历史的产物,是人类行为与不作为的反映,是高度发达的生产力的表现"[3]。只有在自然和传统失去效力并依赖于人的决定的地方,才谈得上风险。在风险社会,科学技术的进步与工业的发展非但没有使风险最小化,反而使风险成倍增加;没有人能够安全抵御大规模疫情或全球变暖等现象;基因工程、纳米技术和人工智能等,更是打开了新的潘多拉魔盒——从这个角度看,风险与知识其实是一体两面的关系。各种后果都是现代化、技术化和经济化进程的极端化不断加剧所造成的后果。[4]因此,风险刑法主要针对上述领域的风险,在风险的确切性质与程度尚不确定的情况下,或是通过增设新罪的方式给公民提供行动指南,以最大程度地实现风险控制;或是通过改变责任认定的条件,从而在发生实害结果时能够有效地进行归责。而预防刑法所预防的则不局限于这种技术性风险,不仅包括"已知的未知"与"未知的未知",还包括作为更严重犯罪的"已知的已知"。

不难看出,科学技术进步所带来的难以预测的风险,与已经确定的风险(如吸烟引发肺癌)之间存在明显区别。试举例说明:为了防止严重的环境污染,而禁止排放超标污染物的犯罪,是典型的风险刑法。因为实施排污行为后,是否会造成危害,会造成多大程度的危害,在什么时候造成危害,等等,都

---

[1] 参见:希尔根多夫.德国刑法学:从传统到现代[M].江溯,黄笑岩,等,译.北京:北京大学出版社,2015:250.

[2] 参见:敬力嘉.功能视域下刑法最后手段性原则的教义学重述[J].刑事法评论,2021(1):28-49.

[3] BECK U. Risikogesellschaft: auf dem weg in eine andere moderne[M]. Frankfurt: Suhrkamp Verlag, 1986:300.

[4] 参见:贝克,威尔姆斯.自由与资本主义:与著名社会学家乌尔里希·贝克对话[M].路国林,译.杭州:浙江人民出版社,2001:118.

是难以准确预测的。但为了确保不发生危害结果,立法者遂将超标排污行为规定为犯罪,从而将风险降到最低。同理,还包括将转基因等在科学上尚无法确定危害的行为规定为犯罪。而将帮助恐怖活动的行为独立成罪,则是典型的预防刑法。因为在此时,组织、领导恐怖活动的行为已然进行,可以单独成立犯罪;而无论后续实施何种犯罪,也都属于行为人可以控制的危害,而非风险刑法中的"风险"。立法者之所以将帮助行为正犯化,无非是通过遏制帮助行为,起到预防实行行为的效果。部分针对人身安全的抽象危险犯也是如此,这些行为对生命健康造成的危险及可能后果足以被科学证据所证实,只是为了提前避免这种危险,遂将其作为犯罪处理。

当然,有学者一针见血地指出,我们当前所使用的风险社会概念,其实早已脱离了 Beck 教授原始建构的范畴,而转变为一种纯粹政治性或社会心理性的安全保证需求。[1] 这些观点基本上将所有社会问题都纳入了风险的范畴,从而导致了"风险社会"的泛化,远远超出了其原本的含义。这样一来,与其说是风险社会的出现,不如说是一种"预防"因素的出现,这种因素催生了新的风险形态,要求不惜一切代价避免未来的灾难性前景,从而彰显国家对社会问题的关注以及对民众安全需求的回应。如有学者明确指出,我国的风险刑法理论其实是一种以预防为目的导向,以安全为首要价值的刑法思潮。[2] 按照这一理解,认为"预防刑法"系在新的社会样态下对"风险刑法"的发展,二者并无本质差异的观点,[3] 也就合情合理了。

(二) 与象征刑法的辨析

"象征刑法"与"刑法的象征性"理论,在近年来得到了理论界的广泛关注。不过,对这些概念以批评意见居多,[4] 甚至延伸到预防刑法领域,将象征性特

---

[1] 参见:古承宗.风险社会与现代刑法的象征性[J].科技法学评论,2013(1):115-177.

[2] 参见:李琳.风险刑法的反思与批判[M].北京:法律出版社,2018:47.

[3] 参见:焦旭鹏.现代刑法的风险转向:兼评中国当下的刑法观[J].西南民族大学学报(人文社科版),2018(12):79-90.

[4] 参见:刘艳红.象征性立法对刑法功能的损害:二十年来中国刑事立法总评[J].政治与法律,2017(3):35-49.付玉明.立法控制与司法平衡:积极刑法观下的刑法修正[J].当代法学,2021(5):15-27.

征作为预防刑法的重要缺陷之一。但笔者认为,当前理论界对象征刑法的不少质疑,其实都混淆了"象征刑法"与"刑法的象征性",并连带给予了预防刑法不公正的评价。因此,我们首先需要厘清象征刑法的概念。

1. 象征刑法与刑法的象征性

象征刑法概念源自立法理论中的象征性立法,主要内容系指在一个纯粹的功能刑法体系下,刑法最大的功能在于象征性功能。[1] 该理论起源于德国,人们质疑某些刑事条文只不过是国家确保大多数人民规范取向的一种手段,仅具有象征意义。根据普遍的看法与以往的经验,这些条文从一开始就无法实现其立法目的,这一"可怜的"象征性只是"假装"具有预防效力,具有内在的欺骗因素。此时,刑法的设计不是为了保护各自的法律利益,而是为了产生更广泛的政治效果,如迅速满足"行动的需要"。[2] 因此,如果某一法律在时间上或客观上与它在无偏见的情况下所声称的效果不同,或者如果该法律是针对另一目标群体的——例如对那些看到法益受损的人产生安抚效果,该法律就应当被描述为"象征性立法",也有学者称之为"信号立法(Signal Legislation)"。象征性刑事立法将其适用领域随意扩大,遵循任意的监管需求,并在此过程中失去了刑法的传统尊严和概念系统的形式严谨性。这种法律的现实和外观、显性和隐性功能、规范要求和有效行使的效果之间的差异,与风险社会对传统刑法的侵蚀密切相关。[3]

德国有学者指出,象征性刑法的本质特征在于:对法益保护没有效果以及规范本身缺乏有效性。[4] 具体而言,对法益保护无效意味着刑法只是为了传递某种政治声明或价值判断,而非旨在防止违法行为的发生。在德国刑法中,主要有三种表现形式。第一种是无法确定所要保护的法益。例如,刑法典第

---

[1] 参见:姚贝,王拓. 法益保护前置化问题研究[J]. 中国刑事法杂志,2012(1):27-33.

[2] HASSEMER W. Symbolisches strafrecht und rechtsgüterschutz[J]. Neue Zeitschrift für Strafrecht,1989(12):553-559.

[3] KUNZ K L. Zur symbolik des strafrechts[C]//DÖLLING D,GÖTTING B,MEIER B D,et al. Verbrechen-Strafe-Resozialisierung:festschrift für heinz schöch zum 70. Geburtstag. Berlin:Walter de Gruyter,2010:353-367.

[4] PETERS K. Symbolisches strafrecht?[J]. Juristische Rundschau,2020(8):414-420.

265条c至265条e涉及的是体育竞赛中的欺诈行为。批评意见认为,这些罪名所保护的"体育诚信"不是法益,而财产损失完全可以被刑法典第263条与第263条a所规制。第二种是将原本可以被其他法条规制的行为增设为新的犯罪。例如,将一个行为分拆为新的罪名。典型代表如刑法典第237条第1款的强迫婚姻,原本一直被第240条强制罪的特别严重情节中的示例所涵盖,但立法者却删除了240条的相关规定,并增设了第237条。立法者之所以这么做,无非是希望在这里发出一个"信号",即国家希望以最强有力的手段,防止侵犯与强迫婚姻有关受影响者的权利。另一个典型例子是刑法典第184条j,完全是针对"科隆新年夜"事件的反应,只是为了解决参与性犯罪中的证明问题。第三种是没有迹象表明存在需要保护的法益。例如,刑法典第217条规定的商业性促进他人自杀。因为在实践中,根本不可能知道商业性促进他人自杀的提议,显然也就无法证明这种提议对自杀人数的影响;而在难以证明该行为对法益造成明显威胁的情况下,就没有必要将其作为犯罪处理。更何况,在意图自杀者可以进行自我答责的情况下,商业性的促进作用又能对其自主决定权产生多大的影响呢?

而规范没有效果则表现为:首先,设立犯罪是为了打击"重大干扰",但这种干扰是无法通过打击犯罪来补救的。其次,由于对犯罪事实的描述过于狭窄以及可以预见的证明问题,将导致该罪名在很大程度上无法适用。例如,刑法典第108条e中的被委托者受贿罪,在增设1年后,警方只记录了4起犯罪。再如刑法典原第80条的准备侵略战争罪,在1981年至2000年期间,竟无一人构成该罪。而在2009年至2017年间,德国因触犯刑法典第129a条或第89条a而被判处刑罚的人,基本上也都维持在个位数,[1]理由主要在于证明主观意图的难度。以至于有学者认为,立法者原本也不期待能以第89条a处罚多少嫌疑人,设置该罪只不过为及早适用刑事调查措施打开了一扇门而已。[2]但是无论如何,实体刑法的扩张都不能以扩大警察、情报部门与刑事诉讼的干预可能性为目标。

笔者认为,在判断某一刑法条文是否属于象征刑法时,需要避免以下

---

[1] 参见:王钢.德国近五十年刑事立法述评[J].政治与法律,2020(3):94-112.

[2] SCHÄFER, ANSTÖTZ. § 89a. in Münchener Kommentar zum StGB, 4. Auflage[M]. München: C. H. Beck, 2021:10.

误区：

第一，不应以立法是否具有明显效果判断其是否属于象征刑法。基于立法技术等种种原因，许多理性建构下的法律也不见得能够有效达成目标；并且很多犯罪的治理具有复杂性与长期性，并不能因为见效慢而否认刑法的实用性和实效性。[1] 相较之下，一些象征刑法条文却能够非常迅速地影响社会大众的认知取向，起到行为引领的作用，至少也能够缓解公众的不安情绪。此外，如前所述，如果某一犯罪被认为不是保护法益所必需的，即使有时会产生非常"真实的影响"，亦可以认为立法机构设立该罪只是作为其行动意愿的象征。

第二，不应以立法被适用的多少判断其是否属于象征刑法。刘艳红教授指出，我国恐怖犯罪、网络犯罪、环境犯罪领域设置了大量的象征刑法，在实践中司法适用率极低，甚至有的案例数为零。[2] 但是，"法条的适用多少根本不是判断其是否属于象征性立法的标准"[3]。某一罪名的适用量之所以极低，一方面可能是此类犯罪本来就极为罕见，如危害国家安全犯罪中的部分罪名；另一方面则可能是一般预防效果的彰显，使民众不敢实施相应行为；[4] 还可能是因为执法者的查处力度不足。因此，"备而不用"或"备而少用"的刑法不一定就是象征刑法。

2. 象征刑法与预防刑法

象征刑法不同于刑法的象征性。法律，尤其是刑法，或多或少都具有一定程度的象征性。"刑法的象征性不是有和无，而是多和少的问题。"[5] "没有刑法的象征性，也就没有刑法的政治性和道德性。"[6] 因此，对象征刑法的批判

---

[1] 参见：程红.象征性刑法及其规避[J].法商研究,2017(6):23-26.

[2] 参见：刘艳红.象征性立法对刑法功能的损害：二十年来中国刑事立法总评[J].政治与法律,2017(3):35-49.

[3] 张明楷.增设新罪的观念：对积极刑法观的支持[J].现代法学,2020(5):150-166.

[4] 参见：魏超.预防刑法：辩证、依据与限度[J].苏州大学学报（哲学社会科学版）,2022(1):111-123.

[5] HASSEMER W. Symbolisches strafrecht und rechtsgüterschutz[J]. Neue Zeitschrift für Strafrecht, 1989(12):553-559.

[6] 田宏杰.立法扩张与司法限缩：刑法谦抑性的展开[J].中国法学,2020(1):166-183.

并没有否定这样一个事实,即刑法始终具有一种固有的象征性功能:传达戒律和行动禁令,形成社会秩序的规范框架,只不过关键在于不使其成为"坏"的象征性。我们不应因为立法具有象征性就贸然批判。只有当该法律在没有或不再得到社会现实支持,完全没有保护法益的机能,[1]无法实现立法目的,从而只具有"公众情绪宣泄及立法者迎合的产物"这种纯粹的象征性时,[2]才是真正值得警惕的象征刑法。而不能将所有具有价值构造特征(如回应民众诉求)的刑法条文,都认定为象征刑法。[3]

预防刑法亦不例外,拒斥象征刑法并不意味着反对预防刑法。[4]尽管预防刑法也具有象征性,甚至具有很强烈的回应治理犯罪舆情、安抚国民不安情绪的象征意义,并且与象征刑法类似,都具有刑法介入早期化等特征,但却绝不能将其等同于象征刑法。这是因为预防刑法仍以法益保护为导向,能够解决现实问题。例如恐怖主义犯罪、网络犯罪、环境犯罪等立法,立法者的目的绝非单纯地向民众传递一种"我们做了点什么"的信号,而是为了切实保护法益,并在实践中发挥了十分积极的作用。当然,不可否认有些预防刑法条文的效果并不突出,需要进一步修改完善;如果某一条文只具有预防目的,旨在传递一种使政府免于"政治困境"与控制"恐惧成本"的象征性信号,[5]而完全不考虑实际效用时,则将沦为纯粹的象征刑法。

(三) 与现代刑法的辨析

晚近的德国学者常常将"现代"的标签应用于刑法,并将"现代刑法"与"古典刑法"(Klassischen Strafrecht)或"传统刑法"(Traditionellen Strafrecht)进

---

[1] 参见:罗克信,樊文.刑法的任务不是法益保护吗?[J].刑事法评论,2006(02):146-165. 陈金林.象征性刑事立法:概念、范围及其应对[J].苏州大学学报(法学版),2021(4):110-121.

[2] 参见:郭玮.象征性刑法概念辨析[J].政治与法律,2018(10):91-108.

[3] 参见:陈金林.象征性刑事立法:概念、范围及其应对[J].苏州大学学报(法学版),2021(4):110-121.

[4] 参见:金燚.德国五十年刑事立法发展史的考察、评析与启示[J].德国研究,2020(2):82-98+146-147.

[5] 参见:阿什沃斯.刑法的积极义务[M].姜敏,译.北京:中国法制出版社,2018:39.

行对比。所谓传统刑法,是西方世界在 1740 年至 1850 年间发生的哲学和政治剧变的产物。在基于以世俗化、理性化、人道化和自由化为标志的启蒙运动中,现代自由国家的刑法模式应运而生并不断发展完善。而随着时代的发展,传统刑法已难以适应社会的最新需求,便由此诞生了旨在为现代社会的新问题找到适当的解决办法的现代刑法。Winfried Hassemer 教授在其著名的《现代刑法的特征与危机》一文中,深刻阐述了现代刑法的特点及与传统刑法的显著区别。他指出,古典刑法有一个理想的中心,主要包括明确性原则演变而来的法治国传统、刑法的补充性以及实害犯作为犯罪行为的通常形式。而现代刑法以成长性的速度与该理想中心日渐疏远,进而导致刑法陷入诸多特殊难题之中。在过去,预防在古典刑法中充其量只作为刑罚正义的附加目的,但在现代刑法中,却成为支配性的刑罚典范;结果导向在过去曾充其量只作为正确立法的补充性准则,而今却成了主导性的目标。[1] 也有日本学者指出,传统的刑法观是消极地承认"不做什么"的意义。与此相对,现代的刑法观则是积极地承认"做什么"的意义。而且,"做什么"的内容可能是改善,也可能是实现政策目标,但无论如何,都可以说是工具主义的刑法观。在这一背景下,不能再认为刑法是刑事政策不可逾越的屏障,相反应当承认刑法作为刑事政策一种手段的特点愈发鲜明。[2] 现代刑法与传统刑法的具体差别见表1-2。

表 1-2　传统刑法与现代刑法的主要差异

传统刑法关注点	现代刑法关注点
公正	安全
伤害	危险
压制	预防
过去	未来
事实	风险
刑罚	措施
个人	社会

---

[1] Winfried Hassemer.现代刑法的特征与危机[J].陈俊伟,译.月旦法学,2012(8):243-257.

[2] 松原英世.規制のハーモナイゼーションと刑法観の変化[J].刑法雑誌,2015(1):12-27.

笔者认为，现代刑法是对当前刑法发展类型的概称，以"现代"一词标示出其与传统刑法的区别。类似于学派之争的"旧派"与"新派"，"传统刑法"与"现代刑法"也是根据产生、发展的时间予以命名的，绝不能说"传统"意味着过时、落后，而"现代"则代表着先进、科学。因此，"现代刑法"一词充其量只能揭示出其所处的时代背景，至于具体特点是什么，则无法从术语上直接予以体现。当然，根据前述学者所揭示出的现代刑法的内涵，预防是其主要特征，因此与预防刑法具有十分密切的联系。从这个角度来说，"现代刑法"与"预防刑法"其实是从不同角度对当前刑法发展趋势的描述，二者没有本质区别。有学者指出，在谈论这一问题上，最好使用价值中立和时间中立的术语，[1]因此，笔者认为，使用"预防刑法"的称谓比"现代刑法"更为妥当，更能体现出当前刑法发展的典型特征。

（四）与敌人刑法的辨析

敌人刑法理论是德国著名刑法学家 Günther Jakobs 教授的代表性观点。20 世纪 80 年代中期，Jakobs 借由敌人刑法与市民刑法的概念，厘清法益侵害前阶段行为犯罪化的界限：不受刑法干预其内在领域的个人图像为"市民"，作为对法益保护的危险源而没有私人领域的个人为"敌人"。对于市民，刑法必须尊重其私有领域，慎重决定是否进行犯罪化；而对于敌人，则可以适当予以前置化的刑罚处罚，从而使法益得到更为周延的保护。换言之，敌人刑法使法益保护完善，市民刑法使自由领域完善。[2] 不过，Jakobs 也认为，敌人刑法只能作为例外情况下的紧急状态刑法，必须与市民刑法保持距离，以防止被随意扩张。但到了 20 世纪 90 年代末，Jakobs 的敌人刑法思想也发生了转变，他扩张了敌人刑法的适用范围，将其视为一种普遍存在于刑法中的独立要素。凡是透过态度、职业生活或者组织间的关系造成对法律的经常性背离、自绝于社会系统之外者，均可能被视为敌人。市民刑法与敌人刑法也不再是两个独

---

[1] BRUNHÖBER B. Funktionswandel des strafrechts in der sicherheitsgesellschaft [C]//PUSCHKE J，SINGELNSTEIN T. Der staat und die sicherheitsgesellschaft. Wiesbaden：Springer VS，2018：193-215.

[2] POLAINO-ORTS M. 以功能破除概念迷思：敌人刑法[J]. 徐育安，译. 法学新论，2010(22)：33-44.

立存在的刑法领域,而是在一条脉络下,两种背道而驰的发展趋势,并且经常混合出现。[1]根据其论述,敌人刑法主要具有四大特征:第一,为了防御将来的危险,将处罚范围大幅提前,如由实行行为时提前到预备行为时。第二,尽管处罚前置化,但刑罚并未等比例减轻。第三,由刑事立法转变为斗争法,针对恐怖活动、有组织犯罪、经济犯罪、性犯罪等领域的预防性倾向尤其明显。第四,在诉讼程序中,不再严格遵循正当程序、逮捕证、调查相称性、公开审判、无罪推定等原则,从而对当事人的权利予以一定程度的克减。[2]有学者一针见血地指出,军事战略寻求排除在边界上的敌人,基于风险的犯罪学则倾向于排除内部的敌人;而敌人刑法则开辟了第三条路径,目的是通过一个额外的、准法律制度的发明使已查明的问题具体化。[3]

  自诞生之日起,敌人刑法就受到了理论界的广泛批判。学者们担心这一理论会为国家公然侵害人权的行为进行背书,进而动摇整个法治国体系的根基。"法的梦想是,给在这里的所有人提供一个和平的空间,把他们都作为公民并且作为人格体来对待,而不在他们的人类尊严的不可侵犯性上进行任何区别。没有这种梦想,就不存在法。'敌人刑法'实际上会是法治国的重构:面对风险恐惧、控制需要和预防利益而投降。"[4]尽管在"9·11"事件后,世界各国都存在采取敌人刑法理论打击恐怖主义的呼声乃至实践措施,甚至扩展到性暴力犯罪、有组织犯罪、毒品犯罪等领域,但学者们大都对此持否定态度,并指出了敌人刑法的局限性。学者们普遍认为,一方面,尽管恐怖主义的形成几乎都具有复杂的根源,但却常常被简单化地粗暴对待。充满镇压色彩和严厉制裁措施的敌人刑法可能会给恐怖分子提供更多的理由,让他们继续与政府"战斗",从而起到适得其反的效果。另一方面,我们常常习惯性地、不加批判地接受媒体对各种事务的叙述,但是媒体却经常曲解国家"敌人"的真实含义,

---

[1] 雅科布斯.市民刑法与敌人刑法[C]//徐育安,译.许玉秀.刑事法之基础与界限.台北:学林出版社,2003:17.

[2] 飯島暢.刑法における敵としての例外的な取扱い[J].刑法雑誌,2013(1):109-123.

[3] KRASMANN S. The enemy on the border[J]. Punishment & Society, 2007(3):301-318.

[4] 哈塞默尔.面对各种新型犯罪的刑法[C]//冯军,译.中国人民大学刑事法律科学研究中心.刑事法学的当代展开(上册).北京:中国检察出版社,2008:65-66.

并在培养社会的不安感进而影响社会和法律政策方面扮演了强有力的角色。由于对恐怖分子的恐惧及认定标准的模糊,使得国家有可能考虑同样大幅提升对与恐怖主义无关的罪行的惩罚。这是敌人刑法逻辑最终污染整个刑法的又一个例证。[1] 因此,如果我们想防止反恐斗争侵蚀法治,就必须在打击恐怖主义的同时保持高度警惕,绝不能放弃法治的基本原则,而是确保我们的法治政府不会转变成恐怖分子所认为的、他们正在与之斗争的那种政府。如果允许这种情况发生,将代表着恐怖分子对法治的胜利。笔者对上述观点表示赞同,也对敌人刑法理论持十分审慎的态度。

由于敌人刑法理论也十分强调事先预防,故与预防刑法存在一定相似之处。这就导致有些学者将对敌人刑法的批判不加区分地适用于预防刑法,认为其所具备的预防色彩是人权保障的极大隐患。但笔者认为,这种批评意见并不合理,预防刑法与敌人刑法还是存在很大区别的。与相对中性、温和的预防刑法相比,敌人刑法可谓是非常激进、极端的,这一点从理论界对待二者的态度就可见一斑。它们的差别具体表现为以下几方面:第一,敌人刑法是相较于市民刑法的另一种形态,规制的是敌人;而预防刑法则仍属于市民刑法体系,规制的是市民。这是二者最核心的区别。第二,敌人刑法中的预防色彩更加浓厚,判断时机比预防刑法更为超前,甚至达到了"先发制人"的程度。预防是在威胁尚未成为迫在眉睫的威胁之前,对抗可能促使其发展因素的一种手段,必须要求行为人实施特定行为,进而体现出危险的征表。[2] 而先发制人则指在敌人发动攻击之前的某个时刻进行干预,此时非但不要求存在侵犯法益的危险,甚至也不需要被干预者具备犯罪意图,只要能够证明其敌人的身份就足够了。显然,敌人刑法的介入时机要远远早于预防行为,介入门槛也相对更低。第三,由于针对的是来自外部的、处于战争状态的敌人,敌人刑法可以不受比例原则等传统法治国原则的限制,设置更为严厉的刑罚,并采取较低的证明标准。而预防刑法无疑要遵守刑法基本原则的约束,即使出于预防性需要而增设新罪,刑罚相较而言也理应更为轻缓。综上所述,敌人刑法与预防刑

---

[1] MELIÁ M C. Terrorism and criminal law: the dream of prevention, the nightmare of the rule of law[J]. New Criminal Law Review,2011(1):108-122.

[2] FREEDMAN L. Prevention, not preemption[J]. The Washington Quarterly,2003(2):105-114.

法虽然均具有预防要素,但存在明显差别,不可等而视之。预防刑法虽然与传统刑法存在一定距离,但是二者仍处于同一平面内,可以取长补短,相互融合。但敌人刑法则完全处于传统刑法不可调和的对立面,甚至是法治国刑法的最大"敌人"。

(五)与积极刑法立法观的辨析

周光权教授是我国最早倡导"积极刑法立法观"的代表性学者。他指出,必须承认我国已经确立了积极刑法立法观。在这一立法观的指导下,刑法被赋予了更多参与社会管理,解决社会突出矛盾的功能。刑法的处罚领域被拓宽,法益观也从发生实际侵害的"结果导向"转向抽象危险的"行为导向",同时增加了新的处罚手段。[1] 由于积极刑法立法观的产生与预防目的有着密不可分的联系,故刘艳红教授将其称之为"积极预防性刑法观"。不过,她认为积极立法观在刑事制裁领域的重刑化特点,[2] 则并未被周光权教授所认可。需要肯定的是,积极刑法立法观是预防刑法的指导理念之一,二者均表明了刑法积极参与社会治理的姿态。那么,它们是否存在区别呢?有学者指出,预防刑法侧重于强调刑法介入的时点,而积极刑法观则不仅包括时间的提前,还包括范围的扩大。[3] 但笔者认为,这种观点系对两个概念的误读,亦不合理。如前所述,预防刑法同时包括介入时点的提前与规制范围的扩大。事实上,介入时机与处罚范围二者本身就是你中有我、紧密联系的,很难进行明确区分。以帮助行为正犯化为例,一方面提前了刑事处罚的时机,另一方面也变相扩张了处罚的范围,使得独立的帮助、帮助的帮助、帮助的教唆等行为均被纳入刑法的规制对象。再如,拒不履行网络安全管理义务罪等不作为犯,通过将行政法上的义务直接规定为刑法上的义务,从而省去了不作为义务来源与等价性的实质性判断环节,显著扩张了犯罪的成立范围。从这个角度看,积极立法观与预防刑法都在时间与空间上提升了刑法的调控能力。

---

[1] 参见:周光权.论通过增设轻罪实现妥当的处罚:积极刑法立法观的再阐释[J].比较法研究,2020(6):40-53.

[2] 参见:刘艳红.积极预防性刑法观的中国实践发展:以《刑法修正案(十一)》为视角的分析[J].比较法研究,2021(1):62-75.

[3] 参见:王俊.积极刑法观的反思与批判[J].法学,2022(2):68-85.

本书认为,积极刑法立法观与预防刑法的区别在于:积极增设新罪并不一定都是预防刑法的产物,而可能是因为社会发展与科技进步所导致法益侵害方式的多样化、新型化,由此迫使刑法以更加积极的姿态予以应对。[1] 如果某种行为在先前由于公众缺乏对行为危害性的正确认识等原因,而未得到适当评价,就可以成为增设新罪的重要理由。因此,积极立法观除了预防目的之外,还包括刑法及时回应社会需求与法益保护需要,积极增设新罪,严密法网。例如《刑法修正案(十一)》增设的侵害英雄烈士名誉、荣誉罪,催收非法债务罪,负有照护职责人员性侵罪,非法植入基因编辑、克隆胚胎罪,非法引进、释放、丢弃外来入侵物种罪等犯罪,本身就具有严重的社会危害性,但由于刑法的滞后性,导致没有得到有效规制。立法者积极新增这些犯罪,本质上也不是为了预防其他更为严重的犯罪发生,而是为了密织法网,填补漏洞,更好地保护人民群众的合法权益。相应的,预防刑法则不能简单等同于刑事立法将越来越多的行为归入其调整范畴,而必须系出于预防严重犯罪的需要增设新罪。因此,积极刑法立法观是比预防刑法更为宏观的概念,预防刑法是积极立法观的重要体现之一。

第二节 预防刑法的现实考察

刑法是实现社会控制的重要手段。自20世纪后期开始,由于传统犯罪浪潮带来的犯罪风险和后期工业社会产生的新型风险的相互交织,以及"全球性不安"的迅速蔓延,引发了一般国民对安全价值的强烈要求。面对全球化带来的问题,刑法面临着许多新的期待,正日益成为全球社会治理的灵活工具。当前,越来越多的国家正利用刑法或类似刑法的工具,试图预防或降低来自未来危害的风险,刑法在世界范围内逐渐成了几乎所有领域抗制风险的重要手段。[2] 这些措施主要包括将传统意义上的尚不构成犯罪的行为规定为独立

---

[1] 参见:李栋.风险社会背景下预防刑法的扩张与破局[J].甘肃政法大学学报,2021(1):114-127.

[2] 参见:王钢.德国近五十年刑事立法述评[J].政治与法律,2020(3):94-112.

犯罪,以便使国家在早期就介入干预;提前采取必要措施,使涉嫌的未来不法行为者丧失行为能力;根据预测的再犯可能性,对实施犯罪行为者延长刑期,等等。[1]我国也不例外,尤其是自《刑法修正案(九)》以来,尽管在理论界尚未形成系统的预防刑法理论,但实践中通过大量增设新罪,已经使刑法具有了日益鲜明的预防属性。在本节中,笔者将系统梳理预防刑法在国内外的产生与发展状况,以期了解预防刑法的实践面貌。

一、预防刑法的域外考察

自20世纪80年代以来,西方逐渐出现了一种将刑法用作首要媒介和安全政策工具的趋势,并在"9·11"事件后达到了顶峰。在这个时代,预防风险、保障安全、减少危害、降低损失和消除恐惧已经成为预防性司法的首要目标。国家的犯罪控制不再是被动反应,而是越来越积极主动,刑法系统正在不断提升其防止有害行为的能力,预防性日益凸显。在这一背景下,从保护个人利益免受损害的优先考虑,到保护公众健康或安全等集体利益免受危害的优先考虑,发生了迅速转变。接下来,笔者将主要以英国、美国、德国、日本等代表性国家为视角,考察预防刑法在这些国家的发展状况。

(一)英美

在2000年前后,英国约有8000个罪名,其中绝大多数是在近150年内设立的,并且这些罪名任意突破刑事责任的基本原则,以严格责任、危险犯、不作为责任或举证责任倒置等为主要特征。[2]在2005年新增的刑事犯罪中,约有三分之一都包含了严格责任要素,[3]体现出鲜明的结果导向。英国《1998年犯罪和扰乱秩序法案》是预防刑法的典型代表。根据该法案,法官能够颁发"反社会行为令"(Anti-Social Behaviour Order),从而禁止行为人在特定时间

---

[1] ASHWORTH A, ZEDNER L, TOMLIN P. Prevention and the limits of the criminal law[M]. Oxford: Oxford University Press, 2013: 1.

[2] 参见:劳东燕.风险社会中的刑法[M].北京:北京大学出版社,2015:66.

[3] ASHWORTH A, ZEDNER L. Defending the criminal law: reflections on the changing character of crime, procedure, and sanctions[J]. Criminal Law and Philosophy, 2008(2): 21-51.

段内（不低于两年）实施特定的违法行为；一旦违反，就将构成犯罪，可处以五年以下有期徒刑。本来，反社会行为令规制的都是不会被判处有期徒刑的轻罪，如招嫖等，类似于我国的治安违法行为；但行为人违反该禁令后，却将面临比所犯罪行重得多的刑罚。这无疑体现出强烈的预防倾向——以禁令方式告诫行为人不能实施某行为，并用严厉的刑罚来保障禁令的实施，从而最大程度降低行为人再犯的风险。2014年，英国进一步颁布了《2014年反社会行为、犯罪和治安法案》，设立了"刑事行为令"（Criminal Behaviour Orders）制度。该法令可用于处理个人被定罪后的各种反社会行为，如威胁社区中的其他人，在公共场合持续醉酒等；或者处理与更严重犯罪指控相关的反社会行为，如入室盗窃或街头抢劫等。此外，还可用于解决帮派成员的反社会行为，如阻止他们与某些人建立联系，或要求其参加就业帮扶课程。而在期限与违反后果方面，刑事行为令与反社会行为令相同，能够无限期地对行为人施加预防犯罪的威慑。此外，在英国的恐怖活动犯罪、金融犯罪、移民犯罪等条文中，也充斥着大量的预防刑法条款。[1]

与英国类似，近年来，美国联邦和各州的刑事司法也呈现出极大地扩张态势，具体表现为实体刑法的规模与刑罚使用的急剧增长。[2]有学者不无担忧地指出："界定犯罪的联邦法律数量相当之高——事实上，几乎没有人知道究竟存在多少相关法律。""一些评论家估计，有超过4000项法规和超过30万项规章将行为规定为犯罪，或者对犯罪认定产生影响。"[3]刑法的过度扩张使得整个刑法体系过于庞杂，刑法条文成了民众难以理解、需要破译，而非能够清晰掌握的内容。以至于2013年5月，美国众议院司法委员会专门成立了一个特别工作组，来研究"过度犯罪化"的问题。其中，风险预防犯是新增犯罪的重要类型之一，主要指在传统刑法看来，尚且属于预备犯、未遂犯等未完成形态的犯罪行为。美国各州每周都会制定出大量的新的风险预防犯，旨在通过禁止间接危害，以规避最终危害结果的发生。例如，美国的多数大城市都制定了

---

[1] 参见：陈家林.英国刑事立法的新动向[J].国外社会科学,2019(4):22-35.

[2] 参见：胡萨克.过罪化及刑法的限制[M].姜敏,译.北京：中国法制出版社2015:1.

[3] LARKIN Jr, PAUL J. Regulation, prohibition, and overcriminalization: the proper and improper uses of the criminal law[J]. Hofstra Law Review, 2014(03):1-14.

青少年宵禁令；大约有一半的州禁止在开车时接听电话，或者要求使用特定装置，以确保在接电话时可以双手操控方向盘。还有许多法案纷纷惩戒明知他人实施虐待、排放危险物质等犯罪而消极不举报的行为。[1] 其中最典型的是美国于2001年通过的《爱国者法案》。该法案在许多条款中纳入了预防性概念，使得刑事起诉远离实际伤害，允许对非暴力政治异见的合法行为进行监视、窃听与搜查，并将其定为潜在的"危险"行为。正如Carol Steiker教授所指出的那样，美国正面临进入"预防性国家"（Preventive State）的风险。在这种类型的国家中，刑法向风险管理系统发生转变，政府控制社会的范式已从解决和惩罚已犯下的罪行，转向识别"危险"的人，并在他们能够造成伤害之前剥夺其自由。[2]

Andrew Ashworth教授与Lucia Zedner教授将英美主要基于预防原因而设立的犯罪划分为以下八类：[3]第一，一般早期犯罪，包括试图、共谋与教唆。立法意图在造成错误或伤害之前惩罚行为，从而在预期结果出现之前进行干预。这些犯罪并非纯粹预防性的，意义在于为传统的实质性刑事犯罪提供一个预防余地。第二，以早期方式界定的实质性犯罪。这些犯罪不要求结果的发生，在行为造成损害之前，就对其进行处罚，如贿赂犯罪、欺诈犯罪、伪证罪等。这些犯罪占据了未遂犯本应存在的空间。第三，预备阶段的"前早期"（pre-inchoate）犯罪。例如，英国法律规定了一种被称为"性诱"的罪行，即对（与儿童至少交流过两次的）为满足性犯罪目的而与儿童见面或一同旅行的人进行惩罚。这类犯罪与可能造成的伤害后果之间的关联性过低，与其说是基于与被禁止的损害的关联，还不如说是基于这些活动固有的风险。这些犯罪之所以被称为"前早期"，是因为它们极大扩大了责任范围，远远超出了自由模式所可以接受的传统意义上的早期范围。第四，持有类犯罪，如持有枪支、管制刀具、毒品、恐怖主义相关物品、儿童色情物品等犯罪。第五，成员类犯罪。

---

[1] 参见：胡萨克. 过罪化及刑法的限制[M]. 姜敏，译. 北京：中国法制出版社2015：57，63.

[2] STEIKER C S. The limits of the preventive state[J]. Journal of Criminal Law & Criminology，1998(3)：771-808.

[3] ASHWORTH A，ZEDNER L. Preventive justice[M]. Oxford：Oxford University Press，2014：96-102.

这些犯罪属于身份罪,处罚的核心在于身份而非实施特定的犯罪行为。显然,这类犯罪主要是基于预防目的而设立的,公开发出了谴责某些群体的信号。第六,未履行报告义务的犯罪。在英国,主要规定了未报告涉嫌洗钱、未报告与恐怖主义有关的可疑金融犯罪、未报告关于恐怖主义相关信息等几类犯罪。此外,英国法律还规定了"未能保护"罪,这一义务无疑比要求一个人单纯报告家庭暴力更为严苛。第七,具体危险犯。与早期犯罪类似,这些犯罪也是为了预防实害结果的发生而设立的,主要集中在公共安全领域。第八,抽象危险犯。与具体危险犯相比,这些犯罪甚至都无须证明在特定情况下会发生危险。立法者假定某类行为会对他人造成侵害,于是将其规定为犯罪。典型代表即醉酒驾驶罪。最后,他们还指出,上述八类犯罪只是预防刑法的主要类型,实践中还存在违反民事预防令(Civil Preventive Order)等其他犯罪。

此外,还有学者认为替代犯罪(Proxy Crimes)也是预防刑法的重要表现。所谓替代犯罪,是指为了防止更严重的犯罪,或是减轻举证责任,而将相关行为规定为犯罪,作为严重犯罪的"替代品"。通过设置这些犯罪,能够让我们在行为人实施危害相对较小的替代犯罪时就予以规制,从而防止更严重的犯罪;既可以对过去我们无法证明的罪行定罪,也能够防止今后无法惩罚的罪行。替代犯罪的设置通常有两种方式。其一,假设构成某一犯罪要求 A、B、C 三个要素,但 C 要素在实践中认定较为困难。此时,立法者为了避免处罚漏洞,直接简化了 C 要素,将 A 与 B 结合起来规定为新的替代犯罪。例如,在规定受贿罪的前提下,还将不具有为他人谋取利益的目的、单纯收受礼金的行为也规定犯罪,从而消除受贿人的侥幸心理,更好地预防该类行为。其二,将与 A、B、C 三个要素具有密切关联,甚至属于其前置要素的 D、E、F 三个要素结合起来,规定为新的替代犯罪。例如,在规定盗窃罪的前提下,将持有用于盗窃的工具本身就规定为犯罪,从而能够使刑法更早介入,阻止犯罪的进一步实施。[1]

为了对实践中的预防刑法趋势进行理论上的回应,学者们也对英美刑法的基石原则——伤害原则进行了发展与完善。他们将伤害原则划分为回应型

---

[1] BYSTRANOWSKI P, MUNGAN M C. Proxy crimes[J]. American Criminal Law Review,2022(1):1-38.

(Responsive)的伤害原则与预防型(Preventive)的伤害原则。前者以行为为中心,认为犯罪化的依据是某行为会产生危害(Harmful Conduct Principle),而后者则持工具主义的观点,认为犯罪化的依据是能够预防某行为的危害(Harm Prevention Principle)。[1] 尽管两者在绝大多数情况下得出的结论是一致的,但有时也存在差别。例如对于累积犯等行为,预防型伤害原则显然比回应型伤害原则更容易进行犯罪化,这也为实践中预防刑法激增的现象提供了较为圆满的理论支撑。当然,倘若某些行为虽然本身对他人有害,但刑事禁止却是不可行的(如技术、经济上不允许),则意味着对该行为定罪不能有效防止对他人的伤害,故根据预防型伤害原则,就不应予以犯罪化。[2]

对于如何遏制这一激进的预防刑法趋势,不少学者提出了相应建议,或者对实践中的经验教训予以总结。如有学者认为,《美国爱国者法案》等激进性预防法案只能适用于紧急时期;刑法不应先挑选出部分不受欢迎的"其他人",再对其给予特殊待遇;联邦最高法院应当划分自由的等级,使得"基本"的自由比其他自由得到更加完善的保护;刑事司法系统应当制定一套严格的规则,以严格限制政府执行剥夺隐私和自由的刑法权力。[3] Husak教授则指出,预防刑法惩罚的行为必须是为了降低重大风险;如果即使设置犯罪难以起到预防实害结果发生的效果,就不应予以增设;如果未将导致实害的行为规定为犯罪,则不应将减少实害风险的行为规定为犯罪,等等。[4]

(二) 德国

德国自20世纪70年代以来的刑法改革,导致刑法越来越多地被用来防止未来的违法行为。最初,刑事诉讼是为了澄清过去的罪行。而在今天,则还

---

[1] PETERSEN T S. Why criminalize: new perspectives on normative principles of criminalization[M]. Cham: Springer, 2020: 18-19.

[2] HOSKINS Z. Criminalization and the collateral consequences of conviction[J]. Criminal Law and Philosophy, 2018(12): 625-639.

[3] JANUS Eric S. The preventive state, terrorists and sexual predators: countering the threat of a new outsider jurisprudence[J]. Criminal Law Bulletin, 2004(6): 17-30.

[4] 参见: 胡萨克. 过罪化及刑法的限制[M]. 姜敏, 译. 北京: 中国法制出版社, 2015: 251-261.

用来避免进一步犯罪的风险。1975年以来,德国刑法的发展呈现出明显的更广泛与更严厉的趋势,总体发展方向以保护安全与打击某些犯罪现象为重点。刑法典与附属刑法比先前任何时候都要庞大,不计其数的刑法禁令甚至广泛地覆盖了法益受到真正侵害之前的阶段。[1] 正如 Hassemer 教授所指出的,此前人民还举着"镇压"的旗帜,打着"报应"或"赎罪"的牌子;而当前则在"预防"下游行,谈论"威慑"与"改善"。[2] 预防的概念使刑法成了一种建立与维护安全的工具,一个温和顺从的仆人,一个能够迅速应对各种不受欢迎行为的万能手段。甚至可以说,德国通说的刑法观在事实上早已采纳了风险刑法、安全刑法、预防刑法等学说的诸多诉求。[3]

根据德国刑法学者的论述,该国预防刑法模式包括以下发展趋势:刑事责任的问责移至犯罪行为开展之前;预防性监控措施大幅扩展,法律保障义务降低,并且创设了特别权力;个人在刑事诉讼之前及以外的合作义务增加;成立新的安全机构或工作组;在行政法与刑法中导入新的措施。[4] 其中,刑事责任早期化又主要表现在以下两方面:[5] 第一,以可罚性为基础的早期化。一是对构成要件的解释。例如,过于宽泛地认定德国刑法典第266条背信罪中财产损害的范围,导致将处罚提前到犯罪未遂阶段。第二,新增构成要件。如果某种解释逾越了罪刑法定原则的要求,则可以通过新设犯罪,将刑法的保护范围提前到之前没有涉足的领域。新增构成要件不以赎罪和报应为主要目的,而是以预防为目的,强调对将来损害的预防。具体表现为:(1)将原本不可罚的预备行为设置为独立犯罪。这种类型大量存在于反恐犯罪中,例如德国刑法典第89条 b"为实施严重威胁国家之暴力犯罪而与恐怖组织取得联系之行为",可谓是处罚预备犯的犯罪预备,大幅提前了处罚时机。(2)设置具有

---

[1] 参见:希尔根多夫.德国刑法学:从传统到现代[M].江溯等,译.北京:北京大学出版社,2015:29,32.

[2] HASSEMER W. Sicherheit durch strafrecht [J]. Onlinezeitschrift für Höchstrichterliche Rechtsprechung im Strafrecht,2006(4):130-143.

[3] 参见:萨利格,郑童.积极主义刑法与象征性刑法:刑事政策视角的衡量考评[J].国外社会科学,2022(3):166-184+200-201.

[4] 同[3].

[5] 参见:アルントゥ·ジン.組織犯罪及びテロ行為における処罰の早期化[J].比較法雜誌,2015(1):101-125.

主观超过要素的犯罪。只要行为人具有特定的主观目的或倾向,即使实施了本属于其他犯罪预备行为的行为,也构成新的犯罪。例如伪造文书类犯罪,通常是实施诈骗等犯罪的预备犯,[1]但由于特定的犯罪目的而被独立处罚。(3)设置大量的危险犯,尤其是抽象危险犯,并且创设出诸如累积犯、适格犯等新的犯罪类型。例如德国刑法典第265条b的信贷诈骗与264条a的投资诈骗,仅需要实施欺骗行为,而不需要使他人陷入认识错误并处分财产,从而与诈骗罪的犯罪构成具有显著区别。理由在于其并非针对个人的财产犯罪,而是针对市场经济制度等集体法益的抽象危险犯。再如刑法典第326条以下的环境犯罪、第298条与第299条针对竞争行为的犯罪,以及第306条a第1款的放火罪等,也都是抽象危险犯的典型代表。[2](4)设置企行犯(Unternehmensdelikte,也有学者称之为着手犯),从而不区分犯罪预备、未遂与既遂,只要着手实施了特定的行为,就将作为既遂犯予以处罚。

第二,修正的可罚性的早期化,是指某一本身就是可罚的,但其可罚性的程度会随着刑法修正而发生变化。一是对构成要件的解释。通过解释,将原本属于未遂的行为作为既遂处罚。例如,将德国刑法典第259条的窝藏赃物罪中"出售"与"协助出售"解释为实施行为,故不需要发生实际结果。亦即,只要着手出售赃物,即使最终没有成功卖出,也成立窝藏赃物罪的既遂。第二,新增犯罪的构成要件。例如,将本应作为共犯处罚的行为设置为独立犯罪或犯罪的行为类型,从而既回避了共犯的限制从属性,也排除了不可罚的共犯未遂等处罚间隙。例如德国刑法典第202条c,将出售、转让自己制作的探知或截获数据的计算机程序的行为规定为犯罪,而这种行为本应是第202条a探知数据罪与第202条b的截获数据罪的帮助犯。这种将正犯与共犯等而视之的做法存在争议。尽管在量刑上,对事实上的共犯行为的处罚肯定要轻于正犯,但量刑阶段能够发挥的作用终究有限,而应当更加关注定罪层面——毕竟共犯就是共犯,是不能与正犯一视同仁的。

此外,在刑事诉讼层面,德国还存在着甚至在未达到犯罪嫌疑程度时,就

---

[1] 需要指出的是,德国也有不少学者认为,伪造的文书本身就是一种"危险源",已经对法律交往产生了危险。因此,不能将该行为单纯理解为诈骗等犯罪的预备犯。

[2] 参见:希尔根多夫.德国刑法学:从传统到现代[M].江溯等,译.北京:北京大学出版社,2015:27.

可以广泛使用秘密的调查工具(如调查程序),或是以牺牲程序为代价缩短刑事诉讼程序(如辩诉交易)等预防性刑事立法措施。[1] 不过,这些主要属于程序法上的内容,本书就不再展开论述了。

德国学者们普遍认为,该国刑法之所以产生明显的预防趋势,主要有三大原因:新的"重大风险"、人民对安全的更大需求(相信风险是可以被预测和控制的)以及通过刑法控制社会发展的期望。[2] 此外,德国预防刑法扩张的原因除了国内社会形势的发展变化之外,还离不开欧洲一体化的推动。欧盟通过的指令、框架决议等法律规范是由各成员国通过协商的方式制定的,具有强烈的实用主义特征与严厉处罚的倾向。由此产生的对法益保护与明确性要求等刑法基本原则的考虑不足,使得很多规定都较为模糊,从而导致了刑法适用范围的扩张与保护的前置。特别是当这些条款被逐字逐句地转化至国内刑法典时,这种情况更是经常发生,并且经常不能与德国传统的以法治国为导向的刑法教义学相契合。[3] 例如,欧盟 2013/40 号指令要求各成员国将侵犯计算机犯罪的部分预备行为规定为犯罪,这就打破了德国只处罚严重犯罪预备行为的传统,被部分学者抨击为违反宪法,造成了"刑法的警察法化"。[4] 此外,由于欧洲各国国土面积普遍不大,且流动便利,也给实施恐怖活动、贩运人口、洗钱、贩卖毒品等行为的犯罪分子在各国之间流窜作案创造了便利条件。如果一国的刑法规制较为严格,犯罪分子便可能会转向其他国家作案。基于这一考虑,各国普遍都会加强预防性刑事立法,在介入时机与处罚范围上至少不低于邻国的标准,以免自己成为犯罪分子的集聚地。德国自然也不例外。从这个角度而言,欧洲各国刑法的"内卷"也是德国刑法预防性加强的重要原因

---

[1] HASSEMER W. Sicherheit durch strafrecht[J]. Onlinezeitschrift für Höchstrichterliche Rechtsprechung im Strafrecht2006(4):130-143.

[2] BRUNHÖBER B. Von der unrechtsahndung zur risikosteuerung durch strafrecht und ihre schranken[C]//HEFENDEHL R, HÖRNLE T, GRECO L. Streitbare strafrechtswissenschaft: festschrift für bernd schünemann zum 70. Geburtstag. Berlin:Walter de Gruyter,2014:3-15.

[3] 参见:希尔根多夫. 德国刑法学:从传统到现代[M]. 江溯,黄笑岩,等,译. 北京:北京大学出版社,2015:33.

[4] HAASE A. Computerkriminalität im Europäischen Strafrecht[M]. Tübingen:Mohr Siebeck,2017:176.

之一。

刑法像一条宽广的、缓慢的河流,允许我们从当前的某些趋势中得出对未来的谨慎预测。[1]对于德国刑法未来的发展趋势,有学者明确指出:在可预见的未来,重返德国刑法的法治国传统是不可能的。刑法已经逐渐成了由社会法、警察法乃至损害赔偿法等组成的,内容广泛并且适用高度灵活的"安全法"的组成部分,朝着更多和更严厉的趋势继续演进。[2]究竟应当如何应对这一现象,科学化解"刑法适用民粹主义"的危机,已成为德国刑法学界在当前乃至今后一段时间内需要重点关注的课题。

(三) 日本

日本刑法典早在 1907 年就已经生效,但直到第二次世界大战结束时,都几乎没有进行过任何重大修改。尽管该国司法部早在 20 世纪 50 年代就成立了一个刑法改革委员会,该委员会还在 1974 年发表了一份改革草案,但这份草案由于备受争议而未提交给议会。在这次刑法改革失败后,日本刑法典只在非常有限的领域进行了修订。从 20 世纪 60 年代到 80 年代,以刑法、监狱法、少年法等修改问题为中心的刑事政策引发了刑法学者的极大关注。不过,尽管当时进行了激烈的争论,但并没有进行重大的法律修改。以至于有学者总结为:"日本的立法像金字塔一样沉默不语。"[3]

然而在世纪之交,这种情况却发生了变化,刑法处在一个动荡的转型期。自 90 年代后期开始,日本的刑事立法逐渐开始活跃起来。以 1995 年《沙林毒气等人身危害防制法》,1999 年《关于有组织犯罪的处罚及犯罪收益的规制等法律》及《关于犯罪侦查中监听的法律》,2000 年《少年法》的修改和《关于规制人类相关克隆技术的法律》等为开端,许多重要法律都得到了制定或修正,刑法与刑事诉讼法也不例外。[4]刑法修正案的数量和新的附属刑法的规定一

---

[1] 参见:魏根特,张志钢.德国刑法向何处去?:21 世纪的问题与发展趋势[J].刑法论丛,2017(1):374-389.

[2] 参见:希尔根多夫.德国刑法学:从传统到现代[M].江溯,黄笑岩,等,译.北京:北京大学出版社,2015:36,45.

[3] NAKAMICHI Y. Präventionsstrafrecht in Japan[J]. Zeitschrift für die gesamte Strafrechtswissenschaft, 2017(2):543-558.

[4] 吉中信人.刑事政策学の現代的意義[J].松山大学論集,2021(32):103-123.

直在增加，并且存在刑法介入前倾化、早期化的倾向，这一方面动摇了传统刑事法的基本原则，另一方面也体现了国民对一般预防的积极信赖与期待。[1] 上述趋势被称为"刑事立法的活性化"或"刑事立法的泛滥"。这种现象表现为两大特征：惩罚的"强化"——以报应的思想为指导；惩罚性的"提前"——以预防的思想为特征。日本收紧处罚的起点是 2001 年出台的禁止危险驾驶导致死亡或受伤的规定。其导火索是一起交通事故：一名卡车司机在高速公路上醉酒驾驶，撞上了在他前面行驶的汽车，导致一人死亡。卡车司机被控业务上过失致人死亡罪和醉酒驾驶罪，并被判处 4 年有期徒刑。这一结果引发了受害者家属的强烈不满，并组织发起了一场声势浩大的签名运动，要求司法部部长收紧针对醉酒驾驶的刑法。由于他们的不懈努力，日本刑法于 2001 年新增了危险驾驶致死伤罪，较之前大幅提高了法定刑。在这场"受害人的胜利"之后，有人呼吁进一步全面收紧刑罚。经过司法部立法委员会的讨论，日本刑法于 2004 年提高了刑罚幅度：有期徒刑的上限由 15 年提高到 20 年，在加重情节时可以提高到 30 年。[2] 此后，日本在预防性刑事立法的道路上一路狂奔，随着刑法的频繁修改，刑罚积极主义的趋势愈发明显。

从立法上看，日本的预防刑法主要包括以下几种类型：第一，为了应对新型风险而设置了新的法益，并通过刑法加以保护。例如，旨在保护经济制度、人之根本生存领域或是国民安全感等法益的刑法，实现了从保护具体法益到维系抽象制度的功能转变。第二，为了有效预防风险而提前保护既有法益的刑法。主要包括：(1)为了防止实害结果发生，而禁止被怀疑与此相关的行为（即第一次预防），主要表现为抽象危险犯；(2)虽然每个行为本身的危害较为轻微，但如果多次实施就会产生累积效应，可能造成难以逆转的法益重大损害的情况下，提前禁止实施这类行为（即第二次预防），主要表现为累积犯；(3)为了防止引发后续关联犯罪，而禁止现在已经处于严重的状态，并且将来会招致

---

[1] 鈴木博康.刑事法からみたリスク社会[J].九州国際大学法学論集，2011(1・2)：19-33.

[2] NAKAMICHI Y. Präventionsstrafrecht in Japan[J]. Zeitschrift für die gesamte Strafrechtswissenschaft，2017(2)：543-558.

重大法益侵害的行为（即第三次预防），主要体现在特别刑法中。[1]

日本学者们普遍认为，国际化与民意成为在改善国际关系以及实现国内政策等政治决断下，快速通过刑事立法的两大重要原因。国际化主要指国际条约对国内刑法的影响，与德国存在部分相似之处。例如，日本在刑法典第163条之2以下增设了"关于支付用磁卡的电磁记录的犯罪"，将非法制作的电磁记录提供、出售给他人的行为与非法制作者同样处罚，为非法获取磁卡信息而准备工具、原料的人也与实行者同样处罚，并处罚相关的持有行为。这种对预备行为，甚至前预备行为进行前置处罚的直接原因，是日本签署了欧盟委员会的网络犯罪协议，故无疑受到了国际化和信息化政策的影响。再如，《关于有组织犯罪的处罚及犯罪收益的规制等法律》为了严惩国际性犯罪组织活动，在《联合国打击跨国有组织犯罪公约》等影响下，明确规定了组织犯罪的共谋罪，只要共谋者中有人实施了准备行为时，就能成立该罪，从而使得刑法典中为数众多的原本都不处罚未遂的犯罪，将处罚时机提前到预备阶段。[2]

而民意主要是指国民在不安感的驱使下，将自己的安全委托给国家刑罚权庇护的意识不断增强，甚至形成了所谓的"刑罚依赖综合症"，并在全社会蔓延开来——"在犯罪现象激增的背景下，对代表被害者的社会感情的顾虑以及与此相呼应的政府、政治家、官僚的迎合民意政策，或者说是因媒体报道而引发的人们对犯罪不安感的提升，再者也可以说是风险社会中人们回避风险行动的体现。换言之，就是犯罪问题的政治化、百姓化现象"[3]。受历史传统的影响，日本追求重刑化的倾向很高，国民高度重视被害人或其遗族报复情感的"结果责任主义"[4]。但讽刺的是，前述被称为"受害人的胜利"的犯罪被害人

---

[1] 参见：李晓龙. 刑法保护前置化研究：现象观察与教义分析[M]. 厦门：厦门大学出版社，2018：31-37.

[2] 但实际上，共谋罪的规定远远超过了国际有组织犯罪，范围比《公约》的规定要大得多。因此，有学者指出，这一立法其实是以履行国际公约为理由，而在事实上严重扩张了政府的权力。参见：陈家林. 外国刑法理论的思潮与流变[M]. 北京：中国人民公安大学出版社，2017：8.

[3] 守山正，安部哲夫. 初学者刑事政策[M]. 东京：成文堂，2008：46. 转引自：陈家林. 外国刑法理论的思潮与流变[M]. 北京：中国人民公安大学出版社，2017：9.

[4] 高山佳奈子. "政治"主导下之近年日本刑事立法[J]. 谢煜伟，译. 月旦法学杂志，2009(9)：138-152.

运动,反而进一步增加了公众对犯罪的恐惧。关于恶性事件、受害者痛苦的报道,特别是呼吁严惩凶手的报道,被大众媒体广为传播。这些铺天盖地的报道为了吸引眼球,可能会放弃客观中立的立场,将事实简单化,甚至予以渲染、夸大或歪曲,无疑影响了公众的安全感,使他们认为自己是潜在的受害者,从而希望刑法提前介入,进一步加强惩罚和犯罪化进程。[1]此外,将犯罪集团、精神障害者、犯罪少年及纠缠狂当作"危险的存在""社会的敌人",将之及早排除在社会之外,以求自身无害的社会民意愈发高涨。[2]而这种公民安全感的恶化,自然为国家更早、更强、更多地预防性干预铺平了道路。例如2002年前后,日本的入户盗窃案有所增加,在由此引发的对犯罪恐惧的影响下,导致了2003年《特殊开锁工具持有禁止法》的出台。对此,有学者一针见血地指出:抽象地讲,导致预防性刑法立法的过程总是相同的——一个严重案件引发了受害者或其亲属对更严厉的惩罚和扩大犯罪圈的呼吁。这种受害者的呼声被大众媒体传播,削弱了民众的安全感。不安全的公民要求国家更早地进行预防性干预,最终导致颁布了一项预防性刑法。[3]

二、预防刑法的中国实践

近年来,我国刑法得到了迅速发展。截至《刑法修正案(十一)》通过,共修改刑法条文138条,新增条文53条,删除条文1条,修改比例接近40%。[4]《刑法修正案(十二)》又修改了7个条文。在这些条文中,有相当一部分是基于预防目的而增设或修改的犯罪。尤其是在2011年《刑法修正案(八)》通过之后,刑法新增了大量的预防性刑事条款,主要涉及恐怖主义、交通安全、产品质量、信息网络、环境保护等领域。有学者指出,我国刑法发展正隐含着一场"静悄悄的革命",呈现出刑法介入的早期化、入罪标准的模糊化、保护范围的

---

[1] NAKAMICHI Y. Präventionsstrafrecht in Japan[J]. Zeitschrift für die gesamte Strafrechtswissenschaft,2017(2):543-558.

[2] 高山佳奈子."政治"主导下之近年日本刑事立法[J].谢煜伟,译.月旦法学,2009(9):138-152.

[3] 同[1].

[4] 参见:周光权.法典化时代的刑法典修订[J].中国法学,2021(5):39-66.

扩大化、刑法作用的工具化的"四化"态势。[1]至于这种态势的具体表现方式,则包括显性的犯罪化与隐性的犯罪化两种类型。其中,前者表现为直接增加新的罪名;而后者则表现为基于预防目的,通过降低入罪门槛、扩张入罪范围等方式修改现有罪名。在下文中,笔者将对我国预防刑法涉及的重点领域进行梳理。

(一) 恐怖主义犯罪

恐怖主义是人类社会的毒瘤,是对世界和平与发展的严重威胁。世界各国无不对恐怖主义犯罪予以严惩,不断扩张刑法的介入范围与处罚力度。预防刑法理念正是在与恐怖主义的斗争中逐渐产生发展的,而恐怖主义犯罪也是预防刑法最具代表性的体现。西方学者将反恐刑法中的预防性犯罪分为以下四类:第一,时间扩张,包括早期犯罪、预备行为;第二,横向扩张,如将结社与协助、穿着恐怖组织制服等行为规定为犯罪;第三,关联性扩张,如与资助恐怖组织、接受恐怖组织培训、散播恐怖主义言论、出版或持有恐怖主义物品有关的犯罪;第四,义务扩张,如未报告与恐怖主义有关的犯罪。可以说,这一分类较为准确地概括了恐怖主义犯罪的预防性特征,也十分契合我国刑法对恐怖主义犯罪的规制范围。

在1997年刑法中,我国只规定了组织、领导、参加恐怖组织罪这一个专门罪名。而《刑法修正案(九)》则增加了六个专门犯罪。其中,准备实施恐怖活动罪属于时间的扩张,将本属于犯罪预备的行为独立定罪,法定刑最高可达到十五年有期徒刑,严重突破了刑法总则关于犯罪预备的原则性规定。帮助恐怖活动罪与宣扬恐怖主义、极端主义、煽动实施恐怖活动罪则属于横向的扩张,将与实施恐怖活动相关的教唆与帮助行为规定为独立犯罪,从而还可以处罚这些行为的共犯。而强制穿戴宣扬恐怖主义、极端主义服饰、标志罪以及非法持有宣扬恐怖主义、极端主义物品罪则属于关联性上的扩张,这些行为与恐怖主义虽有联系,但距离恐怖活动所导致的法益侵害后果还十分遥远,并不具备直接的关联性。此外,《刑法修正案(九)》还修改了拒绝提供间谍犯罪证据

---

[1] 参见:姜涛.社会风险的刑法调控及其模式改造[J].中国社会科学,2019(7):109-134+207.

罪,将拒绝提供恐怖主义犯罪、极端主义犯罪证据的行为也规定为犯罪,属于义务的扩张。上述立法无不体现了"打早打小,露头就打"的预防主义原则。

(二)交通犯罪

《刑法修正案(八)》新增的危险驾驶罪,可谓我国预防刑法中"人气"最高的代表。自其诞生之日起,理论界的相关争议就一直没有停息过,并且逐渐成为我国最高发的犯罪之一。2006年至2010年,孙伟铭、黎景全、胡斌、李启铭等人的醉驾、飙车等案件导致了严重的死伤结果,并且经过媒体的放大效应,引发了社会的广泛关注与民众的强烈愤慨。人们质疑最多的是:为什么刑法只能在危险驾驶引发严重后果的情况下才能介入,为什么不能从源头入手,通过禁止醉酒驾驶、飙车等行为,以最大程度地降低发生交通事故的风险呢?2009年9月,最高人民法院通过了《关于醉酒驾车犯罪法律适用问题的意见》,对这类犯罪认定中的疑难问题进行了回应。但由于以危险方法危害公共安全罪具有较高的入罪门槛,一般的危险驾驶行为尚不足以达到与放火、爆炸、决水等行为类似的危险程度,故仍然面临着处罚上的真空。最终,2011年通过的《刑法修正案(八)》增设了危险驾驶罪,将"追逐竞驶"与"醉酒驾驶"两种行为直接入刑。危险驾驶罪被规定为危险犯,无须发生实害结果即可成立犯罪,从而大幅提前了刑法的介入时机,避免了严重交通事故的发生。据统计,2020年,每排查百辆车的醉驾比例比"醉驾入刑"前减少70%以上。醉驾入刑10年间,尽管机动车与驾驶人数量均在高速增长,但酒驾醉驾肇事引发的伤亡事故却比前一个10年减少了2万多起。[1] 由此可见,该罪对社会大众发挥了积极预防和行为引导的作用,并且较为有效地控制了交通事故的发生,具有积极意义。[2] 在此基础上,《刑法修正案(十一)》又将严重超速或超载、违规运输危险化学品等两类危险行为纳入本罪的规制范围,使得刑事法网愈发严密。

近年来,除了驾驶人之外,乘客危害交通工具安全的案件也日益增加。例如2018年发生的重庆公交坠江事故,就系乘客与司机发生激烈争执后互殴,导致车辆失控,最终酿成惨剧发生。尽管在日常生活中,更多的是司机及时停

---

[1] 参见:叶青."醉驾入刑"10年,有效果也需完善[N].环球时报,2021-06-10(15).

[2] 参见:周光权.积极刑法立法观在中国的确立[J].法学研究,2016(4):23-40.

车避免事故,但就如同危险驾驶入刑那样,公众呼吁刑法提前规制这类危险行为的呼声日益高涨。最终,《刑法修正案(十一)》增设了妨害安全驾驶罪,亦将其规定为危险犯,实现了刑法保护的前置化。

(三) 网络犯罪

1997年刑法以第285条与第286条规定了非法侵入计算机信息系统罪与破坏计算机信息系统罪等两个罪名,并以第287条规定了利用计算机实施犯罪的提示性规定。显然,这些条文数量过少且类型单一,不足以全面规制网络犯罪。故此,刑法先后新增了非法获取计算机信息系统数据、非法控制计算机信息系统罪,提供侵入、非法控制计算机信息系统程序、工具罪,拒不履行信息网络安全管理义务罪,非法利用信息网络罪以及帮助信息网络犯罪活动罪等五个罪名。其中,四个罪名都具有预防刑法的性质。

提供侵入、非法控制计算机信息系统程序、工具罪在本质上是非法侵入、控制计算机信息系统犯罪的帮助行为。但立法者将其单独设定为犯罪,适用与实行行为相同的法定刑,从而大幅降低了该行为的入罪门槛,并且扩大了处罚范围。无论他人是否利用该工具侵入计算机信息系统、是否构成相应犯罪,提供者都将被独立处罚。帮助信息网络犯罪活动罪亦是如此,不但同样实现了"帮助行为的正犯化",更是扩大了刑法对中立帮助行为的干预。[1] 在当今社会,为他人提供互联网接入、服务器托管、网络存储、通信传输、广告推广、支付结算等支持或帮助的行为,是十分常见的业务行为,具有技术中立的性质。而应当如何限定中立帮助行为的处罚范围,从而在打击犯罪与维系正常社会生活之间达成平衡,目前理论界尚存在较大分歧。但立法者出于预防网络犯罪的需要,将情节严重的帮助行为直接规定为犯罪,无疑加重了网络服务提供者的义务。

拒不履行信息网络安全管理义务罪更是大幅扩张了网络服务提供者的刑法义务。在增设该罪之前,不履行法律、行政法规规定的信息网络安全管理义务的,自然要承担相应的法律后果。但是,其他法律中规定的义务,却不能当然成为刑法中不作为犯罪的义务来源,否则,刑法就将完全沦为其他法律的附

---

[1] 参见:何荣功.预防刑法的扩张及其限度[J].法学研究,2017(4):138-154.

庸。此时,仍然需要对义务来源进行实质判断,分析行政法上的义务是否已被转化为刑法上的义务,该不作为是否与刑法中相应的作为行为具有等价性。这一问题已在曾经轰动一时的"快播案"中,围绕快播公司是否构成不作为的传播淫秽物品罪进行过充分的讨论。因此,立法者通过增设该罪,将本属于行政法上的义务纳入刑法,加重了网络服务提供者的责任。尽管增加了"经监管部门责令采取改正措施而拒不改正"这一限制处罚的条件,但国家基于促使网络服务提供者积极参与维护信息网络安全的考虑,强制赋予其刑法上的义务,显然是出于预防刑法的逻辑。[1]

至于非法利用信息网络罪,在本质上也是自己实施诈骗、销售违禁物品等违法犯罪行为的预备犯,以及为他人实施上述行为发布信息的帮助犯。立法者为了预防违法犯罪信息在网络上的广泛传播,将后续犯罪扼杀在萌芽之中,故专门增设了这一包容性极强的罪名,以提前刑法介入的时机。

针对上述立法现象,有学者敏锐地指出,在信息技术环境下,犯罪纵向精细切割,横向分工细化,交错形成利益链条。这导致实行行为的中心地位不复存在,犯罪的单一性与完整性被打破,传统的罪刑规范适用于网络犯罪呈现出碎片化局面。[2] 为了应对这一新的犯罪发展趋势,解决实践中的认定难题,立法者遂采取将非实行行为独立规定为实行行为的立法技术,从而突破了传统理论对实行行为的限制,能够更为有效地保护法益。

(四) 环境犯罪

1997年刑法在分则第六章妨害社会管理秩序罪中,独立设置了第六节"破坏环境资源保护罪",通过9个条文,以列举方式规定了污染环境、非法进口、处置进口固体废物、破坏水产资源、破坏野生动物资源、破坏矿产资源以及破坏珍贵林木资源等14个环境犯罪罪名。此后,国家愈发重视环境犯罪,相继在2001年《刑法修正案(二)》、2002年《刑法修正案(四)》、2011年《刑法修正案(八)》与2020年的《刑法修正案(十一)》中,对环境犯罪进行了较大程度的修正,最终形成了包含16个罪名、较为完善的环境犯罪体系。其中,不少修

---

[1] 参见:何荣功.预防刑法的扩张及其限度[J].法学研究,2017(4):138-154.

[2] 参见:喻海松.网络犯罪形态的碎片化与刑事治理的体系化[J].法律科学(西北政法大学学报),2022(3):58-70.

改都具有鲜明的预防性特征。

　　刑法第338条规定的污染环境罪就是预防刑法的典型代表。在修正之前,该罪的罪名为"重大环境污染事故罪",不但对污染行为方式与对象进行了较为严格的限制,并且规定了"造成重大环境污染事故,致使公私财产遭受重大损失或者人身伤亡的严重后果"这一具体的后果性要求。相对严格的构成要件导致该罪在实践中适用寥寥,未能发挥预期效果。为此,《刑法修正案(八)》对该罪进行了修改,将原先的结果要件修改为"严重污染环境",关注重心由人的利益转向环境利益。相应的,该罪的罪名也被修改为"污染环境罪"。并且通过一系列司法解释与会议纪要,使得该罪实际上体现为实害犯与抽象危险犯并存的模式,只要实施了特定的行为,就被司法解释推定为"严重污染环境",从而构成该罪。而《刑法修正案(十一)》则进一步提升了该罪法定刑。再如《刑法修正案(十一)》新增的非法猎捕、收购、运输、出售陆生野生动物罪。近年来,由于禽流感病毒、SARS 冠状病毒等疫情的暴发,尤其是2020年以来的新冠疫情,人们逐渐意识到生物安全的重要性。随着禁止食用野生动物决定的颁布与《中华人民共和国生物安全法》的施行,刑法也正式规制以食用为目的非法猎捕、收购、运输、出售陆生野生动物的行为,从而实现了对公共卫生安全风险的提前防范。

　　除了上述领域外,刑法还有很多罪名也属于预防刑法,例如生产、销售假药罪被删除了"足以严重危害人体健康"的要件,从而成了纯粹的行为犯;新增了危险作业罪,以预防重大责任事故罪的发生,等等。囿于篇幅,此处就不再展开论述了。综上所述,通过对近年来我国重点领域刑事立法的发展流变进行梳理与评述,笔者认为,尽管存在理论上的争鸣,但可以肯定的是,预防刑法理念已经在我国得到了确立,并深刻影响着刑事立法实践。

　　通过前述对国外与我国刑法规定与实践的梳理,不难看出,无论在大陆法系还是英美法系,预防刑法都已经成为一种不容忽视的立法现象,深刻影响到司法适用,并给理论研究提供了丰富的素材。在全球范围内,刑法已经离开了传统意义上自由平静的狭小房间——在那里它仍然致力于确保"最低限度道德"的安全,而转变为一种对社会或国家的强力干预的控制工具。刑法的目的已不仅仅是对抗犯罪,而转变为为援助政治、环境政治、健康政治及外部政治等提供庇护性支持;从对具体的违法行为的逐项压制,转变为对存在问题的情形的普遍预防。[1]德国有学者感慨道,过去 100 年的发展趋势是将刑法——除了技术细节之外——发展为政治的一个分支或一个基本无限的活动领域,这也印证了近年来人们经常感叹的"政治的司法化"这一问题。[2]不管存在多大争议,刑法已经改变了自身形象:它不再是一位严父,除了仅就个别严重悖逆它的行为予以惩罚外,放手人们去自行安排生活;而更似一位慈母,一位不断规劝的陪伴者,[3]不让人们去从事危险性行为。这种刑法的预防化趋势在短时间内非但不会减弱,反而会不断发展、演进,甚至可以说为未来刑法的演化方向指明了前进道路。因此,我们不能回避这一现象,而应当对此进行深入的研究与分析,以更好地指导法治实践。

第三节 预防刑法的具体表现

关于预防刑法的具体表现,理论界存在多种观点。如有学者认为,预防刑法表现为预备行为实行化和帮助行为正犯化。[4]但这一范围未免过于狭窄。首先,以危险驾驶罪等犯罪为例,预防刑法大量增设了危险犯,尤其是抽象危险犯,并不能将这些犯罪简单等同于预备犯。其次,狭义的共犯包括教唆犯与帮助犯。刑法除了将帮助行为正犯化外,还针对部分罪名增设了教唆、煽动型犯罪,甚至将教唆犯与实行犯的处罚等而视之。故将"帮助行为正犯化"修正为"共犯行为正犯化"更为全面。而上述情形结合起来,是刑法介入早期化,或者说是刑事处罚前置化的主要表现。但一般认为,刑法前置化包括法益保护前置化与刑事处罚前置化。因此,预备行为实行行为化和帮助行为正犯化也仅仅是预防刑法主要表现的"冰山一角"而已。还有学者主张,预防刑法主要

---

[1] HASSEMER W. Symbolisches strafrecht und rechtsgüterschutz[J]. Neue Zeitschrift für Strafrecht,1989(12):553-559.

[2] VORMBAUM T. „Politisches" strafrecht[J]. Zeitschrift für die gesamte Strafrechtswissenschaft,1995(4):734-760.

[3] 参见:魏根特,张志钢.德国刑法向何处去?:21 世纪的问题与发展趋势[J].刑法论丛,2017(1):374-389.

[4] 参见:王良顺.预防刑法的合理性及限度[J].法商研究,2019(6):52-63.

规制下列犯罪类型：危险型犯罪，预备型犯罪，预防性的持有型犯罪，煽动/鼓动型犯罪，成员身份型犯罪，管控风险的累积犯，"事前"帮助行为正犯化后的帮助犯。[1]虽然这种观点涵盖的类型明显更为广泛，但仍有些内容没有涉及，并且有过于琐碎之嫌。

笔者认为，预防刑法主要表现为法益保护前置化、刑法介入早期化与责任范围扩张化这三种类型。其中，法益保护前置化表现为保护更多样、更早期的法益，刑法介入早期化表现为更早地保护法益，而责任范围扩张化则表现为扩张责任的承担范围与主体。当然，这三种类型之间完全可以存在交叉关系，例如法益保护前置化与刑法介入早期化相结合，形成了侵犯集体法益的抽象危险犯这种双重预防的路径；再如刑法介入早期化与责任范围扩张化相结合，造就了无须造成任何危害后果的单纯的不作为犯，等等。甚至有学者认为，从广义上讲，法益保护前置化似乎也能够包括在未对法益造成紧迫危险时就予以保护，实质上相当于本书所称的刑法介入早期化。[2]但笔者认为，这三种类型虽然联系十分紧密，但也有一定的区别，主要是各自关注的重心不同。法益保护前置的重心在于"法益"，落脚点为法益理论；刑法介入早期化的重心在于"结果"，落脚点为行为样态；而责任范围扩张化的重心在于"责任"，落脚点为构成要件。以法益保护前置化与刑法介入早期化为例，前者扩张了法益的概念，增设了大量的集体法益，后者则仍然针对个人法益，但采取了提前保护的策略。在德日刑法实践中，立法者或研究者为了避免对抽象危险犯等犯罪类型的质疑，往往认为新增犯罪保护的是集体法益，从而将本属于对个人法益的抽象危险犯评价为对集体法益的实害犯。而相较于前述两者降低了犯罪的入罪门槛，责任范围扩张化则主要从主体、行为、因果关系、主观罪过等构成要件要素入手，扩大了个罪的涵射范围。接下来，本书将对这三种类型展开详细论述。

---

[1] 参见：姜敏.刑法预防性立法：罪型图谱和法治危机消解[J].政法论坛，2021(6)：176-188.

[2] 参见：辛佳东，曾文科.法益保护前置化下危险作业罪的规范解读与适用[J].广西政法管理干部学院学报，2022(4)：50-58.

一、法益保护前置化

所谓法益保护前置化，主要指刑法将对个人法益本身的保护提前到对个人法益的前提——集体法益的保护，亦即为了提前介入而另外创设新的法益，从而扩大了法益的保护范围。纵观各国刑法，法益保护前置化这一现象主要表现在现代科技领域、行政从属规制领域与犯罪情势恶化领域。其中，集体法益的重心集中于市场经济犯罪、公共安全犯罪与公共健康犯罪。[1]当前，作为刑法核心概念与重要基石的法益概念，不但没有随着社会的发展得到进一步的完善，反而呈现出不断抽象化、早期化的趋势，立法者制造出越来越多诸如社会风化、社会秩序、市场经济制度等超个人法益，使得刑法的介入时机愈发提前、介入标准愈发模糊。甚至有学者指出，在有些情况下，法益的具体内容已经十分稀薄，实质上只是在保护公民的安全感或信赖感。[2]还有学者更为直接地表示，立法者虽然增设了很多犯罪，但并没有创造出新的法益，无非是通过侧面或补强规范，将现有法益的"前地"（Vorfeld）也作为法益保护而已。[3]具体而言，法益保护前置化主要包括法益的抽象化与法益的非人本化这两种类型。

（一）法益的抽象化

对于刑法何时能够充分履行其预防任务的问题，比较接近、古老和简单的答案是：当它真正保护了其所负责保护的法益。如果人们能够明确界定"法益"与"真正"保护，那么答案也就不言自明了。但正因为难以给出明确定义，所以才导致了对预防刑法的争议。[4]在以保障个人自由为较大价值的近代刑法理论中，法益必须是实体存在，能够被具体地掌握或至少具有掌握的可能性。而且，只有对于此实体法益的侵害或有侵害危险表征出现时，刑法才有介

---

[1] 参见：李晓龙.刑法保护前置化研究：现象观察与教义分析[M].厦门：厦门大学出版社，2018：88-91.

[2] 参见：古承宗.风险社会与现代刑法的象征性[J].科技法学评论，2013(1)：115-177.

[3] 同[1] 20.

[4] HASSEMER W. Symbolisches strafrecht und rechtsgüterschutz[J]. Neue Zeitschrift für Strafrecht，1989(12)：553-559.

人的余地与必要。但近年来,法益的内容却越来越向抽象化、模糊化、稀薄化的方向发展,或被学者们称之为"去实质化"(Entmaterialisierung),大量抽象的超个人法益或者集体法益应运而生,甚至呈现出"法益通货膨胀"的尴尬态势。在立法者眼中,只要在技术上创造出新型的超个人法益,即可说明立法需求的迫切性,起到预防犯罪的效果,而无须再探究真正需要保护的个人法益到底是什么。[1] 如此一来,超个人法益自然备受立法者青睐。

目前,在德日刑法中,尤其是环境刑法、经济刑法、医事刑法等领域,"环境""市场秩序""竞争制度的功能"乃至"人的尊严"等观念性的、可以称为规范本身的要素,都倾向于被称为"法益"。[2] 如在经济刑法中,经济生活的职能和机构,如银行的业绩或国家经济管理就理应作为法益受到保护。例如,前文所述的德国刑法典第 264 条的补助金诈骗、第 264 条 a 的投资诈骗与第 265 条 b 的信贷诈骗,多数人都认为其保护的法益不是个人财产(因为根据刑法规定,不需要造成财产损失即可成立犯罪),而是诸如国家财产分配计划、金融市场的功能、受信赖的资本市场等超个人法益。同时,人们也可以宣布环境本身或其媒介水、土壤和空气等是环境刑法的法益,因为对它们的损害最终也会伤害人们的生命健康。又或者,在麻醉品刑法中保护社会习惯对某些麻醉品处理的限制,因为人们担心,增加个人消费的危险可能会随损害个人健康。并且,对社会价值模式解体受到威胁的担忧也可能发挥作用。对此,Roxin 教授不无担心地指出,人们为了提前处罚,捏造出"公众健康""保险行业的工作效率""补贴制度"等集体法益,通过援引含混不清的公众关切,导致法益丧失了限制刑事可罚性的功能,对此应当予以警惕。[3]

我国传统刑法理论中虽然没有"法益"这一概念,但作为犯罪客体的"国家对某某的管理秩序"等,与德日的超个人法益有异曲同工之处。而且,随着晚

---

[1] 参见:古承宗.经济刑法的保护法益与抽象危险[J].刑事政策与犯罪防治研究,2020(1):1-44.

[2] 松宮孝明.法益論の意義と限界を論ずる意味:問題提起に代えて[J].刑法雜誌,2007(1):1-14.

[3] ROXIN C, GRECO L. Strafrecht allgemeiner teil, band 1: grundlagen. der aufbau der verbrechenslehre[M]. München: C. H. Beck, 2020:72.

近的刑法修正,保护集体法益或者公共法益已然成为刑法的基本立场。[1] 如刘艳红教授指出,《刑法修正案(十一)》新增的 18 个罪名中,有 17 个都是侵犯集体法益的犯罪;而修改的 14 个罪名,其法益也均为集体法益。在整体上,该修正案体现出强烈的重安全轻自由、重社会轻个人的倾向,而这种强化集体法益的保护正是预防刑法观的植入结果。[2]

笔者认为,从严格意义上讲,法益本身的抽象化或精神化实际上是个伪命题。尽管在诞生之初,法益主要指具体的物,但自从百年前 Liszt 教授将法益与行为客体这两个概念明确加以区分后,法益就不再是有形的物,无论是权利、规范、价值观念、制度还是利益,都是抽象、概括的内容。例如,盗窃罪侵犯的法益是财产权,故意杀人罪侵犯的是生命权,其实与国家的货币信用、经济制度一样,都不是我们能够看得见、摸得着的具体事物。理论界通常意义上使用的"法益的抽象化",其实在一定程度上混淆了法益和行为对象,将行为对象的抽象化等同于法益的抽象化。例如,前述盗窃、故意杀人等侵犯个人权利的犯罪,行为对象都是明确、具体的,但对于侵犯公共利益的犯罪,受害者则是社会、国家这种相对而言更为抽象的概念。亦即,传统刑法针对的是对法益的具体危害,可以直接通过人类感知来确认,而预防刑法则主要针对我们无法感知的对象。因此,与其说是法益内容的抽象化,不如说是法益主体的抽象化,即刑法中出现了越来越多保护超个人法益的罪名。

(二) 法益的非人本化

风险使一切生物成为高科技加速发展未来远景中的命运共同体。[3] 作为生态系统命运共同体中的一员,人类与自然界是一个休戚与共、密不可分的整体——如果无可替代的地球环境遭到破坏的话,人类将不得不作为"地球

---

[1] 参见:周光权.积极刑法立法观在中国的确立[J].法学研究,2016(4):23-40. 刘艳红.积极预防性刑法观的中国实践发展:以《刑法修正案(十一)》为视角的分析[J].比较法研究,2021(1):62-75.

[2] 参见:刘艳红.积极预防性刑法观的中国实践发展:以《刑法修正案(十一)》为视角的分析[J].比较法研究,2021(01):62—75.

[3] 参见:焦旭鹏.现代刑法的风险转向:兼评中国当下的刑法观[J].西南民族大学学报(人文社科版),2018(12):79—90.

人",在"宇宙船地球号"里同患难,共命运。[1] 自20世纪末以来,随着生态学研究的新进展,人类对环境的认识也发生了重大变化,开始从以人类为中心向以生态为中心转变。相应的,环境刑法所保护的法也从传统的人身、财产等个人法益向生态环境等超个人法益转变,成了法益非人本化的典型代表。

在相当长的一段时间内,人本法益论都是环境犯罪法益的通说,认为环境法益必须能够与个人法益相联结,环境污染也必须能够对人类生命、身体健康或其他利益产生危害。详言之,环境本身并不值得保护,保护环境的根本目的在于人的利益;环境本身也不是独立的法益,对于个体而言只是一种人格的发展条件。例如,1971年德国刑法典草案将环境犯罪纳入"人的危殆化"这一标题下,主张"环境保护不是问题,因环境危险而保护人类生命和健康才是问题"。[2] 但随着有关环境伦理的发展,人们越来越感到一种道义上的义务,即我们也应当防止不直接影响人类的环境损害的发生。于是,立法者与司法者开始刻意模糊人类中心主义与非人类中心主义的界限,着重强调生态环境本身的价值,将其作为一种新型的法益。如德国有学者认为,从德国基本法第20a条要求的"国家有责任为将来的世代保护自然生存基础"规定即可推断出,作为"自然生存基础"的生态环境是非常重要的权利,不需要借助于其他权利才能得到保护,本身就是一种值得刑法保护的法益。这种生态法益的观点在不回溯到其他个人法益的前提下,将环境直接列为刑法保护的对象,视为对于人类具有本质重要性的自然生存基础,而确保人类生存充其量只是环境保护功能下的一种附随效果而已。即使是目前德国的通说——人本与生态调和论,也肯定与人类生存条件有关的生态环境可以作为保护法益。其中,生态法益处于直接受保护的位阶,而个人法益则有赖于生态法益获得确保后,间接地受到保护。在这一思想的引导下,德国刑法典设置专章规制环境犯罪,为环境法益赋予了独立的保护地位。

我国的环境犯罪亦不例外,亦将保护重心从单纯的人类利益转向环境利益。以污染环境罪为例,97刑法规定,该罪的构成要件必须包括"致使公私财

---

[1] 岩佐茂.环境的思想:环境保护与马克思主义的结合处[M].韩立新等,译.北京:中央编译出版社,2006:28.

[2] 参见:李晓龙.刑法保护前置化研究:现象观察与教义分析[M].厦门:厦门大学出版社,2018:15-16.

产遭受重大损失或者人身伤亡的严重后果",显然属于个人法益。后经多次修正,立法者已经删除了这一规定,代之以"严重污染环境"。而根据相关司法解释,对是否"严重污染环境"、是否属于"情节严重"的判断既和个人法益相关,也与环境本身受到的损害有关。如在司法解释第一条、第二条规定的包括兜底条款在内的 21 种情形中,有多种涉及排污地区、排污成分、排污方式、排污次数以及排污行为对农田、水源、森林的影响等非直接与人类相关的因素。这足以清楚地表明,我国污染环境罪的立法承认环境法益的独立性。而我国台湾地区所谓"刑法"第 190 条之一的"排放毒物污染环境罪"也规定,"投弃、放流、排出、放逸或以他法使毒物或其他有害健康之物污染空气、土壤、河川或其他水体者",应当构成犯罪。尽管台湾在 2018 年对该条进行修订,删除了"致生公共危险"这一要件,从而导致对该条是否保护个人法益存在一定争议,但学者们均认为,根据法条表述,该罪的法益肯定包括环境法益。

此外,随着动物福利主义的兴起,当前将动物独立作为刑法保护对象的立法也越来越多。如德国动物保护法第 17 条规定,无正当理由杀害脊椎动物或对其造成严重或长期痛苦的,处以三年以下徒刑或罚款。我国台湾地区所谓"动物保护法"也规定,违反相关规定,实施宰杀、故意伤害等行为,致动物肢体严重残缺或重要器官功能丧失的,亦构成犯罪。而《英国动物福利法案》《新西兰动物福利法案》《瑞士动物保护法》等法律,也均规定了虐待动物的行为构成犯罪。[1] 为此,Roxin 教授指出,人类是万物之灵,是可以确保,也可以干扰其持续生存的唯一生物。因此,带来了一个特别责任——只有人类可以维护自然的多样性。就虐待动物而言,人可以对被虐待的动物以感同身受的方式感到同情,如同对人一般,彼此之间是"异种的兄弟"。[2] 在保护人类的共同生活中,不仅包含形成过程中的生命,而且也包含高等动物的生命。动物的痛苦情感,是在相当于一定程度上的人的痛苦感情的水平上加以规定的。[3] 而

---

[1] 参见:陈璇.法益概念与刑事立法正当性检验[J].比较法研究,2020(3):51-72.

[2] Claus Roxin.法益讨论的新发展[J].许丝捷,译.月旦法学,2012(12):257-280.

[3] 参见:罗克辛.德国刑法学总论:第 1 卷[M].王世洲,译.北京:法律出版社,2005:17-18.

我国台湾地区高雄地方法院 2009 年度审简第 4403 号判决书更是明确指出：且其侵害之法益，系具有感受创伤、痛苦之独立动物生命法益，应以人类之生命、身体法益加以模拟。由此可见，不少国家与地区都在学理与实践中认可了动物可以单独成为刑法的保护法益，这无疑是法益的非人本化的进一步例证。

Stratenwerth 教授敏锐地指出，现代社会的问题不仅与保护活着的人类利益相关，而且是在现在与未来世代间确立正义的问题。但是，传统刑法只关注社会成员之间的现时社会矛盾，而没有考虑过对未来世代的保障，故应当予以完善。[1] 本书认为，解决这一问题最直接的方法，就是发展当前的法益概念，确立起面向未来的、非人本的法益观。Roxin 教授也认为，"将所提及的保护客体纳入一个扩大的法益概念，也因此是必要的和允许的，因为是基于过去十年的发展而来，而人类直到今日才有所体认。刑法不应该忽视世界变迁，特别必须整合这些变迁及其理念"[2]。因此，根据时代背景创设全新的、非人本的法益类型——例如生态环境法益，尽管会在一定程度上突破传统的法益概念，但却更符合时代精神，具有较强的合理性。

二、刑法介入早期化

所谓刑法介入早期化（Vorverlagerung），是指刑法在传统的犯罪构成要件尚未齐备时就提前介入，将某种会对法益造成危险的行为规定为犯罪。在此背景下，刑法规制的行为与目标损害的联系无疑是"遥远"的，更多的是根据假定为这些活动固有的风险或危险，而不是根据与被禁止损害的实际联系确定的。[3] 因此，刑法介入早期化的目的不仅是为了防止特定行为造成的危害，更重要的是避免行为人处于可能危害他人的状态。不少学者认为，处罚"遥远的伤害"（Remote Harms）是刑法介入早期化的主要表现，系指立法者将本身无害的特定活动定为犯罪，以防止发生某种其他类型的综合伤害或风险。

---

[1] Stratenwerth G. Zukunftssicherung mit den mitteln des strafrechts?[J]. Zeitschrift für die gesamte Strafrechtswissenschaft，1993（4）：679-696.

[2] Claus Roxin. 法益讨论的新发展[J]. 许丝捷，译. 月旦法学，2012（12）：257-280.

[3] ASHWORTH A，ZEDNER L，TOMLIN P. Prevention and the limits of the criminal law[M]. Oxford：Oxford University Press，2013：214-234.

其具体包括三种类型,分别是:第一,抽象危险犯,指具有直接侵犯或威胁法益的潜在可能性的行为;第二,累积犯或"联合侵害"(Conjunctive Harms),指只有大量同类行为发生才足以共同造成法益损害的行为;第三,预备犯或间接干预(Mediating Interventions),指会诱发或导致(被告或第三人)实施进一步的侵害行为。[1]

　　笔者认为,抽象危险犯有广义与狭义之分。累积犯与预备犯均可以被归入广义的抽象危险犯范畴,我国刑法中的不少持有型犯罪就属于它们的结合。甚至有学者认为,广义上的抽象危险犯已俨然成了一种集合类型(Sammelkategorie),只要不是实害犯或者具体危险犯,其他犯罪类型都可以归入抽象危险犯。[2]而狭义的抽象危险犯与累积犯、预备犯之间还是存在一定差异的。尤其是预备犯与狭义的抽象危险犯,前者系对侵害行为的提前介入,以实行行为为比较基准,主要为了防止后续关联行为造成的法益侵害;后者系对侵害样态的提前介入,以法益侵害作为比较基准,主要为了防止该行为造成的法益侵害,着眼点明显不同。[3]换言之,预备行为本身并不会对法益造成直接侵害,只会造成间接侵害——预备者本人或他人可能会利用预备工作所制造的条件,实施侵犯法益的行为;而狭义的抽象危险行为在没有人为介入的情况下,则会直接对法益造成危险。因此,本书特将这三个现象分开论述。此外,笔者还认为,除了上述三种犯罪类型之外,刑法分则关于共犯行为正犯化的立法也属于刑法介入早期化的重要表现,因为这一立法使得刑法对共犯的处罚时机不必非得等到正犯的实行,而是可以处罚独立的共犯行为。接下来,本书将对这四种具体表现形式展开论述,以求更为深入、系统地梳理刑法介入早期化立法表现,揭示出其特征与发展趋势。

---

　　[1] 参见:陈金林.现象立法的理论应对[J].中外法学,2020(2):470-493. SIMESTER A P, VON HIRSCH A. Crimes, harms, and wrongs: on the principles of criminalisation [M]. Oxford: Hart Publishing, 2011:57-59.

　　[2] 参见:谢煜伟.风险社会中的抽象危险犯与食安管制:"掺伪假冒罪"的限定解释[J].月旦刑事法评论,2016(1):70-90.

　　[3] 参见:王永茜.论现代刑法扩张的新手段:法益保护的提前化和刑事处罚的前置化[J].法学杂志,2013(6):123-131.

(一) 抽象危险犯

传统刑事立法无疑以实害犯为主体。但在现代社会追求风险管理的潮流下,抽象危险犯成了分配社会风险的最佳立法手段,[1]数量越来越多。尤其在国外的附属刑法中,危险犯的比例更是不断攀升。我国也不例外,近年来,刑法中的抽象危险犯也显著增多。当然,部分犯罪究竟属于抽象危险犯还是具体危险犯,或许存在一定争议,但新增实害犯的比例较低已然成为不争的事实。仅以《刑法修正案(十一)》新增罪名为例,可能被理解为抽象危险犯的就有妨害安全驾驶罪,生产、销售、提供假药罪,妨害药品管理罪,袭警罪,高空抛物罪,催收非法债务罪等多个罪名,体现出明显的风险预防目的。

德日与我国的刑法从通说均认为,危险犯包括具体危险犯与抽象危险犯,对应英美刑法上的显性危险犯(explicit endangerment offences)与隐性危险犯(implicit endangerment offences),均不要求实害的发生即可成立犯罪,故将对法益的保护提前到对法益产生危险的阶段。其中,具体危险犯由于要求具体危险的发生,并且这种危险已经足以被评价为刑法意义上的"结果",与实害的发生仅一步之遥,对公民权利的限制相对较小,故基本上不会产生太大争议。而抽象危险犯则指不法行为对法益侵害具有经验法则上的典型危险,但不要求实际发生危险。[2]立法者为抽象危险犯设置了定型化、标准化的行为模式,只要行为人实施该行为,就推定对法益具有抽象的危险——这种危险并非由个别行为观察可知,而是基于统计学意义上的大量观察与统计,从经验上显示某种行为容易造成法益的实际损害。由于与具体危险犯相比,成立抽象危险犯无须在个案中具体判断危险是否发生,亦不用论证行为与危险之间的因果关系,刑法介入的时机也更早,相对而言更受立法者与司法者的偏爱。以我国的危险驾驶罪为例,最常见的两种类型为"追逐竞驶型"与"醉酒驾驶型"。

---

[1] 参见:谢煜伟.风险社会中的抽象危险犯与食安管制:"搀伪假冒罪"的限定解释[J].月旦刑事法评论,2016(1):70-90.

[2] 关于具体危险犯和抽象危险犯的分类,理论界存在较大分歧。本书采取传统观点,认为二者区分的关键在于是否将危险发生作为犯罪构成要件。这一点和我国张明楷教授等学者的观点存在出入,本书所认为的抽象危险犯,包括张老师所认为的部分具体危险犯。由于学者们并未采取统一的抽象危险犯概念,从而给读者研究带来了一定困难。特此说明。

但在实践中,醉酒驾驶型的比例却要远远超过追逐竞驶型。除了实际发生数量的差异,认定的难易程度无疑也是影响定罪的重要因素。追逐竞驶型中规定了"情节恶劣",需要司法机关结合危险程度进行具体判断,而判断结果难免会因人而异,也是控辩双方争议的重要焦点。但醉酒驾驶型则不然,只要血液中的酒精含量超过一定标准,就可以直接认定为实施了符合构成要件的行为,故更容易以犯罪论处,案件数量也自然更多。

通说认为,设置抽象危险犯的意义主要表现为以下几方面:第一,对法益进行更提前、更周延的保护,从而弥补处罚实害犯的未遂在刑法上的不足。第二,方便判定因果关系。抽象危险犯通过将经验上证明是危险的行为规定为犯罪,从而降低了对犯罪结果和因果关系的要求,减轻了公诉机关的证明负担。第三,通过绝对禁止典型的危险行为,形塑个人行为模式,确保社会系统的稳定性。立法者借由抽象危险犯建立起一套行为规制,而公民也借由自动化的行为模式,避免自己因无知或误判而对法益造成典型风险。[1]

除了数量的增加之外,抽象危险犯的类型也得到了扩张。原则上,危险犯的主观罪过只能表现为故意,抽象危险犯也不例外。但近年来,实践中不断出现了过失危险犯,甚至过失的抽象危险犯的立法例。传统刑法理论认为,原则上只有发生了危害结果才能构成过失犯罪,故不承认过失危险犯,也不承认过失犯的未遂。但在过失犯罪中,行为人本不具备促进后果发生的意图,以至于同样的危险行为,却因为是否发生后果这一偶然因素而决定是否构成犯罪。换言之,在主观恶性相同的情况下,运气好没有发生结果的,就不是犯罪;运气不好发生结果的,就构成犯罪。这使得行为人是否受到刑事处罚完全取决于运气,既有客观归罪之嫌,也有违公平原则。因此,有学者认为,无论是基于正义的基本要求或是刑罚的威慑效果,都要求决定过失犯罪刑事责任的关键时点,应当是在危险状态形成而非危害结果发生之时,故需要承认无结果的过失(folgenloser Fahrlässigkeit)。而通过设置危险犯,当行为人的过失行为引起侵害法益的危险时,就能够予以处罚,从而避免其因为侥幸未发生结果而逃脱

---

[1] 参见:林东茂.危险犯与经济刑法[M].台北:五南图书出版公司,1996:16-22.

刑法的制裁。从这个角度来说,过失犯不是结果犯,而是行为犯。[1] 在这一思想下,德国刑法中规定了一定数量的过失危险犯。如德国刑法典第326条规定了过失的未经许可处理垃圾的抽象危险犯,第327条规定了过失的未经许可开动核设备的抽象危险犯,第328条规定了过失的未经许可交易放射性物质或其他危险物品的抽象危险犯。而在我国刑法中,也有学者主张危险驾驶罪的主观责任为过失,[2]如此一来,其就系典型的过失抽象危险犯。

最后需要指出的是,抽象危险犯与前述法益的抽象化密不可分。法益被描述得越具体,就越容易设置实害犯;描述得越抽象,则越容易被理解为危险犯。如果既有的法益体系无法合乎新形态危险的对应关系,立法上便会出现"合乎危险对应关系"的新形态法益。[3] 当前的刑事立法者喜欢先将经济、环境、国际以及有组织犯罪等领域的某种制度确定为集体法益,然后再围绕该法益设置抽象危险犯,从而通过减少犯罪的构成要素,增加了定罪的可能性。[4] 例如德国、日本乃至我国的经济犯罪与环境犯罪中,都充斥着大量以保护集体法益为目的的抽象危险犯,从而在实质上先将对个人法益的危险犯转化为对集体法益的虚拟实害犯,进而设置对集体法益的抽象危险犯。这种新形态法益的出现,不但支撑了抽象危险犯的存在,同时也对法益理论的立法指导机能以及体系批判机能造成了极大的冲击。

(二) 累积犯

"累积犯"(Kumulationsdelikte)的概念最早由德国学者Kuhlen教授于20世纪80年代提出,缘起于水污染犯罪。以德国刑法典第324条规定的水污染罪为例,通常而言,"水质的不利改变"不会对水资源的生态功能造成侵害,故

---

[1] 参见:许迺曼.过失犯在现代工业社会的捉襟见肘[C]//许玉秀,陈志辉.不移不惑献身法与正义:许迺曼教授刑事法论文选辑.台北:新学林出版股份有限公司,2006:513-539.

[2] 参见:冯军.论《刑法》第133条之1的规范目的及其适用[J].中国法学,2011(5):138-158.

[3] 参见:谢煜伟.风险社会中的抽象危险犯与食安管制:"掺伪假冒罪"的限定解释[J].月旦刑事法评论,2016(1):70-90.

[4] HASSEMER W. Sicherheit durch Strafrecht [J]. Onlinezeitschrift für Höchstrichterliche Rechtsprechung im Strafrecht,2006(4):130-143.

排污行为并未侵犯法律所保护的利益,甚至连抽象的危险都没有。[1] 但这种行为与其他因素共同作用,一旦超过某个特定阈值,就可能导致危害结果的发生——"在水库的公共饮水中滴入几盎司致命毒药氰化钾并不会造成损害,但氰化钾若达到临界数量(是一个令人惊讶的巨大数目),就将是致命的。当某人(或公司)向空气中排放一定量的二氧化硫,尽管未达到损害的起点,但他已经在损害的方向上轻微地增加了危险性化学物质的浓度"。[2] 在我国环境刑法中,破坏野生动植物资源犯罪也可以被视为累积犯,这是因为单一的侵害行为对动植物所代表的生态法益所造成的危险多是微不足道的,而一旦被多人重复实施,就可能造成较大危险或危害后果。在 Hefendehl 教授等学者的不懈努力下,如今,累积犯已拓展到对自然环境和人为制度等集体法益的保护。例如在经济犯罪中,德国刑法典就设置了大量的累积犯,认为虽然单个行为不足以对经济制度造成实质性损害,使其运转失灵,但如果他人予以效仿,则大量行为累积起来,势必会影响正常的经济制度,从而使得单个行为也具有可罚性。再如贿赂犯罪,按理说,一个人收受他人财物的,最多只会引发公众对其操守或品行的怀疑;但如果多人都收受他人财物、累积起来超过一定阈值的,公众就很难不对整个公务体系失去信赖,形成"只有送钱才能办事"的社会观念。

综合上述分析,所谓累积犯,是指个人的独立行为只能对法益造成极其轻微的危害,但为了防止该类行为被反复实施,以至于最终造成重大损害,故有必要将其作为犯罪论处的一种类型。Feinberg 教授进一步指出,累积犯具有以下五个特征:(1)由于众人共同且持续性的"贡献",才会接近、达到或超越特定阈值;(2)每个行为的贡献量参差不齐,关联程度与社会价值亦不相同;(3)在最终将侵害推至阈值之前,每个"贡献"本身都是无害的;(4)如果达到阈值,就构成公共损害,侵犯人人共享的重要利益;(5)绝大多数对污染有所"贡献"的行为从其他角度看是有益的,如果一律禁止,从社会整体角度来看反而

---

[1] 参见:张志钢.论累积犯的法理:以污染环境罪为中心[J].环球法律评论,2017(2):162-178.

[2] 范伯格.刑法的道德界限:对他人的损害[M].方泉,译.北京:商务印书馆,2013:255.

会得不偿失。[1] 对此,有学者提出不同意见,认为累积犯是指每个单独行为自身的危险性程度都很低,但当作为其累积的结果明显表露出危险性时,则无论在质还是量上,都已经达到了足以受到刑事处罚的程度。[2] 笔者认为,这一观点只注意到危险程度的累积,而没有关注为什么会累积起来——即对他人的示范效应,因此是不全面的。按照这种观点,即使行为人的某一行为不会引发他人效仿,但如果被自己反复实施,也可能在长时间的积累后成立累积犯。这一理解明显与累积犯理论形成的初衷相矛盾。累积犯不是旨在解决行为本身一旦被大量实施,是否会产生负面后果的问题,而是这些行为在与其他相同或类似的行为结合在一起时,能否显示出系其引发了这种后果。此时,社会中个人的法义务不仅是"不侵害任何人"的注意义务,还包括协力确保他人法律上的权利不受侵害。因此,处罚累积犯的原因主要在于自己行为诱发他人实施类似行为,从而对法益造成抽象危险;而自己可能多次实施违法行为的处罚重心,显然更偏重于人身危险性,二者并不相同。此外,这一理解还可能会大幅提前刑法的处罚时机。试想,如果因为行为人可能在今后反复实施同一违法行为,就能够将其作为犯罪论处,无疑会使刑法演变为"嫌疑刑法",存在主观归罪的嫌疑。因此,仅因行为人自己可能在今后反复实施某一行为而产生累积效应的,不应被归入累积犯的范畴。

累积犯模型对于规范结构及法释义方法的变革主要体现在以下方面:[3] 第一,不再需要评价侵害结果的因果关系与客观归责。由于我们无法从规范的角度,将这种整体性风险或系统性的法益侵害公平地回溯至每一个行为人,故行为与法益侵害之间的关联在累积犯中完全多余。第二,透过累积犯特殊的行为结构,传统的结果无价值全数转变为行为无价值的问题,形塑行为无价值的义务违反不再以现实性的法益危险作为基础,而是诉诸污染行为外部成本的控制需求。第三,通过"微量原则"将情节显著轻微的行为排除在外。

---

[1] 参见:范伯格.刑法的道德界限:对他人的损害[M].方泉,译.北京:商务印书馆,2013:256.

[2] 参见:张晶.风险刑法:以预防机能为视角的展开[M].北京:中国法制出版社,2012:172.

[3] 参见:古承宗以抽象危险与累积犯罪之辩证为中心评析台湾地区所谓2018年新修正"刑法"第190条之1的内容[中正大学法学集刊,2018(61):157-238]。

在严格意义上，累积犯与抽象危险犯存在一定差异。Kuhlen 教授为此专门举了两个例子：甲将生活污水排入莱茵河中；乙则在醉酒状态下于道路上驾驶机动车。其中，乙是典型的抽象危险犯，其行为的危险性与可罚性并不取决于其他司机是否在同样条件下驾驶汽车；而甲则是累积犯，即使其一直这么做，原则上也不会对河水造成损害，除非这种行为被大量效仿时，才能产生实害。因此，在抽象危险犯中，个人行为通常是危险的。而在累积犯中，个人行为则通常没有那么危险；但一旦被广为实施，就会在整体上造成损害。[1] 尽管存在上述差异，但多数学者认为，累积犯与抽象危险犯在犯罪结构上具有十分密切的关系，累积行为与集体法益之间存在十分遥远的距离，只能被评价为一种抽象的危险。因此，累积犯可以算作抽象危险犯的一种具体表现类型或者早期形态。笔者也基本认可这一观点，但认为累积犯对法益的危险程度比通常意义上的抽象危险犯中的抽象危险更低，刑法的介入时点也要早于抽象危险犯，因此更需要予以严格限制。

（三）预备犯

1. 独立预备犯

虽然传统刑法也在一定范围内处罚预备犯，不过一般而言都有较为严格的限制，以免将刑法介入的时点过于前移，进而侵犯公民自由。因此，尽管我国刑法对犯罪预备规定了普遍处罚原则，但德国、日本等国刑法均以处罚特定重罪的预备为原则。正是这种原则上不罚的态度，使得欧陆学者基本上忽视了对预备犯的研究，该领域甚至一度被评价为"一片未开垦的处女地"。但值得注意的是，近年来，刑法分则将在本质上属于其他行为的预备行为设置为独立犯罪的立法技术愈加普遍，将处罚时点提前到了距离法益侵害十分遥远的犯罪预备阶段，而这类预备犯也被称为独立预备犯或实质预备犯。例如，为了应对恐怖主义带来的严重威胁，德国刑法典第 89 条 a 规定处罚严重危害国家的暴力犯罪的预备行为，前述的第 89 条 b 甚至处罚犯罪预备的预备；日本《关于有组织犯罪的处罚及犯罪收益的规制等法律》中，也规定了为恐怖组织或其

---

[1] KUHLEN L. Der handlungserfolg der strafbaren gewässerverunreinigung (§324 StGB)[J]. Goltdammer's Archiv für Strafrecht，1986：389-408.

他有组织犯罪组织实施犯罪的预备犯。为了加强对性侵未成年人的预防,英国增加了前述"性诱"犯罪;而挪威刑法第 306 条也规定,出于实施性侵的意图安排与未满 16 周岁的儿童会面,并来到会面地点或来到可以观察到会面地点地方的,即可构成犯罪。显然,这些规定均将性侵的预备行为规定为独立犯罪。

近年来,我国刑法中也新增了准备实施恐怖活动罪、非法利用信息网络罪等独立预备犯。通过设置独立预备犯,并且结合我国刑法总则关于犯罪预备的相关规定,立法者甚至能够将处罚时点提前到预备的预备、未遂等形态,较之于传统的犯罪预备无疑大幅扩张了处罚范围。不过,我国也有学者对某些犯罪是否属于预备犯提出了反对意见,如认为非法利用信息网络罪不是独立预备犯,因为"发布违法犯罪信息"和"为实施违法犯罪活动发布信息"具有实行行为的"着手"性质。[1] 但笔者认为,发布信息行为距离法益侵害还十分遥远,无论如何也不能被评价为"着手"。以为实施诈骗犯罪发布犯罪信息为例,发布信息最多属于为了犯罪制造条件的预备行为,并不能确保被害人接收到信息;只有进一步实施欺骗行为的,才是犯罪的着手。因此,非法利用信息网络罪是预备行为实行化的典型代表。无论在理论还是实践中,都不能过于扩张着手的认定时点,进而混淆预备与实行的界限。

2. 持有型犯罪

广义的预备犯中还包括一种特殊类型——持有型犯罪。Schroeder 教授结合德国刑法典的有关规定,将持有型犯罪分为以下几类:[2]

第一,单纯的持有型犯罪。从属性上看,诸如爆炸物或放射性材料等物品,本身就具有高度的危险性,将持有这类物品规定为犯罪并无争议。

第二,具有使用意图,或是为了实施其他犯罪的持有型犯罪。实践中,相当一部分物品只有在后续被使用时,才可能对法益造成危害,例如恐怖主义、

---

[1] 参见:皮勇.论新型网络犯罪立法及其适用[J].中国社会科学,2018(10):126-150+207.

[2] SCHROEDER F C. Besitz als straftat[J]. Zeitschrift für Internationale Strafrechtsdogmatik,2007(11):444-449.

极端主义音频视频资料,[1]能够激起特定群体仇恨的文书,[2]用于盗窃的工具,[3]等等。这类物品如果仅被行为人持有而不后续使用的话,就不会侵犯法益。故立法者为了限制处罚范围,在法条中明确将使用或犯罪意图规定为这类犯罪的主观要素。如德国刑法典第 86 条规定的以散发为目的而持有违宪组织的宣传品的;第 184 条规定的意图使淫秽文书供相关犯罪行为使用而持有的;以及为了伪造货币、官方证明等而持有特定材料等行为,都将成立犯罪。如果持有者没有实施犯罪的意图,则仅构成违反秩序的行为。刑法将持有这类物品的行为规定为犯罪,无疑体现出鲜明的预防性特征。立法者认为,持有这类物品是为了下一步实施更严重的犯罪做准备,故将处罚时点从实施后续严重犯罪提前到持有关键工具。例如行为人非法持有枪支的,很大概率是为了今后使用枪支实施犯罪行为;而持有非法制作的电磁记录的,也很可能在今后利用这些资料进行犯罪。从这个角度出发,这类持有型犯罪应当属于犯罪预备的一种类型。

第三,将持有作为一种对生产的限制。在不少国家,拥有儿童色情制品的行为都被规定为犯罪。对此,有人提出反对意见,认为只有传播色情制品才会侵犯法益,在不具备该目的的情况下自己单纯持有的,不应当构成犯罪。但 Schroeder 教授解释道,儿童色情制品与其说是大众产品,不如说是发行量小的私人视频。因此,每一次购买和拥有儿童色情制品都会鼓励生产相应的音像制品。故对持有这类物品设置相应的惩罚,既在实质上保护了被录制的儿童,也能起到一定的预防效果。

第四,为刑事证明或认定提供便利的持有型犯罪。此时,对占有的处罚是为了保存取得物品的证据,并排除对取得占有时效的异议。

在上述第四类犯罪的基础上,有学者从刑事诉讼的角度出发,认为持有型犯罪不只规制现在的行为,更是作为过去实施的行为或今后将实施某种行为的证据。在本质上,之所以惩罚持有行为,并非因为持有行为本身,更多是在

---

[1] 如我国刑法第 120 条之六。
[2] 如德国刑法典第 130 条。
[3] 如日本特殊开锁工具持有禁止法第 16 条。

证据不足的情况下,将其作为惩罚过去的行为或将来的行为的替代品。[1] 因此,立法者设置持有型犯罪更多是出于便利刑事诉讼的需要。据此,持有型犯罪可以被区分为超前预防型(预备型)的持有型犯罪,与事后堵截式的持有型犯罪。前者已经在上文进行了论述,而后者的典型代表如非法持有国家绝密、机密文件、资料、物品罪与巨额财产来源不明罪。[2] 之所以持有上述物品,不是为了实施后续犯罪,而是上游犯罪的自然延续——对犯罪所得的保管。为了解决因证明标准而产生的定罪困难,立法者专门设置了这类犯罪,作为不能以上游的获取行为定罪时的备选罪名。从这个角度讲,这些事后堵截式持有型犯罪确实不是为了实现事前预防目的,故不属于本书的研究对象。

3. 结社型犯罪

结社型犯罪又被称为组织犯罪或成员犯罪,也是一类值得注意的预备犯。由于犯罪组织具有强固的组织性、计划性、常业性(反复继续性)、高度危险性、强暴性、胁迫性等特征,故危害性远大于一般共同犯罪,是世界各国重点打击的对象。《联合国打击跨国有组织犯罪公约》呼吁,各缔约国均应采取必要的立法和其他措施,将组织、领导参加有组织犯罪集团的行为规定为犯罪。基于该规定,各缔约国纷纷通过设立组织犯、成员犯、共谋犯等方式,将组织、领导、参加诸如恐怖组织等特定类型犯罪组织的行为独立规定为犯罪,旨在抵制此类严重犯罪集团的形成与延续。例如德国刑法典第129条的建立犯罪组织罪、第129条a的建立恐怖组织罪;法国刑法典第五编专门规定了参加坏人团伙罪;意大利刑法典规定了发起、建立、组织、参加犯罪集团的犯罪;韩国刑法典规定了组织或参加以实施特定犯罪为目的的团体或集团的犯罪;我国刑法也规定了组织、领导、参加恐怖组织罪与组织、领导、参加黑社会性质组织罪。按理说,加入犯罪组织,仅仅是实施后续严重犯罪的第一步,充其量只是犯罪预备行为。但立法者出于预防的需要,对虽然参加特定犯罪组织,但自身尚未实施其他犯罪行为的人也予以处罚,从而传递出"禁止加入该组织"的明确信号,从源头上遏制犯罪组织的发展壮大及后续犯罪的实施。根据上述规定,刑

---

[1] DUFF R A, GREEN S P. Defining crimes: essays on the special part of the criminal law[M]. Oxford: Oxford University Press, 2005:102-103.

[2] 参见:姜敏,詹惟凯.论持有型犯罪的性质、正当性根据及其限度[J].中国人民公安大学学报(社会科学版),2022(1):55-66.

事侦查机关也可以大幅提前介入时机——原先只有当行为人意图实施具体犯罪时才能采取相应措施,而如今却可以在其加入团伙时就予以介入。

当然,也有学者明确指出,如果从加入组织后实施特定犯罪的角度出发,结社型犯罪确实属于后续犯罪的预备。但是,对于有组织犯罪或恐怖主义组织而言,由于其内部结构、具体组织和目标设定,犯罪组织的存在已经损害了一般公众的安全感,从公共安全和秩序的角度来看,应当被视为一种大规模的威胁。[1] 行为人加入组织时,即使并不存在今后实施特定犯罪的明确意图,也为组织的存续与壮大提供了助力。从这个角度来看,结社型犯罪既是侵害公共安宁的实行犯,也是实施具体的预备犯。立法者将该行为规定为犯罪,除了在时间上将刑法保护延伸到具体刑事犯罪的准备阶段外,还扩大了刑事责任,以保护广大公众免受与犯罪集团相关的具体危险。

(四) 共犯行为正犯化

所谓共犯行为正犯化,是指将狭义的共犯行为进行独立评价,按照实行犯论处。陈兴良教授指出,共犯行为正犯化可以分为组织行为的正犯化、教唆行为的正犯化与帮助行为的正犯化等三种类型。[2] 其中,组织行为正犯化的典型代表为组织恐怖组织罪、组织黑社会性质组织罪、组织偷越国边境罪。笔者认为,与帮助犯、教唆犯不同,组织犯是我国特有的一种分类模式,德日刑法中并未明确规定。但根据相关刑法理论,虽未直接实施犯罪,但在幕后对犯罪实行发挥支配作用或重要影响的行为人,无论解释为间接正犯、共谋共同正犯,还是直接认定为正犯,均属于正犯的范畴。既然本身就是正犯,也就无所谓正犯化了。更何况,组织犯在犯罪中所起的作用较大,我国刑法明确将其规定为主犯,故对其处以和实行犯相当,甚至更高的法定刑,也不会引发争议。因此,组织行为正犯化这一表述并不严谨。故笔者认为,共犯行为的正犯化应当只包括帮助行为正犯化与教唆行为正犯化。

在共犯行为正犯化中,帮助行为正犯化是最为常见的类型,是指立法者不

---

[1] SCHÄFER, ANSTÖTZ. § 89a. in Münchener Kommentar zum StGB, 4. Auflage[M]. München: C. H. Beck, 2021:2-3.

[2] 参见:陈兴良.共犯行为的正犯化:以帮助信息网络犯罪活动罪为视角[J].比较法研究,2022(2):44-58.

再将本属于某罪的帮助行为以共犯论处,而是设置为独立的犯罪或作为正犯处罚。在我国刑法中,就存在大量帮助行为正犯化的条文,[1]涉及国家安全、公共安全、公民人身权利、司法秩序、国家工作人员的廉洁性等多种法益;包括协助类帮助、资助类帮助、介绍类帮助、容留类帮助、提供特殊对象类等帮助类型;既有帮助犯罪行为入罪,也有帮助违法行为入罪。具体包括第107条的资助危害国家安全犯罪活动罪、第120条之一的帮助恐怖活动罪、第284条之一的组织考试作弊罪、第287条之二的帮助信息网络犯罪活动罪、第358条的协助组织卖淫罪、第363条的为他人提供书号出版淫秽书刊罪,等等。这样一来,原本的帮助犯被作为正犯处理,即使在不构成共同犯罪的情况下,也有单独定罪的可能。一般而言,从罪责刑相适应的角度出发,帮助行为正犯化的法定刑均应低于相应的正犯行为;此时,也就不再适用刑法第27条对从犯的从宽处罚规定。但在我国刑法中,也有将帮助行为与正犯同等处罚的情况,如刑法第244条规定,为强迫劳动者招募、运送人员或者有其他协助行为的,适用相同的法定刑。除了立法之外,我国部分司法解释也将某种犯罪的帮助行为直接作为该罪的正犯论处。例如《关于办理利用互联网、移动通信终端、声讯台制作、复制、出版、贩卖、传播淫秽电子信息刑事案件具体应用法律若干问题的解释(二)》,将电信业务经营者、互联网信息服务提供者明知是淫秽网站,为其提供互联网接入、服务器托管、网络存储空间、通信传输通道、代收费等服务,并收取服务费的行为认定为传播淫秽物品牟利罪的正犯。[2]这种情况虽未新增罪名,但在事实上起到了帮助行为正犯化的效果。本书认为,司法解释的这一做法明显超越了自身的权限,涉嫌僭越立法,并不可取。因此,不应承认司法解释中的共犯行为正犯化,在立法未明文规定的情况下,只能按照共同犯罪论处。

此外,陈兴良教授认为,帮助行为正犯化意味着将共犯行为抽离出来单独

---

[1] 当然,张明楷教授等学者认为,其中有些条款不是帮助行为正犯化,而是独立的量刑规则。参见:张明楷.协助组织卖淫罪的重要问题[J].中国刑事法杂志,2021(5):3-22.本书依照多数学者的观点,在广义角度使用"帮助行为正犯化"一词,认为无论是帮助行为正犯化还是独立的量刑规则,只是基于不同类型的帮助行为的法益侵害及其危险性大小,对相关犯罪成立条件进行不同程度的归纳所得出的解释结论而已。教唆行为正犯化亦同,只不过因为我国刑法明确规定了教唆犯的处罚,导致情况更为复杂。

[2] 目前该行为应以帮助信息网络犯罪活动罪定罪。

成罪,故仅限于异种罪名。[1] 因此,组织考试作弊罪与强迫劳动罪均不存在帮助行为正犯化的问题。但笔者认为,这种行为也属于"对传统的帮助行为以独立的正犯论处",不应被排除在外。以强迫劳动罪为例,倘若没有刑法第244条第2款的规定,为强迫劳动者招募人员的行为如要构成共犯,必须得他人着手实施强迫行为才行。而在刑法单独规定后,尽管在理论上存在不同解释,但从字面上看,只要实施了招募人员等行为即可构成犯罪,是否为强迫劳动者所接收、是否被强迫劳动都在所不论。[2] 由此不难看出,帮助行为已经被拟制为实行行为;即使罪名不变,也已不再按照共犯论处。因此,帮助行为正犯化的本质在于帮助行为是否被作为实行行为对待,具有独立的可罚性,而与是否被规定为不同的罪名无关。

其次,共犯行为正犯化还包括教唆行为正犯化,即立法者将本属于某犯罪教唆犯的行为单独设置为犯罪或作为正犯处罚。除了常见的煽动型犯罪外,我国刑法分则中还有一些较为隐蔽的指使型犯罪。例如刑法第160条第1款规定了欺诈发行证券的行为,第2款则将控股股东、实际控制人指使他人实施前款行为这一本质上的教唆行为作为独立罪状,并且与实行行为设置了几乎完全相同的法定刑。这就在事实上将教唆行为作为正犯处理,即使被教唆者未实施被教唆行为的,教唆犯也独立构成犯罪,并且似乎还不能依据刑法第29条第2款从宽处罚。类似条款还有刑法第161条第2款、第169条之一第2款、第280条之二第2款,等等,均系刑法修正案新增的条款。

显然,共犯行为正犯化既提前了刑法的介入时机,又扩张了犯罪的处罚范围。就前者而言,刑法可以在正犯尚未着手实施犯罪时就予以介入,单独处罚共犯。例如帮助恐怖活动罪,就不以被帮助的恐怖分子实施犯罪为前提。就后者而言,刑法可以名正言顺地处罚本属于"共犯的共犯"的行为,而不必担心责任链条过长的问题。以协助组织卖淫罪为例,教唆、帮助他人实施协助行为

---

[1] 参见:陈兴良.共犯行为的正犯化:以帮助信息网络犯罪活动罪为视角[J].比较法研究,2022(2):44-58.

[2] 当然,这种情况应该非常罕见,笔者通过在中国裁判文书网搜索,尚未检索到这种案例。并且从保护法益上看,如果未强迫他人劳动的,也没有侵犯到他人的劳动自由,不过似乎也存在以共犯论处的余地。但可以肯定的是,司法实践中并未将招募人员这类行为以强迫劳动罪的共犯论处。

的，均应以共犯论处。立法者之所以将共犯行为正犯化，除了共犯行为本身就侵害法益、可能发挥出比正犯更重要的作用之外，很大程度上也是出于预防的考虑。诸如恐怖主义犯罪、网络犯罪等犯罪，往往需要多人合力方可实施，并且不同参与人之间可能素不相识，也难以证明主观上存在意思联络。如果仍然恪守传统的共犯理论，可能会导致实施教唆、帮助行为者无法被处罚。而将这类行为直接规定为犯罪，甚至能够在无法确定正犯的情况下处罚共犯。如此一来，就能在很大程度上对共犯形成威慑，降低其参与犯罪的积极性，进而提高正犯实施犯罪的难度，以减少严重犯罪的发生。此外，还有学者从一般预防的角度出发，认为将共犯行为设置为独立罪名，能够方便不了解共同犯罪理论的社会大众准确认识该行为的处罚范围与社会危害性，更为有效地实现谴责的个别化与一般预防功能。

三、责任范围扩张化

（一）刑事义务扩张

行政法出于管理社会、预防风险的需要，为公民设立了大量的法律义务。按理说，违反这些义务的，通常只会受到行政法上的处罚，而不可能受到刑法的追究。但近年来，刑法却大量介入上述领域，尤其是在附属刑法中增设了大量违反特定禁令的不作为犯，将这些义务从行政法上的义务上升为刑法上的义务。如此一来，行为人违反上述义务的，就将受到刑事处罚，导致部分原本规定在行政法中的违法行为，被纳入刑法的规制范围。这种不作为犯被广泛适用的现象被日本学者称之为"管理、统制类刑事立法的多用"，即为了管理、统制某种事业的参业者或关系者的行动，要求其为或不为一定行为，否则就予以刑事处罚的行为。[1]以《日本道路交通法》为例，第77条规定了申请道路使用许可的若干情形，如行为人组织多人在道路上聚集，可能会显著影响交通状况的，必须经过有关部门审批。倘若违反了相应要求，则将被处以三个月以下有期徒刑或者五万日元以下罚金。再如我国刑法中的拒不履行网络安全管

---

[1] 参见：关哲夫，王充.现代社会中法益论的课题[J].刑法论丛，2007（2）：334-359.

理义务罪。网络服务提供者违反了《反电信网络诈骗法》等前置法的义务,经有关部门责令改正后仍不改正,情节严重的,也将成立犯罪。

如果说行为人因为怠于履行相关义务而对法益造成一定危险,对其处罚尚属无可厚非的话,当前不作为犯罪的另一个突出趋势是:基于国家在犯罪侦查时遇到的困难,立法者强调了公民的协助义务,增设了大量的不监管、不报告型犯罪,使得那些与"基本犯罪"没有必然关联的人,仅因为未履行监督、报告等义务而被犯罪化。例如,日本《儿童虐待防止法》第13条之四规定了相关机关、个人提供与虐待儿童相关材料与信息的义务;未能依法履行该义务的,将被处以一年以下有期徒刑或者五十万日元以下罚金。《刑法修正案(九)》也增设了拒绝提供恐怖主义、极端主义犯罪证据的情形,将配合司法机关调查、收集有关恐怖主义、极端主义犯罪证据上升为刑法义务。至于英美刑法中,更是充斥着这类单纯的不报告、不提交相关资料类的犯罪。

之所以出现上述违反行政义务类犯罪大幅扩张的现象,原因不外乎预防风险的目的。一方面,由于有刑法作为背后的威慑,民众们势必会小心、谨慎地遵守行政机关的法令,依照其制定的规范实施行为,从而避免发生重大风险或严重事故。而以未有效监管、报告等为由,认定个人或单位构成犯罪,本质上也在于其没有建立或履行好合适的预防措施。对于那些性质极其严重,或是较为隐秘、难以发觉的犯罪,政府通过给民众设置监督、报告等义务,充分调动社会力量进行监督,从而弥补了国家监管力量的不足,能够更早、更及时地发现犯罪。而这种"全民监控"的背景,势必会给意图实施相应犯罪的行为人造成极大压力与障碍,从而有效减少犯罪发生。

另一方面,这一规定也极大便利了刑事定罪,从而能够更好地发挥预防功效。首先,由于风险的判断往往涉及专业判断,刑事法官或力有不逮,故交由行政机关进行事前的调查认定。行政机关认为合法的,就无须进入刑事程序;认为涉嫌犯罪的,再移送至司法机关,从而大幅减轻了司法机关的相关工作量。在这一背景下,立法者增设了大量的行政违反加重犯,以及以相关部门是否做出特定行政行为为前提的犯罪,使得部分预防刑法条文具有了鲜明的行政从属性。这种特性导致犯罪构成要件的成立与否密切依附于行政机关,刑法对其他标准体系的依赖日益明显。例如,贩运麻醉药品是否应受惩罚,取决于一份能够随时被行政决定修改的犯罪成瘾物质清单。这一变化自然给公诉机关的举证带来了较大的便利,如德国学者认为,通过将刑法与行政法联系起来,可以实现举证责任的倒置——未经官方许可的行为就将受到惩罚,[1]从而省去了危害结果以及因果关系的复杂认定。其次,在刑事诉讼中,不作为犯也是适用于难以证明作为、作为的故意以及因果关系等情况下的利器。"如果某些行为直接处罚存在困难时,以不作为犯的方式进行'转向'处罚,就可避免刑法谦抑主义的批判。"[2]具体而言,在难以证明积极作为的情况下,只要确认不作为就足够了;在难以证明具有作为故意的情况下,只要证明行为人具有不作为的过失就足够了,甚至发展出管理过失、监督过失等理论;在难以证明作为和结果之间现实的因果关系的情况下,只要证明不作为和结果之间存在的假定因果关系就足够了。甚至在不纯正不作为犯中,还会应用所谓的危险减少理论,以减少因果关系认定上的困难。亦即,如果实施救助行为能够减少发生结果的危险,就要追究未实施救助行为者的责任。如此一来,就将本属于结果犯的不纯正不作为犯替换为行为犯,从而增加了刑事定罪的可能性。

(二)责任主体扩张

在传统刑法理论中,基于罪责自负理论与责任内容的构造,责任主体原则上只包括个人。而在风险社会中,以单位为主体实施的犯罪愈发得到立法者的高度重视,犯罪主体逐渐由自然人扩张到法人,甚至包括犯罪组织。具有法人犯罪传统的英美法系与法国自不必说,尽管德日等国家的刑法典没有处罚法人犯罪的传统,刑事责任主体原则上只能是自然人,但近年来,随着预防刑法理念的深入发展,这一传统也得到了较大程度的改变。不少国家都在刑法典或附属刑法、单行刑法中规定了环境犯罪、经济犯罪等犯罪的法人责任。例如,德国商法典、公司法、商标法、环境责任法、产品质量法等法律中,均对法人规定了刑事罚则;日本的公害罪处罚法、水产资源保护法、矿业法、所得税法等法律也均明确了双罚规定,将犯罪主体由自然人扩大为法人;截至 2015 年,韩

---

[1] KINDHÄUSER U. Straf-Recht und ultima-ratio-Prinzip[J]. Zeitschrift für die gesamte Strafrechtswissenschaft,2017(2):382-389.

[2] 李婕.抽象危险犯研究[M].北京:法律出版社,2017:85.

国在近 600 部行政法与经济法中均设有双罚规定,并且数量还在持续增加。[1]

与德日等国不同,我国刑法中明确规定了单位犯罪主体,但近年来,随着刑法的修改完善,单位犯罪也呈现出显著的递增趋势。立法者正在逐渐淡化自然人和单位的主体差异,强化预防单位犯罪机制。[2]例如,《刑法修正案(九)》对刑法第 120 条之一、第 285 条、第 286 条增设了单位犯罪,新增加的第 286 条之一、第 287 条之一、第 287 条之二等条文均设有单位犯罪。《刑法修正案(十一)》则为刑法第 161 条、第 219 条之一增设了单位犯罪主体。而我国台湾地区所谓的洗钱防制法、银行法、空气污染防制法、水污染防治法等附属"刑法"中也规定了法人犯罪主体,与台湾地区所谓的"刑法"共同构成了"原则不罚、例外罚之"的法人处罚模式。

犯罪主体由个人向单位扩张的原因主要在于:在风险社会,单位因其规模巨大、组织严密、实力雄厚,一旦实施犯罪,无疑比自然人具有更大的社会危害。但如果仅处罚其内部的自然人,一则不会影响单位,并且行政处罚或民事赔偿的威慑及惩罚力度有限,单位甚至会将这些处罚作为必要的生产经营"成本",进而转嫁给消费者。二是现代大型企业的内部分工复杂,决策程序烦琐,很难从构成要件的结果中找到明确的责任人。企业内部分工体制既意味着危险承担的分配,也意味着责任的分配——直接责任者的行为,中层管理人员在监督、管理中的懈怠,他人的介入,以及错误的经营决策等,都可能直接或间接地为结果的发生创造条件。如果对此均不处罚,就会造成"有组织的不负责任";反之,如果让所有与决策相关的成员都承担责任,又显失公平;而如果只处罚直接实施犯罪的人,则既不利于被害人寻求救济,也可能会使得这些人成为单位的替罪羊。[3]为了解决这一问题,立法者从实际出发,逐步摒弃了传统观念,将单位直接纳入归责主体,以集体归责的形式消除个别归责的不稳定

---

[1] 参见:金昌俊.中韩法人犯罪中双罚制的比较研究[J].东疆学刊,2016(1):49-54.

[2] 参见:高铭暄,孙道萃.预防性刑法观及其教义学思考[J].中国法学,2018(1):166-189.

[3] 金裕根.危険社会における客観的帰属上の問題点[J].ノモス,2012(30):47-62.

性,从而督促单位更好地规范生产经营,提升自身的风险预防能力,以预防内部犯罪的发生。

此外,还有观点指出,英美的刑事替代责任(vicarious liability)也是基于预防目的导致的责任承担主体的扩张。所谓刑事替代责任,是被告人在自身无任何过错的情况下,对另一人的犯罪行为承担刑事责任。当然,其适用范围是十分狭窄的,仅限于特定类型的犯罪。[1] 笔者经查阅相关资料,发现这一概念在英美法理论中较为灵活、多元,涉及范围很广,在不同场合下被用于共谋、法人犯罪、生产危险物品等多种行为类型,并与严格责任密切相关。有些与预防刑法相关,有些则是单纯为了解决责任分配问题——即使雇员违反雇主要求故意从事犯罪行为,尽到了注意义务的雇主仍需要对此负责,显然属于纯粹的结果导向,可能与本书的主题并不相关。因此,对这一问题就不再展开讨论了。

(三)归责方式改变

在预防刑法的影响下,刑法的归责方式也逐渐发生了转变。传统归责程序得到了简化,不再要求危害行为与危害结果之间具有严格意义上的因果关系,只要在概率学的角度上,行为对法益表现出一定的危险嫌疑时,国家就可以采取相应的刑事制裁手段。亦即,以关联关系取代了因果关系。[2] 对于这一问题,本文将在下文结合刑法因果关系理论的变化,展开详细论述。此外,立法者甚至还采取"一劳永逸"的方法,通过大量设立抽象危险犯或行为犯,将对结果的判断转化为对行为的认定,进而在事实上排除了因果关系这一构成要件要素。[3] 目前,不少国家的药品犯罪、食品犯罪、环境犯罪都采取了这一立法方式,从而回避了科学上的证明难题。以我国的污染环境罪为例,在难以准确认定排污行为与污染后果的情况下,只要证明行为人实施了特定的污染行为,就足以成立犯罪。

---

[1] 参见:赖佳文.刑事替代责任的理论现状、制度引进与现实选择[J].中国刑事法杂志,2013(2):20-27.

[2] 参见:姜敏.刑法预防性立法:罪型图谱和法治危机消解[J].政法论坛,2021(6):176-188.

[3] 参见:古承宗.风险社会与现代刑法的象征性[J].科技法学评论,2013(1):115-177.

第二章
预防刑法的价值分析

真正的法律总会向新生事物开放,而非在自我封闭中走向僵化与死亡。因此,法律并不是供奉于布满了灰尘的架子之上、让人远远瞻仰的陈旧古董,而像一棵顽强地扎根于历史之中、古老但却茁壮生长的参天大树,依旧发出了新芽,长出了新枝,并不时褪去枯木。[1]正是在这一次次蜕变与自我完善的过程中,我们的法律逐步取长补短,走向成熟。刑法也不例外,在发展过程中不可避免会受到社会变革的重大影响,与所处的时代同呼吸、共命运。在本章中,笔者将对预防刑法的产生背景与现实基础进行讨论,综合分析其时代价值与蕴含的法治风险,并预测其在我国的未来走向。

第一节 预防刑法的现实基础

刑法是社会体系的一部分,二者存在密切的互动关系。作为"伟大思想的自我运动"的一部分,刑法无疑要遵循其时代特有的社会、文化和政治范式。它不是一套脱离世俗现实与具体问题的体系结构,而是深刻反映了社会和政

---

[1] 洛克林.剑与天平:法律与政治关系的省察[M].高秦伟,译.北京:北京大学出版社,2011:110.

治的发展。但与太阳系中的行星不同,刑法系统的"星体"并不遵循预先绘制的轨道。亦即,刑法的发展并不是朝着一个目标直线前进的,而是试探性地运行,偶尔会陷入极端,并在其顶点再次走上相反的发展路线。[1] 今天,在犯罪浪潮、犯罪恐慌、政治投机主义和民粹主义的压力下,预防刑法范式盛行,通过刑法改善世界深深植根于我们日常的规范性理解、刑事司法思维与国家目标理念。不少人都认为,通过刑法创造安全是我们出于面临重大风险、对未来的恐惧、对犯罪的恐惧与控制的需要——今天的刑法不仅需要保护个人免受客观的威胁,甚至还被要求把人们从日益存在的主观焦虑中解脱出来。[2] 这种刑法的预防性转向绝不只是风行一时的潮流,而是国家对社会转型的合理回应,是一种结构性的现象,[3] 具有坚实的社会、政治、法律基础与理论依据。

一、现代社会的发展要求

"惩罚是一种社会制度,只有在社会语境中才能理解它,这赋予了它实际意义,并决定了它的社会效果。"[4] 显然,犯罪控制领域的变化不能脱离其所处社会和文化背景。因此,想要说明当下社会的刑法和刑事政策,必须首先从对现实的考察开始。预防刑法产生于各种风险交织的社会,在这个变动不居的社会里,刑法也有理由随之变动,以满足新的任务要求。[5] 当前,刑法的预防转向既是预防重大社会风险的需要,也是现代国家职能发展的结果,具有民主政治上的合法性,并得到了公众的正面期许和赞同,[6] 具有其合理性。

---

[1] KUBICIEL M. Freiheit, institutionen, abstrakte gefährdungsdelikte: ein neuer prototyp des wirtschaftsstrafrechts? [C]//KEMPF E, LÜDERSSEN K, VOLK K et al. Strafverfolgung in wirtschaftsstrafsachen: strukturen und motive. Berlin: De Gruyter, 2015:159-171.

[2] HUDSON B, UGELVIK S. Justice and security in the 21st Century[M]. London: Routledge, 2012:138.

[3] 参见:刘刚.风险规制:德国的理论与实践[M].北京:法律出版社,2012:122.

[4] DUFF A, GARLAND D. A reader on punishment. Oxford: Oxford University Press, 1994:43.

[5] 参见:金德霍伊泽尔,刘国良.安全刑法:风险社会的刑法危险[J].马克思主义与现实,2005(3):38-41.

[6] 参见:何荣功.预防刑法的扩张及其限度[J].法学研究,2017(4):138-154.

(一) 预防风险的需要

社会转型带来的社会风险增加,是推动预防刑法发展变革的核心要素。随着科技的进步,作为高度工业化和机械化的社会,其复杂性不断增加,危险随时随地存在。不但仅凭个人之力就能造成十分巨大的危险,并且由危险转变为实害往往只需要一瞬间——"一个裤兜里装着炸药的飞机乘客就能引发半个世界的威胁感;任何人都可以在自己的厨房里混合炸药"[1]。对于个人而言,危险已然成了一个巨大的"黑箱",是一个难以被人类控制的不可思议的存在,以与之前完全不同的形式威胁着人类的生活基础。在这一背景下,对安全的渴望推动了人们永不满足地追求对风险更多、更好的了解。然而,在寻求详尽而持续的风险管理知识的过程中,每一种新的知识形式及其带来的保护措施都会产生关于不安全的新知识——我们目前所面临的"不再是无知,而是知识;不是缺乏,而是对自然的完美掌握;不是可以从人类访问中删除的内容,而是制度的决定和实际的制约"[2]。这种循环造成了对风险的零容忍,因为民众要求政府确保他们不会成为本可以避免的严重伤害的受害者。

在 20 世纪八九十年代的西方,预防犯罪的风险管理更多是公民个人的事情。政府所做的主要是提醒或督促民众安装监控或报警装置、加强巡逻、远离没有路灯的街区,等等。但随着全球金融危机、国际恐怖主义、移民浪潮和气候变化的纷至沓来,这种大规模、高强度的威胁显然不再是个人所能够轻松应对的,而必须由政府予以介入。最终导致的结果就是社会监管力度的加大,政府不再被动地等待结果发生,而是主动出击,对制造风险的因素进行提前规制。在渴望预测和预防尚未发生风险的驱动下,我们这个社会正在从"犯罪

---

[1] HAVERKAMP R. Staatsschutzstrafrecht im vorfeld: probleme strafrechtlicher prävention bei mutmaßlichen terroristischen einzeltätern[C]//DÖLLING D, GÖTTING B, MEIER B D, VERREL T. Verbrechen-Strafe-Resozialisierung: festschrift für Heinz Schöch zum 70. Geburtstag. Berlin: Walter de Gruyter,2010:381-389.

[2] BECK U. Risikogesellschaft: Auf dem weg in eine andere moderne[M]. Frankfurt: Suhrkamp Verlag,1986:300.

后"社会向"犯罪前"社会转变,将重心放在了预防犯罪的风险上。[1]

在风险社会,各国既有制度对风险治理大都呈现出严重滞后、不足,甚至无效等问题,非正式的社会控制手段也不断减弱;此时,唯一可能平衡风险承担的优点和缺点,并对其进行监管与预防的工具就是法律。但正如有学者所言,"当问题变得困难和复杂时,民事和行政法就会把接力棒交给刑法。"[2]因此,当有必要通过制裁来确保遵守社会可容忍风险的极限值时,国家就会毫不犹豫地使用刑法这一"万能的武器"。这就导致了通过刑法和刑事诉讼手段进行预防,被视为预防的主要形式,甚至形成了将"强化规制"简单等同于"活用刑罚"的倾向。这种预防风险的需要,集中体现在公共安全犯罪、环境犯罪、计算机犯罪、尖端医疗犯罪等可能会造成不可估量的损害后果的领域,深刻影响了预防刑法的产生与发展——首先,为了加强对社会的保障以及市民安全的保护,自然是越早抑止危险越好,因此便产生了所谓"处罚早期化"现象,以更为高效地保护法益。其次,为了预防危险的发生,使潜在的行为人基于威慑而不敢实施危害行为,故要求"处罚的严罚化"。最后,因为危险遍布在生活的各个领域、各种分野中,而它们均强烈要求刑法的介入,故而又造成了所谓的"处罚的扩大化"。[3]

除了社会风险的增加之外,现代社会的另外一个重要特征是全球化。尽管全球化的出现并非20世纪与21世纪独有的现象,但在晚近几十年内,由于技术的不断进步,人员的流动、资金的转移、经验、信息和经济模式的交流变得越来越容易和迅捷,从而大大加速了全球化的进程。然而,"日益增长的全球化打开了一扇门,通往一个充满可能性的新世界——以及一个充满风险的新世界。"[4]伴随着全球一体化的进程,风险也实现了全球化。与古典工业社会中的剥削、贫困、失业、工作事故等只能影响到有限范围的风险不同,现代社会

---

[1] ZEDNER L. Pre-crime and post-criminology? [J]. Theoretical Criminology,2007(2):261-281.

[2] MORGANTE G. Criminal law and risk management:from tradition to innovation[J]. Global Jurist,2016(3):315-350.

[3] 高桥则夫.刑法の保護の早期化と刑法の限界[J].法律時報,2003(2):15-19.

[4] HUDSON B, UGELVIK S. Justice and security in the 21st Century[M]. London:Routledge,2012:1.

中的系统性风险不受时间、空间及牵涉范围的限制,甚至超越了民族国家的边界,引发了全球社会或"世界危险共同体"意义上的共同危害,世界各国都不能独善其身,身处各阶级的人类第一次在风险面前实现了"人人平等"。例如,金融危机已不再局限于某一国家或地区,而是跨越政治边界,延伸到那些缺乏有效避险系统的区域。环境污染的后果也能够迅速地使许多国家陷入灾难性的危机中,甚至威胁到人类生存。而在更深层次上,贸易和资本全球化在放松管制的市场上的高度选择性,产生了贫困、不平等和不公正,反过来又催生了更多的暴力和冲突。这些暴力和冲突利用全球化的典型手段和技术,极大提升了犯罪所造成的危害,威胁到世界各国的安全。为了抗制诸如有组织跨国犯罪的日益猖獗与犯罪收益的全球流动所带来的共同风险,各国之间广泛签订了刑事国际条约。由于这些条约的目的在于填补处罚漏洞,提高打击效率,因此往往要求各国政府在犯罪实行之前的阶段就予以打击。而各国对条约在进行国内的转化适用时,也就不可避免地造成了处罚早期化的现象。[1]

最后,除了预防的必要性之外,现代科技的进步也大幅提升了预防的可行性,使得人们可以在时间上更早进行预防。[2] 多种风险也为科学发展和政策变革提供了新的契机,通过创新与改革,人们可以更好地管理风险。先前,刑事立法之所以以实害犯为主要类型,其中的一个重要原因就是预防能力不足,导致只能在结果发生后才予以介入。即使是具体危险犯这一立法方式,也只能涵括紧迫或已经确证的危险。但如今,人们的预测能力与预防手段均有了长足的进步,能够认识到以往无法识别的危险行为类型,故在危险仅显露萌芽之际,就能够进行较为有效预防。而这种能力的提升,也促使刑法的介入时机进一步提前。

综上所述,面对现代社会的种种风险,刑法必须进行"必要的现代化";否则,现代经济生活和环境等要素就无法得到有效保护。即使在这一过程中,刑法出现了暂时的"肥大化",也是可以接受的。[3]

---

[1] 参见:陈家林.外国刑法理论的思潮与流变[M].北京:中国人民公安大学出版社,2017:8.

[2] 参见:刘刚.风险规制:德国的理论与实践[M].北京:法律出版社,2012:120.

[3] 参见:李茂生.风险社会与规范论的世界[J].月旦法学,2009(10):145-153.

(二) 国家转型的要求

1. 近代西方的国家转型

刑法发生的转变与社会政治的发展密切相关,而社会政治的发展又会导致刑事司法结构的文化基础发生变化。如果将视角跳出刑法,通过审视国家结构及其发展历程,就可以更好地理解刑法的发展趋势。20世纪后期,西欧国家的福利社会模式因为各国的财政危机和经济危机,正在经历着一场变革。18世纪的警察国家(Polizeistaat),以个人自由为核心的19世纪法治国家(Rechtsstaat),以及20世纪产业化时代的福利社会国家(Sozialstaat)等所遵从的国家存在意义与机能的自明性已经开始衰退,当前正在热议着新样态的国家机能。[1] 很明显,国家的任务已经发生了变化,由预防性国家取代了自由的法治国。而国家任务与角色的转变,也随之带来了政治抉择上对刑法的倚重。[2]

19世纪的法治国主张,法律应主要被用于限制国家的权力,从而全面保障公民的自由。因此,国家只具有对民众基本生活需求的保护义务即可,而不能广泛采取刑法手段去惩治与预防犯罪。但随着社会的不断发展,法治国逐步朝向福利国进行转变。19世纪的普遍贫困是不安全的根源,而对这种贫困的回应则是国家权力的扩张,国民要求国家在减少日益严重的失业和贫困现象中发挥决定性作用,从改善住房到创造就业条件,在充分利用国家资源为所有人创造更美好生活的同时,从根源上消除犯罪。它不再只是一个最小的、只充当守夜人的警察国家,而是积极介入社会生活,将工人的地位与权利保障联系起来,成了一个真正适当的风险降低者。在现代福利国家论中,国家不再是与市民的自由和权利的对立,扮演利维坦的角色抑或是"必要的恶",而是作为其"监护人"出现,被认为是解决问题的"旗手"或"领航者"。福利国家的机构,包括工会和群众党,提供了另一种对抗不安全感的资源——新形式的归属感,从而形成一种社会纽带,一个相互依存和互惠的新网络。这些要素包括对未

---

[1] 参见:金日秀,郑军男.风险刑法、敌人刑法与爱的刑法[J].吉林大学社会科学学报,2015(1):21-31+171.

[2] 参见:姜涛.社会风险的刑法调控及其模式改造[J].中国社会科学,2019(07):109-134+207.

来,对科学、技术和社会进步的信心,横向团结(阶级、政党和工会)和纵向团结(福利国家、公民权利)的形成,以及外部的和平。就刑事政策而言,福利国家的普遍观点是:犯罪是社会或个人缺陷的结果,应当由集体通过国家及其机构加以解决。在福利社会中,针对犯罪问题的社会控制政策的主导范式是双重的:对导致越轨行为的社会条件予以改善,对罪犯或越轨者进行矫正或康复。[1]因此,此时人们更关注已然的犯罪者,讨论的是如何使其不再犯罪。

但自20世纪70年代中后期和80年代初起,伴随着工作岗位的输出、灵活性和临时工作地位的引入、低工资政策和不受监管的全球资本流动,福利国家政策饱受攻击甚至最终宣告破产。人们再次认为"国内安全"是最一贯的威胁目标,因为它从未得到法治或福利国家的可靠保障;[2]甚至因为犯罪率居高不下,福利国的一系列改造罪犯的措施都被认为是失败的,应当予以调整。此时,"保护国家"(Schutzstaat)的概念应运而生。如果说福利国家的合法关切是"确保那些自己无力行事的人有能力行事",保护国家则认为,它的任务是"确保所有人都有能力行事",并且保护他们免受第三方造成的风险。这意味着国家观察所有公民的行为,观察他们所可能造成的潜在伤害,并规范所有行动,以尽量减少损失和成本。[3]于是,国家关注的重点随之发生了转移,力求在危险初露端倪时就能发现,并通过预防性措施予以遏制,从而为增长和发展所需的制度条件提供安全保障。[4]这些预防性措施在今天旨在防止工作事故、技术系统的危险和环境污染的国家活动中达到了高潮,并主要表现为预防性刑事措施这类在国家看来比较方便、有效的工具。正如陈兴良教授所指出的,在自由主义时期,个人和国家之间的对立关系较为突出;但在风险社会,个人对共同体的依附性越来越强,更多表现为犯罪与个人及共同体的对立。既然个人与国家的目标并不矛盾,国家就可以更为便捷、更为广泛地通过立法来

---

[1] PITCH T. Pervasive prevention: afeminist reading of the rise of the security society[M]. London:Routledge,2010:20,71.

[2] 同[1] 21.

[3] VORMBAUM T. „Politisches" strafrecht[J]. Zeitschrift für die gesamte Strafrechtswissenschaft,1995(4):734-760.

[4] 参见:刘刚.风险规制:德国的理论与实践[M].北京:法律出版社,2012:118.

防控风险、预防犯罪。[1] 当然,上述发展历程主要是以法治发达国家为范例的。对于二战后才独立、法治相对落后的国家,并没有经历这么复杂的过程。但在当今社会,可以肯定的是,这些国家的犯罪原因也绝不主要是国家权力的滥用,而是国家权力的缺失。

Ashworth 教授与 Zedner 教授将这一趋势概括为从"监管型国家"(The Regulatory State)到"预防性国家"(The Preventive State)的转向。[2] 他们指出,监管型国家主要指国家从积极提供服务("划船")转向把控方向("掌舵")。管制战略的一个显著特征是接受犯罪的常态性,将其描述为一种"日常生活中的正常社会事实"。作为理性行为人,犯罪人与其他人一样,其犯罪动机主要是出于最大化自身效用的愿望。因此,国家能够通过改变决策的机会成本来影响其是否犯罪。例如,辩诉交易和速裁程序等都可以被视为牺牲原则和价值,以换取效率的管理主义技巧的例子。监管型国家的兴起可能会削弱国家通过刑法对其臣民直接行使主权的能力,国家越来越多地求助于民事、行政和其他监管机制,而不是行使刑罚权。而预防性国家则用来描述国家治理从管理现在到管理(或试图管理)未来的转变。刑事司法系统的历史方向是被动警务和事后惩罚,但其目前被一种积极的、预防性的理论所覆盖。与监管型国家一样,预防性国家也受到经济分析的严重影响,被一种结果主义的推理模式所支配,这种模式将效率、经济和结果置于正义之上。除了经济模型之外,对风险和公众保护的更大关注是预防性国家崛起的背后原因。许多预防性命令是民事命令或混合命令,模糊了刑事/民事划分的边界,并标志着安全架构的更大变化。造成这种现象的原因是社会共同体在一个"政治—行政"系统与一个"技术—生态"系统下的相互分化。对"政治—行政系统"的过度控制

---

[1] 参见:陈兴良.共犯行为的正犯化:以帮助信息网络犯罪活动罪为视角[J].比较法研究,2022(2):44-58.

[2] ASHWORTH A, ZEDNER L. Defending the criminal law: reflections on the changing character of crime, procedure, and sanctions [J]. Criminal Law and Philosophy,2008(1):21-51.

是对"技术—经济系统"控制不足的过度补偿。[1] 当然,他们进一步指出,与监管型国家和预防型国家这两大发展并行的,是更令人担忧的趋向于专制国家(The Authoritarian State)或监控国家(Uberwachungsstaat)的趋势。其在一定程度上是由刑事民粹主义和法律秩序政治的兴起所推动的。此时,刑事定罪不再被视为最后手段,而是作为管理混乱的常规系统。甚至一些严厉的制裁措施被刻意剥离出刑事体系,从而脱离正当程序的约束。对于这一国家类型,应当予以高度警惕。

2. 我国的国家转型

当 Beck 于 20 世纪 80 年代提出风险社会理论时,我国还未实质性进入他所描绘的风险社会中。但在 40 多年后的今天,我们必须认识到,自己已经被这样一个社会结构所包围,甚至面临的风险比西方社会更为多元,形势也更加严峻。与国外不同,自改革开放以来,我国社会经历了沧桑巨变与急剧转型,短短 40 多年的跨越式发展,在事实上走过了他国的百年历程。在尚未完全实现从传统农业社会向工业化社会的转型时,又迎来了飞速发展的信息化社会。[2] 虽然发展十分迅速,但相伴而生的部分社会问题却尚未得到根本解决,社会特定发展阶段所必然产生的"阵痛",也是我们无法回避的,而且要比西方社会更加复杂。与贫困是主要社会问题的 20 世纪相比,目前我国正遭受着广泛的经济增长和社会发展所带来的多重副作用。不仅面临着前现代社会建构形式法治国、制约绝对主义的国家权力、确立国民个体自由保障机制的古典刑法的任务,也面临着现代社会建设福利国家、对社会产出和补偿进行公平分配的现代性要求,更由于全球风险社会、信息社会等新型安全威胁的出现,而承受着建设安全国、保障集体安全的后现代压力。

此外,由于我国地域辽阔,经济发展不平衡,不同区域的社会发展状况与面临的风险也不尽相同。在有些地区,由于贫困与落后的状态并未得到有效根除,故仍可以在某种程度上找到前现代社会的痕迹,社会治理在很多方面依

---

[1] ALBRECHT P-A. Das strafrecht auf dem weg vom liberalen rechtsstaat zum sozialen interventionsstaat: entwicklungstendenzen des materiellen strafrechts [J]. Kritische Vierteljahresschrift für Gesetzgebung und Rechtswissenschaft,1988(2):182-209.

[2] 参见:郎胜.我国刑法的新发展[J].中国法学,2017(5):23-46.

然依赖于当地沿袭多年的传统习惯。[1]但在经济发达地区的大城市,如北上广深等,则已然实现了高度的现代化。因此,国家在适用统一的刑法典时,也需要考虑到不同地域的特点,采取有针对性的理念与策略,在必要时予以适当变通。

最后需要指出的是,自改革开放以来,我国政府广泛采取实用主义思维,刑法亦不例外,只要能够有效地预防与惩治犯罪,完全可以对其理论体系与具体适用进行一定的创新。综上所述,在这种国家转型的宏大的背景下,刑法必须回应自由、民生与安全等彼此间具有内在张力的多元价值诉求,这就决定了其更不可能只呈现出单一的面貌,[2]预防也就自然而然地成了刑法的一种重要表现。

(三)民众诉求的回应

立法是人民意志的体现,必须考虑国民的诉求。当前,民众们也广泛呼吁刑法的积极介入,起到"防患于未然"的预防作用。原因主要表现为三方面:

第一,社会变迁必然带来文化变化与思想转型。以往,错误、损害、不适和不幸的责任主要归咎于组织、机构,当然还有复杂的"系统",它们只能通过集体或其他机构、组织和系统来应对。个体行为被隐藏、遮蔽或包含在集体行为者的互动中,集体行为者的角色被认为是预先确定的。可以说,社会的过度膨胀吞噬了个人的责任,问题总是"社会""制度"或"资本"等的。但今天的措辞则大不相同。我们总是试图将发生任何过错的责任推给某个确定的个人——首先解决的问题就是"谁的错"。这是使个人感到孤独的背景,是横向社会关系瓦解的背景,也是使人们无力感增强的原因。这种新自由主义(neoliberalism)下倾向归因个人的意识形态延续到犯罪问题上,以醉酒驾驶为例,将使得对醉驾对策的思考停留在"只要人人都不醉驾,醉驾问题自然解决"的层面上。面对严重的醉酒驾驶事故,人们思考的重点不是造成醉驾行为居高不下的主要原因有哪些,是否因为酒文化兴盛或是代驾人员不足等因素,而是

---

[1] 参见:焦旭鹏.风险刑法的基本立场[M].北京:法律出版社,2014:59.
[2] 参见:梁根林.刑法修正:维度、策略、评价与反思[J].法学研究,2017(1):42-65.

强调为什么又有人醉驾,醉驾者有没有被严厉处罚。相应的,刑法学与犯罪学将重点从先前的罪犯转变为潜在的受害人;从关注原因到关注后果;从越轨、控制、秩序到知识、风险、安全;从某种程度上的道德担忧到安全担忧;从社会预防到情境预防。换言之,安全与保障,即免受普通犯罪风险的保护,已成为犯罪学和刑事政策的主要目标和主题。[1] 在这些理论的指引下,尽管在20世纪下半叶,刑事政策的主要特点还呈现出非犯罪化的趋势,但晚近以来,犯罪化与刑事责任的扩张再次成为主流。其特点是在危险预防这一整体目标下,不仅不断创造新的罪行,而且还加强了对现有罪行的惩罚力度,以及刑事责任的不断前移。通过这种方式,立法者越来越多地创造新的危险行为,以便在结果发生之前就可以诉诸刑法。

第二,随着社会的发展,在部分犯罪的犯罪率有所提升的情况下,人们能够切实感觉到违法犯罪行为就在自己身边,因此,便产生了刑法越来越早进行干预,瞄准潜在目标,减少犯罪机会,甚至在犯罪发生之前就加强监控的要求。事实上,犯罪的产生是一个与现代化和工业化密不可分的过程。在希腊神话中,赫尔墨斯是商人和盗贼之神,具有二者所共有的聪明伶俐、机智狡猾等特征。因此,有学者将社会的日益经济化和犯罪负担的日益加重之间的这种平行关系,描述为发达工业社会的"赫尔墨斯综合症",从而形象地揭示出经济发展与犯罪之间的共生关系。[2]

第三,即使犯罪率没有上升,甚至还有所好转,但对犯罪的恐惧本身已成了一个十分严重的问题。20世纪90年代后期以来,欧美各国与日本的官方统计数据都显示,社会中的整体犯罪数量有所减少;但各种调查却表明,人们对于犯罪的不安感并没有下降。[3] 以美国为例,世纪之交的民意调查显示,人们对犯罪问题高度焦虑,对犯罪率下降的事实持续无知,甚至将犯罪列为国家

---

[1] PITCH T. Pervasive prevention: afeminist reading of the rise of the security society[M]. London:Routledge,2010:73-74.

[2] BLINKERT B. Kriminalität als Modernisierungsrisiko? Das „Hermes-Syndrom" der entwickelten Industriegesellschaften[J]. Soziale Welt,1988(4):397-412.

[3] 守山正.犯罪予防論の現代的意義[J].刑法雑誌,2015(3):406-425.

面临的最重要的问题之一。[1] 究其原因,就在于今天人们对自己和周围世界的态度已经发生了根本性的变化。文化分裂破坏了社会融合的基础。在多元文化的社会中,存在很多不同的价值观,以及多元化的社会行为。很多人从一份工作到另一份工作、从一个地方到另一个地方进行"游牧式"的迁移,社会的流动性与人际交往的陌生化,都造成了人与人之间信任与团结度的下降。在难以理解的失序世界中,由此产生的普遍不安全与不稳定的感觉经过传播后,就会在特定范围产生遭受侵害的忧虑,尤其是时常产生过度的犯罪恐惧。[2] 正如 Beck 教授所指出的,阶级社会的驱动力可以概括为"我饿";而风险社会由于是"不确定的社会",故其驱动力可以概括为"我怕"。尽管现代民主社会的公民,可能是所有已知社会中遭受灾难性风险最少的群体。然而,他们高度厌恶风险,越来越害怕任何把其带出自己熟悉的日常生活,或是带离人际交往舒适区的活动。因此,风险社会的团结不再像工业社会那样来自紧急情况,而是来自恐惧。正是这种恐惧、愤怒的公众意识,对政策制定的风格和内容产生了巨大影响。[3]

而在 20 世纪 70 年代末到 80 年代初,英美的一些研究表明,公众对犯罪的恐惧是一种可衡量的现象,并且在某种程度上与犯罪和受害率无关。而当警方的一系列研究表明,一些措施虽然可能无法降低实际犯罪率,但却成功降低了民众的恐惧和不安全感水平时,就为新的政策目标开辟了道路。于是,自 20 世纪 80 年代起,美国和英国的警察部门和政府当局就开始将减少恐惧作为一项独立的政策目标。[4] 综上所述,刑法在政治压力下,必须寻求能够使焦虑的公众放心的方法和机制,使他们的关切得到认真对待,并遏制犯罪威胁。从某种意义上说,这种预防性的转变是刑法在一个渴望安全的世界中自我发

---

[1] BEALE S S. The news media's influence on criminal justice policy: how market-driven news promotes punitiveness[J]. William and Mary Law Review,2006(2): 397-418.

[2] 参见:魏根特,张志钢.德国刑法向何处去?:21 世纪的问题与发展趋势[J].刑法论丛,2017 (1):374-389.

[3] GARLAND D. The culture of control: crime and social order in contemporary society[M]. Chicago: The University of Chicago Press,2001:10-11.

[4] 同[3] 122.

展、自我完善的结果。

最后还需要指出的是,尽管预防刑法在学术上还存在较大争议,但这更多属于学者们的内部讨论,还远远没有影响到广大民众。虽然不少学者认为,与防控未来的风险相比,当前公权力以立法形式恣意进入、调控民众的生活更为危险,更值得警惕;但处于风险社会中的普通民众却没有注意,甚至完全忽视了这一问题。民众们更关注自己的生活环境是否危险,是否得到了法律的有效保护——如果连微小的风险都能够被政府所管控,那么对政府还能有什么不满意呢?如果生活中到处充满了不确定的危险,那么再多的自由又有什么意义呢?在"被害者/加害者"的关系被简单置于"好人/坏人"这种二元对立的框架内后,民众们会认为预防刑法处理的对象是"他们"而非"自己",即敌人、不正常的人或危险的其他人。此时,公民团结起来反对一个共同的敌人,自然倾向于只看到利维坦提供安全的一面,而对其滥用公权力的危险视而不见。对此,Ludsin恰当地指出:"风险社会并不害怕国家限制公民合法权利的危险,恰恰相反,还认为国家是他们的救星,认为权利受到侵蚀是有效防止犯罪伤害的必要条件。"[1]如美国在"9·11"事件后,据调查,只有约10%的民众没有因此受到不良情绪影响;而在10月的调查中,甚至有近八成的公民同意美国人应当放弃一些个人自由,以保障国家不受恐怖袭击的安全。[2]在丹麦,调查显示,如果监视有助于预防恐怖主义和破获刑事案件,人们一般都愿意接受监视。[3]因此,公民们大多愿意通过限制个人自由,来应对生活中各种各样的不安全与危险,以求得安稳与保护。而这种呼吁刑法预防风险的诉求,才是社会中的主流呼声,更容易被立法者所关注。

二、传统刑法的时代缺陷

今天,我们通常认为理所当然的刑法原理,如行为主义、合法性原则、罪责

---

[1] LUDSIN H. Preventive detention and the democratic state[M]. Cambridge: Cambridge University Press, 2016:25.

[2] 参见:黄锦就,梅建明.美国爱国者法案:立法、实施和影响[M].蒋文军,译.北京:法律出版社,2008:78-82.

[3] HUDSON B, UGELVIK S. Justice and security in the 21st Century[M]. London: Routledge, 2012:191.

原则、无罪推定原则、罪刑法定原则、最后手段性原则等,无疑是自由刑法的伟大成就。然而需要强调的是,传统的古典自由主义刑法理论不能理所当然地成为绝对真理,[1]也不可能在任何时代都拥有不证自明的权威。[2] 自由刑法中的部分内容是对法治国的"过分精准要求",即使在其全盛时期,也几乎没有任何国家完全符合其要求。因此,更确切地说,自由刑法的轮廓是一种理想的类型,在现实中可能没有直接对应的部分。自由刑法只是提供了一个分类,一个宏大叙事。在一个法治的政体中,它使我们能够从批判的角度阅读刑法的当代发展,并有助于对特定的刑事政策进行诊断,而不是给刑法的发展划定了不可逾越的界限。如前所述,刑法是社会的产物,必须及时对自身进行调整与完善,以适应时代的发展。[3] 而自由主义刑法模式根植于自由主义现代性的特定社会历史语境中,这意味着其所倡导的规范价值和愿望不可避免地受到这种语境下的结构变革和限制的制约。今天,科学技术的进步从根本上改变了犯罪主体、犯罪行为和犯罪结果等诸多元素,而在昔日"田园牧歌"社会中产生发展的刑法理论,已经无力应对工业社会甚至信息社会的高度发展,并逐渐暴露出诸多问题,因此需要发生重大变革。可以说,这一转型是时代发展的必然结果。

(一) 传统法益理论的缺陷

法益理论是自由刑法的基石,具有举足轻重的地位。但随着时代的发展,传统的法益理论也逐渐暴露出一些问题,其中有些问题甚至是难以解决的。首先是法益"抽象化""去实质化"等问题。前文已述,传统法益概念正在日益被稀薄化、扩张化,涵盖范围不断扩大,定义也越来越模糊。尽管进行了诸多尝试,但直到今天,在法益的概念上,理论界都没有达到足够的清晰度。所有试图找到一个合法性毋庸置疑、能够囊括所有类型的法益定义的努力,最终都以失败告终,甚至已经有部分学者质疑法益概念存在的必要性。

其次,随着时代的发展,法益的类型也发生了重大变化。当出现新的保护

---

[1] 参见:周光权.法典化时代的刑法典修订[J].中国法学,2021(5):39-66.
[2] 参见:孙国祥.新时代刑法发展的基本立场[J].法学家,2019(6):1-14+191.
[3] 参见:何荣功.社会治理"过度刑法化"的法哲学批判[J].中外法学,2015(2):523-547.

需求时,刑法也会渗透到以前未触及的领域,致使原有法益得到发展、新的法益不断产生,从而给传统法益理论带来了难题。一方面,在现代社会,很多造成严重后果的行为都不符合传统刑法所设想的法益侵害。例如,在信息网络诞生之前,是不可能存在信息数据法益的;在汽车普及以前,交通安全也远远没有今天的重要地位。另一方面,传统刑法以保护个人法益为核心,通常具有个体化、静态化与物质化的色彩,对现代社会中的重大超个人法益的保护不够充分,[1]难以充分满足风险社会中人们的安全需求。而面对社会中涌现的新问题与新对象,要想准确描述出刑法构成要件的保护对象是非常困难的。[2]以环境犯罪为例,其到底侵犯何种法益,理论界就存在非常大的分歧。如果按照传统的人本法益观,破坏环境的行为只有会同时对人类的生命、健康等造成损害时,才能予以处罚。但这一观点显然落后于时代要求,会导致处罚范围过于狭窄。人们肯定会提出疑问,非法猎捕非濒危的野生动物、向沙漠排放污水等行为会给人类的生存利益造成何种损害?为什么予以处罚?如果强调是子孙后代的利益,但这些利益此时还没有显现出来,又将如何予以保护呢?这都是传统法益观所难以解释的。而按照非人本法益观,则认为环境本身就值得刑法保护,但这一理解也明显突破了传统的法益概念,甚至会造成整个法益体系的坍塌。

最后,对法益的保护时点也发生了改变。传统刑法理论与实践以对法益的实害犯为主要犯罪类型,对法益保护存在滞后性,不足以有效预防风险的发生。如果刑法必须等到发生具体危险或实害结果时才能介入,可能会造成难以挽回的损失。虽然传统刑法也在一定程度上处罚预备犯、未遂犯等犯罪形态,但相较于既遂犯无疑属于例外,并且设置了十分严格的认定标准,未免会导致实践中的保护不足。因此,基于被保护法益的特殊性与重要性,或者被侵犯的概率和特点,呼吁突破传统刑法对法益保护所设的时间限制,大幅前提刑法防线的呼声也越发高涨。

---

[1] 参见:王良顺.预防刑法的合理性及限度[J].法商研究,2019(6):52-63.
[2] 金裕根.危険社会における客観的帰属上の問題点[J].ノモス,2012(30):47-62.

(二) 传统归责理论的缺陷

风险社会中,新的风险不受场所、事件及范围的限制,不能根据关于因果关系或责任的现行法原则进行归属,甚至也无法通过保险加以分散。[1] 这种新的特征给传统刑法的归责理论带来了重大难题,以至于有学者明确指出,传统的归责规则大多是在结构简单的犯罪类型的基础上发展起来的,根据现有的因果关系、罪责及责任归责,不能对新风险进行归属。[2] 笔者认为,试图用传统的责任思想模式解决当前的风险问题,将由于目标、侵害特征、归属的对象和主体等几个原因而注定失败:

首先,传统法律仅保护生活在今天的人们的利益,而不涉及世代之间的公平正义,因此无法要求人们对侵犯未来利益的行为负责。

其次,传统意义上的不法行为主要是对合法利益的有形侵害,这些行为明显偏离了一般的社会规则,所保护的合法利益也是可以直接被我们所感知的。但威胁未来的重大风险已非感官所能感知的危险,并且属于日常生活中的潜在危险,很难提前发现其表征。因此,对于缺乏认识基础的行为人,就很难进行归责。

再次,经典的责任模式在技术发展产生潜在危险的时刻受到了压力。这些潜在危险虽然一般都是可以控制的,但却不能保证在每个个案中都可以控制。在这种情况下,即使对该技术进行个别处理,也无法避免损害。为了解决这一问题,人们开始将责任与行为的非法性脱钩——即使使用社会接受,但具有风险的技术,也会产生责任,即需要对合法行为的某些不良后果负责。但这种对合法行为后果责任的引入,必然带来责任范围的大幅扩张。

又次,现代社会侵害的一个重要特征是:个人的侵害行为本身难以单独满足构成要件,但由于无法确定多人的个别行为的累积危险,最终带来了严重的侵害结果。单独来看,每个人的作为或不作为对结果而言都不是充分条件,但累积起来,却成为结果发生所不可缺少的必要条件。在这种复杂的侵害过程

---

[1] 参见:金日秀,郑军男.风险刑法、敌人刑法与爱的刑法[J].吉林大学社会科学学报,2015(1):21-31+171.

[2] 参见:陈家林.外国刑法理论的思潮与流变[M].北京:中国人民公安大学出版社,2017:49.

中,很难找出行为人与构成要件结果之间的直接关系。此时,如果不能证明彼此之间的意思联络,则传统的共犯关系也不能成立。另外,还会产生行为者的个人责任与危害结果不相称的问题——尽管结果很严重,但个人的违法行为在很多情况下只是微不足道的,甚至属于被允许的危险。特别是在涉及不特定或多数人的作为和不作为这种多因多果的情况下,例如森林枯萎、臭氧层空洞或温室效应等环境问题时,如何确定归属的范围无疑成了难题。

最后,现代分工以及技术过程的复杂化,与针对特定生活范围所能够单独掌控、并应单独负责的自主性个人所设计出来的传统刑事责任概念并不相当。[1] 传统的归责主体只能是个人,但如今,却与集体、机构、组织、制度等紧密联系。在现代社会,集体协作方式成了人类活动的主要形式。在极其复杂的分工——合作网络中,中心——边缘的区分不再明显,单个参与者在如此庞大系统中的角色并不重要,私人间的合作被匿名式的社会合作替代,简明的因果连线升级为复杂的因果网络。[2] 在这个网络中,每个人都会有所"贡献",组织和机构也会成为决定性行为者,以至于需要追究"集体"的责任。但在实践中,却会存在"有组织的不负责任"的情况——既然根本无法查明应当由谁负责,那么谁都可能宣称危害结果与自己无关。正是由于侵害结果与其原因行为在时间、空间、内容上的距离,以结果归责为本位的传统刑法模式在环境污染、食品药品安全事故等领域的适用面临着十分严重的障碍。

(三)传统共犯理论的缺陷

传统的共同犯罪理论强调共犯之间的意思联络甚至是共同故意,并且严格恪守共犯从属性理论,认为共犯的可罚性完全依赖于正犯,原则上不应处罚无正犯的共犯。但随着科技的进步与犯罪组织程度的进一步加强,这一理论也面临着实践的严峻挑战,甚至渐有力不从心之感。

一方面,全球化的网络社会极大掩盖了犯罪的痕迹与罪犯的身份。随着信息技术的发达,共犯之间的联系越来越薄弱,彼此之间很可能不知道对方的

---

[1] 参见:许迺曼.过失犯在现代工业社会的捉襟见肘[C]//许玉秀,陈志辉.不移不惑献身法与正义:许迺曼教授刑事法论文选辑.台北:新学林出版股份有限公司,2006:513-539.

[2] 参见:陈金林.现象立法的理论应对[J].中外法学,2020(2):470-493.

具体身份,更缺乏直接的意思联络。尤其是在大规模的集团性、组织体犯罪中,犯罪分子只是犯罪产业"流水线"上众多环节中的一部分,既不知道上家是谁,也不知道下家是谁,只是按照事先分工完成自己的任务而已,并且与业务行为密切交织,即使想认定为片面的帮助犯,也存在较大困难。以网络赌博为例,部分网络赌博团伙既有负责接赌博订单的第四方支付平台,又有负责订单匹配的话费充值平台以及代收验证码的接码平台,还有专门负责开发、维护的技术公司。从而导致赌博犯罪链条长、人员多,各环节分工明确,犯罪集团化特征明显,呈现出"机构严密、层级紧凑、联络频繁,成员间却又未曾见面"的既紧密又松散的特点,给司法机关的取证与认定工作带来极大困难。

另一方面,在传统的"一对一"之外,"一对多"的共犯日益增多,其危害已经不再依赖于单个的正犯。在这种情况下,以帮助行为为例,被帮助者可能因为情节轻微或证据不足等问题不构成犯罪,但帮助者由于帮助次数多、对象广、情节严重等原因,其社会危害性比单一的被帮助者要大得多,甚至已经发展成为一种产业。如果仍恪守传统的共犯理论,坚持无正犯则无共犯,则具体到每个共同"犯罪"行为中,帮助者都会因为被帮助者不成立犯罪而被宣告无罪。也就是说,无论帮助者提供的帮助有多少、累积的后果有多大,在这种场合下都不可能按照传统共犯理论认定为犯罪。这一结论无疑显失公平,有放纵犯罪之嫌。因此,对传统共犯理论进行一定程度的修正或突破,已经势在必行。

综上所述,传统刑法理论的法益、因果关系、责任、共同犯罪等理论,都面临着较大的挑战,需要被修改或者灵活化。这是因为实践的发展往往会超越学者的想象和预设,学术研究必须直面并回应现实问题。当前,超出传统社会预想的犯罪类型不断涌现,[1]一些传统犯罪也呈现出新的特点与形态。[2]此时,再恪守传统刑法理论必将落后于时代——想要用18世纪的知识武器来有效应对21世纪所产生的问题,以落伍的刑法去对抗发展的犯罪,用古典刑

---

[1] 参见:付玉明.立法控制与司法平衡:积极刑法观下的刑法修正[J].当代法学,2021(5):15-27.

[2] 参见:郎胜.我国刑法的新发展[J].中国法学,2017(5):23-46.

法观的"矛"攻击当代刑事立法的"盾",[1]无疑是不可能的,也是没有意义的。我们不禁要问:为什么今天的学说非得依照以往学说创设的标准加以检验呢?换言之,刑法理论不能被历史所"冻结",而必须适应社会结构的变化。在每一个时代,刑法理论都应当做出自己的贡献,探寻属于这个时代的答案。在当前的社会背景下,刑法有必要"作为预防措施失败的蓄水池"。由此看来,由古典刑法理论向预防刑法理论的过渡是必不可少的。[2]

三、替代体系的功能不足

在20世纪初,"安全"是警察法而非刑法的主题。正如Beling所指出的,纯粹的安全理论以一种值得称赞的方式强调,发展犯罪预防是国家的一项重要任务。但它们根本就没有踏入刑法的领地。国家权力为防止法益侵害而对个人法律领域进行的干预,无论是由警察还是其他国家机关进行的,都属于纯粹的警察法(行政法)范畴。显然,预防职能并非只能通过刑事司法政策来履行;相反,国家有一系列技术,如从发放许可证到行为管制,再到非刑事的法律制裁,完全能够并且应当利用这些技术。而在目前的实践中,刑法之外的警察法、情报法、战争法、反恐法,甚至民法等法律也正在接管刑法范围内的工作。国家安全理论导致了"第二"刑罚体系的建立,预防刑法、警察法、情报法、战争法以及行政刑法、民法和私法制度结合起来,形成一个新的安全架构。该体系在合宪性之外运作,并被证明更加"有效"。因此,有学者指出,刑法在控制犯罪方面的垄断地位正在丧失,已不再是与犯罪现象做斗争的唯一手段,[3]甚

---

[1] 参见:周光权.论立法活跃时代刑法教义学的应变[J].法治现代化研究,2021(5):1-13.

[2] BRUNHÖBER B. „Ohne sicherheit keine freiheit" oder „umbau des rechtsstaats zum präventionsstaat"？[C]//BRUNHÖBER Beatrice. Strafrecht im Präventionsstaat. Stuttgart: Franz Steiner Verlag, 2014:9-15.

[3] 参见:戴尔玛斯-马蒂.刑事政策的主要体系[M].卢建平,译.北京:法律出版社,2000:4.

至将被其他法律制度所补充或取代。[1]

在此背景下,许多学者由于担心预防刑法侵蚀了刑法的核心原则,便主张将其与传统刑法分开,建议采用"干预法""预防法""安全法""战争法"等其他法律机制来代替预防刑法的作用。[2]这样一来,刑法可以保持传统的原则不变,不会再像现在那样受到这么多的批评。并且,通过制定和使用这些预防措施,还可以避免刑事诉讼程序中严格的、代价高昂的程序性保护,从而节省司法资源。例如 Hassemer 教授认为,在核心刑法领域,应当对预防刑法进行严格限制。原则上,可以通过民事、行政或者其他干预措施予以应对,只有在别无他法时,才可以在核心刑法中设立预防性条款。如德国不少学者都认为,用行政法(如德国的违反秩序法)规制醉酒驾驶的行为就足够了,根本没有必要将其作为犯罪。而在非核心刑法领域,则可以通过干预法(Interventionsrecht)予以规范。干预法的定位介于刑法和秩序违反法、民法和公法之间,是一种过渡状态。虽然程序没有刑法那么严格,亦无法像刑法那样提供严密的保护,但制裁措施也比刑罚轻缓得多。[3]按照这一观点,便可以通过在刑法中消解"预防刑法"这一概念,从而避免相关争论。但是,这里存在三个无法回避的问题:首先,如何划定核心刑法的范围?其次,拟采取的民事或者行政措施,真的能够切实起到预防犯罪的作用,发挥与刑法相当的功效吗?最后,干预法的性质到底是什么,它真的能够比刑事法更好地保障公民的合法权益吗?下面,笔者将逐一进行回答。

(一)核心刑法的范围并不清晰

对于第一个问题,一方面,核心刑法与非核心刑法的界限已经愈发模糊。

---

[1] SIEBER U. The new architecture of security law[C]//SIEBER, MITSILEGAS, MYLONOPOULOS, BILLIS, KNUST. Alternative systems of crime control: national, transnational and international dimensions. Berlin: Duncker & Humblot, 2018:3-35.

[2] BRUNHÖBER B. Funktionswandel des strafrechts in der sicherheitsgesellschaft[C]//PUSCHKE J, SINGELNSTEIN T. Der staat und die sicherheitsgesellschaft. Wiesbaden:Springer VS, 2018:193-215.

[3] Winfried Hassemer. 现代刑法的特征与危机[J]. 陈俊伟,译. 月旦法学,2012(8):243-257.

按照法兰克福学派的观点,侵犯生命、健康、自由、财产等重要个人法益的犯罪属于核心刑法范畴。但是,该学派又不承认超个人法益的概念,认为这些法益均能被还原成个人法益。如此一来,所有的犯罪侵犯的都是个人法益,无非是重要与非重要的区别。但要想准确界定哪些法益属于核心法益,显然是非常困难的事情。并且在实践中,随着附属刑法的日益扩大化,许多明显属于侵犯重要个人法益的犯罪也被规定在附属刑法中,这就进一步造成了刑法典与附属刑法界限的模糊,使得犯罪所处位置难以作为适合的区分标准。另一方面,如果将刑法严格限制在传统领域,也会造成向"阶级刑法"的倒退——干预法的法律责任要远低于刑罚,但被处罚行为的危害性则可能会相当之大,从而产生罪刑失衡的严重问题,导致所谓的"窃钩者诛,窃国者侯"。试想,因为贫困而被迫偷盗的穷人将会面临刑事处罚,而肆意排污或操纵金融市场的富人则只会承担民事责任或行政责任,这无疑将是我们这个社会的错误![1]

(二) 刑事责任不能被其他法律责任完全替代

对于第二个问题,需要系统分析刑事、行政与民事制裁措施的区别。确实,在某种程度上,立法者也可以通过民法与行政法的手段来满足安全与预防的需要。例如,民法的侵权责任可以刺激人们购买保险,并通过成本压力对遵守安全标准产生预防性影响。而行政法则可以通过事先授权、设定风险的极限值等方式,对危险活动的范围予以有效规制。但是,民法和行政法提供的防范危险的措施以及责任承担方式是不充分的,不可能完全取代刑法。以民事手段为例,环境犯罪、伪劣商品犯罪、经济犯罪等往往被害人众多,需要一个累积的过程,且个体救济面临着举证难的困境,诉讼过程也存在较多障碍。因此,部分场合下通过民事手段难以对被害人进行有效救济,更不用说作为"公地"的集体法益了。正如德国学者所言,虽然并不总能动用刑法手段,但有时确实能够比使用其他手段,特别是民法上的防御请求权和损害赔偿请求权取得更好的效果。毕竟,刑法的威吓后果在处理这类案件中更为有效。[2] 尤其

---

[1] 参见:张晶.风险刑法:以预防机能为视角的展开[M].北京:中国法制出版社,2012:47-48.

[2] 参见:希尔根多夫.德国刑法学:从传统到现代[M].江溯,黄笑岩,等,译.北京:北京大学出版社,2015:28.

是在违反规范带来的收益高于成本的客观现状下,民事制裁手段只会导致破坏法益成为市场主体的理性选择。[1]

行政法也是如此。对于严重违反行政法并构成犯罪的行为,如果仅将其评价为行政违法,处罚未免过轻,无法充分发挥规范的功能。[2]与刑罚相比,行政处罚的威慑力不足,对行为人的否定性评价也不够充分,难以实现罪责刑的相适应。以环境犯罪为例,有些企业甚至会认为只要支付罚款,就能获得污染环境的权利,两相衡量,往往是支付罚款比减少排污所要承担的成本更为划算。有学者明确指出,由于环境守法成本过高,行政罚款的代价远低于遵纪守法的成本,故环境侵害主体在某种程度上更乐于接受行政罚款,甚至在运行成本中已经事先将行政罚款列支。[3]试想,如果一套污染过滤设备要花费数百万元,但被行政处罚的数额只有几万元或十几万元,就不宜高估行为人守法的动力——更不用说还得考虑到其被发现并处罚的概率。甚至企业在被处罚后,还能通过提高售价等方式将处罚成本转移给无辜的消费者——但企业的相关责任人却绝不可能将坐牢的时间转移给消费者。此外,虽然还可以对企业使用停止营业、勒令关闭乃至成百上千万的巨额罚金等威慑力较强、直接效果较好的处罚措施,但这么做的后果往往是企业倒闭、工人失业,影响当地经济发展,并可能产生较为严重的社会与政治问题,故仍需进行政策方面的考量。最后,只适用行政处罚还可能会由于监管者与行为人之间的勾结导致发案率较低,或是因为行政法的证明标准远低于刑法而导致错误率较高等问题。

而刑罚除了惩罚的功效之外,还会通过刑法的明文规定以及前科制度使社会公众得以知晓,并通过对犯罪行为的否定性评价与对犯罪人的责难起到一般预防与特殊预防的效果。国家一旦通过刑法手段定罪量刑,就会向社会大众传递一个明显的信号:这种行为是法律所禁止的犯罪行为,大家勿越雷池一步!一旦犯罪,将被国家赋予前科这一人生"污点"。而刑法的积极的一般

---

[1] 参见:刘艳红.环境犯罪刑事治理早期化之反对[J].政治与法律,2015(7):2-13.

[2] 参见:郑昆山.环境刑法之基础理论[M].台北:五南图书出版有限公司,1998:15.

[3] 参见:侯艳芳.中国环境资源犯罪的治理模式:当下选择与理性调适[J].法制与社会发展,2016(5):165-183.

预防功能，更是能够发挥教育作用，培养社会广大公民对遵守规范的认同，使其对某类行为产生"罪恶感"，[1]从而更好地预防犯罪的发生。因此，从这个角度看，刑事制裁手段是不可能被民事或行政手段所完全替代的。更何况，基于刑法的谦抑性，绝大多数预防刑法条文都是在民事或行政手段无效的情况下才设置的，具有其存在的合理性。正如我国学者所指出的，我国刑法在认定犯罪时的较高门槛以及行政处罚与刑事处罚分立的二元法律结构，其实已经能够在极大程度上消弭公众对刑法范围扩张的担忧。[2]

（三）干预法的法治风险不容忽视

尽管"干预法"的概念为不少学者所支持，但各国目前还远未形成一套完整、系统的干预法体系。例如 Sieber 教授明确指出，我们对于各种法律制度的要素、彼此之间的相互作用，以及关于新安全法的限制和保障，还没有一个全面、清晰的概念。[3]是只需要将现行各部门法的工作"外包"给新的法律制度即可，还是需要进行系统整合，设置新的基本原则、适用方式与保障措施？这些问题都需要进一步的讨论。因此，只要干预法的概念与范围还未得到明确界定，试图以其代替预防刑法就属于没有基础的空中楼阁。

显而易见的是，只能用比刑法更好的东西来取代刑法。新的干预权力和控制犯罪的法律后果必须与各自的法律制度相适应，不应只转移法律职能，而不转移保障制度。因此，必须确保在适用这些法律时，仍以人权保障为基础。但与刑法相比，所谓"干预法"的诸多替代法律制度虽然增强了对安全的保障，却可能允许对公民自由进行更多的侵入性干预，并难以受到全面、有效的法律监督与制约。由于内部安全与外部安全以及战争与和平界限的模糊，这些法律被广泛适用于一些对自由不太"偏爱"的实践领域，如情报部门、军队和外交政策等领域。这些法律预防制度在其具体设计方面存在较大问题，并没有完

---

[1] 参见：焦艳鹏.论生态文明建设中刑法与环境法的协调[J].重庆大学学报(社会科学版)，2016(3)：136-141.

[2] 参见：何鹏，李洁.危险犯与危险概念[M].长春：吉林大学出版社，2006：195.

[3] SIEBER U. The new architecture of security law [C]//SIEBER, MITSILEGAS, MYLONOPOULOS, BILLIS, KNUST. Alternative systems of crime control: national, transnational and international dimensions. Berlin: Duncker & Humblot, 2018:3-35.

全满足法治国的要求。与传统刑法相比,这些法律可能造成行政权力的扩张与高度模糊,进而导致对自由的任意限制(警察法),几乎不受司法程序控制的死刑(战争法),在涉嫌犯罪案件中忽视对刑事侦查的限制提前予以介入(情报法),或是侵犯刑法的合理怀疑证明标准(民事没收法),等等。[1] 因此,它们本身并非没有道德困境,甚至缺乏清晰的边界,可能会侵犯到基本人权。并且在程序与救济途径等方面,这些法律也远不如刑事法严格。例如,行政罚款多由相应执法部门做出,其程序相较司法程序无疑更为宽松,证据标准更低,行政人员自由裁量的空间也更大,并且剥夺了相对方的辩护权,由此便存在侵犯人权的风险。因此,有学者敏锐地指出,国家广泛使用预防法的措辞,其实是在逃避本应置于它们身上的刑事程序保障。[2]

反观预防刑法,尽管其在一定程度上改变了传统刑法理论,但仍属于刑法体系,具有最后手段性;仍应当着眼于当事人的特殊性、人格和尊严,感知并保护其独立性与自由,且不能违反比例原则。并且,刑事诉讼程序包含了一套严谨的正当程序保障,而这在其他替代方案中是不存在的。显然,安全法向刑法领域的拓展,造成的风险无疑要比传统刑法边界的拓展大得多;而相较于前述替代性预防手段,预防刑法能够提供更多、更好的保障。[3] 因此,"试图通过刑法达成预防目的的立场原则上是正确的,而且,这一方案相比其他诸如'以战争法为导向的预防法'、依据警察法的长期监禁或者针对潜在恐怖分子的扩张的保安监禁措施等解决办法而言也更加优越"[4]。如果我们将本应由刑法承担的功能划分出去,无疑相当于一方面用尽全力守住前门,却完全敞开后门任人进入,将我们身后彻底暴露在未知的风险中。

---

[1] SIEBER U. The new architecture of security law [C]//SIEBER, MITSILEGAS, MYLONOPOULOS, BILLIS, KNUST. Alternative systems of crime control: national, transnational and international dimensions. Berlin: Duncker & Humblot, 2018:3-35.

[2] ZEDNER L. Preventive justice or pre-punishment? The case of control orders [J]. Current Legal Problems,2007(1):174-203.

[3] 参见:维加诺,吴沈括.意大利反恐斗争与预备行为犯罪化:一个批判性反思[J].法学评论,2015(5):87-97.

[4] 齐白.全球风险社会与信息社会中的刑法:二十一世纪刑法模式的转换[M].周遵友,江溯,等,译.北京:中国法制出版社,2011:224.

综上所述,刑法学的答案不应止步于将这些预防性规定排除在刑法之外——这一做法多少有些不负责任。相反,必须为控制风险的刑法条款建立起明确的规范性障碍。当然,也不能忽视安全法、干涉法等新的法律体系的发展,而应正视其已经履行了部分犯罪预防功能的事实。我们需要做的是:刑法的归刑法,安全法的归安全法,绝不能出现承担着刑法的任务,却不受刑事程序严格约束的情况。至于如何合理界定安全法的边界,Sieber教授认为,应当首先考虑传统刑法是否也适用于该制度;如果答案是否定的,必须分析类似于刑法的其他法律保障措施,在多大程度上源于宪法或其他保障人权的措施;如果国家干预是基于一项特殊的法律制度,则必须确定有关措施是否满足相应制度的基本要求。[1] 不过,关于安全法的讨论已经超出了本书的研究主题,将留待今后进行系统研究。

第二节 预防刑法的理论依据

为了适应时代的需求,刑法理论也在悄然发生变化。近年来,各国学者们对预防刑法理论展开了十分深入的研究,并力图将其与传统刑法理论进行有机结合。刑法理论不再视预防刑法为"洪水猛兽",而是朝着这一方向进行了一定程度的转型。各种缘起、脱胎于预防刑法的理论不断产生,有些甚至已经成为刑法学界的主流观点。正是在这种融合交织的大背景下,预防刑法理论逐步建立了坚实的理论基础。

一、刑法体系的预防转向

理论若想切实影响立法,既不能根本地排斥甚至否定立法,也不应一味地追随、肯定立法,而是进行"批判性合作",在一定程度上超前于立法并发挥引

---

[1] SIEBER U. The new architecture of security law [C]//SIEBER, MITSILEGAS, MYLONOPOULOS, BILLIS, KNUST. Alternative systems of crime control: national, transnational and international dimensions. Berlin: Duncker & Humblot, 2018: 3-35.

导立法的作用。[1]既然刑法的实际运作已经发生了重大变化,那么,理论的叙述方式也应当做出相应调整。[2]当前,为了克服前述的传统刑法理论的时代缺陷,刑法观念正逐步转向功能主义,刑法与刑事政策的考虑紧紧联系在一起。与传统刑法理论相比,刑法教义学体系也发生了较为显著的变化。具体而言,新时代刑法体系主要呈现出机能主义刑法观的兴起、积极的一般预防理论的产生以及刑法与刑事政策的紧密融合等三大特征,兹分述如下。

(一) 机能主义刑法观的兴起

预防刑法是机能主义刑法观的具体体现。所谓机能主义刑法观,抑或"刑法的机能化",是指从有实效的刑事政策的必要性出发,将刑法视为解决社会问题的手段,为了达成一定目的而机能性地使用刑法,主要表现为积极介入、追求预防效果与注重灵活回应的立法导向。[3]日本的平野龙一教授,德国的Roxin教授、Jakobs教授、Frisch教授等学者各自的刑法体系均属于机能主义刑法理论范畴,在全世界范围内都具有极大的影响力。尽管具体内容不尽相同,但这些理论均肯定刑法维护秩序的社会机能,认为犯罪论体系是根据刑法目的而设定的,特别是结合刑罚论的刑事政策基础理论性构建的特征,故不从犯罪论优位观点出发,而从刑事政策取向的刑罚论促使犯罪论的重新构成。[4]机能主义的刑法视角在现代社会中逐渐脱离了传统刑法的范围,从而导致了刑法理论的转型与刑法适用的扩张。具体表现为以下几方面:

第一,法益机能:从排除犯罪转向证立犯罪。在传统刑法理论中,法益是决定罪与非罪的核心要素与重要界限。只要某一行为不侵犯法益,就不应被认定为犯罪,这正是法益立法规制功能的体现。但如前所述,法益因其内涵不明确而具有极强的包容性,导致任何一种生活利益都很容易被解释为法益,进

---

[1] 参见:张志钢.如何有效回应现代刑法立法的扩张?:基于《刑法修正案(十一)》的观察[J].辽宁大学学报(哲学社会科学版),2021(5):95-109+177.

[2] 参见:劳东燕.风险社会中的刑法:社会转型与刑法理论的变迁[M].北京:北京大学出版社,2015:72.

[3] 参见:李晓龙.刑法保护前置化研究:现象观察与教义分析[M].厦门:厦门大学出版社,2018:77.

[4] 参见:王正嘉.风险社会下的刑法保护机能论[J].法学新论,2009(6):75-100.

而获得被刑法保护的正当性——为了惩罚某种行为,似乎只要能够成功论述法益概念的内涵、提出可操作的定义,问题便可以迎刃而解。正是由于"法益论"本身无法定义一般的法益概念,故无法单独得出判断犯罪化正确与否的标准。不仅如此,如果是为了"法益保护",对于每一个被宣布为法律政策所必需的禁止性规范,都可以找到一个合适的法益,用来使对行为的限制合法化。例如,"某某利益在现代社会是非常重要的利益,因此在侵害或危及它的情况下,使用刑事处罚这一猛药是正当化的"这种表述,与刑事立法的活性化导致的刑事处罚的积极化倾向是一致的。[1] 于是,本应起到限制处罚范围作用的法益概念不仅无力遏阻犯罪化的过程,反而还时常受到驱策,成为刑法扩张的先锋功臣,助推了刑法介入的早期化。以至于最终,从"无法益就无犯罪"翻转为"有法益就有犯罪"的逆命题,法益概念从原本作为限制处罚范围的栅栏,转变成积极科赋处罚义务的基准。甚至给人造成了这么一个印象:由于法益是可以通过立法者创设的,故刑法的界限与其说是由现有法益的轮廓决定的,还不如说是由立法者意志决定更为妥当。

在这一背景下,不少学者都为阻止法益的抽象化、精神化付出了大量的努力。但可惜的是,这些努力基本上都失败了。在机能主义刑法观下,为了更灵活、积极地解决现实问题,法益从指导立法的先验般的存在,成为需要根据立法确定的后天产物,甚至可以包括一切内容,几乎完全丧失了立法批判的机能。因此有学者指出,法益论对于划定刑事立法正当边界所能发挥的作用是极为有限的,[2]尤其是随着时代的变迁,法益理论已经不可能再像之前一样发挥规制立法的作用,故应当放弃对法益批判立法功能的追求。[3] 本书也认为,法益理论在发展过程中,逐步认为法益是抽象的事物,并且没有对其进行明确的定义。那么,希望以这一笼统、模糊的概念发挥立法批判的功能,显然属于被错置的不当期待,为其施加了"不能承受之重"。因此,在机能主义刑法观下,法益的作用发生了重大转变,学者们应当正视这一现象,而不应将这种

---

[1] 上田正和.保護法益論(Rechtsgutstheorie)の行方と展望[J].大宮ローレビュー,2011(7):6-31.

[2] 参见:陈璇.法益概念与刑事立法正当性检验[J].比较法研究,2020(3):51-72.

[3] 参见:陈家林.法益理论的问题与出路[J].法学,2019(11):3-17.

变化作为预防理论发展的障碍。不过,我们也不能彻底抛弃法益概念,即在证立犯罪时,仍应当明确分析出某一行为究竟侵犯了何种法益。倘若难以得出明确结论,就不应轻易认定为犯罪。

第二,因果关系:从"确定"到"概率"。传统刑法理论对客观违法层面的认定建立在因果关系的基础之上,只有能够证明行为人的危害行为与危害结果之间存在因果关系,才可能对结果负责。而刑法意义上的因果关系具有客观性等特征,条件说的判断标准与刑事证明的极高标准相结合,导致了实践中如果无法排除系他人行为造成危害结果的合理怀疑,就不能认定行为人符合"无A则无B"的条件关系。但在现代社会,由于因果相互联系的异常增加,多重因果关系的存在等因素,导致因果关系的认定更为复杂、多样,风险结果与破坏程度都难以准确测算。以环境犯罪为例,危害后果通常是难以察觉的,或者根本无法被感官捕捉到,而只能间接地发现。这显然不适用经验规则,进而导致确定环境损害的可能性大小及其类型所必需的科学证据,在一定程度上成了一个估计、判断的问题,甚至在不同专家之间也存在争议。

但如前所述,基于预防原则的要求,科学上的不确定性不能成为不作为的理由。故而,我们不能因为因果关系难以准确认定而放弃认定。基于此,在条件说等传统判断标准难有用武之地的背景下,疫学的因果关系等学说遂应运而生。疫学的因果关系或因果关系的推定不是因果关系的一种特殊类型,而是一种证明因果关系存在的标准或方法。其无法证明危害行为与危害结果之间的实际关联,只能利用特定的观测方法,为刑事证明提供一条可能的路径。[1] 但是,这种判断却在事实上颠覆了传统意义上的因果关系。毕竟,传统意义上刑法因果关系的判断,是"有"或者"无"这一事实问题,而非多大程度上"有"或者多大程度上"无"这一比例问题。而采用因果关系的推定,则是将"有"的概率上升为"有"。例如,通过疫学方法证明了危害行为与危害结果存在因果关系的可能性为80%,就直接认定二者之间具有因果关系。因此,疫学的因果关在本质上系通过证明危害行为与危害结果发生的概率升高之间具有条件关系,进而等同于证明危害行为与危害结果发生之间具有条件关系。[2]

---

[1] 参见:黎宏.日本刑法精义[M].北京:法律出版社,2008:109-110.
[2] 参见:劳东燕.风险社会中的刑法:社会转型与刑法理论的变迁[M].北京:北京大学出版社,2015:143.

当然,需要指出的是,即使是疫学的因果关系理论,也具有适用上的局限性,难以解决多因一果时的认定问题。[1]

反对这种变化者大多认为,在实践中,因果关系的推定或许是一种简便易行的操作规则,却违背了传统的因果关系判断标准,故与古典刑法理论格格不入,应当予以摒弃。但如前所述,风险社会中的刑法理论也应当得到修正完善,以适应现实社会的发展进步,否则就将沦为"空中楼阁"。而在现代刑法理论中,归因并不等于归责。归因是判断是否存在因果关系;在此基础上,还需要对已存在的事实联系的重要性进行评价,即归责。[2]因此,各种因果关系学说只是用于解决事实因果的判断基础问题,即使能够认定存在因果关系,仍需启动归责程序,进一步判断危害后果能否归责于行为人。显然,这种双重的判断程序亦会对处罚范围进行有效限缩,甚至优于传统刑法理论的单一判断程序。因此,从风险预防与合理分配危险的角度出发,这种归责模式虽然重构了刑法中的因果概念,却有其存在的价值。"从类型学的原理来看,单是归因层面事实关联程度要求的降低,并不足以否认'概率提升'型因果作为一种归责类型的正当性。"[3]如果能够对疫学的因果关系、间接反证、因果关系的推定等理论予以合理限制,只有在归责有效性因素很强、足以排除合理怀疑的情况下才予以适用,就不会过于限制被告人的合法权益,反而会成为司法人员惩治环境犯罪等相关犯罪的有力武器。

第三,罪责原则:功能化与客观化。刑法上的责任概念在相当程度上反映了刑事政策的要求。在风险社会中,传统的罪责原则也发生了变化——刑法出于预防风险的需要,将一般预防目的纳入罪责认定的范畴,实现了罪责的功能化;通过规范性的风险分配,加重了个体的注意义务,导致了罪责概念的客观化。

在经典的理解中,责任问题总是在事后才出现的。它是由一个负面评价

---

[1] 参见:郝艳兵.风险刑法:以危险犯为中心的展开[M].北京:中国政法大学出版社,2012:104.

[2] 参见:邹兵建.论刑法归因与归责关系的嬗变[J].刑事法评论,2012(2):317-349.

[3] 参见:劳东燕.风险社会中的刑法:社会转型与刑法理论的变迁[M].北京:北京大学出版社,2015:152.

的事件引起的,目标是这个事件的始作俑者。当然,现代风险社会中发生的新型风险并没有使这种回顾性的质疑成为多余。如果发生了风险,无疑要查明谁是责任人,需要对此承担责任;然而,更令人感兴趣的显然是如何避免这种风险。责任的范围不再仅由现有的戒律和禁令决定,而是由实现或避免未来事件的任务决定。如此一来,人们关注的重点就不再是过去,而是未来了。简言之,古典的责任概念是回顾性的,核心是"可非难性";而新的责任概念是前瞻性的,关注"预防必要性"。进行责任非难的前提不再是非难可能性,而是预防的需要。此时,人们不是仅对已经发生的损害负责,而是对避免未来的损害和维护或创造理想的条件负责。如 Jakobs 教授认为,罪责由一般预防所构建,并根据一般预防来衡量,其内涵是实现对法的忠诚的训练与对秩序信赖的安定化。而 Roxin 教授则倡导目的理性阶层体系,建议以负责性阶层取代原有的罪责阶层,认为非难可能性只是负责性的必要条件而非充分条件,应当用预防必要性(需罚性)来进一步限制罪责的范围。[1] 自此,刑法对风险的防范由幕后走上前台。

此外,在风险社会中,由于风险的不可认知性与不可支配性,行为人可能确实缺乏对行为造成后果的准确认知,从而在主观上缺少危害社会的故意或过失;即使有,也难以查明或认定。[2] 此时,如果仍然恪守传统的罪责原则,可能会放纵犯罪。而为了有效保障社会的安全、预防风险再次发生,一旦严重后果发生,就应当进行责任分担或采取严格责任标准,找出相应的负责人。这就导致了面向规范的责任转变为面向后果的责任。根据以规范为导向的道德体系,重要的是行为符合规范;而结果论模式则认为,行为的道德品质完全由其产生的后果决定,只要实施了风险行为,就无须过多考虑行为人的主观罪责,其主观上甚至不需要对侵害法益有所认识。此时,罪责概念的核心"毋宁说是单纯的'必须有人负责'的归责,而'负责主义'的范式也就随之而生。"[3]

---

[1] 参见:郝艳兵.风险刑法:以危险犯为中心的展开[M].北京:中国政法大学出版社,2012:125-128.

[2] 参见:周铭川.风险刑法理论研究[M].上海:上海人民出版社,2017:97.

[3] 王立志.风险社会中刑法范式之转换:以隐私权刑法保护切入[J].政法论坛,2010(2):82-93.

(二)积极的一般预防理论的产生

预防刑法背后的刑罚目的是积极的一般预防。作为现代干预主义国家的产物,积极的一般预防理论是德国理论界在 20 世纪 70 年代末正式提出的刑罚正当化理论。该理论认为,刑罚的正当化依据在于通过惩治犯罪来满足、维护和加强善良市民所抱有的规范意识。在任何情况下,社会想从其成员那里得到的,不是对遵守其基本准则的成本和收益的明智计算,而是不假思索地服从它们。只要行为人开始精心计算违反刑法的成本和收益,预防犯罪的斗争实际上已经失败了。因此,为了社会的有效运转,大多数人必须出于良心和信念,而非对惩罚的恐惧才遵守法律。为了实现这一目标,除了基于威慑而不敢犯罪这一消极的一般预防效果之外,刑罚对于遵守规范的民众还具有激励、表彰与肯定的作用,能够确立民众对于规范的认同与尊重,并通过对行为的引导,积极发挥社会治理的效果。[1] 正如 Liszt 教授所言,立法是完全有能力谨慎引导并逐渐培养国民的法律观的。[2] 基于此,立法者通过刑事立法来宣示国家不能容忍某些行为,并采用刑事处罚的方式,以实现创造新的规范意识的目的,[3] 从而维护公民对遵守规范的预期,实现社会生活的平稳安定。例如,故意杀人罪的规范不再仅仅是传递"不得杀人"的命令就够了,而更应被理解为要求公民"请尊重他人的生命"。[4]

在当前的社会背景下,积极的一般预防理论尤为重要。这是因为风险往往不是由自然力等不可抗力导致的,而是由人类自己的活动造成的。为了有效预防风险,必须要求人们牢固树立规范意识,按照一定的规则或流程进行活动。只要大家都能遵照一般规范,行为符合社会预期,就会大幅降低风险发生的可能性。因此,与作为事后处罚的制裁规范相比,将刑法作为事前预防的行

---

[1] 参见:周光权.刑法总论:第 3 版[M].北京:中国人民大学出版社,2016:397-401.

[2] 参见:李斯特.德国刑法教科书[M].徐久生,译.北京:法律出版社,2006:23.

[3] 参见:姚贝,王拓.法益保护前置化问题研究[J].中国刑事法杂志,2012(1):27-33.

[4] 参见:金日秀,郑军男.风险刑法、敌人刑法与爱的刑法[J].吉林大学社会科学学报,2015(1):21-31+171.

为规范无疑更为有效。[1]这种从关注制造实害的消极的一般预防向关注规范违反的积极的一般预防的转变,明确体现了刑法的预防转向。并且,积极的一般预防理论也完全契合机能主义刑法理论。该观点认为刑法应当成为事前介入的手段,而要想充分发挥这一作用,引导国民形成规范意识显然是必须的。

当然,也有不少学者对积极的一般预防理论提出了质疑,有人认为其无非是消极的一般预防理论的另一种表述,在本质上属于换汤不换药,有人认为该理论欠缺实证经验证明,还有学者怀疑用刑法规范、引导国民行为的有效性,认为该理论将人作为手段而非目的,有侵害人权之嫌。但无论如何,积极的一般预防理论具有较为坚实的理论基础与较为严密的逻辑推导体系,能够树立与强化民众对刑法的认同感、信赖感与忠诚感,至少为我们科学应对与发展预防刑法理论提供了新的路径。

(三) 刑法理论与刑事政策的紧密融合

在古典刑法理论中,人权保障位于十分重要的地位。因此,该理论强调罪刑法定原则,要求尽量摒弃社会、政治等一切外部因素对刑法的干扰,故而刑法与刑事政策存在事实上的紧张关系。一方面,刑法与犯罪作斗争的社会任务被归入刑事政策;另一方面,保障公民自由的机能则归于刑法,从而体现出相互疏离的两股趋势。[2]按照这一观点,在传统的犯罪论构造中,预防从来就不是需要考虑的因素,这就造成了刑事政策与刑法教义学体系之间的"李斯特鸿沟"。尽管刑事政策可以在宏观上指导刑法的修改、刑罚的设置等问题,但却不能直接适用于个案,根据自己的目的导向起到超出刑法规定之外的调节作用。亦即,在进行刑法体系的构建时,仅应坚持教义学的基本原则,无须、也不应考虑刑事政策的影响或修正。否则,法官在审理刑事案件时,就存在以实现刑事政策为借口突破刑法规定的风险,走向一种以纯粹功利主义为导向的结果型司法。

---

[1] 参见:黎宏.《刑法修正案(十一)》若干要点解析:从预防刑法观的立场出发[J].上海政法学院学报(法治论丛),2022(2):1-25.

[2] 参见:罗克辛.刑事政策与刑法体系[M].蔡桂生,译.北京:中国人民大学出版社,2011:3-4.

但随着时代的发展,现代刑法理论与刑事政策都面临着重大挑战。一方面,科技、社会、生态、健康、经济和社会发展往往具有国际或全球性,不断威胁着各个国家的生存基础。另一方面,民主国家的刑事立法似乎没有足够能力单独应对这些挑战,缺乏足够的系统性、一致性和理论深度来充分处理现代主义的结构性危机。而刑法机能主义的发展,也给刑事政策提供了介入空间。在这一背景下,学者们逐渐开始呼吁将刑事政策思想合理地纳入刑法体系,建构合乎目的理性和价值取向的刑法教义学体系。于是,在当今社会,刑法与刑事政策的关系发生了倒转。刑法在过往曾是"刑事政策不可逾越的屏障",现在却成了刑事政策的手足甚至道具,追求政策目的的便利性成了刑法正当化的中心基准,二者演变成"刑事政策对刑法的全面支配"。作为机能主义刑法思想的集大成者,Roxin教授将该思想贯彻到了犯罪论体系的每一个阶层,划时代地提出了将刑法体系建立在刑事政策指导思路上的观点,并在国际社会产生了十分深远的影响。正如陈兴良教授所指出的那样,在学者们的不断努力下,刑法与刑事政策的关系最终实现了从"李斯特鸿沟"到"罗克辛贯通"的重大变化。[1]

伴随着刑事政策与刑法教义的有机结合,刑事政策的目的导向进而影响到犯罪构成体系与具体犯罪的认定。如前所述,安全已成为当今社会的主题,成为国家与社会的关注焦点,刑事政策也被深深打下了"安全"的烙印。刑事政策导向的变化,使得在犯罪设置与认定的过程中,逐步体现出鲜明的预防导向,而刑法体系则不可避免地将预防与打击犯罪作为首要的价值取向。

二、自由与安全的调和

刑法既是惩罚法,又是保障法,因此在法益保护与人权保障领域天然存在着冲突。这一问题在预防刑法中更加凸显——在一般人眼中,安全和预防常常是合二为一、不分彼此的,只不过安全是一种理想的预期状态,而预防则是实现这一状态的行动和决策模式。因此,如何处理好刑法保护社会安全的机能与保障公民自由之间的关系,是预防刑法的"内生悖论",永远无法被消除,

---

[1] 参见:陈兴良.刑法教义学与刑事政策的关系:从李斯特鸿沟到罗克辛贯通——中国语境下的展开[J].中外法学,2013(5):974-1005.

而只能尽量实现两者的平衡,作为托举和支撑预防刑法的"两翼"。[1] 接下来,本书将围绕自由与安全这对价值之间的关系展开讨论,从而为预防刑法奠定理论基础。

(一) 安全的概念与分类

从法律角度看,对安全概念的讨论不亚于自由、平等、正义等其他基本价值。安全(Security)一词起源于法国,是一个混杂的概念,被广泛应用于社会安全、健康安全、金融安全、警务社区安全、国家安全、军事安全、人类安全、环境安全、国际关系和维和等领域。人们往往谈论的是这些领域的安全,而不谈论安全本身。在这个意义上,安全意味着主体与外部世界或自身的关系,是反映主体与外部世界关系的一种现象或状态。这使得其上升到了社会价值的高度。事实上,安全并非一个单一、不可改变的概念,而是多个概念的集合。[2] 一般认为,安全具有两层含义:一种是作为理念的安全概念,是被赋予价值状态的安全价值,是人类社会一直追求的状态与需求;另一种则是作为规范性概念的安全概念,泛指稳定、完善、不发生事故、不受到威胁、没有危险状态发生,其程度是由安全的实际状态与人们感到安全的心理需求来共同衡量的。因此,后一种意义上的安全还可以分为客观安全与主观安全。

其中,客观安全(Safety)是一种真实的、可测量的客观状态,与"风险/危险"(risk/danger)相对应;而主观安全(Security)又被称为"安全感"或"安心",与"不安/威胁"(insecurity/threat)相对应,是对个人和公众安全情感这一主观上的感受方式的评估和评价。[3] 矛盾的是,民众的安全感部分独立于客观安全形势,可能与所面临的客观威胁水平完全无关,并不能准确反映出客观的危险状况。例如,对犯罪的高度恐惧会导致对安全的渴望增加,从而导致对可能不存在的威胁的担忧成为刑事立法的理由。甚至安全的主观需要,反而会随着客观安全的增加而增长。事实上,人类从未像今天这样安全地生活,但作

---

[1] 参见:房慧颖.预防性刑法的具象考察与理念进路[J].法学论坛,2021(6):72-82.

[2] ZEDNER L. Security[M]. London:Routledge,2009:9.

[3] 甲斐克則.刑法におけるリスクと危険性の区別[J].法政理論,2013(4):86-108.

为主观情绪的焦虑感却在不断增加。但也有学者认为,人们缺乏安全感未必是一件坏事。有些人天生喜欢追求刺激,"没有安全感"反而是他们努力追寻的对象。反过来,过于有安全感也未必是一件好事,可能会阻止我们居安思危,从而疏于防范可能出现的重大风险。因此,安全感并不能直接与安全挂钩,除非有些特定制度的顺利运作有赖于人们的安全感,而某些利益的维持又需要仰仗该制度时,或许我们才能够从"安全感"(对制度的信赖)推论到"安全"(制度的顺利运作)。故有学者认为,主观期望和感觉如果没有客观上可核实的现实参照,就不能得到刑法的保护,从而限制刑法对安全的保护范围。[1]

(二)自由与安全关系的理论争鸣

在预防刑法的理论构建中,首要解决的就是自由与安全的关系问题。与前述安全概念相比,自由的概念虽然会随着社会环境的变化和法学、政治学的深刻发现而不断丰富,但具体到法律中,核心是个人相对于国家权力的自由,即个人不受国家或他人干涉的行动自由——这一观点基本上已经得到了理论界的公认。在界定了自由与安全概念的基础上,学者们对二者的关系进行了系统、深入的探讨,核心问题在于:预防刑法无疑是以安全为导向的,这是否意味着对自由价值的侵蚀?在自由与安全发生冲突时,究竟何者处于优先地位?如果不能对这一问题给出合理的解释,预防刑法就将失去价值上的正当性。

有观点认为,自由与安全之间并不存在冲突关系,而是现代自由主义背景下的紧张关系:在彼此制约的同时,它们也相互需要、不能分离。因为没有安全就不可能有自由;而真正和稳定的个人自由,只有在安全的环境中才能实现。古人早就认为,人性既是自由的源泉,也是不安全的源泉。霍布斯关于自然状态的叙述也确立了一种辩证的观点,即绝对的自由导致了完全缺乏安全感,而这种安全感反过来又折中了这种绝对的自由。因此,在自由社会的背景下,安全和预防被认为是现代国家的一个基本方面,是合法与和平行使个人自由的必要条件。同样,个人自由也被认为是进行预防和维护社会安全的一个条件。尊重自由是通往安全的道路,而不是安全的障碍;实现安全的途径是尊

---

[1] SCHIEMANN A. Zivile sicherheit im strafrecht [C]//GUSY C, KUGELMANN D, WÜRTENBERGER T. Rechtshandbuch zivile sicherheit. Berlin: Springer,2017:463-487.

重自由,而不是侵犯自由。安全保障自由的行使,就像保证是信任的必要条件一样,通过促进确定性,使人们从怀疑、恐惧和对危险的焦虑中解脱出来。[1] 按照这一观点,自由不会与安全冲突,但会与假借安全之名而肆意扩张的政府滥权冲突。[2] 自然与社会之间的辩证关系是通过预防转向的正当性框架暴露出来的,而不是产生出来的。因此,预防刑法所表达的主要问题不是它是反自由的,而是其揭示和放大了自由法律框架中的裂缝和矛盾。

而相反观点则承认二者之间的紧张关系。该观点认为,"安全与自由是密不可分、彼此促进的"这种笼统的说辞几乎没有任何实际意义。谁都知道两全其美的方案肯定是最佳做法,但在实践中,倘若安全与自由发生了冲突,这种理论就无法提供任何答案。事实上,安全源于人类的社会倾向,而自由则根植于人类自我扩张的本能,二者必然会发生冲突。[3] 古典自由主义者们普遍认为,虽然有效的政治权力对于维护和加强每个人的有效自由范围可能是必要的,但政治权力本身就对自由构成许多直接或间接的威胁,尤其是通过其最明显的强制性管制手段——刑法。因此,国家及其法律既是个人自由的保障者,也是对自由威胁的持续来源。那么,在二者必定发生冲突的情况下,哪一个价值更为重要?预防刑法能否为了保护安全而牺牲自由?对此,又存在多种学说的对立。

支持安全优先的观点认为,从历史的角度看,人类对安全的渴望要早于对自由的需求。正如霍布斯所指出的,人民的安全是至高无上的法律。[4] 国家的主要任务,实际上也是其存在的目的,是为公民保障作为自由先决条件的秩序和安全条件。[5] 显然,人的安全是行使人权的必要先决条件。那么,公民

---

　　[1] ERICSON R. Crime in an insecure world[M]. Cambridge:Polity,2007:216.

　　[2] 参见:李国权.变迁与危机:论刑法立法的预防转向[J].刑法论丛,2019(2):100-126.

　　[3] 参见:郝艳兵.风险刑法:以危险犯为中心的展开[M].北京:中国政法大学出版社,2012:60.

　　[4] 参见:张道许.风险社会的刑法危机及其应对[M].北京:知识产权出版社,2016:36-37.

　　[5] ASHWORTH A,ZEDNER L. Preventive justice[M]. Oxford:Oxford University Press,2014:8.

自由就应当随着危险程度的变化而消长,[1]而在安全受到严重威胁的情况下,当然可以适当降低对自由等其他价值的保护。因此,即使预防刑法在一定程度上减损了公民的权利和自由,也仍然是有益的立法——因为通过促进人类安全,它"维护了一个可以行使权利和自由的社会"。更何况,预防刑法干涉的是潜在的自由,惩治的却是实际的损害或者风险。这种对自由的干涉比已经发生的伤害要轻,也比即将发生的具体伤害的风险要轻。[2]

但支持自由优先的学者更多,认为风险社会的法治并不意味着安全的价值垄断,在发生冲突时,安全应当毫不犹豫地让位于自由。根据其论述的侧重点不同,主要可以分为以下几种学说:

1. 安全悖论说

该说认为,安全这一概念本身存在较大的问题或缺陷,不足以作为一项可以与自由进行比较的价值。由于风险社会中必然存在着风险,故不可能实现绝对的安全,反而需要警惕打着安全旗号滥用权力(权利)的现象。因此,国家绝不能为了安全而牺牲自由。为此,Lucia Zedner 教授专门列举出了安全的六大悖论:[3]

第一个悖论是,虽然安全旨在追求减少风险,但它假定威胁持续存在,并且它的追求永无止境——因为未知的漏洞、新的威胁和新的对手总让其面对挑战。这些威胁的持久性质使安全成为一场持续的斗争。更讽刺的是,我们可能会观察到,考虑到政治资本、职业抱负和投资于安全业务的营利企业,完全消除风险对任何人都不利。例如有学者认为,外部的威胁对于国家的稳定而言可能并非坏事——国家甚至需要受到威胁,如果没有威胁存在,它们的部分功能就会消失。而如果我们试图解决所有可能将我们的安全置于危险之中

---

[1] 波斯纳.并非自杀契约:国家紧急状态时期的宪法[M].苏力,译.北京:北京大学出版社,2010:43.

[2] BRUNHÖBER B, Von der unrechtsahndung zur risikosteuerung durch strafrecht und ihre schranken[C]//HEFENDEHL R, HÖRNLE T, GRECO L. Streitbare strafrechtswissenschaft: festschrift für bernd schünemann zum 70. Geburtstag. Berlin:Walter de Gruyter,2014:3-15.

[3] ZEDNER L. Security[M]. London:Routledge,2009:145-150.

的问题,就肯定会在某个时刻限制自己的生存能力。[1]因此,绝对安全是无法实现的,即使能够实现,那些在政治和经济繁荣上依赖于持续威胁的人也不会寻求绝对安全。

第二个悖论是,私人保安业扩张扩大了刑罚国家,而非缩小。尽管人们期望通过私人努力追求安全,从而可能相应减少国家干预,但与之相伴的,至少在英国和美国,是惩罚性国家的空前扩张。虽然人们可能认为,先发制人的安全措施会减少对事后惩罚性措施的依赖,但刑事政治的惩罚性并未减弱。相反,安全的崛起增加并放大了刑事司法国家的作用。部分原因在于,惩罚与对安全的要求是相互交织的。实践中,似乎形成了公共和私人提供商之间的安全竞赛。私人安保人员将更多的嫌疑人拖入刑事司法系统,扩大了国家监控的范围。此外,监管私人安保业务的需要又增加了监管立法的新层面,为许可、检查和审计提供了条件,因此进一步扩大了国家控制的范围。

第三个悖论是,虽然安全承诺通过改善个人和集体的安全感知来消除疑虑,但讽刺的是,安全设施往往会提高人们的风险感知,从而增加焦虑,并在安全措施失效与所担心的风险出现时感到失望。社会对威胁的感知、而非犯罪率本身,变成了安全动员的功能。提供的安全措施越多,就越被认为是正常和必要的。如果无法提供安全措施或人们负担不起安全措施,随之而来的焦虑也就越大。

第四个悖论是,尽管安全被视为一种普遍利益,但它的追求是以威胁与威胁者的存在为前提的。追求安全必然会将一部分民众置于保护之外,并使威胁者丧失行动能力。因此,社会排斥是与安全共生共存的伴侣,并且这一事实由于社会普遍倾向于夸大对公共保护的要求而日益加剧。那些被怀疑的威胁者很容易被妖魔化,并以安全的名义被监禁。将安全设置为策略的对象,往往会回避寻求谁的安全的问题。那些可能因安全措施而损失最多的人,往往属于政治上弱势的群体。在安全社会日益民粹主义的政治中,很难冒着政治失败的风险去维护他们的利益。因此,从安全驱动的限制中受益的人口越多,承担这些限制负担的人口越少,有效反对的可能性就越小。

第五个悖论是,尽管安全承诺公民追求个人或集体目标的自由不受侵害,

---

[1] HUDSON B, UGELVIK S. Justice and security in the 21st Century[M]. London: Routledge, 2012: 187-189.

但自相矛盾的是,它也具有侵犯个人自由的强烈倾向。在具有特殊风险和威胁加剧的地方,最容易主张安全高于自由的主张。针对最严重的安全威胁而采取的侵蚀自由的措施有一种共同的趋势,即日益"普遍化",已经逐步扩大到针对较小的威胁就予以适用。

第六个悖论是,尽管安全被视为一种公共产品,但人们追求安全的方式往往会侵蚀信任和良好社会的其他属性。许多安全措施都基于对陌生人的不信任,而安全技术更是将每个人都假定为潜在的威胁源,从而进一步削弱大家"同舟共济"般的信任,损害社会关系。例如,大规模监控可以被看作是国家的一种声明,大意是"公众,我不相信你们";其所导致的答案可能是"国家,我们公众也不能相信你"。如果人们以对他人的不信任作为出发点,而非相信他人没有恶意,我们是否将承担破坏社会信任的风险?而随着时间的推移,是不是会产生更强烈的不安感与焦虑感呢?因此,有学者指出,我们必须相信绝大多数人都是按照国家、社会制定的"游戏规则"行事的,否则,大规模的预防性监管措施可能会削弱国民对国家的归属感、对同胞的信任,以及对当局有能力高效处理相关问题的信任,进而导致一个和平与繁荣社会的瓦解。[1]

2. 权利衡量说

该说认为,安全和自由都属于公民的合法权利,要想比较它们之间的优先度,必须衡量二者的权利位阶,进而判断何种权利更值得保护。目前,人们公认自由是一项基本权利。自由代表着法治的象征,国家可以适当限制自由,但不能为了其他法律理念而牺牲自由,否则就不再是法治了——牺牲诸如尊重法治、公民自由和人权等基本价值,就如同一枪不发地输掉了反恐战争。认为剥夺公民的个人权利和自由是维护安全所必需的,则是将自己置于与恐怖分子相同的道德层面。但是,安全是基本权利吗?换言之,安全是从更广泛的基础权利或原则中派生出来的一项具体权利,还是作为其他权利基础的一项权利?有观点认为,安全的存在是为了满足自由等更高层次价值的实现而服务的。亦即,安全是为自由保驾护航的,保障安全的终极目的就是促进自由。因此,只有当安全服务于或至少与自由、正义、平等、信任和社会包容等利益相兼

---

[1] HUDSON B, UGELVIK S. Justice and security in the 21st Century[M]. London: Routledge, 2012: 191.

容时,安全的追求才是正当的。[1]根据《公民权利和政治权利国际公约》等文件,有些权利显然比其他权利更为重要。例如,无论"反恐战争"的紧迫性如何,克减某些绝对人权都是不恰当的。而生命权、自由权等权利,无疑属于这些绝对权利。与这些基本权利相比,整个社会的安全只是一种公共利益,而公共利益原则上是不能与基本权利"平衡"的,因为后者站在更高的道德和法律层面上。[2]另一方面,人类从自由中获得的满足感也往往超过从安全中获得的满足感,故追求自由的欲望较之追求安全的欲望更为强烈。[3]

此外,该说还针对安全优先说所主张的"安全是人们享有所有其他权利的先决条件"的观点进行了针对性讨论。尽管一定程度的安全对于实现个人自由是不可或缺的,但在当前的理论探讨中,自由和安全之间的关系往往被片面地描述。部分研究者过分强调个人安全和国家安全是自由的先决条件,并倾向于忽视个人自由首先使国家存在合法化这一事实。有学者虽然承认安全是自由的先决条件,但主张基本权利和先决条件权利之间是有区别的。它们之间的混淆是基于价值的主张与事实主张的混淆。认为一项权利是基础性的,是指其为其他更具体的权利提供了价值基础。以公平审判的权利为例,由于我们承认个人自由是一项基本权利,故而确立了保护无辜者不被判有罪的具体权利。但安全能增加什么呢?安全只不过增加了自由将得到保障的事实保证,而没有给自由添加任何东西。试想,在一个没有尊严、平等或自由的社会中,安全的权利意味着什么?它会带来什么权利?又有任何价值吗?我们可以很容易地论证,如果只能有一种权利的话,那就是生命权。而如果获得安全的权利仅意味着保障生命的权利,那就是多余的权利。因此,安全只提供了一个集成其他概念的框架,而没有自己的"内涵"。如果不回答以下问题,就无法理解安全本身:谁的安全?什么方面的安全?换言之,如果没有"参照物",就

---

[1] ZEDNER L. Security[M]. London:Routledge,2009:156.

[2] MICHAELSON C. Balancing civil liberties against national security? A critique of counterterrorism rhetoric[J]. University of New South Wales Law Journal,2006(2):1-21.

[3] 参见:郝艳兵.风险刑法:以危险犯为中心的展开[M].北京:中国政法大学出版社,2012:60.

几乎不可能理解安全。[1] 综上所述,即使承认安全是先决条件,其位阶也无法与作为基本权利的自由相比,二者冲突时必须服从于自由。

还有学者直接否认安全是自由的先决条件,认为只有在政府创造了一个"安全的环境"之后,我们才能享有自由和人权的说法完全是误导。因为人权绝非国家在追求安全和社会自由的过程中所"创造"出来的,而是与生俱来的。[2] 并且,即使在不安全的情况下,行使某些权利也是可能的,这是因为"安全不是全有或全无的问题,而是多或少的问题"。安全可能以一种支离破碎的方式提供,但权利在任何情况下都可以得到行使。我们可能会过于执着于实行权利的先决条件,但结果却是根本就没有实现自己的权利。因此,我们可能有完全的安全,但几乎没有自由。此时,安全就只是一个"贪婪的理想"罢了。[3]

(三) 自由与安全的平衡

本书认为,自由和安全之间的关系不能单方面看待。一般来说,安全是自由的前提条件。没有安全保障,个人将生活在一个由暴力主导的社会中,自由的想法将仅仅是一种幻想;即使能够生存,也没有自由发展的空间。因此,我们不能一边希望追求自由,另一边却不愿意去为自由的实现创造基本的条件。而当这个条件必须经由犯罪化的途径来解决时,接受对自由的限制就是我们必须付出的成本。[4] 但是,自由同时也能反映出或代表着安全社会的存在。在宪法国家,自由和安全处于同一价值层面,两者有各自的侧重点。并且,自由与安全的关系也不是一成不变的,而是带有鲜明的时代烙印。在不同的时

---

[1] LAZARUS L. The right to security-securing rights or securitising rights [C]//DICKINSON R, KATSELLI E, MURRAY C, et al. Examining critical perspectives on human rights. Cambridge:Cambridge University Press, 2012:87-106.

[2] MICHAELSON C. Balancing civil liberties against national security? A critique of counterterrorism rhetoric[J]. University of New South Wales Law Journal, 2006(2): 1-21.

[3] 同[1].

[4] 参见:何庆仁. 犯罪化的整体思考[J]. 刑事法评论,2008(2):506-525.

代,国家的侧重点自然也是不同的。于是,二者将根据社会的需求进行调整,最终达到一种动态平衡。有观点认为,当前安全与自由被设定在一个零和游戏中。在这个游戏里,一方被拿走的越多,另一方剩下的就越多。但实际上,二者却并非这种此消彼长、你死我活的关系。有时候,牺牲一些安全,不但能够促进自由,在长远看来也会带来更多的安全;而为了安全牺牲一些自由,甚至会给我们带来更多的自由。因此,笼统地比较安全和自由谁的价值更大,谁更应当优先是没有意义的。在进行衡量以前,我们必须首先解决的问题是,预防刑法会给哪些人带来安全,会让哪些人失去自由,这些人群是否是相同的人群?只有在此基础上,才能够进一步展开利益上的衡量。

有学者指出,政治家和法官们习惯性地诉诸平衡的概念,来为新的安全措施或是有争议的决定进行辩护。立法者通过设定新的预防性罪名,虽然看似每个人都放弃了一定的自由,以便大家都能获得更大的安全,但事实上,这种交换通常是"他们"的自由换取"我们"的安全的问题。在实践中,这种平衡通常被设定为多数人的安全利益和受到国家调查的少数嫌疑人的公民自由之间的平衡。这种安全的个体化将权利平衡的焦点从个人与国家之间转向了个人与其他更危险的个人之间。因此,所谓的自由与安全之间的平衡,实际上是"用少数人的自由来换取多数人的安全的提议"。[1] 正如 Ronald Dworkin 教授所指出的,政府的任何提议与决定都只会影响到极少数公民……当这些措施被用来对付恐怖主义嫌疑人时,我们大多数人几乎不用为个人自由付出任何代价。[2] 虽然可能涉嫌恐怖主义的个人的公民自由很重要,但是,我们必须在这一点和国家所有公民的自由之间取得平衡,这些公民也有权在一个民主国家中过上没有恐惧的生活,避免被犯罪嫌疑人伤害的危险。如果恐怖分子肆意横行,公民的自由势必无法得到有效保障。综上所述,预防刑法限制的其实不是绝大多数人的自由——无论是否存在相应的犯罪规定,这些人都不会从事相关法律禁止的行为,也就无所谓限制自由,而只涉及极少数涉嫌犯罪的行为人的自由。显然,与绝大多数公民的安全和潜在的自由相比,少数人的自由无疑处于弱势地位,经过利益衡量,是允许被适当地予以牺牲的。更何

---

[1] ZEDNER L. Security[M]. London:Routledge,2009:158.

[2] WALDRON J. Torture, terror, and trade-offs: philosophy for the White House[M] Oxford: Oxford University Press,2010:182-183.

况,刑法还是犯罪人的大宪章,即使少数人涉嫌犯罪,其必要的人权也依然不会被克减,从而将对自由的侵犯降到最低程度。

另一方面,立法者在对安全或自由进行限制时,不仅要考虑现实的影响,更要考虑长远的影响。个人从国家获得的安全取决于对法治的遵守,不仅能够防止受到犯罪嫌疑人的威胁,更在于防止免受公权力对自由的无理侵犯。然而,如果某些所谓的法律本身不遵守其基本原则,在这种"法治"下生活的安全就没有任何意义。[1] 与为公众提供免受人身伤害保护的安全相比,更重要的是确保每个人都享有同样的法律权利,并且不会面临任意或压迫性的国家行动的风险。如果国家打破了正当程序保障和其他基本自由等传统制衡,国民安全就将被严重削弱,甚至会造成比恐怖主义等犯罪本身更大的安全威胁。可以想象的是,虽然某些措施能够取得短期内的安全收益,却可能违反法治原则而削弱长期安全。此时,这种方式综合而言并没有增加安全,而是仅减少了自由。因此,那种认为加强国家权力、提前预防犯罪会导致公共安全增加的论点,也是在本质上误解了安全的概念。[2] 对此,有必要详细调查自由的减少是否真的增强了安全,或者人们是否在用公民自由换取象征性的利益和心理安慰。

综上所述,人们最想知道的其实不是自由与安全谁更重要,而是某个具体措施对自由的伤害是否比它促进的安全更多或更少。[3] 与其抽象、泛泛地讨论安全与自由谁更重要、谁更优先,倒不如就具体立法进行具体分析,进而指出到底是什么样的自由被安全限制了,又是什么样的安全被自由牺牲了。[4] 只有明确了预防刑法对自由与安全带来的具体影响,才能准确地进行利益衡量。在当前风险社会的背景下,确实应当优化公民安全,从而更好地实现自由。然而在实践中,优化往往与最大化联系在一起,甚至与之等同。随后,优化就被理解为最大限度地提高法律监管,同时最大限度地减少个人的自由。

---

[1] ZEDNER L. Preventive justice or pre-punishment? The case of control orders [J]. Current Legal Problems,2007(1):174-203.

[2] MICHAELSON C. Balancing civil liberties against national security? A critique of counterterrorism rhetoric[J]. University of New South Wales Law Journal,2006(2):1-21.

[3] 波斯纳.并非自杀契约:国家紧急状态时期的宪法[M].苏力,译.北京:北京大学出版社,2010:33.

[4] 参见:李国权.变迁与危机:论刑法立法的预防转向[J].刑法论丛,2019(2):100-126.

这种做法无疑是不对的,相反,国家在提供安全的同时也应当尊重自由,必须在公民的自由权利和国家的安全义务之间取得平衡,只有这样才符合宪法要求。那么,这个平衡点究竟应当被确定在什么地方呢?本书认为,在最理想的状态下,平衡点应当是这么一个位置——立法的规制范围略加扩张,就会导致个人自由的损失大于公共安全的增加;如果略加压缩,就会导致公共安全的损失大于个人自由的增加。[1] 在实践操作中,可以遵循以下原则:一是必要原则,即规定侵害必须满足相应的"阈值测试",限制或禁止采用旨在预防轻微侵害的安全措施,并禁止采取旨在预防界定不清、距离过远的威胁的措施。二是最小影响原则,即应当尽量减少安全政策所造成的负担,只有在轻微方法不足以应对的情况下才能使用。为最大限度保障国民的自由,保护安全的目标应当尽可能通过对自由减损程度较轻的手段来实现。三是谦抑原则,即所采取的措施必须是为实现目的侵害性最小、成本最低的必要措施。四是合比例原则,即安全措施需要与潜在伤害的严重性相均衡,并通过实际上发生与否的可能性予以调整。[2] 当然,上述原则只能起到方向上的指引作用,笔者将在后文结合立法与司法的实际状况,对其具体适用展开详细解读。

三、刑法谦抑性的发展

自启蒙运动以来,刑法谦抑性就嵌入了刑法的"脊髓"。[3] 但近年来,这一刑法学传统价值理念,在预防刑法的新趋势之下逐渐显得不合时宜。新流行的思维方式已转变为刑法不应自我设限,而是当用则用、积极任事,以往被当作"最后手段"(ultima ratio)来使用的刑法,在近年的立法活动中几乎变成了"最初手段"(prima ratio),甚至是"唯一手段"(sola ratio)。[4] 不少学者对这一现象提出疑问,认为以积极立法观为指导的预防刑法是对刑法谦抑性这

---

[1] 波斯纳.并非自杀契约:国家紧急状态时期的宪法[M].苏力,译.北京:北京大学出版社,2010:33.

[2] ZEDNER L. Security[M]. London:Routledge, 2009:168-171.

[3] 参见:房慧颖.预防性刑法的具象考察与理念进路[J].法学论坛,2021(6):72-82.

[4] 参见:黄宗旻.法益论的局限与困境:无法发展立法论机能的历史因素解明[J].台大法学论丛,2019(1):159-210.

一基本原则的贬损;[1]而不具备谦抑性的刑法,势必将失去保障人权的底线,并引发刑事法治的严重危机。但本书认为,预防刑法并不违反刑法的谦抑性,理由主要在于以下几方面:

(一) 刑法谦抑性并不排斥必要的犯罪化

首先可以肯定的是,罪名的增设与刑法谦抑性之间没有必然关系,绝不能说因为现在的罪名比之前多,所以刑法就不如以往谦抑。此外,刑法的扩张与公民自由空间的缩减之间也没有直接关系。恰恰相反,如果刑法的范围过分限缩而不能有效规制犯罪时,反而难以保障公民的自由。事实上,刑法谦抑性的核心依据是主张刑罚的有效性与刑法的局限性,进而强调刑罚权发动的慎重性与正当性,而非一味反对必要的犯罪化,[2]也不排斥当犯罪的危害性得到提升而愈发严重时,通过增设新罪以发挥预防作用。因此,刑法谦抑性并不意味刑法的姿态只能是消极、被动的,反而应当在罪刑法定原则允许的范围内,以更为独立、积极的姿态,主动介入其他部门法力所不逮的领域,以避免处罚上的漏洞,[3]实现对法益的有效保护。亦即,刑法的规制范围不是越小越好,而是越合理越好。[4] 随着社会的发展,侵犯法益的新型行为越来越多,现有犯罪所导致的后果也可能会越来越严重,这些都需要刑法去主动应对,否则就无法起到预防犯罪的目的,反而会滋生社会问题。试想,如果作为国家公权力代表的刑法介入过少,为了预防犯罪,公民个人就势必会增加投入。富人固然可以通过安装监控、加强安保等方式实现自我防卫,但穷人却只能听天由命了。显然,这一现象势必会造成严重的不平等。综上所述,判断刑法是否符合谦抑主义、是否满足最后手段的要求,不应单纯比较条文数量,而需要根据现

---

[1] 参见:付玉明.立法控制与司法平衡:积极刑法观下的刑法修正[J].当代法学,2021(05):15-27. Winfried Hassemer.现代刑法的特征与危机[J].陈俊伟,译.月旦法学,2012(8):243-257.

[2] 参见:高铭暄,孙道萃.预防性刑法观及其教义学思考[J].中国法学,2018(1):166-189.

[3] 参见:简爱.一个标签理论的现实化进路:刑法谦抑性的司法适用[J].法制与社会发展,2017(3):22-35.

[4] 参见:张明楷.增设新罪的观念:对积极刑法观的支持[J].现代法学,2020(5):150-166.

实必要性进行判断。

（二）刑法谦抑具有时代局限性

在现代社会中，刑法谦抑性的正当性基础已经发生了严重的动摇，其内涵也在不断发展变化。第一，人们在当前社会所面临的风险，无论是生成机理还是危害结果，都远较传统社会更为复杂，个人行为所具备的危险性也显著增加。因此，很难准确预测刑法是否需要介入以及介入的程度。第二，作为刑法谦抑性理论支撑的社会契约论，是以古典自由主义作为政治哲学基础，以抵抗政府为基本价值取向的。但如前所述，为了应对风险，民众在当前可能更希望拥有一个积极防止风险、维护安全的国家，而不只是一个消极保护个人自由的"夜警国家"。正如日本学者所言，尽管刑法需要保持谦抑性，但过度地自我抑制将会以一种孤傲的态度，与社会发展保持距离，并最终可能因无法满足社会现实和公众期望而被抛弃。传统观点所主张的刑法谦抑性理论，对预防刑法的批评大致表现为：某某利益是模糊不清确的，不属于刑法所保护法益，在……阶段就进行刑事处罚，是对国民行动自由的极大制约。但这些主张是否充分汲取了现代社会现实中的国民生活和意识，显然令人怀疑，只不过是没有实证性的空洞理念罢了。[1] 第三，随着将政治从专家手中回到国民手中的民粹主义的兴起，权威的抽象体系越来越脆弱，人们由于找不到获取可靠信息的渠道，彼此之间的信任感不断减弱，存在着"普遍性焦虑"。[2] 与先前相比，非正式的社会统治力也明显减弱，其他法律或道德手段难以对某些犯罪进行有效规制，这势必会导致刑法的出镜率不断增加。综上所述，由于社会发生了巨大变化，故对于当前社会的犯罪治理，不应再全面恪守传统的刑法谦抑性原则，而必须进行适当的发展与扬弃。

事实上，我国有些学者对刑法谦抑性的理解产生了误区，为适用刑法人为设置了过多的障碍，反而不利于公民合法权利的保护。例如，强调只有当其他法律都无法发挥作用时，才能发动刑法；只要其他法律可以调整，就不要动用

---

［1］ 上田正和.保護法益論（Rechtsgutstheorie）の行方と展望[J].大宮ローレビュー,2015(11):81-92.

［2］ 参见：贾健.象征性刑法"污名化"现象检讨：兼论象征性刑法的相对合理性[J].法商研究,2019(1):67-79.

刑法;如果某一利益没有被其他法律所明确保护,就不应适用刑法,等等。但这些观点其实误解了刑法谦抑性与最后手段性。正如有学者所明确指出的,"许多犯罪本身就是'出礼而入刑',并非'出法而入刑',此时刑事违法的一次性特征是明显的。"[1]对于故意杀人、强奸等非常严重的犯罪,刑法无疑是第一性的保护规则,而不能躲在其他法律身后。即使其他法律能够发挥作用,也不意味着刑法就丧失了介入的可能。[2]在当今社会飞速发展的形势下,各部门法应当秉承法秩序一致性的理念,在应对某种社会冲突时共同"会诊",依照比例原则等划定各自的规制范围,决定由哪一或哪些部门法进行调整,而不能一味压缩刑法的适用空间;[3]否则,势必会造成对法益保护的迟滞。综上所述,现代刑法理论的发展已经超越了"刑法只能是最后手段"的生硬主张,而转向了一种更为现实的立场:除非刑法是"适当"的规制手段,否则就不应适用刑法。即使其他严厉程度较低或对公民限制性较小的方法也能达到较好效果,但在特定情况下,刑法所独有的功能仍使其成为不可或缺的手段。

(三) 我国刑法不应过度强调谦抑性[4]

国外刑法的处罚范围远较我国为广。例如,英国、日本等国的一些轻罪,实质上相当于我国的治安违法行为,且数量众多,多的甚至能高达数千条。在此背景下,这些国家还基于预防目的,不断在附属刑法或刑法典中增设新罪,确实存在违反刑法谦抑性的问题。尤其是部分新增罪名仅是为了预防不太严重的犯罪,对其进行批评是合情合理的。但是,与国外刑法典、附属刑法、特别刑法"三驾马车"所形成的十分繁杂的刑法体系相比,我国刑法体系仅采取了统一的刑法典模式,犯罪数量与处罚范围要小很多,其实已经很谦抑了,甚至还存在调控范围不足的问题。纵观我国近年来新增的预防刑法条文,很多罪名在实际上均已被各国刑法所囊括,只是因为立法技术问题,我国对于这些罪名并

---

[1] 孙万怀.违法相对性理论的崩溃:对刑法前置化立法倾向的一种批评[J].政治与法律,2016(3):10-21.
[2] 参见:简爱.一个标签理论的现实化进路:刑法谦抑性的司法适用[J].法制与社会发展,2017(3):22-35.
[3] 参见:刘夏.双层社会背景下刑法思维之转型[J].时代法学,2016(4):30-38.
[4] 参见:张明楷.增设新罪的观念:对积极刑法观的支持[J].现代法学,2020(5):150-166.

未采取类型化的规定方式,而是针对具体行为方式立法并散落于各章,这才给研究者造成了罪名琐碎、过于细化的表象。因此,就整体而言,我国预防刑法中的绝大多数条文都是必要的,是刑法发展完善的重要补充,并不违反谦抑主义。

当然,我们也要警惕那种认为刑罚并不必然重于行政处罚,因此没有必要作为最后手段的观点。诚然,行政罚款或者民事惩罚性赔偿的数额可能巨大,远远超过相应犯罪的罚金;而吊销执照或勒令停止营业,对单位的影响也可能比罚金更大。但是,刑法作为独一无二的社会伦理谴责,其否定性评价远远超过其他法律。"除了工具性制裁之外,刑法主要关注的是它给违法者带来的'社会道德污点'——用社会学的术语来说,就是被定罪的被告的'道德沦丧'。"[1]因此,刑罚与行政处罚等措施间不具有层升或阶层效果的关系,无论多少罚款,其惩罚性质都不会重于罚金。更何况,我国刑法不存在前科消灭制度,犯罪记录会影响个人一生甚至家族几代人,无论如何都应当慎之又慎,不到万不得已不应轻易适用刑法。因此,本书也绝不反对刑法的谦抑性,只是主张对其进行正确的认识与理解。

综上所述,预防刑法与刑法谦抑原则并不矛盾。传统社会产生发展而来的刑法谦抑性并不当然适应当今社会,需要进行完善,即刑法应当由"限定的处罚"转向"妥当的处罚"。[2]但无论如何,预防刑法必然要受到谦抑原则内核的约束,即遵守刑法的有限性与最后手段性,而不能盲目地、没有边界地适用,否则就不是预防刑法,而是象征刑法;不是积极立法,而是激进立法了。

第三节 预防刑法的法治风险

尽管本书在前两节分别从理论与实践出发,论述了预防刑法的必要意义,但承认国家拥有为加强公共安全而预防伤害的义务,也绝不意味其可以通过

---

[1] FREHSEE D, LÖSCHPER G, SCHUMANN K F. Strafrecht, soziale kontrolle, soziale disziplinierung[M]. Opladen: Westdeutscher Verlag, 1993:19.

[2] 参见:张明楷.网络时代的刑法理念:以刑法的谦抑性为中心[J].人民检察,2014(9):6-12.

不受约束的权力来追求这一目标。预防刑法的最大问题在于：它似乎坚持一种违背自由模式的逻辑和原则的正义框架。由于这种模式是为了维护刑法作为现代文明制度的合法性而采取的，因此，预防刑法与传统刑法理论存在严重分歧。这种"原罪"导致其不可避免地遭受到诸如"过度犯罪化""侵蚀法治国根基""侵害人权"等批评与质疑。人们担心，基于预防目的，立法者可以随心所欲地从"刑罚目的的草原"中摘取自己中意的花束，设置新的犯罪构成。如Ramsay教授从预防原则的产生背景出发，认为环境危机会引发"广泛甚至全球性的灾难"，而绝大多数犯罪只会对特定区域或特定人群产生损害，二者存在本质差别，故不应将预防原则从环境治理领域轻易移植到犯罪控制之中。[1]而Hassemer教授则认为，现代刑事立法机构加强控制和制裁，以抽象危险犯规制典型的刑事不法，倾向于选择普遍、模糊的法益。现代刑事政策则首先挑起公众对犯罪的恐惧，然后服务于这种恐惧；在自由与安全之间的紧张关系中不断提高安全的地位；维持危险情景并以法案为装饰；为所谓的"危险的人"制定特别刑法而不惜侵犯其基本权利。[2]又如劳东燕教授指出，预防本身具有无止境扩张的本能，总是倾向于将国家介入时点不断向前推进。这种"刑法防线的重大扩张"，是对旨在保障自由的传统刑法观念的严峻挑战。[3]凡此观点，林林总总，不一而足。本书也认可上述部分观点的合理性，认为预防刑法是一柄双刃剑，在具有积极价值的同时，也伴随着不可忽视的法治风险，需要综合分析，慎重对待。

一、导致象征性的立法

如果采取预防的视角而没有适当的限制原则，就等于允许以预防为由过

---

[1] RAMSAY P. Imprisonment under the precautionary principle [C]// SULLIVAN G R, DENNIS I. Seeking security: pre-empting the commission of criminal harms. Oxford:Hart Publishing,2012:203.

[2] HASSEMER W. Sicherheit durch strafrecht [J]. Onlinezeitschrift für Höchstrichterliche Rechtsprechung im Strafrecht，2006(4):130-143.

[3] 参见：劳东燕.风险社会中的刑法：社会转刑与刑法理论的变迁[M].北京：北京大学出版社,2015:66-67.

度扩张刑法,可能会导致过度立法或象征性立法,既损害了刑法的权威,[1]造成"过罪化"现象,也影响了其他社会治理制度与方法的使用。尽管前文已经讨论了预防刑法与象征性刑法的区别,但如果不能进行有效控制与引导,预防刑法很可能会蜕变为象征性刑法,反而成为法治进步的障碍。当前,为了应对重大社会问题,刑法逐渐从最后手段变为优先手段,似乎我们拥有的刑法越多,公民就越有安全感。由此导致的后果是:一方面,国家可能会在未经深思熟虑、理性商谈不足的情形下,仅因为保障安全的需要而扩张刑事立法的范围,随意创设新的犯罪。但是,安全与否不能只是法律空泛性的宣示,必须具有与保护法益的实质关联。否则,只要立法者告诉人们,某些行为"很危险",人们就必须当成一种义务来服从,甚至自我催眠地认为此等行为很危险,则国家就可能盲目地扩大对危险的定义,以发挥驯服人们行为的作用。"坦率地讲,安全不应被视为一条单行道——在这条单行道上,国家'公共保护'的强大权利,被视为不需要取得合格证的商品。"[2]前文已述,安全价值固然是风险社会中的核心思想,但绝不是唯一的思想,我们不应将其作为追求的唯一目标,而不成比例地牺牲其他重要价值。

另一方面,国家也可能会过度高估现有预防性刑事立法的成效,而在实际上根本不期待刑法是否能够有效降低风险的发生,只要其能使国民认为"风险被降低""我们很安全"就足够了。这样一来,刑法就成了能够迅速解决社会问题的灵丹妙药,甚至如同毒品一般,使国家产生了强烈的依赖,并不断加重剂量。此时,国家可能会懒得去探究问题产生的根源,并忽视其他社会治理措施,而是过度依靠刑法解决表面问题,从而导致犯罪问题既没有被从根本上解决,国家自身的社会治理能力也未得到有效提高。但需要时刻牢记的是:在社会冲突领域中,刑法不是最佳的,也不是最充分的,至少不是一种完全令人信服与适当的调控模式;一般的社会风险问题仍需通过社会治理手段加以解决。例如,只有通过有效的环境和经济结构政策才能有效保护环境,对水体、空气、土地的污染绝不可能借助于诉状来制止。必须利用刑法以外的管制手段,在

---

[1] 参见:付玉明.立法控制与司法平衡:积极刑法观下的刑法修正[J].当代法学,2021(5):15-27.

[2] 阿什沃斯.刑法的积极义务[M].姜敏,译.北京:中国法制出版社,2018:305.

"技术—生态"领域进行非政治性的民主干预。[1] 否则,就只是暂时满足了国民的法感情,但回避了本质问题,最终会导致环境的进一步恶化。甚至有学者悲观地认为,社会发展得越复杂,能够通过法律,尤其是刑法直接解决的问题就越少,就越依赖于谈判和交易。总的来说,试图通过刑法来对付"系统威胁",将导致一种非常悲观的平衡。[2]

日本也有学者指出,国家介入一般有强化警察管制的"权威主义压迫型"和强化社会支援的"民主主义人权型"两种类型。预防刑法理念使得国家过于依赖第一种类型。甚至有学者认为,刑事立法者除了消解社会的不安感之外,或许其原本就无意对立法是否有效的问题提出任何解释,从而更不可能期待其进一步调整由此可能产生的立法不足问题。但事实上,第二种类型才应当被优先考虑。例如,我们不能简单地对无业少年聚集闹市一罚了之,而应当为了实现少年的成长发展权而扩大就业机会,或是加强对志愿活动的支持——这才是解决问题的根本之道。[3] 因此,作为法治国家,应当通过采取消除社会经济不平等、犯罪情境预防等措施,减少滋生犯罪的条件,而不应简单地将惩罚制度作为消除社会弊病的手段,制造出更多的犯罪人。

最后,象征性立法还会激起公民的不满,最终起到适得其反的效果。理论上,象征性刑法能否成功的关键在于其能否使民众相信其有效。在过去,由于国家对媒体的垄断权所导致的信息差,普通百姓只能被动地接受官方宣传,使得这一目的并不难达到。而在如今,随着科技的进步,信息网络技术日益发达,自媒体已经深度融入了人们的生活,民众们也很容易听到不同的声音。此时,官方的说辞就不再是所谓的真理,而是会受到人们的质疑。一旦被官方宣称有效的立法并未发挥预期效果,随之而来的必然是民众的不满与愤怒,甚至

---

[1] ALBRECHT P-A. Das strafrecht auf dem weg vom liberalen rechtsstaat zum sozialen interventionsstaat: entwicklungstendenzen des materiellen strafrechts [J]. Kritische Vierteljahresschrift für Gesetzgebung und Rechtswissenschaft,1988(2):182-209.

[2] SEELMANN K. Risikostrafrecht: die „risikogesellschaft" und ihre „symbolische gesetzgebung" im umwelt-und betäubungsmittelstrafrecht[J]. Kritische Vierteljahresschrift für Gesetzgebung und Rechtswissenschaft(KritV),1992(4):452-471.

[3] 本田稔.生田勝義『人間の安全と刑法』[J].立命館法学,2011(4):500-511.

会质疑国家的公信力。即使在短时期内没有发现,但长期来看,当民众的利益仍被反复侵害时,他们自然也会察觉到这一问题。这种理想与现实的落差,最终一定会增加民众们的不安感,而且很可能比不制定象征性立法更糟。

二、侵犯公民基本权利

有学者指出,预防刑法可能会不当地扩展国家权力,从而对公民权利造成实质性侵犯,[1]导致刑法社会保护与人权保障机能的失衡。Hassemer教授不无担忧地指出:"为了预防将来的行为而进行惩罚的想法,是否引起了我们不再知道如何抑制的'恶灵'?"[2]预防刑法一个特别紧迫的问题就是其对公民自由和人权的影响。在追求安全优先的政治气候下,尽管通过扩大与最终损害结果相关的刑事责任范围,能够在社会中营造出一种安全的氛围,但也限制了公民的自由。虽然在犯罪发生之前采取预防措施,以及在犯罪发生之后进行侦查和惩处,是政府无可争议的职能之一;然而,政府的预防职能比它的保护职能更容易被滥用,可能会更容易侵害自由——"在现代法治国家,国家是一个内部充斥矛盾的机能建构物,它虽然是作为公民安全的保证人而被塑造的,实际运行中却总是扮演着公民权利威胁者"[3]。经验告诉我们,当政府的目的是善意的时候,更应当对保护自由充满警惕,这是因为自由所面临的最大危险潜伏在热情、善意但缺乏理解的人不知不觉地侵蚀中。[4]换言之,预防的概念存在危险,因为它可以为几乎所有限制他人自由的行为进行辩护,而且都是以保护个人自由的名义。如果不加以适当控制,预防本身就有危害个人自由的危险。[5]一方面,个人自由不再受到单独的保护,对它的保护仅仅

---

[1] 参见:王强军.刑法干预前置化的理性反思[J].中国法学,2021(3):229-247. 付玉明.立法控制与司法平衡:积极刑法观下的刑法修正[J].当代法学,2021(5):15-27.

[2] HASSEMER W. Sicherheit durch strafrecht [J]. Onlinezeitschrift für Höchstrichterliche Rechtsprechung im Strafrecht, 2006(4):130-143.

[3] 何荣功.刑法的预防转向及其限度[C]//甘添贵教授八秩华诞祝寿论文集编委会.刑事法学的浪潮与涛声:刑法学——甘添贵教授八秩华诞祝寿论文集.台北:元照出版公司,2021:936-957.

[4] STEIKER C S. The limits of the preventive state[J]. Journal of Criminal Law & Criminology,1998(3):771-808.

[5] CARVALHO H. The preventive turn in criminal law[M]. Oxford: Oxford University Press,2017:11.

是社会自由的一个反映,个人自由已成为一种服从社会目的的自由。于是,保护自由不再意味着保护个人,而是保护个人可以参与的社会。这就导致具体个人利益可能在社会上得不到普遍承认,因而不再得到充分保护。

另一方面,在实践中,为了多数人的利益,出于追求预防伤害的考虑,对自由的限制可能会不成比例地落在少数人身上。人们对防止未来危害的关注,在一定程度上会在"我们"(安全和守法的人)和"他们"(危险分子)之间造成分裂,威胁到对他人及其权利的自由尊重,把犯罪治理简化成一种"我们反对他们"的运动。[1] 人们要么被直接贴上守法公民的标签,要么被贴上犯罪敌人的标签。对他人的惩罚为社会中的边缘化群体以及受地位下降困扰的中上层阶级创造了一定的安全感,通过污名化来满足他们与受惩罚者划清界限的需求。极端情况下,犯罪分子甚至会被剥夺基本的社会、政治和道德权利,沦为"人人喊打"的对象。在这种被犯罪学研究称为"通过犯罪治理"的排斥包容过程中,刑法不再被视为一种平衡罪责与矫正复归的手段,相反,对罪犯的排斥性和对公众的保护变得愈发重要。罪犯不再是需要受到纪律处分和教育,能够康复的公民,而是表现为"危险的他人"。[2] 而植根于相互不信任的社会,国民们大都认为自己是潜在的受害者,而非潜在的加害者,故通过寻求将刑法的覆盖范围扩大到越来越边缘的人,以及越来越早发生的活动。如此一来,"他们"的影子开始笼罩在以前各种无辜的交往之上。最糟糕的情况是,这些影响可能会使个人感到恐惧,使社区士气低落,无法形成依靠团结和自治精神来解决问题的内生性社会力量。[3] 这就导致本属于居民自主建设社区的活动,沦落为依靠刑罚将他人排除于社会的活动,从而缺乏现代社会所追求的平等、立场兼容的基本市民社会理念。[4]

---

[1] ASHWORTH A,ZEDNER L,TOMLIN P. Prevention and the limits of the criminal law[M]. Oxford:Oxford University Press,2013:235.

[2] SINGELNSTEIN T. Strafrecht und neoliberales regieren:entwicklungstendenzen des strafrechts als einschreibung von regierungstechniken im sinne der gouvernementalität[J]. Kritische Justiz,2011(1):7-15.

[3] 本田稔.生田勝義『人間の安全と刑法』[J].立命館法学,2011(4):500-511.

[4] 鈴木博康.刑事法からみたリスク社会[J].九州国際大学法学論集,2011(1・2):19-33.

三、消解法教义学规范

法教义学向来就有着引领和帮助立法的功能。这些教义虽然原则上对立法机关没有约束力,但可以作为良好立法的最佳实践加以提倡。作为法教义学的重要内容,刑法教义学(Strafrechtsdogmatik)可谓德国刑法学界对世界刑法理论的重大贡献,其缜密的思维逻辑与精深的解释方法,充分彰显出刑法理论的体系化魅力。而预防主义思维以结果主义为导向,由于其抽象性和不确定性,可能会影响到与法治国密切相关的原则,如确定性、问责制、可靠性以及最终的正义原则,进而侵蚀刑法的核心原则,破坏刑法教义学体系的完整性。"预防""降低风险"和"安全"等词语,原则上都是缺乏明确边界的模糊概念,势必会有损刑法教义学的精确性,从而导致预防范式的核心问题——缺乏限制。更何况,传统的刑法概念涉及的是一个具体和固定的事实,而预防则取决于一种开放和面向未来的预测。[1] 因此,预防的限度是经验性的,而非由规范参数决定的。根据其自身的逻辑,如果以前使用的手段不能起到威慑作用,预防就必须努力无限期地改善轻微惯犯,并使用新的威胁和限制。在此背景下,预防主义倾向于将关于如何构建刑法体系以及如何对犯罪和犯罪行为做出反应的本质规范问题(我们应该做什么),转变为实证问题(我们需要做什么)。此时,规范性问题是无足轻重的或至少是次要的,为了解决具体个案,允许人们抛开体系化的思考,为原则创设出繁多的例外。

目前,刑法教义学已经在事实上不断进行妥协,逐步放弃了系统结构上的严谨性,甚至创设出新的概念,以满足提升预防犯罪效率这一功利主义的要求。这种预防主义的趋势可能使我们忘记这些问题本应是规范性的,并退回到一种无拘无束的方式来结束思考。[2] 但是,"这种从纯粹规范到经验的坚定转变,真的是个好主意吗"[3]?并且,只要我们认定了刑法是一种能够解决

---

[1] SIEBER U. The paradigm shift in the global risk society: from criminal law to global security law-an analysis of the changing limits of crime control[J]. Journal of Eastern European Criminal Law,2016(1):14-27.

[2] ASHWORTH A,ZEDNER L,TOMLIN P. Prevention and the limits of the criminal law[M]. Oxford:Oxford University Press,2013:31.

[3] HASSEMER W. Sicherheit durch strafrecht [J]. Onlinezeitschrift für Höchstrichterliche Rechtsprechung im Strafrecht,2006(4):130-143.

现代世界危机的万能的、神奇的工具,就会怠于思考使用其他方法来解决问题;而一旦在刑法无法解决问题的时候,也根本不会意识到这是刑法本身的问题,而是多半会觉得这又是"老旧刑法"的缺陷。[1]长此以往,刑法学就会怠于进行理论探索,从而缺乏原理性、系统性的思考。

四、动摇刑法基本功能

通说认为,刑法侧重于镇压措施,而危险情况下的预防措施则主要由警察和监管机构负责。但警察法的一个突出特点是,赋予其干预权的不仅是知识和证据,还有不同程度的怀疑。亦即,即使不能确切证明对法益存在损害或危险,而只是提供了某些迹象,能够使人认为法益可能会在今后受到侵害,就足以采取行动。从这个角度出发,防止在将来违反规范更多属于警察法的事,而不是刑法的事。因此有学者担心,如果不对预防刑法加以控制,就会使刑法的角色发生转变,将其重塑为实现风险最小化的预防工具,[2]从而造成刑法与警察法的混合。显然,刑法绝不能只是自称为刑法,实际上却纯粹是一种警察法意义上的危险预防法。[3]但令人遗憾的是,在实践中,刑法已经在一定程度上成了一种类似于警用的预防手段,以对抗个人与群体令人怀疑的危险性。行为人日后犯罪的"意图"被置于决定性惩罚特征的中心。这导致了无法治愈的结果:刑法和警察法、镇压和预防的混合。这种结合导致了刑法所追求的目的与警察法所要达到的目的之间的混淆,使得预防刑法偏离了其传统功能和目标,成为安全法的一部分。[4]

笔者认为,刑法首先是行为刑法,旨在对以犯罪手段实施的行为做出反应,而不应主要被用于预防风险,也并非为了满足一般公众的安全需要——那恰恰是警察法的经典任务。过于注重防患于未然的安全政策,会使我们的社

---

[1] 参见:普赫特维茨,陈昊明.论刑法的机能主义化[J].北航法律评论,2014(1):46-61.

[2] 参见:王强军.刑法干预前置化的理性反思[J].中国法学,2021(3):229-247.

[3] SCHIEMANN A. Zivile Sicherheit im Strafrecht[C]//GUSY C, KUGELMANN D, WÜRTENBERGER T. Rechtshandbuch zivile sicherheit. Berlin: Springer,2017:463-487.

[4] 参见:劳东燕.风险社会中的刑法:社会转型与刑法理论的变迁[M].北京:北京大学出版社,2015:67.

会变成没有自由的"监视社会"或"排除型社会"。[1]其次,刑法的独特性在于对犯罪行为进行(公正的)道德上的再检验。一旦这一点被抛弃了,也就失去其法治国的基本特征,甚至沦为没有轮廓的"安全法的故乡"。[2]最后,刑法一旦丧失了其基本功能,势必会挤占行政法等法律的生存空间,造成部门法之间的衔接不畅,进而有损法秩序的统一性。

第四节 预防刑法的立场选择

法学是一门实践科学,刑法学亦不例外。刑法和刑事案件并不只存在于书本的铅字上,而是必须超越那些抽象的概念,延伸到现实社会中。需要经常检验在现实社会中,犯罪论和刑事制裁究竟是如何发挥作用的,抑或是因为何种原因而未能发挥应用的作用。但是,在当前的刑事法特别是实体刑法学的研究中,大都过于注重本质论、性质论、体系论和逻辑的一贯性等观念上的讨论。尽管无论如何都不能否定本质论与体系论的意义,但不可否认的是,对这些问题的过度强调和自我目的化,已成为造成刑事法"理论研究"与"实务操作"之间障碍的重要原因。研究者不应把目光从现实中移开,也不能只批判现实中的法律运用。否则,这种使理论研究过于抽象化、完全脱离社会现实的做法,充其量只是作为一种自娱自乐的学术爱好而已,将使刑法理论成为游离于现实社会之外的"化石"。

社会发展的日新月异,使得每个人的意识和想法都随之发生变化。科学技术的显著发展,即使我们可以实现以前无法实现的事情,也滋生了发生严重犯罪的风险。随着时代和社会状况的变化,传统的理论和思维方式绝非金科玉律,也需要进行适当的改变。事实上,刑法学发展中的很多重要理论,就是社会发展所直接促成的,例如被允许的危险、信赖保护、疫学的因果关系等理

---

[1] 四方光.現代社会のリスクの本質と社会安全政策[J].法社会学,2008(69):5-21.

[2] 参见:魏根特,张志钢.德国刑法向何处去?:21世纪的问题与发展趋势[J].刑法论丛,2017(1):374-389.

论，都是为了解决实践问题而对传统理论进行的革新。因此，刑法研究者需要更为积极地面对现实社会中的民生和国民意识。我们必须明确，刑法是为了谁、为了什么而存在和发挥作用的。正如有学者所明确指出的，刑法学必须考虑的是，它究竟是想主要作为针对立法的批评性科学而存在，还是主要作为对立法提出建议的科学而存在。[1]而答案显然是后者。因此，现在需要做的是如何适当解决社会发展中的具体问题，以及关系到国民生活安全和安心的实践性讨论。如果意识不到这一点，仍然脱离实际进行过度的抽象讨论与过于复杂的设定，终将为时代所抛弃。

著名刑法学家 Günter Stratenwerth 教授曾经对刑法的预防转型及未来走向进行了十分深入、全面的分析。他指出，面对当前社会日益增多的风险与预防需求，刑法有两条路可以选择：第一种方案是放弃传统的监管框架，彻底地迈入机能主义刑法。理由在于人类的生存危机，似乎已经严重到足以证明采取激进措施是合理的境地。在这一背景下，起草一部纯粹的功能主义刑法，只针对未来威胁风险进行最有效的防御，无疑具有很大的诱惑力。但 Günter Stratenwerth 教授批评这一方案，认为以自由法治为动机，反对放弃对于刑法的基本要求，无论在实体上还是程序上都值得赞同。此外，仅以效率为基础的刑法甚至可能达不到其目的。即使人们不过度使用积极的一般预防理论，也必须假设刑事制裁的规范稳定效果，在很大程度上取决于其正当性与合理性。如果做不到这一点，刑法就将沦为"彩票"，人们是否会违反完全没有明确的标准。此时，恐怕大家只能去购买"刑法保险"了。

第二种方案则是将刑法恢复到其传统核心领域，原则上只保护个人法益与能够被还原为个人法益的集体法益。在这一解决方案下，所有预防性刑法条款所造成的困难都会一举消除：相应的刑事犯罪将根本不复存在，至少不会超出个人当前利益的具体危害。至于其他内容，则可以留给秩序违反法、行政法、民法等法律解决，也可以留给市场与受害者自行决定。但 Günter Stratenwerth 教授同样指出，这种理论上的沿袭会让我们在实践中付出多少代价呢？例如，在垃圾场非法填埋的废物在数十年后造成地下水污染的，此时

---

[1] 参见：库比策尔，谭淦.德国刑法典修正视野下的刑事政策与刑法科学关系研究[J].中国应用法学，2019(6)：181-199.

又将向谁请求损害赔偿呢？而在这种情况下，适用刑法显然要方便、有效得多。此时，我们不得不面对这么一个讽刺性的问题：子孙后代应当如何保护自己免受我们留给他们的破坏？如果其他法律所迫切需要的措施也需要制定行为规则，并通过秩序违反法保护它们，那么我们只不过是将这些本可以被刑法禁止的犯罪贴上了不同的标签。这样的解决方案除了对刑法本身的干扰较小之外，还有什么好处呢？此外，如果刑法退回"核心领域"，随之产生的重要问题是：我们所面临的威胁的严重程度与用来抵御威胁的手段之间完全不匹配。毫不夸张地说，与事关我们人类种族延续的持续性侵害相比，对个人身体健康的侵害又算得了什么呢？既然我们对侵害个人的行为尚可以适用刑法，又有什么理由将侵害整个人类利益的行为排除在外呢？因此，至少在退回到传统立场之前，我们应尽一切努力，以其他方式消除这种担忧；也就是说，为今后的犯罪制定刑事责任规则，在教义学上提供必要的安全保障。[1]

Günter Stratenwerth 教授的论述发人深省，完美地替笔者对本章内容进行了总结。前述两条路径都过于极端，各有优劣，均非他认为的堪为未来保障的刑法；但是，这两种选择实际上都位于问题的同一层面，即在"100%的现代刑法"和"0%的现代刑法"两极之间。因此，自由刑法与预防刑法之间并不存在不可调和的对立。[2] 那么，为什么不选择第三条路，设计一套既符合法治基本理念，又能适应社会发展需要的预防刑法体系呢？预防刑法虽然存在前述法治风险，需要我们予以警惕与克制，但这种风险也具有时代的合理性因素，不应过度放大其副作用。[3] 从本质上讲，我们担心的不是预防，而是针对性不强，或者过度的预防。例如有学者指出，大多数预防性拘留措施的缺陷正是在于：其涉及的对未来的预测概率远低于我们通常要求的事后惩罚概率，并且不是由法官做出的，在程序上存在缺陷。但倘若刑法能够科学地为这些预

---

[1] Stratenwerth G. Zukunftssicherung mit den mitteln des strafrechts? [J]. Zeitschrift für die gesamte Strafrechtswissenschaft, 1993(4):679-696.

[2] 参见：梁根林. 刑法修正：维度、策略、评价与反思[J]. 法学研究, 2017(1):42-65.

[3] 参见：李栋. 风险社会背景下预防刑法的扩张与破局[J]. 甘肃政法大学学报, 2021(1):114-127.

防性规定划定边界，则这一问题就将不再成为问题，从而能够被大家所接受。[1]因此，刑法学的回应不应是试图从刑法中排除预防性条款，而是制定出相应的限制标准，以便我们在"新安全架构"中获得一部新的自由刑法。[2]既然预防的最终目标是保护和促进个人的自治与自由，那么只要预防是有原则与限度的，就不会弄巧成拙。

本书认为，刑法与刑法学是一直在发展演进的。虽然我们现在口口声声说古典刑法，但这一理论与其说是18世纪的古老遗产，倒不如说是经过二百年渐进发展后所形成的产物，只不过继承了传统法治国家的框架而已。在当前发展快速及多元化、复杂化的现代社会背景下，我们应当通过刑法去建构更有效和更有益的生活方式，刑事立法的预防性转向已是大势所趋。刑法中的危险预防领域有着深厚而坚实的基础，在可预见的未来不会被推倒重建。我们必须在实践中接受这种刑法的安全范式，并且在理论上考虑它。正如高铭暄先生所指出的，对于面向未来与走向世界的中国刑法学，理念变革才是主题曲。[3]与其无视立法现实进行批判，还不如顺应时代发展潮流，为合理限制预防刑法的规制范围贡献智慧。综上所述，预防刑法的理论与建构必须科学继承传统刑法理论的精髓，并尽力克服自身存在的法治风险，减少对公民基本权利的剥夺，确保公民免受不当强制的干预。至于如何合理划定预防刑法的法治限度，则是本书接下来所要详细论述的内容。

---

[1] ASHWORTH A, ZEDNER L, TOMLIN P. Prevention and the limits of the criminal law[M]. Oxford: Oxford University Press, 2013: 21-22.

[2] BRUNHÖBER B. Von der unrechtsahndung zur risikosteuerung durch strafrecht und ihre schranken[C]//HEFENDEHL R, HÖRNLE T, GRECO L. Streitbare strafrechtswissenschaft: festschrift für bernd schünemann zum 70. Geburtstag. Berlin: Walter de Gruyter, 2014: 3-15.

[3] 参见：高铭暄，孙道萃.预防性刑法观及其教义学思考[J].中国法学，2018(1)：166-189.

第三章

预防刑法的法治限度:理论层面

预防刑法就像是传统刑法的一个"处于叛逆期的孩子",需要时刻保持警惕,在自由成长的同时,也要督促其遵守长期建立、得到一致认可的家规。自预防刑法进入公众的视野以来,众多学者就如何对其进行合理限制展开了深入的讨论,产出了丰硕的研究成果。在学习借鉴上述先进经验的基础上,笔者认为,可以主要从以下三方面出发,对预防刑法的调控范围进行合理限定:一是理论层面,从外部的宪法与内部的刑法教义学两大角度出发,为预防刑法的法治限度、适用范围等奠定理论基础,进而指导其实践运行;二是立法层面,主要探讨立法者可以针对哪些领域、何种类型的犯罪制定预防刑法,并对我国现行的部分预防刑法条款进行反思;三是司法层面,旨在通过灵活使用各种解释方法,对既有的预防刑法类型进行合理限缩,以避免其在适用中的无限制扩张。

笔者将首先讨论预防刑法在理论层面的构建与合理限制。以 Husak 教授为代表的部分学者认为,仅在预防刑法的内部寻找其法治限度是难以得出满意答案的,必须借助外部的规范性理论,以合理框定国家限制公民自由的范围。对此,宪法与宪法理论能够发挥至关重要的作用。与此同时,仍然必须根据刑法的任务,在体系内部进行适当限制,而其中最重要的无疑就是法益保护原则。[1]综上所述,在理论层面讨论预防刑法的合理限度时,一方面需要考虑来自刑法外部的合宪性控制,另一方面则需要考虑源于刑法内部的法益保护原则。其中,外部制约提供指导原则与理论基础,不能通过合宪性审查的内容,根本无法进入到刑法讨论的范畴;而在满足外部条件后,再由内部制约提供具体的限制路径。二者层层递进,共同在理论上对预防刑法进行合理限制。

第一节 外部制约:合宪性控制

一、宪法对刑法的制约概述

尽管有学者认为,刑法或刑法理论不应受到宪法的束缚,而是具有自身的独立标准;[2]但通说认为,宪法是对人类尊严和自治的保护,与实体刑法之间存在强烈的联系。[3]原则上讲,所有的刑法问题都可以从宪法角度进行解释——刑法的边界,正如其他所有法律领域一样,只存在于宪法当中;[4]而各种犯罪类型也像粗糙的石头,需要在宪法原则的指导下进行打磨,以合理确定其惩罚范围。因此,如果无视宪法适用刑法,势必会破坏宪法与刑法的平衡,

---

[1] 参见:何荣功.预防刑法的扩张及其限度[J].法学研究,2017(4):138-154.尽管法益的具体内容也离不开宪法的指导,但其无疑是刑法体系与理论的内在组成部分,因此本书将其归入内部制约之中。

[2] GRECO L. Verfassungskonformes oder legitimes strafrecht? zu den Grenzen einer verfassungsrechtlichen orientierung der strafrechtswissenschaft [C]// BRUNHÖBER, HÖFFLER, KASPAR, REINBACHER, VORMBAUM. Strafrecht und verfassung. Baden-Baden:Nomos,2013:13-36.

[3] GUR-ARYE M, WEIGEND T. Constitutional review of criminal prohibitions affecting human dignity and liberty: German and Israeli perspectives[J]. Israel Law Review,2011(1-2):63-89.

[4] 参见:罗克辛,陈璇.对批判立法之法益概念的检视[J].法学评论,2015(1):53-67.

逾越法治的必要限度。[1] 预防刑法自然也不例外,由于其涉及的是国家权力参与危险治理的限度问题,如果不能从宪法中发展出相应的制约机制,合理划定预防刑法的边界就是一个无解的困局。因此,外部制约的意义十分重大,预防刑法无论如何都不能逾越宪法设定的藩篱。[2]

在具体操作层面,对犯罪正当性判断的第一步是审查其是否符合宪法要求。如果不能通过这一审查,就意味着该条文因违反宪法而当然无效。当然,宪法只规定了刑事立法所应遵守的最低限度的标准。因此,"不违反宪法"并不意味着该犯罪的规定就是科学合理的。于是,第二步就是在前一步的基础上,审查犯罪的各个要件是否满足刑法的内部要求,是否存在更好的替代措施。这种两步走的结构是基于不同的规范根据而进行的区分,第一步主要运用宪法学的知识,第二步则主要运用刑法学的知识。当然,宪法学知识也可能会在第二步中发挥作用。[3] 只有通过这两个步骤验证的刑法,才属于真正意义上的宪法刑法。其形式要求在于:该法经过认真和公开的讨论,立法程序公开透明。立法语言精确、简练,既不存在法律上的漏洞,也没有很大的解释空间。既禁止类推,也禁止溯及既往。其实质要求在于:宪法刑法只能规定侵害人的生命、自由、健康和人身财产等基本权利的行为,亦即,通过刑法所保护的法益必须直接或间接地服务于宪法基本权利的保护。倘若被作为政治斗争与维护权力的工具,通过国家强制力合法地将反对者变成罪犯,则无疑与宪法刑法背道而驰。[4]

以对刑法中的违反义务型犯罪的合宪性审查为例,如果宪法并未明确规定个人具有保护某种利益的义务,刑法就需要慎重考虑是否处罚不履行该义务的行为。例如,我国宪法虽然在第 14 条明确规定了国家厉行节约,反对浪费,却没有在公民的基本权利与义务中规定公民具有不浪费的义务。因此,行

---

[1] HASSEMER W. Sicherheit durch strafrecht [J]. Onlinezeitschrift für Höchstrichterliche Rechtsprechung im Strafrecht,2006(4):130-143.

[2] 参见:王强军.刑法干预前置化的理性反思[J].中国法学,2021(3):229-247.

[3] 龟井源太郎.刑事立法学の構想[J].都法,2021(1):157-183.

[4] NAUCKE W. Über die zerbrechlichkeit des rechtsstaatlichen strafrechts[J]. Kritische Vierteljahresschrift für Gesetzgebung und Rechtswissenschaft(KritV),1990(3/4):244-259.

为人浪费自己食品的行为,最多违反了宪法所要求的"尊重社会公德",而难以还原为对他人切实利益的影响,故不应适用刑法规制。[1] 事实上,根据宪法所制定的《反食品浪费法》,原则上也仅处罚国家或单位浪费食品的行为;对于个人的浪费行为,只是有选择性地处罚那些宣扬浪费食品的"吃播"行为。这足以说明:个人浪费自己食品行为的社会危害性尚属轻微,用行政法处罚就足以达到目的。因此,对于宪法并未明确赋予的公民义务,或许能够基于遵守伦理道德的要求而成为行政法的处罚对象,但原则上却不应成为刑法上不作为犯罪的义务来源。退一步讲,假设宪法将节约食品规定为公民的基本义务,此时虽然具备了刑法规制的前提,但仍需要详细思考犯罪具体构成要件的设置与证明标准,在浪费食品的诸多行为类型中选择出最为严重的予以规制。相反,宪法第 54 条明文规定我国公民拥有维护祖国荣誉的义务,那么,侮辱国旗、国徽、国歌以及英烈等行为就具有了被刑事处罚的前提。

二、预防刑法对宪法性原则的坚守

预防刑法既然冠以"刑法"之名,就无疑要受到法律基本原则与刑法基本原则的约束,在法治的规范框架内运行,而不能恣意发展、野蛮生长。当然,由于现代社会的复杂性,我们也必须在一定程度上接受刑法的预防转向和机能化趋势,允许"例外"的出现。但正如有学者指出的,无论存在多少例外,总有一些内在的东西——例如作为理性刑法产物的罪刑法定主义和责任原则、比例原则、最后手段原则等近代刑法基本原则的本质,绝不能被预防刑法理论所毁损。[2] 那么,随之而来的问题便是,在预防刑法中,哪些原则属于必须坚守的基本原则,又有哪些属于可以被有条件突破、允许一定程度上变通的一般性原则呢?

对此,笔者基本赞同劳东燕教授的观点,认为刑法的基本原则可以分为两大类:第一类原则包括罪刑法定原则、责任主义原则、无罪推定原则、比例原则、法律面前人人平等原则等;第二类原则包括法益保护原则、行为要求原则、

---

[1] 参见:张喆锐.拒不履行信息网络安全管理义务罪义务内容的实质限缩路径[J].河南大学学报(社会科学版),2022(5):59-63+153-154.

[2] 参见:李晓龙.刑法保护前置化研究:现象观察与教义分析[M].厦门:厦门大学出版社,2018:80.

犯罪与行为同在原则、因果关系原则等。第一类原则是具有宪法意义或构成法治国基础的根本性原则，不但是刑法原则，也是宪法性原则；第二类原则的效力则只局限于刑法内部，而未牵涉宪法基本权利或法治国的基础价值。[1] 之所以是"基本"赞同，原因系劳东燕教授将法益保护原则作为第一类原则，而笔者则将其归入第二类原则。理由在于尽管法益可以从宪法中推导或引申出来，但法益保护原则却并非放之四海而皆准的宪法性原则，即使没有这一原则，也能够通过其他原则限制公权力对国民自由的侵犯。甚至在刑法学界，还有不少学者反对刑法的目的是保护法益；而在支持法益理论的学者中，也对这一概念存在较大分歧。因此，法益保护原则更适合被放入第二类原则中进行讨论。即使得出预防刑法仍需坚持法益保护原则的结论，也只是对刑法目的的确认，绝不意味着其能够被上升为宪法性原则。

在理论上，罪刑法定原则、责任主义原则、无罪推定原则、比例原则、法律面前人人平等均被公认为法治国的基本原则，在宪法、人权的范畴内进行理解与讨论；在实践中，这些原则也被广泛写入各个国家的宪法、国际公约或多边条约中。例如，美国宪法规定：不得通过褫夺公权的法案或追溯既往的法律。宪法第五修正案规定：任何人不得因同一罪行而两次遭受生命或身体的危害；不得在任何刑事案件中被迫自证其罪；不经正当法律程序，不得被剥夺生命、自由或财产。《世界人权宣言》规定：凡受刑事控告者，在未经获得辩护上所需的一切保证的公开审判而依法证实有罪以前，有权被视为无罪。《公民权利和政治权利国际公约》规定：任何人的任何行为或不行为，在其发生时依照国家法或国际法均不构成刑事罪者，不得据以认为犯有刑事罪。我国宪法虽然只明确规定了法律面前人人平等原则，但其他原则也可以从法治原则中推导出来，构成了法治的基石。至于有学者所主张的最后手段性原则或谦抑性原则，其实都是从比例原则中引申出来的子原则，属于刑法内部的原则。

对于第一类宪法性原则，基于其之于法治与宪法的基础性地位，是无论如何都不能被突破的，预防刑法自然也不例外。因此，这些宪法性原则构成了对预防刑法理论与实践的根本制约，为预防刑法的范围划定了基础且严格的边

---

[1] 参见：劳东燕.风险社会中的刑法：社会转型与刑法理论的变迁[M].北京：北京大学出版社，2015：77-80.

界。如果不能满足这些原则,预防刑法的介入就应当立即停止。以罪刑法定原则为例,刑罚法规的明确性是其实质侧面的重要内容。因此,在制定预防刑法时,无论多么希望实现对法益的预防性保护,都必须满足明确性的要求,在进行构成要件描述时,应当清晰、精准,多采取示例法,并尽量慎用"等""其他"或类似的兜底条款。从这个角度来看,非法利用信息网络犯罪活动罪第三种行为类型中的"诈骗等违法犯罪活动",就远远未能满足明确性的要求,因为其几乎可以囊括所有的违法犯罪活动,从而导致行为认定的模糊性。这就要求我们在对预防刑法进行解释时,面对这类不够明确的条文,必须慎重思考,结合立法目的和法条前后表述进行限缩解释。例如,可否将"诈骗等违法犯罪活动"限制为实施电信网络诈骗过程中可能触犯的诈骗罪、盗窃罪、信用卡诈骗罪、侵犯公民个人信息罪等相关犯罪?此外,即使对于满足明确性要求的犯罪,也有必要进行目的性限缩,以避免刑法对国民自由的过分干预。如对于抽象危险犯,就应当进行实质性判断,排除不可能造成任何危险的行为,而不能将所有在字面上符合法条表述的行为均作为犯罪处理。凡此等等,笔者将在接下来的两章进行具体论述。

对于第二类刑法内部的原则,由于其不属于法治国基础性设定的范畴,只构成法律运作中的决策基点,故如果需要、可行且预期效果良好,就可以被例外性突破的。当然,此时必须说明这么做的正当化依据,即为什么对于某些类型的犯罪并不按照通常的做法进行处理。[1] 以法益保护原则为例,最初的法益保护主要是对实际损害的预防,但逐渐发展为对具体抽象与抽象危险的预防,甚至还发展出累积犯这种比一般意义上的抽象危险更为超前的危险预防。就连法益的种类也在不断进行扩张,从个人法益到集体法益,甚至到非人本法益,一步步突破了传统理论的界限。但我们却不能断然否认这种突破的合理性,只要能够找到具有说服力的理由,就可以肯定这种例外的存在。而这些变化,也正是刑法在风险社会中发展完善的必然选择。

三、预防刑法的比例原则审查

干涉宪法所保护的基本权利的法律只有在具有合法目的,并且符合比例

---

[1] 参见:劳东燕.风险社会中的刑法:社会转型与刑法理论的变迁[M].北京:北京大学出版社,2015:82-83.

原则的情况下,才能通过宪法审查。比例原则作为法治国家被要求遵守的基础性法律原则,是划定国家对个人基本人权制约限度的标准。而基于刑法的严厉性与最后手段性,刑法中的比例原则应当比公法其他领域中的比例原则更为严格。如前所述,受限于法益概念的模糊性,其作为立法指导方针的有效性相当欠缺。由于法益保护原则并不禁止只要某种行为侵害或危及特定的法益时,就将其作为处罚对象,因此,存在"只要侵害法益就可以适用刑法"的风险。而比例原则就是对法益保护原则的重要补充,[1]要求在侵害法益的情况下,同时还需要满足一定的条件才能予以刑事处罚。从这个角度而言,比例原则能够对合理框定预防刑法的范围发挥至关重要的作用。通说认为,比例原则的基本含义是对受宪法保护的公民自由和人权的任何限制,都必须是适当的、必要的与合比例的。[2]对应到预防刑法的合宪性审查中,应当分别就施以刑罚是否有助于达成目的(适当性)、是否存在其他同样有效而侵害较小的手段(必要性),以及刑罚与所保护的法益之间是否符合比例关系(合比例性)加以综合审查。接下来,笔者将围绕这三个方面展开具体论述。

(一) 适当性

"适当"意味着国家必须采取通常适合于实现预期目的的立法措施,并且不得超过实现某一立法目标的适当限度。假如对某种行为进行处罚无助于达到立法目的,就违反了适当性原则。例如,以维持国民健康为目的,认为某种药物对健康具有不良影响而禁止销售并进而设定刑罚时,必须以一定的盖然性确认该药物真正有害。再如责任事故类犯罪,根据海恩法则,每一起严重事故的背后,都会有 29 次轻微事故和 300 起未遂先兆以及 1000 起事故隐患。因此,这类犯罪的发生绝不是偶然的、一蹴而就的,而是在前期存在多个预警信号;只要能够稍加留意,就完全可以避免严重结果的发生。故从这个角度而言,对该类犯罪采取预防刑法的立法模式,能够发挥出更大的作用。而《刑法

---

[1] 参见:张明楷.法益保护与比例原则[J].中国社会科学,2017(7):88-108+205-206.

[2] MICHAELSON C. Balancing civil liberties against national security? A critique of counterterrorism rhetoric[J]. University of New South Wales Law Journal,2006(2):1-21.

修正案(十一)》增设了危险作业罪这一危险犯,避免直到发生难以挽回的重大责任事故后再予以处罚,也正是基于这一考量。

根据适当性原则,某一交通违章行为是否入罪,就需要考虑其他很多因素,而不能仅因为可能造成严重后果,就一律规定为犯罪。否则,就可能无法达到预期效果,甚至有损刑法的严肃性与权威性。这些因素中包括证明的难度——例如,尽管疲劳驾驶行为也具有和醉酒驾驶类似的危险程度,以及与事故发生的密切关联,但是否疲劳无疑很难有诸如血液中的酒精含量那么明确、简单的判断标准。故如果将疲劳驾驶入罪,势必会导致处罚范围过于模糊。毒驾也是如此,由于毒品种类众多,难以设定统一的检测标准,实践中囿于技术限制,也难以对所有毒品做到快速检测,势必会影响处罚的效果。再如预防目的的实现,例如超速驾驶的标准虽然十分明确,但车辆一旦超速,警方往往不能及时发现,也难以像整治醉驾那样进行现场查处。如果非得等到事后查看监控才能确定是否超速,则该罪的事前预防效果就将大打折扣。综上所述,在设置犯罪时,不仅要考虑处罚的必要性,还要考虑处罚的可能性与有效性。如果难以实现立法目的,就不得设置新的犯罪。

(二) 必要性

"必要"意味着如果政府能够在不干涉公民权利和自由的情况下实现同样的目标,或者能够采取相对而言不那么激烈的措施,就必须避免干涉公民自由与人权。刑法是一柄"双刃剑",一面是对法益的保护,另一面也对国民自由构成威胁,必须慎重使用。对此,有学者提出了"完美预防犯罪"的概念,系指国家利用技术,有针对性地使某些犯罪行为在实际上不可能发生。例如,"智能枪"技术将使枪支只能被合法拥有者所发射;而当驾驶员血液中的酒精含量超过法定限度时,车辆上的酒精浓度探测仪将会阻止车辆启动,等等。显然,这种技术手段比刑法更为有效,能够完全阻止相应犯罪行为的实施;并且由于仅针对犯罪行为而非合法行为,从而原则上不会对公民自由造成任何限制。[1]从理想的角度看,如果我们的技术能够发展到这一步,显然要比刑法乃至所有

---

[1] RICH M L. Limits on the perfect preventive state[J]. Connecticut Law Review,2014(3):883-935.

法律都更能起到预防犯罪的作用，此时，针对上述领域设置预防刑法就是完全没有必要的。当然，在科技手段尚无法达到这一水平的今天，我们仍然必须适用刑法，只不过需要采取十分审慎的态度。

某种行为成为法律规制的对象与该行为究竟是成为刑罚的对象，还是仅止于行政处罚的对象，显然是不同的问题。[1] 在必要性的审查阶段，需要考察非刑罚手段能否有效保护法益，并权衡刑罚手段与非刑罚手段的利弊。[2] 根据刑法谦抑性的要求，如果使用民法、行政法等成本更小的手段就足以对该行为进行有效规制，就无须适用刑法。例如侵夺不动产的行为，由于不动产无法被移动，标的十分明确，故原则上采取民事诉讼的方法就足以解决纠纷。但如果当事人通过伪造证据、虚假诉讼等方式，则会给民事诉讼带来很大障碍，再结合诉讼过程的迁延日久，就难以保障当事人及时恢复自己的权利。此时，由于民事手段无法充分发挥作用，故有必要采取刑事措施。再如生产、销售伪劣产品的行为，原则上适用民法、消费者权益保障法等法律就足够了，但在实践中，却普遍存在着消费者因为被告人不明确、证据灭失、消费金额过低等问题而难以有效维权的现象，因此，将针对不特定多数人销售伪劣产品的行为设置为犯罪是必要的。不过，对于"一对一"的合同违约行为，原则上认定为民事不法即可。又如，预防刑法之所以被广泛适用于恐怖主义犯罪，理由在于宗教狂热分子无惧刑罚的威慑，刑罚对其已丧失特殊预防的效果；而普通民众一般不会也成为宗教狂热分子，刑罚对其也难以起到一般预防的作用。因此，只能采取保护前置的预防刑法予以提前打击。[3] 反之，如果未能遵守这一原则，而是过于普遍地使用刑事手段，不但会极大增加社会成本，也会造成刑法象征性功能的退化。对于如何确定是否"必要"，张明楷教授一针见血地指出，在某种行为的不法程度存在轻重之分时，如果仅设置了刑罚而没有其他处罚，就可以肯定立法机关并未将刑法作为最后手段。[4]

---

[1] 龟井源太郎.刑事立法学の構想[J].都法，2021(1)：157-183.

[2] 参见：张明楷.法益保护与比例原则[J].中国社会科学，2017(07)：88-108＋205-206.

[3] 参见：李栋.风险社会背景下预防刑法的扩张与破局[J].甘肃政法大学学报，2021(1)：114-127.

[4] 参见：张明楷.增设新罪的观念：对积极刑法观的支持[J].现代法学，2020(5)：150-166.

(三) 合比例性

"合比例"又称为"狭义的比例原则",是指如果由此产生的不利负担与预期实现的目的不相称,政府的相关行为就是不可接受的。该原则要求进行利益衡量,具体到刑法中,需要综合比较将某种行为设定为犯罪所可能带来的好处或坏处,如果严重限制国民自由等消极作用大于积极作用,那么增设新罪就是不合比例的。根据该原则的要求,设置预防刑法首先需要针对性质十分严重、对法益具有重大危险的犯罪。所谓"重大"危险,不仅包括所侵害法益的内容具有重大性,也要充分考虑当下信息网络时代法益侵害的新类型、新特点。[1] 只有意图避免的伤害是巨大的,并且犯罪者的罪责是十分严重的,如犯罪行为具有侵害极为重大的个人法益或集体法益的现实可能性时,才能够设立预防刑法。反之,如果提前处罚某种行为,仅仅是为了使人们免于犯下不太严重的罪行,就会造成不可逾越的相称性困难。例如,将持有用于入户盗窃工具的行为规定为独立犯罪的,由于绝大多数盗窃罪都属于轻罪,故该立法的作用有限,不合比例。

其次,应当对预防刑法的成本和风险,以及所希望预防的损害进行综合考虑。特别是,避免国家干预对个人自由所可能造成的不必要的侵蚀。显然,对公民正常生活造成的影响越小,预防刑法就越符合比例原则。在能够有效实现预防目的的多种途径中,应当选取限制最少的方式。以醉酒驾驶入刑为例,国家虽然剥夺了公民醉酒后驾驶的权利,却不会给他们的生活带来多大困扰。人们要么可以选择不喝酒(喝酒并非日常生活所必需的),要么可以选择花费极少的时间成本(步行或坐公交车)或经济成本(找代驾或坐出租车),但能够避免严重危及生命、健康的交通事故的发生。因此,这一规定是完全合理的。再如,在一些并不严格限枪的国家内,如果规定非法买卖、持有枪支等犯罪,可能会对公民的自由、财产乃至正当防卫的权利造成影响。此时,就需要衡量犯罪化后对公共安全与人身健康的保障,与对公民某些基本权利限制程度的高低问题。一般认为,由于枪支是特别危险的物品,并且远非日常生活中的必需品,即使将涉枪行为设置为犯罪,也不会给民众的生活带来较大影响,因此是

---

[1] 参见:何荣功.预防刑法的扩张及其限度[J].法学研究,2017(4):138-154.

合比例的。但如果将范围扩大到刀具等锐器,就会囊括相当多的日常用品,对公民基本权利的限制就过于激进了,以至于得不偿失。

第二节　内部制约:法益保护原则

法益理论是传统刑法理论的基石。但在预防刑法中,其是否还具有如此重要的地位或意义,却存在较大争议。如前所述,随着机能主义刑法观的兴起,法益逐渐抽象化、精神化,其立法批判功能日趋淡化,法益保护前置化的趋势也愈发明显。随之而来便产生了两个重要问题:第一,是否还有必要继续坚持使用法益这一概念?第二,如果仍然需要法益概念,那么我们应当如何应对法益范围日益抽象化、边界日益模糊化这一问题?由于法益的抽象化主要表现为集体法益,因此,要想合理应对法益保护前置化的现象,必须解决集体法益的正当性与合理性问题。在本节中,笔者将围绕上述两个问题依次开展讨论。

一、法益保护原则的坚持

(一) 理论聚讼

在当前社会的预防刑法理论中,法益论应当走什么样的道路呢?通过相关文献的梳理,理论界主要存在以下三种代表性的观点:[1]

一是质疑法益论框架本身的观点。该说认为,法益保护与风险预防存在难以调和的理念冲突——法益理论旨在划定刑法干预的合理界限,而风险预防则旨在尽可能地控制风险。并且,法益论本身存在太多问题,不适合作为支撑刑法体系的理论,故对这一理论框架本身持怀疑态度。甚至有学者主张,在今天,以法益论来探究刑事立法原理的方法已经过时。[2] 理由主要在于:第

---

[1] 嘉門優.法益論の現代的意義[J].刑法雜誌,2007(1):36-48.
[2] 松宮孝明.法益論の意義と限界を論ずる意味:問題提起に代えて[J].刑法雜誌,2007(1):1-14.

一,采取行为无价值的学者认为,刑法处罚的根据不是对法益的侵害,而是对作为社会基本共识基础的行为规范的不尊重,故应当放弃法益论。也就是说,只有严格恪守结果无价值的学者才可能会继续坚持法益论。但在风险社会,以结果无价值为导向显然不利于风险预防。第二,传统刑法仅以能够直接感知到的法益侵害为对象,而无力规制当前无法直接感知、却会威胁未来的巨大风险。因此,既有的法益理念无法完全应对风险刑法的要求,风险刑法也未必非得采取法益保护原则才能运作。与其接受法益概念因为功能化而模糊化其应有边界,不如直接承认法益适用范围的不足之处。第三,法益并没有泾渭分明与"清晰"的边界,[1]不是一个确定的概念,而是一个刑事政策上刑事应罚性话语中的"占位者"。[2]故人们难以对法益概念进行准确定义。此外,法益概念还可能会随着社会上优势群体的想法而恣意变动,并通过利益衡量的方式牺牲少数人的偏好与选择,从而使法益沦为以少数人为代价巩固多数人偏好的工具。第四,仅凭法益论,无法实现具体刑事立法的正当化乃至批判功能。事实上,被犯罪化的不是"法益"本身,而是"行为样态"。以人类历史上最失败的刑事立法之一——美国的禁酒令为例,难道我们是将"不存在值得保护的法益"作为对其提出批评的依据吗?答案显然是否定的。对此,我们更关注的无疑是国家对私人领域的过度介入与犯罪化所带来的社会弊端,而非行为是否侵犯了法益。既然如此,这岂不是证明了我们是在法益论之外,寻求刑事立法的正当化及限制功能的更多证据吗?[3]

在该说之下,关于具体用什么元素替代法益,理论界也存在着不同观点:(1)社会制度说。该说认为,现代社会对刑法学的要求不能仅凭一句"法益侵害"就了结,而是至少包含制度性的东西在内,根据特定时代的"社会现实"来调整"需要保护性"的评价。法律文化是在"制度"的组合和运用过程中形成的。为了阐明这一问题,需要社会学的研究。对此,最好从个别法领域的"制

---

[1] 参见:罗克辛,陈璇.对批判立法之法益概念的检视[J].法学评论,2015(1):53-67.

[2] 参见:库比策尔,谭淦.德国刑法典修正视野下的刑事政策与刑法科学关系研究[J].中国应用法学,2019(6):181-199.

[3] 松宮孝明.法益論の意義と限界を論ずる意味:問題提起に代えて[J].刑法雜誌,2007(1):1-14.

度性"分析这一层面,找到刑法与周边诸学科的交叉点,进行协同研究。因此,与其在如何理解"法益"这一政治主张上争论不休,还不如通力合作,通过对"制度"的分析,共同思考融入"社会现实"的方法,并将政策性建议具体化。[1] (2)规范确证说。该说认为,刑法的任务是确认社会上现存的规范,并将其作为指导刑事立法的原理。此时,确证的对象不仅包括作为处罚对象的行为规范,还包括制约处罚的规范。例如,罪刑法定主义、客观主义和责任主义本身就是自由主义国家所必须的规范,具有高度的认同感。在这个意义上,刑罚目的论需要从"法益保护"转变为"扎根于社会的规范确证"。[2] 事实上,传统法益论的核心也是形成要求国民遵守的行动规则,并以立法的形式明确下来。从这个角度来说,要求国民遵守的行为规范才是刑事法领域中的终极保护法益。[3]

二是着眼于法益保护早期化的观点。该说认为,为了应对现代社会中时刻变化的潜在危险,如果已经发生损害法益的结果后再做出反应,则为时已晚,毫无意义。因此,有必要肯定以预防为目的的刑法。而我们目前所要做的就是划定出值得刑法保护的法益范围,为以抽象危险犯为代表的法益保护早期化犯罪类型,找出具体、合理的正当化依据。这样一来,就将讨论的焦点从法益概念的一般规定转移到对犯罪类型或者犯罪结构的分析上。为此,有学者将抽象危险犯分为具体的危险性犯(适格犯)、累积犯与预备犯这三种予以讨论。对于适格犯,其正当化的理由在于行为具有侵犯法益的风险,不但行为人自身已经无法控制,而且他人也无法控制。对于累积犯,正当化理由则在于通过与其他危险行为的关联与累积,共同侵害法益。对于预备犯,正当化理由在于行为人自身或他人可能继承这一"先行行为"的结果,存在侵犯法益潜在的危险性。

三是试图将法益概念实质化的观点。该说主张,法益论作为被公认为研究立法的工具之一,法益保护原则作为刑法的基本原则之一,均具有十分悠久

---

[1] 小田直樹.法益侵害説について[J].神戸法学年報,2017(31):1-35.

[2] 松宮孝明.法益論の意義と限界を論ずる意味:問題提起に代えて[J].刑法雑誌,2007(1):1-14.

[3] 上田正和.保護法益論(Rechtsgutstheorie)の行方と展望[J].大宮ローレビュー,2011(7):5-31.

的传统,为理论界与实务界所广泛接受,并且为研究刑事立法的正当性依据提供了共同的讨论平台。与此相对,法益之外的标准则可能会使讨论更加混乱,而且目前理论界也尚未找到合适的替代方案。因此,相较于排斥法益论而采用完全不同的理论框架,以法益论为基础的构想显然更为可取。而在划定犯罪的边界时,作为关联点的法益概念也是不可或缺的,能够对不同犯罪进行实质性的比较,并明确适当的处罚范围和量刑。当然,需要对法益概念进行更为详细的探讨,尤其是对于与个人法益相对立的集体法益。目前的集体法益中包含了大量所谓的"表面法益"(Scheinrechtsgüter),不但概念模糊不清,也给司法适用造成了较大困难。因此,应当制定更为详细的标准,进行分类讨论。结合被详细分析、分类,并排除出属于"表面法益"的集体法益,准确理解相应犯罪的结构,以此维持法益论的立法批判功能。显然,最后两种观点都是支持法益论的,只是侧重点不同而已:前者更注重对法益保护时机的扩张,而后者则更关注法益本身的发展。

(二) 本书观点

在反对法益论的观点中,"规范违反说"无疑是影响最大的学说。如果完全抛弃法益,将会彻底背离以法益保护为基础的刑法学体系,从而转向以 Jakobs 教授为代表的"规范违反说"。我国也有学者认为,由于积极预防性刑法观与法益保护是相抵牾的,故不如直接将刑法违法性的根基从法益论置换为规范论。[1] 按照这一观点,预防刑法中只用讲"规范"就够了,而不需要法益的身影。但本书认为,如果"规范"本身可以成为"法益"的话,那么无论将什么样的行为犯罪化,都可以主张"不应该这样做"这一规范是法益。这样一来,法益就失去了立法界限功能。[2] 恰恰相反,法益才是规范意识的实质内涵。规范是由法益保护所导出的,因为法益的存在,才能使规范的定着更为确实,并且成为避免规范意识膨胀的限制。正如 Roxin 教授所指出的,尽管刑罚有助于稳固规范,但我们不能为了稳固规范而稳固规范,稳固规范的作用实际在

---

[1] 参见:刘艳红.积极预防性刑法观的中国实践发展:以《刑法修正案(十一)》为视角的分析[J].比较法研究,2021(1):62-75.

[2] 松宫孝明.今日の日本刑法学とその課題[J].立命館法学,2005(6):2617-2637.

于防止个人或社会在将来遭受现实的法益侵害。因此,稳固规范的最终目的仍然是服务于法益保护。[1] 否则,只强调形式上的犯罪理由,而忽视实质上的不法依据,规范违反说将注定成为一种没有明确内容,而是陷入循环论证的空洞学说。综上所述,以"规范"取代"法益"的观点,并不合理。

同理,以其他新的标准代替法益的做法也存在各种弊端。正如前述肯定说所指出的,法益相对而言已经是一个较为成熟、约定俗成的概念,能够给大家提供一个讨论的平台;除此之外的标准亦不完善,具有各式各样的缺陷,贸然采取这些学说,可能会使讨论更加混乱。正如陈子平教授所言,"长期以来既然已为学界与实务界所共同认知之用语,则属于约定俗成之法律专用术语,实毋庸加以舍弃而另创新词,除非该用语存在重大错误"[2]。更何况,法益本身并非如有学者所指出的,与风险社会并不兼容。一个已经被破坏的法益,在事实上自然是无法被保护的,故刑法学者所称的法益保护,针对的无疑都是尚未被侵害的法益。而之所以要保护这些法益,无外乎它们有被侵害的危险。故从这个角度来看,法益保护与风险预防并不矛盾。亦即,刑法的目的从来都没有转变,转变的是控制风险的技术。因此,即使在预防刑法的语境下,也完全可以继续沿用法益这一概念,而不能纯粹以风险预防或控制为导向。当然,在当今社会,与其东拼西凑般地对传统法益理论进行修修补补,不如大方地承认其不足并加以改进。因此,必须对法益论在预防刑法中的角色进行重新界定。

首先,法益仍然可以在一定程度上指导预防刑法的立法。虽然不能奢求法益概念能在实际上发挥多大的立法限制功能,甚至正如有学者所指出的,法益理论在今天已经不可能再发挥规制立法的作用,[3] 但无论如何,该理论都没有放弃对立法的批评。对于一部合比例的预防刑法,这种提醒立法者的勇气可能具有决定性意义。[4] 因此,在进行预防性刑事立法时,仍有必要明确

---

[1] 参见:罗克辛,陈璇.对批判立法之法益概念的检视[J].法学评论,2015(1):53-67.

[2] 陈子平.刑法总论:2008年增修版[M].北京:中国人民大学出版社,2009:390.

[3] 参见:陈家林.法益理论的问题与出路[J].法学,2019(11):3-17.

[4] SWOBODA S. Die lehre vom rechtsgut und ihre alternativen[J]. Zeitschrift für die gesamte Strafrechtswissenschaft,2010(1):24-50.

该犯罪的保护法益是什么,并尽量将法益概念具体化、实质化,以避免对无辜行为的处罚,[1]从而使刑法沦为仅保障规范效力的工具。如果一项新的犯罪化立法无法保护法益,或者由于其意图保护的"法益"过于模糊或者宽泛而难以把握,导致只具有象征性功能时,即使是预防刑法理论也应否认其立法的科学性。[2]只不过这里的"法益",其概念与范围已经不同于传统理论中的"法益"了。

其次,需要重新评估法益的合理定位,放弃"法益万能"的幻想。试图寻找一种"神奇"的、"包罗万象"的法益概念,以毫米级的精度涵盖一切,并且在每个司法空间中都是有效的,无疑是一条错误、徒劳的道路,一开始就注定会失败。认为只要凭借法益这一个标准,任何刑事干预的合理性都可以迎刃而解——这种想法就和希望拥有可以医治百病的灵丹妙药一样荒唐。不可否认的是,法益论确实存在许多弊端,例如概念本身含糊不清,并依赖于外部系统的关键标准。关于这一点,即使是广泛采取法益理论的德日学者,也均有十分清醒的认识。如 Roxin 教授明确指出,尽管经历了百余年的发展,法益这一概念即使在今天也没有被得到清晰的、令人满意的界定。[3]另外,法益虽然是德国刑法理论中最重要的概念之一,但英美法系国家却并不使用这一概念,而是更倾向于采取与其存在一定差异的伤害原则,并且在此基础上还广泛、灵活地采取其他决定是否犯罪化的原则。由此不难看出,法益理论也并非放之四海而皆准,得到各国普遍认同的学说。而对应到司法实践中,法益论能做的事情也是非常有限的,绝不是能够解决所有问题的"王牌"。它不过是限制国家刑事权力的工具之一,具有的只是"没有侵犯法益,或者缺乏法益关联性就没有犯罪"这样消极的内容,既不应过分夸大其作用,也不应赋予其过多难以承载的功能。因此,法益保护原则对于刑法适用而言,只是一个必要而非充分条件;仅凭法益论,显然无法推导出现代刑事立法详细的正当化标准。[4]在批

---

[1] 参见:何荣功.预防刑法的扩张及其限度[J].法学研究,2017(4):138-154.
[2] 参见:萨利格,郑童.积极主义刑法与象征性刑法:刑事政策视角的衡量考评[J].国外社会科学,2022(3):166-184+200-201.
[3] 参见:罗克辛.德国刑法学总论:第1卷[M].王世洲,译.北京:法律出版社,2005:14.
[4] 即使是英美法系学者也持类似观点,认为仅凭伤害原则本身,在限制犯罪扩张方面难以起到作用。

判立法时，需要以更为广阔的视野来超越法益论，研究与立法相关的各种要素，综合各学科的知识去构筑理论。[1] 即使某一行为侵害了值得刑法保护的法益，但基于最后手段原则，刑法也不应当立即发动。因此，为了使刑事处罚正当化，仅阐明保护何种法益是远远不够的，还需要"侵害或危及法益"的关联性要求。亦即，对于犯罪构成要件的正当化来说，重要的不仅是对保护法益的确认，还应当包括对在多大范围内，采取何种方式侵害法益才能受到刑法规制这一问题进行详细的分析与探讨。这一点实际上与前述第二种观点是不谋而合的。

最后，在预防刑法理论中，可以跳出传统理论的窠臼，对法益理论进行大胆创新。法益本来就不是立法者制造发明的产物，而是源自宪法的规定，系对社会利益进行发掘、评判、遴选的结果。不是因为是法益才值得保护，而是因为属于人类事实上的利益，值得刑法保护，所以才是法益。在某一特定时刻的具体人类社会中，什么利益需要在任何程度上予以保护，不是单纯由立法者说了算，也不是一成不变的，而是根据社会的状况与国民的意识而具体、实质性地形成的。因此，必须考虑社会变化对法益概念的影响——随着时代的发展，部分利益由于不再值得保护而从法益的保护范围内淡出，部分新形成的利益则有必要受到刑法保护。[2] 对此，我们不需要深究其具体内容，更不需要将其归类到传统的法益范畴中，完全可以认为其就属于新的法益。例如，保护水资源并不是因为其是由何种利益组成的，而是因为它对人类至关重要，对维护生态系统的稳定具有重大意义。纵观我国晚近 20 余年刑法法益内涵的变迁，新的法益非但不是限制公民自由的现代"理性铁笼"，而是深入践行了刑法"满足人民对美好生活的向往"所必须肩负的历史使命。[3] 当然，某种利益能否得到刑法的保护，需要不断地进行实证检验，而不能轻易作为法益，尤其是笼统地作为集体法益处理。这也是本书接下来所要重点讨论的问题。

---

[1] 嘉門優.法益論の現代的意義[J].刑法雜誌,2007(1):36-48.

[2] 上田正和.保護法益論(Rechtsgutstheorie)の行方と展望[J].大宮ローレビュー,2011(7):5-31.

[3] 参见：田宏杰.行政犯治理与现代刑法的政治使命[J].中国人民大学学报,2022(1):111-119.

二、安全（感）作为独立法益的否定

在坚持法益论的基础上，随之而来的问题是：安全或者安全感能否作为值得刑法保护的独立法益。如果可以，则所有的预防刑法都侵犯这一法益，也能实现理论上的自洽。但本书认为，预防刑法所侵害的法益必须具体化，而不能笼统地用安全进行指代。否则，将会在形式上符合，却在实质上背离法益侵害说，也难以对预防刑法的范围进行合理限制。

（一）安全不能作为独立法益

部分坚持法益论的学者将安全作为一种独立的、新型的法益看待，并据此论证预防刑法的正当性。他们认为，刑法中的安全概念是以社会学的安全概念为导向的。在刑法中，安全的概念不仅作为一种形而上的法律价值出现，而且由于其与法益密切相关，因此还获得了一种实体上的内容。安全地免受实质性伤害的风险本身就是一种重要利益；当我们面临危险的时候，即使没有实质性的伤害随之而来，这种利益也会受到阻碍。[1] 因此，安全的理念不仅在刑事政策中发挥着重要作用，而且还丰富了法益的内容。在一些刑事规范中，安全本身就是一种法益，如危害公共安全类的犯罪。

关于刑法中安全概念的另一重要观点，来自德国的 Kindhäuser 教授。他从规范理论的角度对抽象危险犯进行了教义学上的论证，将抽象危险犯的禁止性规定视为安全规范，认为危险并非实害之前的阶段，而是某行为造成了一种特殊的损害。之所以必须以法律保护安全性（Sicherheit），是因为法益持有者对于法益的支配不仅会因为法益完整性的损坏而受影响，也会因为法益持有者基于有关法益受损的合理忧虑而受影响。因此，当我们以安全性作为规范目的时，抽象危险犯破坏了我们对于管领利益无所忧虑的状态，对于损害的预防就此落空。他指出，如果一个行为必然导致实害结果发生，就无所谓危险；如果必然能够避免伤害，也无所谓危险；如果行为人不再处于有意识地避免行为造成自身伤害或侵害法益的状态时，行为就是危险的。因此，危险本身

---

[1] DUFF R A, GREEN S P. Defining crimes: essays on the special part of the criminal law[M]. Oxford: Oxford University Press, 2005:51.

就是一种不安全的状态,而安全则会影响到法益的价值。以一栋度假屋为例,如果当地陷入战乱之中,即使战火没有燃烧到屋子附近,其交易价值也会大幅下降,原因无外乎是陷入了一种不安全的状态之中。概言之,有三种方式可以破坏法益:一是使法益在本质上发生变化,以至于不能再履行其功能,对应实害犯;二是法益被置于一种是否被损害完全取决于偶然的情形下,以至于使用价值被大幅削弱,对应具体危险犯;三是合理处置法益所需的安全条件得不到保障,导致其只能在有限的范围内使用,对应抽象危险犯。[1]

按照上述学者的观点,既然安全能够作为一种独立的法益,那么预防刑法的正当性就不证自明了。因为任何预防刑法条文都是以保障社会安全为目的的,故我们在进行立法时,就无须审查其在保护安全法益之外,还是否额外保护了某种值得刑法保护的利益。可以说,将安全作为独立法益,势必会进一步扩大预防刑法的范围,也会对传统刑法理论造成较大的冲击。

但本书认为,安全本身并不是一种独立的、值得保护的利益,而只是一种受保护法益所处的状态,是法益保护的附随现象和结果。它致力于对法益的全面保护,而不是仅作为某一类型的法益。如果安全被称为某种法益,那么这种法益就变成了一种虚幻的、缺乏定型化的利益,因为刑法中的任何条文实质上都是在保护"……的安全"。例如,故意杀人罪保护的是生命的安全,盗窃罪保护的是财产的安全,妨害公务罪保护的是执行公务的安全,分裂国家罪保护的是国家的安全,等等。如此一来,法益概念似乎就没有存在的必要性,而是被"安全"所完全包含,从而无助于解决实践问题。事实上,就连论者所列举的危害公共安全的犯罪,其保护的也绝非笼统的安全本身,而是不特定多数人的生命、健康的安全。因此,重要的是刑法保护何种利益的安全,而非安全本身。安全的内容不可能绕过行为对法益本体造成的危险而独立地得到确认。[2]以保护安全为目的的刑法条文,只有在真正的法益得到保护的情况下才会合法化。社会上的适当行为,无论对安全造成了多大危险,都不能成为定罪的理

---

[1] KINDHÄUSER U. Gefährdung als straftat: rechtstheoretische untersuchungen zur dogmatik der abstrakten und konkreten gefährdungsdelikte[M]. Frankfurt: Vittorio Klostermann, 1989: 189, 277.

[2] 参见:徐凯.抽象危险犯正当性问题研究[M].北京:中国政法大学出版社,2014:99.

由。更何况,如果认为安全是新的法益,那么抽象危险犯就已经不再是对该法益造成了威胁,而是已经实实在在地侵犯了安全。但这样一来,这类犯罪也就不再属于抽象危险犯,而是成了实害犯,刑法中也就没有危险犯存在的空间了。因此,将安全作为独立法益还会造成犯罪类型上的重大冲突,不利于学者们在同一平台上进行讨论。综上所述,笔者认为,没有必要标新立异地将安全作为一种独立的法益看待,所有的预防刑法条文都必须回答自己是在保护何种利益的安全,而不能笼统地以保护安全为由证明其合理性,否则就有侵犯公民自由之虞。

(二)安全感不能作为独立法益

由于广义上的安全包括客观安全与主观上的安全感,故除了将安全作为独立的法益外,还有部分学者将安全感作为独立法益看待,认为预防刑法所保护的法益是安全感。本书对这一观点亦持否定态度,认为安全感不能作为独立法益。

为了论证这一问题,需要明确的前提条件是,安全感是指个人的安全感,还是整个社会的安全感?如果指个人的安全感,无疑就属于一种个人法益,需要具体判断是否影响了行为对象的安全感。但问题在于,安全感是一种主观层面的感觉,不但与客观的安全状况并不存在直接对应关系,也难以找到确切的衡量标准,根本不是刑法所能保护的。[1]每个人的安全感都不相同,并且往往与自身经历密切相关,甚至同一人的安全感在不同时期也会存在较大差别。如果将安全感作为个人法益,势必会因为有人安全感强,有人安全感弱的差异,导致同一行为因为对象的不同而在刑法上得到迥然相反的评价,从而违反平等保护原则。此外,与侵犯他人的生命、健康、自由、财产等法益相比,行为人无疑难以准确判断自己的行为是否会侵害他人的安全感,进而难以形成对行为的心理预期,影响刑法的行为规范效力。更有甚者,精神病人或儿童可能完全不存在对何为安全的认识,也就没有安全感。这就意味侵犯这类特殊群体安全感的行为,竟然不能构成犯罪。显然,这一结论是不能被接受的。此外,可能会有人主张,国外的跟踪、骚扰等犯罪,以及各国常见的恐吓罪所侵犯

---

[1] 参见:张明楷.具体犯罪保护法益的确定标准[J].法学,2023(12):70-86.

的法益就是安全感。但是,侵犯安全感只是这些犯罪的附随效果,它们之所以被处罚,主要是因为其侵犯了他人的生活安宁、隐私、身体与意志自由等法益,进而影响了被害人的安全感。如果没有这些法益作为基础,安全感也就无从谈起,从而丧失独立存在的价值。事实上,任何犯罪都会侵犯被害人乃至广大国民的安全感,使他们心生恐惧。因此,将安全感作为个人法益是毫无意义的,起不到任何类型化的作用。

那么,如果将安全感作为个人法益的集合或是一种集体法益,即理解为社会大众的普遍安全感,又是否合适呢?笔者认为,这一观点亦不合理。首先,与个人的安全感相比,社会大众的安全感更加难以衡量。只有当绝大多数人都认为侵犯了其安全感时,才能肯定侵犯了社会的安全感,但这一比例或者数量究竟是多大,立法者根本无力预设一个明确的标准。这就导致相关犯罪的入罪标准模糊不清,严重损害刑法的明确性,并给司法适用带来巨大难题。其次,消除社会大众普遍的不安感,只能是刑法通过规制法益侵害行为而产生的连带后果,而不能成为刑法的直接目的。[1] 例如,根据刑法的明文规定,投放虚假危险物质罪的保护法益并非社会大众的安全感,而是社会秩序。仅侵犯广大民众安全感的,尚不足以构成犯罪,必须在此基础上进一步扰乱社会秩序的,方可构成犯罪。[2] 这足以说明,民众的安全感本身尚不足以单独作为法益保护。综上所述,即使在预防刑法理论中,也不应随意扩大法益的范围。安全感不能作为刑法所保护的法益,更不能成为预防刑法条文正当化的依据。

三、集体法益的合理限制

在当前的预防刑法中,侵犯集体法益的犯罪越来越多。集体法益作为重要保护内容,活跃在越来越多的条文中,甚至被认为挤占了个人法益的空间,是推动刑法进行预防转向的"罪魁祸首"。和传统的个人法益不同,集体法益可谓是一种较为新型的法益样态,也引发了较大的争论——集体法益是否有存在的必要?其与个人法益之间究竟具有什么关联,是否处于优先甚至支配地位?对此,西原春夫先生就明确提出:人们难免认为国家社会的利益与国家

---

[1] 参见:李琳.风险刑法的反思与批判[M].北京:法律出版社,2018:62.
[2] 参见:张明楷.具体犯罪保护法益的确定标准[J].法学,2023(12):70-86.

总体的利益是相通的,并且常常优先于个人利益予以考虑。国家利益究竟指什么?它与国民个人的利益之间有什么关系?尤其在我国,经过了集体主义的多年熏陶,人们似乎更容易得出国家利益、集体利益高于个人利益的结论,从而格外强调对集体利益的保护。为了合理划定预防刑法的规制范围,有必要对集体法益的内涵及其与个人法益的关系展开探讨,明确预防刑法应当保护哪些集体法益,应当如何保护集体法益。

(一)寻根溯源:集体法益概述

1. 集体法益的正当性

集体法益(Kollektive Rechtsgüter)或者超个人法益(Überindividual Rechtsgüter),[1]是与传统的个人法益(Individualrechtsgüter)相对应的概念,顾名思义,即为社会大众集体享有,而非归属于特定个人的法益。随着社会的发展,集体法益越来越多地出现在各国的刑事立法中。它的产生和发展与风险社会密不可分,并且是预防刑法的典型表现之一。正如姜涛教授所指出的,集体法益是一种"社会风险+预防导向"的功能性构建。在一个社会系统中,越强调内在的秩序和安全,风险发生的可能性就越小,对集体法益的保护力度也就越大,故需要把风险管理与集体法益的保护关联起来。[2]而在预防刑法中,集体法益之所以备受立法者的青睐,是因为如果将集体法益作为刑法保护的对象,无论是将处罚时机或犯罪完成时机提前,还是不考虑所谓的"被害人"承诺,[3]都更容易证明立法的合理性。即使无法在集体法益和具体的个人法益之间建立衍生关系,集体法益也至少保护了一系列尚未详细定义的个人法益,而所有这些法益都在比以集体法益为对象的犯罪更晚的时间点受到影响。但就如双刃剑一般,集体法益所具备的这种解决立法者难题的潜

---

[1] 有学者认为集体法益不同于超个人法益,但笔者认为二者系对同一事物的不同表述。理论界原先多用"超个人法益"概念,后来逐步转而使用"集体法益"概念。本书对此不做区分,统一称为"集体法益"。

[2] 参见:姜涛.社会风险的刑法调控及其模式改造[J].中国社会科学,2019(7):109-134+207.

[3] 对于被害人承诺问题,德国主要是针对毒品犯罪,因为只造成了吸毒者自身的损害,而吸毒者对此显然是明知的。我国则可以非法行医罪为例,其保护法益为公共健康,即使被害人明知行为人无证行医且同意受其诊治的,也不影响该罪的成立。

力,也正是其饱受争议的原因。有学者认为,在大多数情况下,集体法益的概念都不是被界定的,而是被假设的。[1]德国的法兰克福学派也旗帜鲜明地批判集体法益,认为集体法益的正当性源自个人法益,故其本身没有单独保护的价值,保护它们无非是为了更好地保护个人法益。[2]例如,环境本身不能作为一种独立的法益,而是因为个人的生命和健康依赖于环境才被刑法保护。Schünemann教授则根据"奥卡姆剃刀原理",主张在"有可能不费吹灰之力就能找到个人利益"的情况下,是不允许创设集体法益的。由此,一种犯罪类型在有疑问的情况下,必须被理解为保护个人法益的抽象危险犯。[3]

当然,也有不少学者支持集体法益的存在,主要理由在于其能够更好地保护法益。但是,我们不能以所能达到的保护效果来论证某一制度的合理性。毕竟,"为什么"和"能做什么"不是一个层面的问题。想要回答"为什么",就必须揭示出集体法益和个人法益的关系。本书认为,集体法益有其存在的独立价值,并非个人法益的附庸,二者均服务于个人发展,但不存在谁为谁而设的问题。个人法益产生于传统法治国时代,为合理限制国家权力发挥了重要作用;而在社会国,或者新法治国时代,国家的任务绝不是仅仅防止公民免受他人侵害那么简单,还担负起了促进社会发展,增强人民福祉的重任。但是,个人法益理论却只能回答"你不能对我做什么",而不能回答"国家应当为我做什么",故无法为这一新的任务提供理论支撑。在这一时代背景下,集体法益理论应运而生,强调国家为国民提供的条件或制度本身也是一种重要价值,值得刑法保护。对此,Jakobs教授指出,人的形象不应当是一种孤立式、原子式、与社会制度隔绝的人。个人与社会具有连带关系,需要与他人进行互动与沟通。因此,个人主体性的形塑,唯有在其赖以生存的社会脉络下才有可能。而国家安全、社会秩序等社会、政治、经济、文化方面制度的正常运转,正是个人在社

---

[1] GRECO L. Gibt es kriterien zur postulierung eines kollektiven rechtsguts?[C]//HEINRICH M, et al. Festschrift für Claus Roxin zum 80. Geburtstag am 15. Mai 2011. Berlin:De Gruyter,2011:199-214.

[2] 参见:钟宏彬.法益理论的宪法基础[M].台北:元照出版公司,2012:230-232.

[3] SCHÜNEMANN B. Vom unterschichts-zum oberschichtsstrafrecht-ein paradigmenwechsel im moralischen anspruch[C]//KÜHNE H, MIYAZAWA K. Alte strafrechtstrukturen und neue gesellschaftliche herausforderungen in Japan und Deutschland. Berlin: Duncker & Humblot, 2000:15-36.

会生活中实现与发展人格、自由、利益的不可或缺的条件与平台。例如,道路交通的"安全性""健全性"环境或类似状态显然不是什么自然状态,而都是社会稳定的结果。将这些维持社会正常运转的秩序与制度中蕴含的利益评价为刑法所保护的法益,具有正当基础。也就是说,法益本身与它们的实现条件同样值得保护。[1]

法兰克福学派的代表人物 Hassemer 教授也认为,人类是社会性的存在,只有在社会与国家的制度中,其利益才能得到保障。因此,对这些制度的保护,就是对生活在其间的人类利益的间接保护。[2] 不过,按照该学派的观点,所有的国家行为都必须以某种方式保护个人的利益,因为国家是为人而存在的,而不是人为国家而存在的。这似乎意味着刑法在实质上仍然只保护个人法益。但本文认为,这一理论并不足以否定集体法益的存在。因为一个始终为个人而不是为自己而行动的国家,归根结底还是以不可分割的方式使每个人受益,因此在事实上还是创设了真正的集体法益。如果看不到这一点,只会使刑法对个人法益的保护陷入一种十分脆弱的境地。试想:一名官员在收受他人财物后,履行了其应尽的义务。如果从个人法益的角度考虑,此时没有任何人受到损害,但如果对该行为不予处罚,这一结论显然是难以令人接受的。此外,对于法兰克福学派主张回归到以保护个人法益为核心的古典刑法的观点,从历史的角度出发,也是不成立的。这是因为事实上,集体法益的历史与个人法益一样久远,没有哪个时期的刑法是不保护国家存在等集体法益的。只不过,当时普遍认为集体法益的位阶更高,相较于个人法益更应受到保护。

综上所述,面对当今复杂的社会现实,结合前述国家角色与功能的转变,仅依靠传统的个人法益理论根本无助于解决现实问题。倘若国家与社会所需的制度基础得不到有效保障,势必将无法提供个人必需的生活与自由。因此,将集体法益作为法益的新类型予以保护,具有其合理性。是故,法益既包括以个体身份享有的个人法益,也包括以社会一员的身份与他人共享的集体法益。当然,集体法益确实存在着法兰克福学派所指出的侵犯个人自由的风险,故我

---

[1] JAKOBS G. Das Strafrecht zwischen funktionalismus und „alteuropäischem" prinzipiendenken[J]. Zeitschrift für die gesamte Strafrechtswissenschaft,1995(4):843-876.

[2] 转引自:钟宏彬.法益理论的宪法基础[M].台北:元照出版公司,2012:247.

们应当厘清集体法益的轮廓与类型,合理划定其在预防刑法中的保护范围,以避免刑法的过度扩张。

2. 集体法益的概念与类型

至于如何界定集体法益的概念,研究集体法益的权威学者 Hefendehl 教授采取了使用的"非排他性"(Nicht-Ausschließbarkeit),消费的"非竞争性"(Nicht-Rivalität),和"不可分配性"(Nicht-Distributivität)的标准。其中,使用的"非排他性"意味着任何人都不能被排除在法益的利用之外;消费的"非竞争性"指法益的使用既不会影响他人对同一利益的使用,也不会使他人的使用复杂化;"不可分配性"则意味着在概念上、实际上或法律上不可能将法益分解成多个部分并将其分配给个人。[1] 但从本质上讲,"使用的非排他性"似乎是对"不可分配性"的重述;而"消费的非竞争性"则无法适用于非消耗的法益。因此,只有"不可分配性"才是真正的决定性标准,亦即,集体法益的核心特征是能够被社会的任何成员所利用,而不可能只分配给特定的个人。Greco 教授也提出了自己的三重标准:集体法益不能仅以"否则就没有理由入罪"为由设立(循环性检验);不确定数量的人的法益不等于新的集体法益(分配性检验);集体法益一旦被赋予与个人法益有关的自主内容,自身就必须独立于任何个人法益的影响而受到影响(非特定性检验)。[2] 例如,良好的司法制度是集体法益,是因为其平等地属于每个公民,当它受到损害时,可能有些公民反而得到了不正当的利益;洁净的空气亦同,每个人都可以平等地呼吸空气,而不能说这部分空气是专门为谁准备的。但遗产则不然,因为每个继承人的份额是可以确定的,故应当属于个人法益的对象。由此不难看出,其理论核心仍是集体法益的"不可分配性"。综上所述,本书认为,集体法益是指能够被社会上的全体成员所共同享有、利用,而不能只分配给特定个人的法益类型。

依照法益对人格自我实现的功能,集体法益可以被分为以下类型:一是保护国家架构条件的法益。只有国家自身存在与运作能力得到确保之后,才能

---

[1] HEFENDEHL R. Kollektive rechtsgüter im strafrecht [M]. Köln: Carl Heymanns, 2002:111.

[2] GRECO L. Gibt es kriterien zur postulierung eines kollektiven Rechtsguts? [C]//HEINRICH M, et al. Festschrift für Claus Roxin zum 80. Geburtstag am 15. Mai 2011. Berlin:De Gruyter, 2011:199-214.

为个人的自由发展提供保障。具体又可包括保护国家具体活动不受干扰,保护特定宪法机关的运作功能及其意志行使,以及保护国家存在本身的法益。二是为个人创造自由空间的法益,具体也表现为可能耗尽的社会重要资源与制度信赖这两种形态。[1]其中,对社会制度与国家的信赖是十分普遍的集体法益类型,它们持续翼护着社会成员的生活,可供任何人使用。在现代社会中,这种担保诸种社会基本规范或规则被遵守的信赖是极其重要的,应当允许刑事法的适度干预。[2]但是,这类法益却也争议颇多,面临过于抽象、难以与个人法益区分、没有必要设定等批判。实践中,侵犯这类法益的行为多属于经济犯罪,而学者们对预防刑法保护法益的批判与限缩,也主要集中在这一领域。

(二)误区澄清:对"还原论"的反驳

如前所述,不少学者批评集体法益,认为其属于"表象"法益、"伪"法益,而立法者大量设置集体法益,不但严重削弱了法益概念的内核,更模糊了相关犯罪的规制范围,有严重侵犯公民自由之虞。与个人法益相比,集体法益较容易被各种抽象概念填塞,在极端情况下可能会脱离社会现实,被任意加以解释。[3]尤其是预防刑法对集体法益进行前置化保护之后,如何评价集体法益何时以及在何种程度上受到侵害,确实缺乏明确的判断标准。因此,笔者也赞同应当对集体法益的设置设定明确标准,否则会大幅提前刑法的介入时机,扩张介入范围。我国刑法学的通说虽然没有集体法益的概念,但在具体犯罪客体的描述中,也喜欢用"国家对某某制度的管理秩序"之类用语,与集体法益类似,应当予以合理限缩,考察其是否属于适格的集体法益。近年来,不少学者围绕该问题进行了大量研究,而"还原说"是其中的一种代表性观点,具有较大的影响力。该说认为,集体法益与个体法益之间不是非此即彼关系(A 或 B),

---

[1] 参见:钟宏彬.法益理论的宪法基础[M].台北:元照出版公司,2012:260.

[2] 参见:何鹏,李洁.危险犯与危险概念[M].长春:吉林大学出版社,2006:190.

[3] 参见:熊琦.刑法教义学视阈内外的贿赂犯罪法益:基于中德比较研究与跨学科视角的综合分析[J].法学评论,2015(6):122-133.

而是包含关系(A＝B1＋B2……),是个体法益的集合体。[1]因此,预防刑法在扩大犯罪圈时,其所保护的公共法益必须能够还原为个人法益,必须是个人法益的聚合体和升华体。[2]如果集体法益不能被还原为个人利益,就不具备刑法提前介入的基本前提。[3]

不得不说,该说的确有一定的合理性,但是却误解了集体法益的含义。按照这种观点,既然集体法益是个人法益的集合,能够被彻底还原为个人法益,那么集体法益的存在还有什么意义呢?还不如像法兰克福学派那样,彻底抛弃集体法益这一概念,直接认为某一犯罪不是侵犯集体法益的犯罪,而是侵犯个人法益的抽象危险犯或行为犯即可。正如前文所论述的那样,如果对集体法益的影响必然以同时对个人法益的影响为前提,那么就不允许将集体法益假定为某一特定刑法规范的保护对象。以论者所举的销售假药罪为例,其认为必须同时侵犯国家的药品管理秩序与人身健康方可构成犯罪。[4]但一方面,如果以是否威胁个人生命健康作为入罪与否的唯一标准,就没有必要再创造一个所谓"药品管理秩序"或者"公众健康"的集体法益,纯粹属于资源浪费,还不如认为该罪的法益就是个人健康。另一方面,我国刑法并未将该罪规定在侵犯公民人身权利、民主权利这一章,而是置于破坏社会主义市场经济秩序这一章,并且《刑法修正案(八)》专门删除了原条文中"足以严重危害人体健康的"这一保护个人法益的标志。因此,这一理解也明显不符合法律规定与立法者的原意。事实上,如果将集体法益均替换为个人法益,反而会造成法益保护上的漏洞,因为集体法益中的部分内容是无论如何也找不到对应的个人法益的。以销售伪劣产品罪为例,其保护法益与生命健康、财产权、知情权甚至国民的文化价值密切相关,无法被完全还原为个人法益。[5]因此,不能因为该

---

[1] 参见:姜涛.社会风险的刑法调控及其模式改造[J].中国社会科学,2019(7):109-134＋207.

[2] 参见:房慧颖.预防性刑法的具象考察与理念进路[J].法学论坛,2021(6):72-82.

[3] 参见:王强军.刑法干预前置化的理性反思[J].中国法学,2021(3):229-247.

[4] 同[3].

[5] 参见:张丽卿.食品犯罪中的搀伪或假冒:以富味乡混油事件判决为中心(附谈顶新判决)[J].月旦法学,2016(2):89-115.

罪存在被害人,就认定为是侵犯个人法益的犯罪。

除了不能被还原为个人法益之外,集体法益也不是众多个人法益的集合。即便认为销售假药罪保护的是由个人健康凝结而成的公众健康这一集体法益,也存在较大的理论缺陷,会制造出无用的、虚假的集体法益。除了前述为何不直接设置为保护个人健康的抽象危险犯的质疑之外,最关键的问题在于:公众健康是否属于适格的集体法益,刑法对其进行保护的依据,就在于其系多个个人法益的集合吗?从前述集体法益的核心特征"不可分配性"就足以推导出,集体法益是不可分割的法益,而不是大量个人法益的集合,[1]也不同于不特定多数人的法益。它不是为一个人或一群人的利益服务的,而是为整个社会的利益服务的。当集体法益受损时,社会上每一个利益主体都同时受损,而且不能确切知道会损害何种具体的个人利益。例如,渎职罪是典型的侵犯集体法益犯罪,虽然也保护众多的个人利益,并且信任国家机构不可剥夺的法律权利是为了创造个人发展的自由,但该罪的保护法益却无法确切还原成哪个特定个人的法益。一个深度腐败的公务体系,无疑会破坏国家的正常运转与国民信赖,但在对个人法益的影响上,也许只会带来个人财物上的剥削,但也可能会导致健康的损害甚至死亡——"我们不可能准确地确定公正的职务行为是仅仅服务于个人的财产,还是人身安全,甚至是生命"[2]。而不特定多数人的个人法益受损时,其受损法益的类型是可以预知的,并且社会其他无关主体的利益并不会受损。故有学者认为,这种情况仅侵犯了"表面的"集体法益,此时,除了实际受到攻击的个人法益之外,其他个人法益的侵犯是不可想象的。[3] 所有这类法益,都只不过是多个个人法益的总和,更准确地说,这些法益只有在个体法益至少受到抽象危险时才能被触及,因此根本就不是集体法

---

[1] GRECO L. Gibt es kriterien zur postulierung eines kollektiven rechtsguts? [C]//HEINRICH M, et al. Festschrift für Claus Roxin zum 80. Geburtstag am 15. Mai 2011. Berlin:De Gruyter,2011:199-214.

[2] HEFENDEHL R. Zur Vorverlagerung des rechtsgutsschutzes am beispiel der Geldfälschungstatbestände[J]. Juristische Rundschau,1996(9):353-357.

[3] ANASTASOPOULOU I. Deliktstypen zum schutz kollektiver rechtsgüter [M]. München:C. H. Beck,2005:301.

益。[1]试想,销售假药的行为会侵害到社会上所有人的生命健康吗?答案显然是否定的。此外,"不特定多数"是一个相对的概念:结果发生前即使再"不特定"的"多数",在事后也已经成了"特定"的"少数"。[2]哪怕销售假药罪的受害者有一万人,但他们也属于特定的主体,其生命健康无论如何累积,也难以被评价为全体国民的健康。因此,如果系因事实原因导致法益主体尚未被特定化,就不能成为集体法益,否则便混淆了犯罪类型和法益主体这两个不同层次的概念。[3]如此一来,公共健康就绝不能理解为多个个人健康的简单累加了。正如 Schünemann 教授所指出的,国民健康法益事实上并非集体法益,而只是将每个个别公民的健康,通过分类概念集合而成的健康,因此是一种个人法益。[4]同理,公共安全也不是多个个人安全的集合,否则也只能被理解为个人法益,只不过是不特定多数人的法益而已。

当然,也有学者提出反对意见,认为"国民健康"事关国家对国民健全发展之利益,如干净的街道、正常运作的医院、清洁的空气、良好的污水处理系统以及有效的预防接种等等,皆可以划归为"国民健康"概念之下,但"国民健康"却不能拆解还原成为各个特定个人的健康水平。[5]但笔者认为,此时与其说刑法保护的是多个人的健康,不如说保护的是国家保障医疗参与人生命、健康制度的运行状态与人们对这些制度的信任。一方面,制度是人类社会的重大发明,通过约束大家各司其职、各尽其责,我们这个社会才能有序运行。正是社会制度的正常运转,在人与人之间建立了沟通与互动的平台,是实现个人利益的基础性条件。正如有学者所指出的,如果没有健全的交易或经济制度,任何

---

[1] ROXIN C, GRECO L. Strafrecht allgemeiner teil, band 1: Grundlagen. Der aufbau der verbrechenslehre[M]. München: C. H. Beck, 2020: 72.

[2] 参见:熊琦. 刑法总论视野下"醉酒驾驶"行为的中德对比研究:兼析该行为之"准具体危险犯"的性质[J]. 刑法论丛, 2011(4): 318-351.

[3] 参见:陈金林. 现象立法的理论应对[J]. 中外法学, 2020(2): 470-493.

[4] 参见:许迺曼. 刑事不法之体系:以法益概念与被害者学作为总则体系与分则体系间的桥梁[C]//许玉秀,陈志辉. 不移不惑献身法与正义:许迺曼教授刑事法论文选辑. 台北:新学林出版股份有限公司, 2006: 199-226.

[5] GRECO L. Gibt es kriterien zur postulierung eines kollektiven rechtsguts? [C]//HEINRICH M, et al. Festschrift für Claus Roxin zum 80. Geburtstag am 15. Mai 2011. Berlin: De Gruyter, 2011: 199-214.

拥有财产的人也不过是在孤岛上坐拥金山的鲁滨孙而已,根本无法实现或支配自己的财产利益。[1] 另一方面,对制度的信赖则是制度运作的重要基础,如果破坏了这种信赖,人们就不会再遵守制度,随之而来的就是制度的崩溃甚至社会的瓦解,个人利益也势必难以幸免。因此,这种信赖也完全值得法律保护。以危险驾驶罪为例,如果认为其侵犯的是集体法益,则具体内容应当是国家保护交通参与人生命、健康的制度运行及其信赖,而不是所谓的"公共安全"。只有认知到在道路交通领域不会遭遇如酒驾失控这种无法通过个人能力加以处置的突发状态,公众才能够放心大胆地参与到公共交通领域中。[2] 而行为人只要醉酒驾驶,就在一定程度上破坏了这一制度,也破坏了人们对他人不会在道路上醉酒驾驶的信赖,此时就应当予以处罚,而与是否侵害个人的生命健康无关。如果非要认为危险驾驶罪必须对个人安全造成抽象危险时才构成犯罪,则明显是将该罪的保护法益理解为个人法益。

综上所述,集体法益并非个人法益的集合。如果集体法益的损害总是以个人法益的损害为前提,则不允许将集体法益假定为特定刑法条文的保护性法益。如果我们能够毫无困难地指出犯罪所侵犯的个人法益,集体法益的假设就是多余的,只不过是用集体法益的外衣,将众多个人法益包裹起来而已。此时,刑事犯罪就应当被解释为"保护具体法益的抽象危险犯"。[3] 因此,以"还原论"对集体法益的保护范围进行限缩,是不可行的。

(三) 理论构建:集体法益的保护范围

在否定了"还原论"后,又应当如何考察刑法中集体法益的合理范围呢?亦即,刑法应当保护哪些集体法益?从立法论上看,我国刑法中有些条文保护的其实不是大家所公认的集体法益,有些虽然属于集体法益,但内涵并不明确,从而导致了实践认定中的困惑。为了解决这一问题,不少学者都进行了深

---

[1] 参见:王皇玉.论危险犯[J].月旦法学,2008(8):235-244.
[2] 参见:周漾沂.重新理解抽象危险犯的处罚基础:以安全性理论为中心[J].台北大学法学论丛,2019(1):161-210.
[3] 参见:许迺曼.从下层阶级刑法到上层阶级刑法:在道德中要求一种典范的转变[C]//许玉秀,陈志辉.不移不惑献身法与正义:许迺曼教授刑事法论文选辑.台北:新学林出版股份有限公司,2006:93-116.

人的研究,如有学者认为,刑法所保护的集体法益,必须具有价值上的重大性、属于真正的集体法益、具备必要的明确性,并且符合比例原则。[1] 也有学者认为,需要从适用范围与适用后果两方面出发,对预防刑法中的集体法益进行限制。在适用范围上,需要对集体法益进行严格界定,即刑法保护集体法益的目的是保护个人法益,并且集体法益的内容应当具体明确;在适用后果上,应当避免由于过度保护抽象的集体法益而侵犯公民自由。具体而言,只有某一危害行为具备了任由其发展会造成对集体法益的侵害和严重的人身财产伤害的双重属性时,才具有进行刑法干预前置的基本前提。[2] 笔者在参考、借鉴上述研究成果的基础上,认为刑法在将某一犯罪的法益设定为集体法益时,必须考虑以下因素:

第一,集体法益必须是客观存在的,其内涵能够被具体化。法益必须以现实的基底为前提,集体法益自然也不例外,同样要求具有客观性,而不能是主观臆想、仅存在于精神上的内容。如果对集体法益的理解过于泛化,则每一个犯罪的法益都可能被人为地抽象化为理念型的集体法益概念。[3] 这就要求集体法益不能仅系禁止性规范的同义反复。否则,立法者为了禁止某一行为,完全可以设定相应的刑法条款,并向国民宣告:该条款所保护的集体法益是国家对该行为的管理制度。但这样一来,国家就可以随意创设集体法益,并使之完全成为社会治理的工具,这显然是经不起推敲的。因此,"公共安全""社会秩序""社会风化"等所谓的集体法益,其实不外乎是刑法的规范效力所预设的事实状态而已,[4] 并不是真实存在的法益。

此外,在行为面上,集体法益必须有被侵犯的对象,并且这种法益侵害性应当是实际的、能够被证明的,可以通过被危险行为所影响或者改变的对象呈现出来或者被具体化。[5] 而且,只有在制度中担当重要功能的角色,以及对制度运作不可或缺的资源,才能成为集体法益在行为面上被侵犯的对象。[6]

---

[1] 参见:王永茜.论集体法益的刑法保护[J].环球法律评论,2013(4):67-80.

[2] 参见:王强军.刑法干预前置化的理性反思[J].中国法学,2021(3):229-247.

[3] 参见:周光权.法典化时代的刑法典修订[J].中国法学,2021(5):39-66.

[4] 参见:李志恒.集体法益的刑法保护原理及其实践展开[J].法制与社会发展,2021(6):111-132.

[5] 参见:王永茜.论集体法益的刑法保护[J].环球法律评论,2013(4):67-80.

[6] 参见:钟宏彬.法益理论的宪法基础[M].台北:元照出版公司,2012:309.

与之紧密相关的问题是,在立法技术上,侵犯集体法益犯罪的入罪标准必须以集体法益为中心,并且能够呈现出集体法益被影响或改变的状态,进而衡量损害大小、规模、程度等。倘若无法准确判定集体法益受损失的程度,则要么是该法益在客观上并不存在,要么是我们混淆了集体法益与个人法益的界限。以受贿罪为例,国家工作人员受贿数额的多少、目的、次数等,无疑是客观存在的,能够直接影响到职务行为的不可收买性这一集体法益。因此,立法者将这些因素作为受贿罪的入罪门槛,能够科学评价对集体法益的侵害程度,符合集体法益犯罪的设置标准。但拒不履行信息网络安全管理义务罪的立法则不然,尽管对该罪的具体法益还存在一定争议,但理论界公认该罪保护的是集体法益。可是,立法者却并未对该罪的法益侵害程度进行明确规定,而是以对他人信息的泄露、对刑事司法秩序的妨碍等侵害其他法益,甚至是个人法益的结果作为标准。此外,司法解释还进一步扩张了对作为兜底条款"有其他严重情节的"的规制范围,将各种涉及国家、社会、个人利益的结果囊括其中。这样一来,该罪的法益就因为没有自身评价标准而越发模糊,甚至失去了存在的必要。试想,如果对某一法益的侵害程度都没有明确的判断标准,而是唯结果论、无所不包,该罪就将沦为口袋罪,很可能以保护集体法益之名行侵犯个人自由之实。

第二,应当准确区分集体法益与个人法益。当前我国刑法存在保护集体法益与个人法益混杂的情况,有些条文看似是保护集体法益,其实是在保护个人法益。但是,以保护集体法益之名行保护个人法益之实,不但与设置集体法益的初衷相悖,也可能会造成对集体法益的保护不力或者对个人法益的保护超前。因此,有必要厘清某一犯罪所保护的主要是集体法益,还是个人法益,排除前述的伪集体法益后,才能进行准确的认定。例如,立法者增设泄露不应公开的案件信息罪的主要理由在于:该行为会对人民法院依法独立公正行使审判权造成不利影响,并且损害当事人的合法权益。[1] 可见,该罪被理解为同时侵犯集体法益与个人法益的犯罪。但是,即使泄露不应公开的案件信息,引发公众舆论的,也不可能对独立公正审判的司法秩序造成影响,因为这正是

---

[1] 参见:全国人大常委会法制工作委员会刑法室.中华人民共和国刑法修正案(九)解读[M].北京:中国法制出版社,2015:248-249.

独立公正审判的当然之义,不能认为只要有舆论,就是对独立审判的不利影响。因此,本罪并不会侵犯集体法益,而只会侵犯案件当事人的个人法益。故在进行认定时,就应当以对当事人合法权益的侵犯为核心进行思考。再如前述的销售假药罪,由于其保护法益是集体法益而非个人法益,故在定罪时不需要考虑销售假药的行为是否会对他人的生命健康造成危险。至于特殊情况下的出罪问题,也完全可以通过其他途径解决。而反观《刑法修正案(十一)》新增的妨害药品管理罪,因为条文中明确规定了"足以严重危害人体健康的",则宜将本罪理解为对个人法益而非对集体法益的犯罪。

从犯罪认定的便捷性与规制范围的明确性上看,侵犯个人法益的犯罪无疑比侵犯集体法益的犯罪更有优势。因此,如果某一行为被设定为侵犯个人法益的犯罪就足以起到保护效果,就没有必要再作为侵犯集体法益的犯罪。但这绝不意味着只要侵犯了个人法益,就应当被认定为侵犯个人法益、而非侵犯集体法益的犯罪;更不能认为只要某一犯罪存在具体的被害人,就只能被认定为侵害个人法益的犯罪。张明楷教授认为,寻衅滋事罪、金融诈骗犯罪、非法吸收公众存款罪等犯罪存在被害人,不具备集体法益不可分配性与不可能因为个别人或者少数人的不法行为而丧失这两个特征,故均不属于侵犯集体法益的犯罪。[1] 笔者并不完全赞同这一观点,尽管也认可其列举的不少犯罪都是侵害个人法益的犯罪,但侵害被害人的个人法益与侵害集体法益并不矛盾。虽然不能被还原为个人法益,但集体法益无疑与个人法益具有十分密切的联系,一个行为完全能够同时侵犯个人法益与集体法益。因为在个案中,直接的犯罪对象或犯罪结果并不等同于最终的法益侵害,而可能是侵害集体法益累积效应的具体表现而已。以前述非法行医罪为例,虽然可能会损害个人法益,但该罪关注的核心却是保障医疗参与人的重要制度;而这一制度一旦受损,将导致社会上所有人的利益受损。即使没有这一罪名,在行医过程中侵害他人健康的,也完全可以以过失致人重伤、过失致人死亡等犯罪论处。可见,立法者之所以设立非法行医罪,其主要目的绝非保护公民的个人健康——这是其他侵犯个人法益犯罪的任务。并且根据我国刑法规定,非法行医罪也并不以损害个人健康、存在实际被害人为前提——无证行医并未造成健康损害

---

[1] 参见:张明楷.集体法益的刑法保护[J].法学评论,2023(1):44-58.

的,也可能成立该罪。如果按照张明楷教授的观点,存在被害人时该罪属于侵害个人法益的犯罪,不存在时是否又属于侵犯集体法益的犯罪呢？因此,应当认为该罪属于侵犯集体法益的抽象危险犯,只不过在发生具体实害结果时,又构成了对个人法益的实害犯。再如盗伐林木罪,虽然该行为必然伴随着对个人财产的侵害,但立法初衷无疑是保护环境这一集体法益,否则,适用盗窃等犯罪就足以保护个人法益了,又何必设立这一罪名呢？

第三,集体法益必须与个人法益具有关联性。虽然集体法益不能被还原为个人法益,但自诞生之日起,就与个人法益具有天然的密切关系,只有能够与某种实在的个人法益发生相关作用时才有效,不能认为它具有与个人完全分离的社会价值。试想,人类自身所创造出的法益又怎么可能将人类排除在外呢？正如张明楷教授所指出的,保护集体法益的最终目的是保护个人法益；判断某一行为是否侵犯集体法益,要看该行为最终是否侵犯个人法益。[1] 因此,如果无法确定集体法益所关联的个人法益,就证明该法益不是真正的法益,而是集体主义的残留,不值得被刑法保护。故而,一旦受到侵害,就可能会对个人法益造成侵害的集体法益,才是值得刑法保护的对象；而倘若与个人法益的关联太过遥远,就不应被刑法所保护。[2] 以非法吸收公众存款罪为例,很多学者都批评其存在的正当性,甚至认为该罪是不合时宜的罪名,应当予以废除。[3] 他们的理由就在于该罪除了会对银行存款数额产生影响[4]或者侵害市场准入规则外,[5]不会影响到其他法益,因此不属于刑法调整的领域。亦即,在本质上,该罪侵犯的是虚假的集体法益。但是,这一罪名却并非我国所独有的犯罪,域外的德国、日本、新加坡等国都将这类行为作为犯罪处理,我国台湾地区、香港也存在类似规定。难道这些国家或地区都是为了保护银行的垄断利益吗？笔者认为,根据我国刑法规定,应当将该罪的法益评价为金融

---

[1] 参见:张明楷.集体法益的刑法保护[J].法学评论,2023(1):44-58.

[2] 参见:王永茜.论集体法益的刑法保护[J].环球法律评论,2013(4):67-80.

[3] 参见:刘宪权.论互联网金融刑法规制的"两面性"[J].法学家,2014(5):77-91+178.

[4] 参见:赵星,张晓.论废除非法吸收公众存款罪[J].河北学刊,2014(5):168-172.

[5] 参见:魏昌东.中国金融刑法法益之理论辨正与定位革新[J].法学评论,2017(6):63-71.

制度。国家之所以保护金融制度，是因为只有在健康、稳定的金融制度中，公民的个人财产才能得到有效保障与发展。如果任意机构都可以在不受监管、没有准备金的情况下吸收存款，就可能对作为个人法益的财产权造成危险；而一旦发生储户挤兑，势必会导致多米诺骨牌式的连锁效应，后果更是不堪设想。因此，该集体法益与个人法益具有密切关联，是适格的集体法益。

但是，也并不是任何可能扩大个人任一方面的自由，或增加其特定生活规划实现可能性条件的利益，均可以作为适格的集体法益，因为这些条件并非为全部人所需要，不能满足普遍有效性的要求。因此，诸如"性道德感情"与"社会风化"等是主体行使自由的结果，而与使其行使自由成为可能的必要体制条件无关，不能作为集体法益。[1]例如，在对我国的聚众淫乱罪进行认定时，就必须慎重确定其法益。如果将其法益理解为"国民的性道德""社会风化""公序良俗"等集体法益，就陷入了前面提到的误区，创造出虚假的集体法益，进而扩大了该罪的成立范围。笔者认为，宜认为该罪保护的是个人法益的集合而非集体法益，侵害的是耳闻目睹这些淫乱行为的人的性道德感情。如果在具体案件中，聚众淫乱者处在不为人知的密闭空间，在行为时不允许其他人进入的，则不可能侵犯到其他人的性感情，不应成立犯罪。

第四，某一犯罪侵犯的是集体法益还是个人法益，还会受到刑事政策的影响与立法者的综合考量，并非一成不变的。脱离具体条文泛泛而谈集体法益的规制范围，其实是不全面的。以贩卖毒品罪为例，理论上存在该罪的法益究竟是集体法益还是个人法益的争论。不少学者主张该罪侵犯的是"国民健康"这一集体法益，但张明楷教授则认为该罪侵犯的是吸毒者的身体健康这一个人法益。[2]如果认为该罪侵犯的是个人法益，会面临如何处理被害人承诺的问题——除非认为该罪是对个人法益的抽象危险犯，侵犯的是不愿意吸毒、意志薄弱或未成年人的身体健康，才能肯定此时的可罚性。但这一观点仍然会限缩处罚范围，如张三固定给吸毒者李四贩卖毒品，而不售卖给其他人。在这种情况下，行为人连侵犯其他人身体健康的抽象危险都不具备，可能无法被刑法处罚。如果认为该罪侵犯的是集体法益，由于国民健康系虚假的集体法益，

---

[1] 参见：周漾沂.从实质法概念重新定义法益：以法主体性论述为基础[J].台湾大学法学论丛，2012(3)：981-1053.

[2] 参见：张明楷.集体法益的刑法保护[J].法学评论，2023(1)：44-58.

故其法益应该被理解为国家对毒品的管理制度。具体而言,这种制度不仅保护吸毒者的健康,也保护广大民众的合法利益——可以使国民经济免受矫正、照顾吸毒者的财政负担,减少吸毒者的违法行为,等等。[1]按照这一观点,前述案例中的张三无疑构成贩卖毒品罪,从而导致处罚范围相对更为广泛。但是,如果承认国家对毒品的管理制度是一种值得刑法保护的集体法益,又难以解释为什么绝大多数国家都不处罚侵犯同样法益的吸毒行为。因此,某一犯罪的法益究竟是集体法益还是个人法益,可能并不存在统一标准,而是均有合理之处。此时,究竟采取何种标准,主要看立法者对犯罪处罚范围的考虑——希望扩大处罚范围的,可以设置为侵犯集体法益的犯罪;希望限缩处罚范围的,则可以设置为侵犯个人法益的犯罪。

第五,在保护集体法益时,亦应当符合比例原则的要求。有学者认为,与对个人法益的全面保护相比,只有足够重要的集体法益才有被保护的必要,并且刑法只认可并保护某些特定的集体法益。[2]但笔者认为,既不能说所有的个人法益都需要得到刑法保护;也不能说集体法益的保护范围应当小于个人法益。其实,和个人法益一样,某一集体法益是否需要得到刑法保护,既要看其能否从宪法中推导出来,也要符合比例原则。因此,集体法益越重要、对公民权利或自由的促进越大,就越应当被纳入刑法的保护范围。反之,有些集体法益虽然也对社会的共同生活具有一定价值,但如果对它的保护会为此牺牲更多人的自由,尤其是可能严重损害公民的基本权利时,就需要进行必要的利益衡量,考察所规制的行为方式是否妥当。以《刑法修正案(九)》新增的"扰乱国家机关工作秩序罪"为例,根据立法者的原意,该罪所保护的集体法益被解读为国家机关不受公民维权上访的滋扰,平静地处理公务的状态。[3]姑且不论这种状态是否属于集体法益,其表述本身就存在严重问题。因为信访是法律赋予我国公民的合法权利。根据《信访工作条例》,信访工作是党和政府了

---

[1] JESCHECK H H. Die Vorverlegung des strafrechtsschutzes durch gefährdungs-und unternehmensdelikte[M]. Berlin:Walter de Gruyter,1987:38.

[2] 参见:简爱.一个标签理论的现实化进路:刑法谦抑性的司法适用[J].法制与社会发展,2017(3):22-35.

[3] 参见:陈璇.法益概念与刑事立法正当性检验[J].比较法研究,2020(3):51-72.

解民情、集中民智、维护民利、凝聚民心的一项重要工作,是各级机关、单位及其领导干部、工作人员接受群众监督、改进工作作风的重要途径,具有十分重要的意义。对于普通百姓而言,信访往往是他们在迫不得已的情况下才行使的权利,其内容也主要涉及其个人的自由发展。因此,绝不能轻易认为国家机关的工作状态会被维权上访所滋扰,甚至人们不能去国家机关上访——恰恰相反,处理信访任务正是相关国家工作人员的工作;围绕着该事项产生的争议及处理,都属于国家机关工作秩序的一部分。[1] 综上所述,将这种状态设置为集体法益,本身就无法通过比例原则的校验。

在此基础上,如果认为某一集体法益值得刑法保护,接下来需要研究的就是具体如何保护的问题。近年来,德国学者普遍认为,为了合理限制保护集体法益罪名的适用,除了探究其与个人法益的关系,厘清其具体保护内容之外,还必须进一步探索构成要件行为与保护法益之间的关系。亦即,立法者应当设置何种犯罪类型或者结构,以有效保护集体法益。[2] 我国学者也认为,集体法益的保护方式十分重要,设置何种犯罪构成直接关系到刑法的有效性与正当性。[3] 实践中,侵犯集体法益的犯罪既可以是行为犯,也可以是结果犯。例如,逃税罪、走私罪等侵犯国家架构条件的犯罪,实实在在地给国家的税收制度造成了损害,减少了国家应得收入。因此,这类犯罪在刑法中表现为实害犯,也不存在太大争议。但对于危险驾驶、非法吸收公众存款等侵犯制度运行与公众信赖的犯罪,究竟能否设置为抽象危险犯、应当如何规定其构成要件,则众说纷纭。而在理论中,预防刑法争议最多的问题就集中在集体法益的抽象危险犯上。我国已有不少学者对此展开了研究,如有学者认为,运用预防刑法超前保护重大超个人法益,必须满足存在严重侵害重大超个人法益的后继犯,后继犯必须是高度危险的犯罪,间接危险犯具有引发或者协同后继犯的高度盖然性,间接危险犯应当具备特定的"明知"构成要素以及预防刑法的超前限度止于后继犯的预备行为实行行为化或者帮助行为正犯化等五项基本限制

---

[1] 参见:车浩.刑事立法的法教义学反思:基于《刑法修正案(九)》的分析[J].法学,2015(10):3-16.

[2] 参见:钟宏彬.法益理论的宪法基础[M].台北:元照出版公司,2012:250-251.

[3] 参见:王永茜.论集体法益的刑法保护[J].环球法律评论,2013(4):67-80.

条件。[1]这足以表明,即使从法益角度论证了刑法保护某一集体法益的正当性与必要限度,也绝不意味着立法者就可以无拘无束地设置犯罪构成要件——确定需要保护的法益只是第一步,如何进行保护才是更重要的问题。因此,本书接下来将从抽象危险犯、独立预备犯等具体犯罪类型入手,进一步讨论预防刑法保护集体法益的合理限度。

---

[1] 参见:王良顺.预防刑法的合理性及限度[J].法商研究,2019(6):52-63.

第四章
预防刑法的法治限度:立法层面

预防刑法立法限度的判断标准并非一维的,而是多元的。在预防刑法的立法阶段,应当考虑国家介入的正当性(国家是否有权限制该行为)、犯罪化的必要性(是否需要使用刑罚来进行规制,包括必要性、有效性、适当性等要素的考量)、整体上的利益衡量(犯罪化对市民社会带来的负面影响,如司法成本、社会成本、道德成本、法律冲突以及通过犯罪化创造的特殊利益等),以及刑事立法实施后的立法效果评估(刑罚法规实施后的验证)等重要因素。[1] 并且,由于犯罪类型的差异,不能"一揽子"地集体评估预防刑法立法的合理性,而必须逐一评估每一项刑法规范的合理性。如果某一法益从根本上值得保护,那么该刑事规范的合法性将取决于由犯罪类型构成的相应行为,与作为保护内容的法益之间的关系所产生的权利结构。在本章中,将在上一章理论探讨的基础上,首先讨论预防刑法的立法思路与具体模式,然后逐一探讨作为预防刑法主要类型的抽象危险犯、独立预备犯、共犯行为正犯化等立法正当性与必要限度,最后对预防刑法的法定刑设置进行分析。

---

[1] 龟井源太郎.刑事立法学の構想[J].都法,2021(1):157-183.

第一节　预防刑法的立法思路

当前,预防刑法条文数量众多,已经在我国刑法体系中占据了重要地位。故有观点认为,在这一背景下,再讨论立法限度属于"马后炮",已经没有太大意义,而更应当将目光转向具体的司法适用。不可否认,在预防刑法的立法上,实践确实走在了理论之前,一些立法条文也引发了理论界的较大争议。但笔者认为,立法者应当把犯罪的决定权掌握在自己手中,而不是交给法官解释。并且,"亡羊补牢,犹未为晚"。对预防刑法的立法思路进行系统讨论,明确立法理念、技术、模式等问题,既可以对我国现行的预防刑法规范进行系统梳理,待到刑法修正时,对不合适的条文予以修改或删除;也能够有效指导今后预防刑法的科学立法,避免当前出现的种种问题——可以预见的是,预防刑法仍是未来一段时间内刑法的主要立法趋势。关于犯罪化的基本原则,中外理论界进行了十分系统、深入的讨论。例如,Feinberg 教授总结出立法者需要考虑的五大要素,[1] Ashworth 教授与 Zedner 教授更是梳理出了犯罪化的十一条原则。[2] 其中,有些内容,如法益保护、比例原则、谦抑原则、责任主义等是所有刑事立法所需要注意的共性问题,或者已经在前文的理论层面进行了讨论。接下来,本书将重点对预防刑法立法中的个性问题,或者说需要格外关注的关键问题进行讨论。

一、预防刑法的立法理念

(一)避免象征性立法

在预防刑法的立法过程中,首先需要警惕"象征性立法"或"信号立法"这

---

[1] FEINBERG J. The moral limits of the criminal law: harm to others[M]. Oxford: Oxford University Press,1984:215-216.

[2] ASHWORTH A, ZEDNER L. Prevention and criminalization: justifications and limits[J]. New Criminal Law Review,2012(4):542-571.

一现象所带来的风险。当面临严重的社会问题时,立法者可能会采取一种快速、简单和廉价的方式进行所谓的"象征性立法",从而向民众传递出积极治理的信号。在当今社会快速发展,媒体和互联网迅速产生采取行动的政治压力的情况下,这些立法"资产"具有相当大的价值。刑事司法尤其如此,快速立法是新时期刑事政策的要求。在人们呼吁采取必要行动的紧张局势下,这种立法方式无疑有助于"缓解压力"。

但是,象征性立法并不总是"廉价"的,在一时风光的背后,往往伴随着以下主要缺点:第一,如果不对实际需求和可能的后果进行详细分析就迅速通过立法,是一种危险的策略,会带来不利社会后果的风险。象征性立法转移了社会实际问题的关注和资源,无法有效解决问题。它成了社会对尖锐问题的快速而简单的反应,不利于进行深入分析和提出更全面、可持续的解决方案。第二,象征性立法没有尽头。一旦立法者踏上了这条道路,就很难回头。既然采取了这种立法思路,那么更宽松的刑事政策(或仅仅维持现状)就将显得不负责任。一段时间后,立法传递的信号会逐渐消失,此时立法者将不得不制定更严厉的规定,来传递正确的信号。第三,导致不连贯的刑法。象征性立法往往是在个别犯罪的背景下产生的,或者特别侧重于单一的法律领域,这会破坏系统的一致性。第四,多数人的正义感会压倒任何相反的意见。由于大家普遍呼吁迅速立法,此时,对立法进行的任何批评,都似乎意味着政治上的不正确,进而妨碍人们对立法影响进行客观讨论。第五,部分新增罪名导致近年来犯罪率的急剧上升,不但严重浪费司法资源,也给社会带来了极其高昂的代价。以危险驾驶罪为例,虽然笔者在前文肯定了该罪的积极意义,但其消极影响同样不容忽视。自醉驾入刑以来,该罪的适用率逐年上升,甚至一度跃居为我国适用数量最多的罪名。而由此带来了大量的短期羁押与前科记录,不少人因为触犯该罪而失去工作,成为社会的不稳定因素。与之类似的还有帮助信息网络犯罪活动罪,目前也已成为我国的犯罪大户。该罪确实在化解网络犯罪共犯认定困难、铲除严重犯罪滋生土壤等方面发挥了积极作用,但也因此导致不少主观恶性并不强,但法治意识淡薄的低收入人群,甚至涉世未深的大学生沦为罪犯,从而影响他们的一生。

综上所述,在进行预防刑法立法时,一定要以法益保护为目的,能够切实发挥预防犯罪的作用,而不能仅止于作为对社会热点事件与公众舆论的回应,告诉民众"我们立了一部法""付出了积极的努力"而已。为了使预防刑法条文避免沦为象征性刑法,有必要采取科学的方式,对立法必要性进行精准评估,对立法效果进行综合衡量。

(二) 科学预测评估

首先是立法前的科学预测。预防措施的说服力以其了解自己的实践需求为前提。在增设新罪或扩张现有犯罪的规制范围、时机时,立法者必须考虑犯罪化能否实现预期的立法目的,从而提供法律修改的正当化依据。倘若没有海量的数据收集和处理,没有对犯罪根本原因的研究和预测,以及缺乏对可能导致后果的估计与预案,则一切考虑都将是空谈。正如 Hilgendorf 教授所言,如果没有对法律上重要事实的调查,就无法在犯罪防制领域制定具有说服力的立法,这是显而易见的。对于希望通过刑法有效保护法益的现代国家,'无视界飞行的刑事政策'显然是最不理想的做法。[1] 更为重要的是,刑法学的规范法学性质,决定了其本身不能为预防性立法引起的理论分歧定纷止争,刑事立法的深层次之"理"其实在刑法之外。[2] 因此,在推进预防刑法的立法过程中,立法者不能仅从刑法教义学出发,而应当着眼于社会的现实问题,通过科学、冷静的实证研究,对预防必要性、有效性予以科学预测与评估,以确认刑法干预的必要性,不能仅在立法说明中使用"日益严重""日趋严峻""群众反映强烈"等模糊的词语。正如周光权教授所言,法律草案起草者必须就实践中问题的严重性进行深度调研,收集足够多的实例样本,并对国外的通常处理方式进行比较研究,从而提出有说服力的立法文本。[3] 尽管这将是一项复杂的任务,但当前我们正在步入一个风险驱动的社会,如果不开展这样的评估,最终可能会像今天不采取行动应对道德恐慌一样,招致公民的谴责,从而影响立法效果。此外,刑事立法也不是立法机关一家的事情,需要通过组织立法听证会、论证会或座谈会等方式,综合听取各方意见,以慎重决定是否需要进行

---

[1] HILGENDORF E. 現在のドイツ刑法学の概観[J]. 佐藤拓磨,译. 法學研究:法律・政治・社会,2017(3):59-73.

[2] 参见:姜敏. 刑法预防性立法对犯罪学之影响:困境与出路[J]. 政治与法律,2020(1):83-97.

[3] 参见:周光权. 积极刑法立法观在中国的确立[J]. 法学研究,2016(4):23-40.

立法。

其次,还应加强对预防刑法条文的事后评估,由专业机构审查这些条文是否发挥了预期的作用。例如,英国就设置了恐怖主义立法独立审查员,主要职责是对反恐法律的有效性、适当性和相称性进行评估。如果认为法律未能起到应有的效果,则应当探寻这一问题的产生原因,进而决定是否提请有关部门,对相应的法条进行修改甚至废除。

那么,究竟应当如何评估一部法律或是相关条文的效果呢?一种不依靠数据来表明预防措施成功的方法,被社会心理学家称为反事实方法;具体而言,行动的理由是基于这样一个前提:如果没有采取某项措施,就会发生某一结果。按照这一逻辑,只要在立法后,某一犯罪现象减少了,就可以证明该立法是有效的。以恐怖活动为例,在政府颁布了相关法令后,如果当年的恐怖犯罪数量有所减少,就很可能宣传该措施的有效性。但实际上可能并非如此,立法与犯罪之间可能缺乏直接的相关性——或许是恐怖分子在为今后的袭击蓄力,或许是恐怖组织调整了行动策略,还或许是其他措施发挥了更大的作用。正如有学者所指出的,许多这样的干预措施已经成为我们日常生活与话语中的一部分,但我们不知道它们是否履行了减少恐怖主义、降低恐怖主义相关风险或伤害的承诺,因为没有任何研究可以支持这些干预措施,[1]而是全凭人们的经验进行判断。事实上,预防、威慑、起诉、破坏和参与恐怖活动的意愿之间的相互作用太过复杂,无法仅凭其中任何一个变量,就最终确定哪项反恐法律是"成功的"。此外,在没有相关数据的情况下进行评估,甚至还可能会对同一事实得出完全相反的结论。例如,如果安全机关根据立法授权,在一定时间内先发制人地阻止了很多起恐怖活动,我们一方面能够认为法律取得了显著的效果;但另一方面,或许还可以认为法律并没有起到相应的威慑作用,否则也不会有这么多人意图实施恐怖犯罪。因此,数据支撑是进行立法有效性评估的基石;缺乏数据,就无法进行评估。

此外,在进行立法评估时,是否需要还考虑立法的经济性?亦即,如果成本大于收益时,即使立法能够切实减少犯罪,但由于得不偿失,还有无继续保

---

[1] LUM C, KENNEDY L W, SHERLEY A. Is counter-terrorism policy evidence-based? What works, what harms, and what is unknown[J]. Psicothema, 2008(1):35-42.

留的必要呢？有学者专门以防止恐怖主义犯罪为例，进行了成本与效益分析。其指出，根据估算，假设通过了一项反恐立法，为此政府需要每年额外投入1亿元支出，能够将成功阻止恐怖主义犯罪的概率由现有的75%提高到95%。那么，就意味着只有每年发生的恐怖活动会造成5亿元以上的损失时，这些投入才是经济的。否则，立法就是"不划算"的。但是，并非立法的所有好处都可以用金钱来量化，例如公众安全感的提高或政治稳定的实现，就无法折算成金钱。并且在有些情况下，政治上的当务之急不适合进行定量评估，而人民群众的生命健康可能是无价的。综上所述，在没有相应数据支撑的情况下，我们很难对法条的效果进行科学、准确的评估；但即使获取了大量的数据，也不能根据犯罪数量的消长进行简单的分析判断，或是单纯根据投入与产出来给立法算经济账，而是需要综合考虑多种因素，进行全面研判。

最后需要特别注意的是，尽管有学者批评法律专家和技术官僚垄断了立法的话语权，[1]但笔者认为，在评价立法的必要性和有效性时，仍应当交给法律专业人士，而不应由普通国民过多介入，否则将导致"法律民粹主义"。亦即，刑法不能成为公众欲望的晴雨表。[2]因此，从大众媒体选择性的、恣意的报道中得到的印象等不能成为立法根据，只有相关统计资料，特别是公安、司法机关统计的数据才具有重要意义。对此，笔者将在下一部分展开详细讨论。

（三）慎重对待民意

在立法过程中，民意无疑是重要的考虑因素之一。民主结构的刑事立法能够考虑到社会上普遍存在的保护需求和可罚性观念，从而在一定程度上推动刑法的立法灵活性。任何刑事立法都有必要回应人民的呼声；但是，强调开门立法、民主立法绝非意味着对民众的呼声不加甄别地全盘吸收。因为在不少场合下，民众缺乏专业知识，对犯罪与刑罚问题也没有进行过细致、缜密的思考，意见往往会受到他人，尤其是所谓"公知""专家"的强烈影响，具有可变性。正如《乌合之众》一书所指出的那样，一旦处于群体之中，很少有人能够坚

---

[1] 参见：李怀胜.刑事立法的国家立场[M].北京：中国政法大学出版社，2015：11.

[2] 刘艳红.积极预防性刑法观的中国实践发展：以《刑法修正案（十一）》为视角的分析[J].比较法研究，2021(1)：62-75.

持己见而不随波逐流。可能今天他们还广泛支持某一行为入罪,但在被某些媒体带节奏后,或许明天就会转而反对刑法规制该行为。例如,公众对死刑的存废态度,就很容易受到社会中典型案件的影响。当发生了极其残忍的恶性案件后,民众可能会普遍支持保留死刑,甚至呼吁降低死刑的适用条件;但如果面对的是张扣扣案等能激起恻隐之心的案件,又会有不少人支持废除死刑。因此,有些时候,所谓的民意其实是不可靠的,我们也很难探寻出民意的真实内涵。

而在塑造民意方面,新闻媒体发挥了尽管非常重要,但可能与揭示真相完全相反的作用。对于绝大多数人而言,他们对犯罪问题严重程度的看法,完全基于其在新闻媒体中看到的内容,而非亲身经历。但在犯罪率日益下降的今天,有关犯罪的新闻报道却并非如实反映社会生活的镜子,而是在市场利益的驱动下,不断调整其报道内容和风格,以满足观众的感知需求和广告策略。例如,部分西方国家对谋杀等恶性案件的报道非常之多,并且强调对选定案件的长期跟踪报道,以吸引观众的眼球。这种选择性报道的偏好,在不知不觉间影响了公众对犯罪形势的判断以及对具体案件的了解。久而久之,民众只能看到媒体想让他们看到的特定内容,自然难以得出准确的结论,并倾向于跟着媒体的指引随波逐流。因此,传统上被认为是支持民主的重要力量的新闻媒体,实际上可能正在破坏或扭曲民意。[1]

另外,民众普遍存在犯罪化、重刑化的倾向。原因在于"被害人权利"运动的兴起,成功地将刑法的定位从公共利益的代表转变为刑事被害人的代表。先前,刑法中的人权保护侧重于犯罪人的权利,而在晚近的预防性思潮的趋势下,则转变为加强对受害者的保护,以及使整个社会免受犯罪的伤害。现实中,大多数人都会把自己当成潜在的被害人而非潜在的加害人,从而使人们的共同感受集中于被害人,进而难以进行冷静的理性思考。在西方,这一点也会被政客们所利用,作为自己赢得选票的筹码——"新的政治要务是必须保护受害者,必须倾听他们的声音,尊重他们的记忆,表达他们的愤怒,化解他们的恐惧。刑事辩论的修辞经常把受害者的形象——通常是儿童、妇女或悲伤的家

---

[1] BEALE S S. The news media's influence on criminal justice policy: how market-driven news promotes punitiveness[J]. William and Mary Law Review,2006(2):397-418.

庭成员——作为一个正义的形象,必须表达他们的痛苦,并保证他们的安全。"[1]David Garland 教授曾深深感叹刑事立法的政治化和大众化——这本应是刑法专家和专业人士的领域,由专业研究和实证数据予以支持;但是现在,这项权力却被移交给了政治家和政党,民众往往仅凭常识性的态度和论点就质疑专家辛辛苦苦得来的数据。他们大多根本不在乎刑罚效果的实证分析以及收益、损失的权衡,而是受到"报复"这种强烈的感情支配,仅仅依据自己的直觉,就呼吁将某行为入罪或是予以更严厉的惩罚。[2]我国也部分存在这种现象,例如每年两会期间,都会有不少人大代表提出增设新罪的议案,但其中很多都缺乏实证基础,故没有得到立法者的采纳。

刑法规范的任务是保护法益,而在法益中,是不能包含被害人报应情感内容的,否则就极易导致重刑化的倾向。[3]更为关键的是,这种在刑事司法体系中过分重视受害者利益的做法,从根本上改变了个人与国家之间的关系。在刑事诉讼中,保障被告权利的必要性被保护被害人利益的必要性冲淡了,同时侵蚀了"刑法是犯罪人的大宪章"的基本理念。因此,在这一背景下,面对民众呼声高涨的预防刑法,立法者更应准确把握公众感情与诉求对刑事立法的影响,不能仅将刑法作为回应社会公众情绪或宣示立场的工具,来防范臆想中的危险。[4]这种模式与其说是控制犯罪,还不如说是宣泄被犯罪所引发的愤怒。

二、预防刑法的立法模式

关于我国预防刑法的立法模式,理论界存在单一刑法典还是附属刑法的争论。在代表性学者中,张明楷教授主张采用多元立法模式,倡导刑事立法的分散性。具体而言,刑法典主要规定自然犯,而单行刑法与附属刑法则规定具有例外性的、难以说明的法律规定,需要详细描述的犯罪,以及变异性较大的

---

[1] GARLAND D. The culture of control: crime and social order in contemporary society[M]. Chicago: The University of Chicago Press, 2001: 11.
[2] 同[1]112-113.
[3] 参见:周光权.法典化时代的刑法典修订[J].中国法学,2021(5):39-66.
[4] 参见:王钢.德国近五十年刑事立法述评[J].政治与法律,2020(3):94-112.

行政犯。[1] 这种观点为国内外不少学者所赞同,尤其是对预防刑法持否定态度的学者,认为刑法典中不宜过多规定预防性刑事条款,否则将对刑法体系造成严重破坏;但如果将这些犯罪规定在附属刑法中,则由于其处于刑法的"外围"或"非核心"领域,相对而言影响较小,并且也能起到预防犯罪的功效,不失为一种折中的处理路径。但周光权教授则明确表示反对,认为我国应当继续坚持统一刑法典的立法模式,不宜再制定附属刑法,不过也不排斥单行刑法的存在。[2]

预防刑法的立法模式问题,其实与我国刑法模式的未来走向密切相关。我国的立法传统具有注重法典化的鲜明倾向,刑法典也经历了这么一个演变的过程。[3] 自 97 刑法颁布后,我国就再也没有制定过附属刑法与单行刑法,而是均以修正案的方式修改刑法。由此可见,国外多元化的刑法立法模式在我国或许存在水土不服的问题,"大一统"的刑法立法理念已经深入人心。当前,立法者的总体倾向是制定统一的刑法典,以维护刑事立法的统一性与集中性。[4] 笔者认为,统一刑法典模式具有三大优势:第一,统一一国刑法立法体系,使分散于各法律中的规定不再叠床架屋,出现冲突或矛盾。当前,德国、日本、韩国等国家的附属刑法都为数众多,甚至出现"过度肥大化现象",造成了解释与适用上的困难,这一问题值得我国反思。而从 2020 年的民法典开始,我国各部门法法典化的呼声越来越高,例如环境法典、行政法典等,刑法也不例外。甚至有学者明确指出,我们的现行刑法其实就是刑法典,刑法已经实现了法典化。可见,在我国未来的立法中,法典化已经是大势所趋。第二,便于司法机关及民众准确、全面地了解一国犯罪的规定,以免因为某一行为被附属刑法规定而予以轻视或有所遗漏。事实上,很多民众都不会刻意关注附属刑法的内容。至少从普法的角度来说,刑法典中规定的犯罪要比附属刑法中规定的犯罪威慑力更强,影响力更大,也更能体现出国家的道德谴责。第三,便

---

[1] 参见:张明楷.刑法修正案与刑法法典化[J].政法论坛,2021(4):3-17.

[2] 参见:周光权.法典化时代的刑法典修订[J].中国法学,2021(5):39-66.

[3] 参见:赵秉志.中国环境犯罪的立法演进及其思考[J].江海学刊,2017(1):122-132+238.

[4] 参见:高铭暄,徐宏.改革开放以来我国环境刑事立法的回顾与前瞻[J].法学杂志,2009(8):24-28.

于司法机关准确适用罪名。正如周光权教授所指出的,我国幅员辽阔,基层司法人员业务能力参差不齐。倘若采取分散立法模式,如何在众多法律中准确找到最适合的罪名,势必会给法官带来一定的困难。[1]此外,司法机关一般还会认为,刑法典中规定的犯罪才是比较重要、核心的罪名;相较而言,附属刑法中规定的犯罪社会危害性较小,优先度较低,往往得不到足够重视,分配的司法资源相对较少,也不利于相关犯罪的惩处。

而对于预防刑法,采取统一刑法典的模式也更能起到预防效果。如前所述,在风险社会,刑法更需要发挥积极的一般预防作用。而将预防刑法条文规定在刑法典中,无疑能为社会大众所知晓,从而更好地起到教育与引导作用。至于将核心刑法规定在刑法典,将预防刑法规定在附属刑法,从而避免预防刑法对刑法理论冲击的观点,也无法从根本上解决问题。无论被规定在哪里,预防刑法所引发的一系列问题都仍然现实存在,都需要考虑其可能给国民自由带来的不利影响。笔者认为,如果采取这种立法模式,非但不会限制预防刑法的适用,反而可能会导致预防刑法的野蛮生长或恣意扩张,并同时损害刑法典的体系性与完整性。一方面,预防刑法针对的并非均是非核心的法益,相反,有些条文所保护的是当前社会生活中十分重要的法益,例如恐怖主义犯罪、信息网络犯罪与环境犯罪等,只是相对于古典刑法,这些法益属于新型法益,或是刑法介入时机更为超前罢了。如果将这些犯罪规定在附属刑法中,会使人们无法准确判断出刑法所保护价值的高低,从而削弱刑法典的应有功能。另一方面,附属刑法在制定过程中,不可能得到和刑法典一样的重视,不但在立法过程中很难得到充分讨论,并且存在重刑化的趋势。[2]这样一来,就给预防性刑法条文的创设提供了肥沃土壤,甚至导致本不可能被刑法典通过的罪刑条款摇身一变,正大光明地出现在附属刑法中。于是,行政机关可能会出于预防性保护行政利益的需要,从而在附属刑法中增设新的刑事处罚条款,或是将距离法益侵害非常遥远的行为规定为犯罪。这些条文很可能不为普通民众所知,却在实质上损害了大家的自由。由此观之,在附属刑法中规定预防性刑法条文,不仅无助于解决问题,反而会悄悄地侵蚀法治精神。而在刑法典中予

---

[1] 参见:周光权.法典化时代的刑法典修订[J].中国法学,2021(05):39-66.
[2] 参见:周光权.我国应当坚持统一刑法典立法模式[J].比较法研究,2022(4):57-71.

以规定，则更容易对其成立范围进行合理限制，实现法益保护与人权保障的平衡。

至于有学者对采取统一的刑法典模式，势必会导致立法频繁修改的担忧，笔者认为无须过于担心。诚然，法律不能朝令夕改，否则将有损其严肃性与公信力，尤其是刑法，关乎对人们基本权利的剥夺与限制，修改更应慎重。但是，结合时代发展，适度修改是应当被允许的。理由一是即使采取附属刑法立法模式，也仍然存在频繁修改的问题。刑法典固然是法律，但附属刑法也是法律，如果坚持认为法律不能频繁修改，那么附属刑法自然也不能频繁修改。至于有学者认为的附属刑法立法程序较为简便、更容易修改的观点，[1]但这并不是附属刑法能够频繁修改的理由。我们不能因为某类法律相对而言容易修改，就想当然地认为其允许被经常修改，这显然是倒因为果了。因此，一方面反对修改刑法典，另一方面却鼓励修改附属刑法，本身就是一种自相矛盾的观点。

二是法律之所以不能频繁修改，主要原因是为了避免内容上的冲突，使人难以形成稳定预期，无所适从。但就目前的刑法修正来看，鲜有一个条文被反复修改，以至于前后矛盾的情况。并且，我国刑法溯及力的基本原则是从旧兼从轻，即使行为后发生了法律变更，也是朝着有利于行为人的方向解释，并不会对其产生不利影响。至于新增犯罪、扩大规制范围或提升法定刑等情况，虽然在一定程度上限制了公民自由，但与过去相比，如今的媒体十分发达，信息传播非常迅速，这就导致法律在修改时，很多人都能在第一时间知晓，故不存在法律修改所产生的信息差问题。事实上，我国每次刑法修正时，都会面向社会广泛征求意见，从酝酿到通过往往历时超过一年，并且在颁布与生效之间均留有较长间隔。这一过程足以使公众对条文内容进行十分全面的了解，有充分的时间建立心理预期，不会发生"不教而诛"的后果。

三是当前社会发展日新月异，新的问题不断涌现。在过去田园牧歌般的社会中，法律确实没有频繁修改的必要；但在今天，如果不及时修改法律，必然会迅速落后于时代，进而导致其无法发挥出应有的作用。如果我们明知法律有问题而仍不予以修改，又何谈实现公平正义呢？因此，与被频繁修改的法律

---

[1] 参见：张道许.风险社会的刑法危机及其应对[M].北京：知识产权出版社，2016：139-140.

相比,不能适应社会发展的法律恐怕才是我们所更加不能接受的。

四是我国刑法修改其实并没有想象中那么频繁。在我国,《刑法修正案(八)》是 2011 年颁布的,《刑法修正案(九)》则是 4 年后的 2015 年。尽管 2 年后就通过了《刑法修正案(十)》,但该修正案实际上只修改了一个条文。而最新的《刑法修正案(十二)》则是 2023 年底颁布,2024 年生效的。如果不考虑《刑法修正案(十)》,从 2011 年至今的 10 余年间,刑法仅进行了 4 次较大幅度的修正,平均每次间隔 3—4 年,相较于德国日本等国并不算多。例如自 1969 年到 2019 年间,德国立法机关通过各种形式对其刑法典进行了 202 次修订,所涉及的条文难以计数。[1] 日本的刑法典自 2015 年至今已经修正了 10 次,也远高于我国;仅在 2023 年就修正了 3 次。至于我国的台湾地区,其所谓"刑法"从 2010 年至今,更是先后修正了高达 29 次,往往一年修正数次。因此,虽然附属刑法模式能够降低刑法典的修改频率,但我国刑法目前的修改频率并不算太高,完全处于可接受的范围之内。

最后,如果能够像本书接下来所论述的那样,在立法上严格控制预防刑法的范围与数量,则未来刑法典中新增的预防性刑法条文也不会太多,对刑法的修正幅度也不会太大。因此,对预防刑法会导致我国刑法典频繁修正的担心就完全是多余的了。对于有学者认为的刑法典应当保持简洁、不宜庞杂的观点,笔者认为,刑法典中条文数量的多少并不是衡量立法水平的主要考虑因素。我国民法典的条文数量比刑法典多得多,但也没人因此质疑民法典的立法水平。而与国外刑法典相比,我国现行刑法的条文数和整体体量完全处于可接受的范围。因此,即使刑法典在未来进一步增设新的罪名,但只要处于适度的范围内,条文之间不存在重复、矛盾的现象,就不能以条文数量为由否定这种立法方式。

此外,笔者也赞同周光权教授的观点,认为我国在统一的刑法典之外,还可以针对部分特殊领域采取单行刑法的立法模式,并在其中适当规定部分预防刑法条文。不过,单行刑法只能作为刑法典的补充,而不宜进行过多规定,以免"喧宾夺主"。无论如何,刑法典都应在我国的刑法立法体系中保持最重要的核心地位。

---

[1] 参见:王钢.德国近五十年刑事立法述评[J].政治与法律,2020(3):94-112.

第二节　抽象危险犯的立法限制

抽象危险犯是预防刑法的重要表现形式，极大提前了刑法的介入时机。近年来，这一犯罪类型虽然在各国刑法中不断增加，但同时也饱受理论界的批评，甚至存在废除抽象危险犯的呼声。笔者认为，抽象危险犯的理论基础与立法限制其实是一体两面的关系——只有明确了抽象危险犯的立法价值与学理依据，才能更好地指导立法，以合理划定其规制范围。此外，前文已述，累积犯与狭义的抽象危险犯在立法目的与犯罪类型上还是有所区别的。因此，本节在讨论狭义的抽象危险犯的合理性与立法限制之后，还对累积犯的相关问题进行独立论述。

一、抽象危险犯的合理性论证

抽象危险犯并非预防刑法所独有的犯罪类型。这一犯罪类型的立法部分与传统刑事犯罪有关，如危害国家安全、公共安全类的犯罪，早就出现在刑法之中；部分则与社会进步和技术发展有关，如环境犯罪、经济犯罪、恐怖主义犯罪等。不过近年来，抽象危险犯在立法中表现得愈发明显，数量也不断增加。毕竟，在风险社会中，刑法越早、越全面地介入个人的行动领域，法益似乎就越能够得到令人满意的保护。而基于其自身性质，抽象危险犯也确实能够较为圆满完成这一任务，故被立法者广为使用。但这只是硬币的一面，因为刑法的过早介入无疑会威胁到每个人的行动自由。因此，不少学者也对抽象危险犯的合理性提出疑问，例如德国法兰克福派的学者们认为，抽象危险犯是对自由法治国刑法的破坏，通过承认抽象危险犯，刑法将退化为进行社会监管的政治工具，从而侵蚀了社会自我监管风险的能力。[1] 还有不少学者主张，抽象危险犯所带来的负面后果是"过度犯罪化"，缺乏合理性与适宜性，甚至引发了人

---

[1] HERZOG F. Gesellschaftliche unsicherheit und strafrechtliche daseinsvorsorge: studien zur vorverlegung des strafrechtsschutzes in den gefährdungsbereich[M]. Berlin: R. v. Decker, 1991:1.

们对刑法基本原则的普遍质疑。[1]更何况,抽象的危险在原则上只能通过事前判断,即从行为发生时的观察者的角度来评估危险,仅是一种危害法益的"可能性",而这种判断可能并不准确,甚至与事实相悖。

但可以肯定的是,只要一种文明在使用炸药、毒药、放射性物质或从事交通运输,抽象危险犯对于具有复杂结构和集体化风险背景的现代社会就是不可或缺的。对此,不能放弃问题本身,而应当积极寻找解决问题的办法。换言之,核心问题不在于是否承认抽象危险犯存在的必要性,而在于如何合理确定抽象危险犯的适用范围,从而既能有效保护法益,同时又能在法治国的框架内充分保障公民的行动自由。当然,对于通过抽象危险犯将具体法益的保护予以前置的立法现象,仍需要一套理论,以说明其在刑事政策上的必要性与合宪性。本书认为,设置抽象危险犯的合理性主要体现在以下几方面:

第一,抽象危险犯并不当然侵犯自由,同时也会保障自由。任何事物都有两面性,不能过分关注缺陷而忽视积极价值,否则就是因噎废食。自由不仅是没有胁迫,更是个人自我发展的真正可能性。作为抽象危险犯的主要保护对象,制度对于个人自我发展具有相当重要的意义,可以被定义为一个社会自由发展的法律保障条件。长期存在的制度,其规则已经在时间和社会实践中证明了自己,能够为个人、经济和创业方面的自由发展提供指导。因此,制度必须受到法律保护,以便其能够长期履行职能。而对一项制度的稳定与职能至关重要的规范,在必要时也自然需要得到刑事保护。从这个角度来看,指责以抽象危险犯为代表的经济刑法失之偏颇,因为其不仅保护个人法益,也保护分散的集体法益。因此,刑法中抽象危险犯的数量并不能表明刑法对自由是支持的,还是侵蚀的。[2]

---

[1] MORGANTE G. Criminal law and risk management: from tradition to innovation[J]. Global Jurist,2016(3):315-350.

[2] KUBICIEL M. Freiheit, institutionen, abstrakte gefährdungsdelikte: ein neuer prototyp des wirtschaftsstrafrechts?[C]//KEMPF E, LÜDERSSEN K, VOLK K, et al. Strafverfolgung in wirtschaftsstrafsachen: strukturen und motive. Berlin: De Gruyter,2015:159-171.

第二，将法益保护的时点从防止实害提前到预防危险，并不会造成理论上的矛盾。在法益论中，凡是任何有可能对法益造成危险的人，都可以被定义为行为人。此时，行为人的私人空间不复存在，他只是一个危险的来源，亦即法益的敌人。刑法进行前置化处罚，是对法益进行分解。我们可以将侵害阶段发生的不法分解为部分不法（Partialunrecht），当完全聚集所有部分既不合法也无必要时，根据实现于早期的部分甚至一个不法碎片（Unrechtssplitter），就可以认定为刑事不法。Jakobs教授认为，关于这些涉及部分不法的犯罪，并不是违反了主要规范（Hauptnormen）——即规定侵害犯的规范——而是违反了以保障主要规范的妥当条件为任务的侧防规范（flankierende Normen）。换言之，刑法介入的依据前置为"以保障主要规范的妥当条件为任务的规范"。危险犯属于未来违反规范的威胁，也会削弱规范的有效性，破坏的是侧防规范。[1]对应到法益论，抽象危险犯的法益也是作为核心法益实现条件的"侧防法益"被保护的。保护这些法益，能够消除或降低核心法益实现条件陷入危险的可能性，故具有正当化基础。[2]更何况，就大多数抽象危险犯而言，其实行行为的性质非常危险，鉴于所保护法益的敏感性，单凭抽象危险就足以证明刑事责任是正当的，而不需要发生实害或具体危险的结果。例如前述侵犯重大集体法益的犯罪，倘若等到结果发生才予以处罚，显然已经为时过晚，将造成难以挽回的损失。

第三，设置抽象危险犯更能够发挥一般预防的效果。尽管许玉秀教授对此提出疑问，认为既然危险犯都能发挥一般预防的功能，实害犯由于危害更大，自然更能发挥一般预防的功能。因此，不能说抽象危险犯比实害犯的一般预防效果更好，只能说其能够有效保护法益。[3]但笔者认为，该观点值得商榷。这是因为一般预防的效果如何，并不取决于犯罪造成的危害结果及社会影响，而更在于刑罚的设置及处罚的必定性。如果没有抽象危险犯，人们可能会存在不造成结果就不会被处罚的侥幸心理。而一旦立法者设置了抽象危险

---

[1] JAKOBS G. Kriminalisierung im vorfeld einer rechtsgutsverletzung[J]. Zeitschrift für die gesamte Strafrechtswissenschaft, 1985(4): 751-785.

[2] 参见：李婕. 抽象危险犯研究[M]. 北京：法律出版社, 2017: 102-103.

[3] 参见：许玉秀. 无用的抽象具体危险犯[J]. 台湾本土法学杂志, 2000(3): 85-89.

犯,就向公众明确传达了不得实施某种行为的信号,使他们更能意识到行为的高度危害性。两相对比,显然会有更多人基于威慑效果或受到有效引导而选择不实施危险行为,从而起到避免危害结果发生的预防效果。当然,笔者赞同许玉秀教授所持的设置抽象危险犯必须满足社会共识、符合比例原则的观点,但不能据此否认抽象危险犯的一般预防效果。即使是诸如随地吐痰处以刑罚这样极端严苛的条文,也能单纯基于刑罚的威慑而产生消极的一般预防效果。只不过由于缺乏公众的认同与信赖,难以形成相应的国民意识,从而无法发挥积极的一般预防效果而已。

第四,抽象危险犯能够便利犯罪因果流程的认定,更有利于特殊情形下的刑事归责。在不少情况下,行为与危害结果(包括具体危险)之间的因果关系难以认定或者认定起来过于烦琐,以至于损害性的"因果链条"往往消失在大众社会的匿名性中。例如污染环境的行为,在上游多家企业均排放污水、存在"多因一果"可能的情况下,想查明究竟哪家企业的排污行为是导致水污染的主要原因或直接原因,几乎是不可能的事情,因此就难以根据现有危害结果进行归责。甚至有些污染行为产生的副作用可能暂时没有显露,并且会在很长一段时间内一直隐藏下去。为了解决这一问题,立法者不得不考虑免除对行为造成损害的精确证明,而满足于具有造成损害的倾向即可。再如醉酒驾驶的行为,如果需要具体认定行为人是否因为醉酒在一定程度上丧失了驾驶能力,进而危害公共安全,也是非常复杂、烦琐的工作,会耗费大量的司法资源。但倘若因此而放纵行为人,又显失公平。故出于简化证明标准、解决因果关系认定难题的考虑,设立抽象危险犯具有一定的合理性。

第五,抽象危险犯可以在一定程度上填补刑法的处罚漏洞。德日传统理论对未遂犯的处罚设置了严格限制,不但以法律明文规定为要求,并且只有着手实施犯罪——亦即发生了具体危险时方才予以处罚。对此前的预备行为,除了分则中的独立罪名之外,原则上都是不可罚的。但无论在理论还是实践中,基于占据通说地位的行为无价值理论,着手或者说处罚的时点都在一定程度上被提前了。以行为人的认识错误为例,向他人的床上射击,结果他人正好下床上厕所的;或者意图用砒霜投毒杀人,却误拿成白糖的,在具体个案中都不可能对被害人造成具体的危险。但即使是结果无价值的支持者,恐怕也不会轻易否认这些行为的可罚性。而一旦将行为人认定为故意杀人罪的未遂,其实就已经在事实上以抽象危险代替了具体危险。这足以表明,部分仅具有抽象危险的行为,完全可以基于可能发生的实害结果的严重性,而使得自身具备刑事上的可罚性;而如果不对其进行处罚,就会严重动摇公众的法感情,违反公平正义的基本要求。此外,理论上一般认为,间接故意犯罪没有未遂形态;如果间接故意犯罪未造成任何后果的,基于后果的不确定性,就难以进行处罚。例如向销售的食品中加入有毒有害物质的,行为人的主观心态可能是发生死亡结果也行,发生伤害结果也罢,均不违反其意志。那么,在发生实害结果之前,就难以认定该行为究竟系故意杀人罪或是故意伤害罪的未遂。而一旦设立独立的抽象危险犯,该困难就可迎刃而解。

过失犯亦是如此。前文已述,如果均要求犯罪结果的发生,则会导致"运气"成为决定犯罪与否的关键要素,将处罚建立在巨大的偶然性上,这也明显违背了大众的认知。以交通肇事罪为例,如果缺乏对危险驾驶等危险犯的规定,行为人在违反交通规则、追逐竞驶的过程中冲向旁边的车辆时,如果对方是经验丰富的老司机,在紧急关头凭借高超的技术躲过一劫、避免车祸发生的,行为人就不构成犯罪;但倘若对方驾驶水平一般以至于未能及时躲避的,行为人就将构成交通肇事罪。通过对比上述两种情形,不难看出行为人是否构成犯罪,完全由被害方的偶然因素所决定,而忽视其是否已经或足以致被害人于危险境地。但在风险社会中,这些风险是恰恰不容被忽视的,甚至需要进行重点预防,以满足民众的安全需求。因此,通过设置抽象危险犯,可以通过处罚那些对危险发生明明具有意识、却寄希望于侥幸不发生结果的行为人,借此进一步强化对注意义务的要求,培养国民的规则意识。

综上所述,根本性地抨击抽象危险犯其实意味着刑法学无法对抽象危险犯进行严谨的合理化,也无法在抽象危险犯领域促成理性的立法,还消除了刑法教义学通过这种立法手段,对刑事干预的合法性进行严格控制的可能性,不得不说是一种失策与倒退。为了使刑法在目前的时代背景下也能履行其保护法益的任务,必须在实用的方向上进行研究。目前,我们需要做的是对每一项抽象危险犯的罪行进行严格的合法性评估,从而有助于立法者在必要性、合理性和相称性标准下适用这类罪行。

二、抽象危险犯的设置标准

关于如何设置抽象危险犯,即立法者能够对哪些行为类型规定抽象危险犯,并如何通过立法技术与用语对其成立范围进行合理限缩,一直是理论界热议的问题,并形成了诸多代表性观点。如 Jakobs 教授从规范违反论的视角出发,认为刑法应当以抽象危险犯的方式介入以下三种领域:第一,因为该领域的复杂性,使得在其中活动的人们无法预期自己是否能操控自己的行为,使之不会惹起损害;第二,因为某领域十分复杂,使得必须为在其中活动的人们预设一个统一的行动判准,以便使社会大众的行为达到"符合规则行为的自动化"效果;第三,因为行为的反复实施或该行为所惹起危害的累积,使得社会生活上危险增高的情形。[1] 而 Schünemann 教授则认为,只有同时满足行为必须是不可被容忍的危险行为,必须不被个人合理的自由要求所涵盖,刑法的规定必须足够明确且满足比例原则等条件时,才可以设置抽象危险犯。[2] 不过,这些观点在一定程度上将"为何设置"与"如何设置"进行了混同。德国的 Herzog 教授认为,处罚抽象危险必须满足三个前提:对危害行为的准确描述、危险与法益关联的清晰呈现以及对罪责原则的确保。[3] 我国的林东茂教授则主要从立法技术的角度出发,主张通过设立微罪不罚条款、客观处罚条件与特殊中止条款,对抽象危险犯进行立法上的节制。[4] 而李婕副教授认为,抽象危险犯仅应规制可能引发灾难性后果的高概率风险行为;此时,需要具体考虑实害的严重程度,以及造成实害的盖然性与频率。[5] 上述观点为抽象危险犯的立法限缩提供了十分重要的参考。在借鉴相关学说的基础上,本书认为,立法者在设置抽象危险犯时,应当同时从立法内容("立什么")与立法技术("如何立")两方面进行考虑。

---

[1] 参见:李晓龙.刑法保护前置化研究:现象观察与教义分析[M].厦门:厦门大学出版社,2018:124.

[2] SCHÜNEMANN B. Moderne tendenzen in der dogmatik der fahrlässigkeits und gefährdungsdelikte[J]. Juristische Arbeitsblätter,1975:435-444.

[3] 参见:熊琦.刑法总论视野下"醉酒驾驶"行为的中德对比研究:兼析该行为之"准具体危险犯"的性质[J].刑法论丛,2011(4):318-351.

[4] 参见:林东茂.危险犯与经济刑法[M].台北:五南图书出版公司,1996:52-60.

[5] 参见:李婕.抽象危险犯研究[M].北京:法律出版社,2017:83.

(一) 立法内容

尽管抽象危险犯能够为具有潜在危险性的行为划定较为精确的界限，但必须根据危险的高低（发生结果的可能性大小）、轻重（危险现实化结果的重大程度）、远近（距离危险实现、结果发生的紧迫程度）[1]等因素进行综合判断，把重点放在那些具有严重伤害的重大风险的情形，仅针对可能引发灾难性后果的高概率风险行为设置抽象危险犯。

1. 法益侵害结果重大

张明楷教授认为，法益侵害结果重大主要表现为保护法益本身重要，以及对不特定或者多数人的法益造成了侵害。[2]不难看出，这里的"重大"既包括法益的重要程度，也包括涉及的范围。具体而言，一方面，最终要保护的法益具有本质上的特别重要性。如田宏杰教授认为，侵犯一般法益的行政犯，应以实害犯或具体危险犯为基础类型；而对于侵犯重大法益的行政犯，则应以抽象危险犯为基础类型，从而形成轻重比例得当、罪责刑相适应的罪刑阶梯。[3]另一方面，由于部分法益具有弥散性等特征，导致侵害对象众多且可能处于不同时空，虽然对每个人的损害较小，但累积起来就成了一个非常巨大的数字，故亦应通过抽象危险犯予以规制。

一种有力观点认为，具体危险犯与抽象危险犯的本质区别在于：前者造成的是高度的危险，后者造成的是低度的危险。如果认为这里的"高度"或"低度"是指发生实害的具体概率，则该观点不无道理，因为具体危险犯已经非常接近对法益的实际损害。但如果据此认为具体危险犯行为本身的危险程度，或者造成实害结果的严重程度要高于抽象危险犯，则是不合理的。这是因为有些具体危险犯中危险行为的类型性还不如抽象危险犯，所以立法者才规定必须发生危险才能处罚。相较而言，抽象危险犯往往是具有较高危险性的类型化行为，所以在未发生具体危险时就予以处罚。

---

[1] 参见：谢煜伟.风险社会中的抽象危险犯与食安管制："掺伪假冒罪"的限定解释[J].月旦刑事法评论，2016(1)：70-90.

[2] 参见：张明楷.抽象危险犯：识别、分类与判断[J].政法论坛，2023(1)：72-88.

[3] 参见：田宏杰.立法扩张与司法限缩：刑法谦抑性的展开[J].中国法学，2020(1)：166-183.

除了生命、健康等重要的个人法益之外,重大的集体法益也值得设置抽象危险犯。事实上,针对集体法益的犯罪,原则上不可能规定具体危险犯或实害犯。而刑法处罚侵害集体法益行为的理由就在于其示范效应与累积效应,如果该行为被他人反复实施,累积起来就可能对集体法益造成最终的侵害,而这也正是抽象危险犯,尤其是累积犯的处罚依据。但对于财产法益,原则上就不能设置抽象危险犯。因为与侵犯人身法益的犯罪相比,财产犯罪的社会危害性普遍较低,原则上只处罚故意犯罪,而不处罚过失犯罪;只处罚既遂,而不处罚未遂。例如,根据司法解释,盗窃、诈骗等犯罪的未遂,都是在例外情况下才予以处罚的;而与未遂这种具体危险犯相比,处罚对财产造成抽象危险的行为的必要性无疑更低。又由于立法者选择性地不设置财产犯罪的过失犯,也就没有必要为了填补处罚漏洞而规定抽象危险犯。否则,一旦设置了侵犯财产行为的抽象危险犯,就意味着刑法要广泛处罚该类行为的未遂犯与过失犯,这就明显与现行立法、司法实践与理论相悖。

2. 法益侵害可能性较高

设计抽象危险犯这种犯罪类型,绝非只要存在潜在的危险就提前进行防备,而是因为行为已经显现出某种非防堵不可的典型危险;也不是越容易防止风险时就越应当设置,否则,将风险扼杀在萌芽中肯定是最有效的方法,但这样做显然会导致处罚过于超前。本书认为,如果法益是否发生实害仍在行为人能够轻易掌握的情况下,尚未达到具体危险的程度时,就属于对低度危险行为的禁止,无疑是效果较差、副作用较大的手段。只有当抽象危险已经接近了具体危险的程度,很容易现实化为实害,并且实际损害是否发生已经逾越了人力的掌控范围时,抽象危险犯对公民权利的限制才不会比具体危险犯更严重。亦即,只有将行为规定为犯罪是防止伤害的"最后有效干预点"时,才应当允许立法机关设置抽象危险犯。倘若该风险具有被逆转的可能性,尚未侵害他人权利,其行为就仍处于行为人的个人权利范围内,国家并无权加以干涉。[1]就这个角度而言,倘若能够证明设置具体危险犯就足以达成保护法益的目的,就不应设置抽象危险犯。

---

[1] 周漾沂.重新理解抽象危险犯的处罚基础:以安全性理论为中心[J].台北大学法学论丛,2019(1):161-210.

因此，立法者只能规制具有发生危险的较大可能性的典型危险行为，即行为本身必须明显表现出侵害特定法益的危险性格。如果一个行为能够在不同情况下，同时和许多不同种类的风险相联结，就足以表明这些风险都不是该行为的典型危险，而是在具体个案中产生的危险。例如，在KTV包房中，可能发生色情交易和容留吸毒行为，也可能有人聚众赌博，这就证明了上述"黄赌毒"都不是KTV这一场所的典型危险。因此，不能迳行认定无照经营KTV的行为具有容留吸毒的抽象危险。再如，虽然道路交通安全法规定必须拥有驾驶证后才能驾驶，但刑法却并未将无证驾驶行为直接规定为犯罪。这是因为无证的原因可能有很多，如被吊销、由于年龄不足而未取得，等等，驾驶能力的欠缺并非唯一原因。这也意味着，无证与驾驶能力之间没有必然联系和直接风险。更何况，即使在驾驶者取得驾驶证后，也无法确保绝对不会发生车祸。因此，立法者不能为了预防交通事故的发生，而将关联性不强的无证行为直接规定为犯罪。但醉酒驾驶则不然，无论驾驶者的酒精耐受力有多强，只要血液中的酒精含量达到一定程度，根据科学法则就必然会降低行为人的辨认能力与驾驶能力，从而提升肇事的风险。从这个角度而言，醉酒与交通事故之间具备一般性的、典型的、普遍性的危险，故可以出于预防目的，将醉酒驾驶行为犯罪化。

当然，在对损害重大法益的概率进行判断时，也不能要求过严，从而走向另一个极端。在这一问题上，何荣功教授主张区分"危险"与"风险"，认为前者是指行为具有造成法益侵害的确定性，而后者则指法益侵害可能发生，也可能不发生。对于具有法益侵害"风险"的行为，在犯罪化时应当尽量采取结果犯的模式。[1] 言外之意，似乎只有对于确定能够给法益造成侵害的行为，才可以设置危险犯。但按照这一观点，抽象危险犯就完全丧失了存在空间。毕竟，抽象危险犯的危险主要是立法推定的危险，并不要求现实发生。而在危险都没有现实发生的情况下，又究竟应当采取何种标准，来判断实害是否一定会发生呢？因此，强调抽象危险犯必须具备100％发生实害的概率，既是不必要，也是不可行的。只要在危险存在时，有较高概率发生实害结果就足够了。

---

[1] 参见：何荣功.刑法的预防转向及其限度[C]//甘添贵教授八秩华诞祝寿论文集编委会.刑事法学的浪潮与涛声：刑法学——甘添贵教授八秩华诞祝寿论文集.台北：元照出版公司,2021:936-957.

(二) 立法技术

在立法技术上,即使是以抽象危险犯来保护法益,构成要件要素也应当力求精确描述法益侵害关系中的行为情状,使人们能够辨识该条款的可罚性范围,并且最大限度地减少对实际上未造成危险者的处罚。[1] 在明确性上,立法者应当尽可能地运用不同的构成要件要素,来形塑可能违反抽象危险禁止规范行为的特征,而非只实施了预设的抽象危险行为,就意味着对法益的危害。[2] 此外,还可以在立法上采取适格犯、微罪不罚、客观处罚条件、特殊中止条款等方式,对抽象危险犯的成立范围进行合理限制。

1. 采取适格犯的立法方式

为了更加清晰地框定抽象危险犯的行为类型与处罚范围,避免出现欠缺法益危险的非典型个案,应当尽可能运用"适格犯"这种介于具体危险犯与传统抽象危险犯之间的中间类型,甚至可以考虑以其代替传统的抽象危险犯。[3] 所谓适格犯(Eignungsdelikt),也被称为适性犯、抽象—具体危险犯或潜在危险犯,其立法方式主要表现为:通过"足以产生……危险""足以危害……"的立法规定,将危险判断明确化。一般认为,适格犯属于抽象危险犯的一种特殊类型。与具体危险犯相比,它不需要在个案中判断是否发生了具体危险,也不需要造成现实的危险;与抽象危险犯相比,其对行为的危险性进行了限制,必须根据由具体的行为情势所形成的一般性因果关系来判断是否存在侵害倾向。[4] 亦即,并非构成要件规定的所有危险行为均应被纳入刑法的处罚范围,只有符合立法者精心筛选条件的危险行为才为刑法所禁止。换言之,适格犯是经由立法政策方式,将达到一定"强度"、可能对法益造成一定"量"的侵害的行为规定为犯罪,可以避免在没有任何危险性的情况下,仅因为

---

[1] ASHWORTH A, ZEDNER L. Prevention and criminalization: justifications and limits[J]. New Criminal Law Review, 2012(4):542-571.

[2] 参见:陈俊伟.论食品安全卫生管理法第49条重新入罪化之必要性[J].月旦刑事法评论,2017(2):143-173.

[3] 参见:罗克辛.德国刑法学总论:第1卷[M].王世洲,译.北京:法律出版社,2005:279.

[4] 参见:张志钢.摆荡于激进与保守之间:论扩张中的污染环境罪的困境及其出路[J].政治与法律,2016(8):79-89.

对规范的不服从就认定为犯罪。[1]从这个角度而言,处罚适格犯的关键在于可能导致具体危险的"行为"本身,可以被理解为具体危险犯的未遂形态——最终之所以没有发生具体危险,只是因为非常偶然的原因,使得未能进入到侵害法益的流程。以我国的破坏交通工具罪为例,如果行为人的行为足以导致交通工具发生倾覆、毁坏的危险,只是由于驾驶人在开车前就发现,从而没有发生具体危险的,也成立该罪。在过去,德国学者普遍认为,适格犯的立法模式只适合运用于诸如环境法益等一般性法益或集体法益保护上,而非高度属人性的个人法益保护上。[2]但近年来,随着立法的修正,德国刑法典第238条的跟踪纠缠罪则突破了这一限制,将该罪名由结果犯修改为适格犯,实现了对个人法益的保护。

目前,我国有些罪名尽管并未被明确规定为适格犯,但相关司法解释却在事实上将其修改为适格犯。例如刑法第385条的受贿罪,虽然是典型的累积犯,但也应对行为手段有一定要求。对于该罪,如何认定"为他人谋取利益",一度是争议最大的问题。围绕其究竟属于主观要件,还是客观要件,理论界存在严重分歧,甚至呼吁取消该要件的呼声也很高——毕竟,德日刑法中均规定了单纯受贿罪,我国刑法同条第2款的受贿类型也不要求为他人谋取利益。随着2016年《关于办理贪污贿赂刑事案件适用法律若干问题的解释》的出台,其第13条对"为他人谋取利益"进行了详细规定,从而基本上消弭了理论上的争议,但也受到了架空该要件的批判。笔者认为,该解释在实际上将"为他人谋取利益"解读为"足以为他人谋取利益",在事实上将受贿罪变成了适格犯。

按理说,国家工作人员只要收受贿赂,就破坏了职务行为的不可收买性,是否为他人谋取利益则在所不论。但从本质上讲,贿赂是职务行为的不正当对价,如果不能体现出与职务行为的关联性,尤其是在我国这个讲究礼尚往来的人情社会中,一律认定为受贿也不妥当。从这个角度看,立法者对此增加一定的限制性规定是合适的。但立法者采取的"为他人谋取利益"这种结果犯的表述方式,造成了"收钱不办事是否属于受贿"的困惑,也是引发广泛争议的根

---

[1] 参见:徐凯.抽象危险犯正当性问题研究[M].北京:中国政法大学出版社,2014:154.

[2] 参见:王皇玉.跟踪纠缠行为之处罚[J].台湾大学法学论丛,2018(4):2347-2392.

本原因。而解释的相关规定,其实就是将受贿行为在何种情况下会给人传递出权钱交易的信号具体化了。无论是实际或者承诺为他人谋取利益的,明知他人有具体请托事项的,还是履职时未被请托,但事后基于该履职事由收受他人财物的,均足以体现出财物与职务行为的密切联系。第一种与第三种情况自不必说,第二种明知他人请托仍收受财物的,无疑也表明自己有很大可能会实现其请托——否则又何必收下呢?至于索取、收受下属或者被管理人员财物的,解释为了限制处罚范围,也专门加上了"可能影响职权行使的"的条件,从而与单纯的收受礼金行为相区别。尽管有实务专家认为,这一限制没有实质意义,"是前一句的同位语,具有推定功能,无须证明","实践中不太可能发生不影响职权行使的情形",[1]但该解释的《理解与适用》明确指出:纯粹的感情投资不能以受贿犯罪处理,对于确实属于正常人情往来、不影响职权行使的部分,不宜计入受贿数额。对此,车浩教授一针见血地指出,如果存在一种基于人情世故的社交规范意义上的"往来预期",则收受的礼金就与职务行为无关,不可能影响职权行使。[2]因此,解释第13条的规定,其实就是列举出对受贿罪"足以为他人谋取利益"的判断示例,强调的不是结果的发生,而是可能性或者危险性的判断。

综上所述,司法解释在实质上将收受财物型受贿罪解读为"非法收受他人财物,足以为他人谋取利益的"。相较于当前的立法规定,这一解释在法理上能够自洽,也利于实践适用,还能与行贿罪的"为谋取不正当利益"相呼应。只要行为人采取足以为他人谋取利益的方式,收受了他人的财物,无论是否实际谋取利益,均已破坏了职务行为的不可收买性,应当予以处罚。只不过这种司法解释引领立法的方式,有司法僭越立法之嫌,违反了罪刑法定原则。如果不依靠司法解释,而是通过立法者修改法律,则这一问题就不再成为问题。为此,建议立法者吸收司法解释的合理内容,将刑法第385条第1款修改为:"国家工作人员利用职务上的便利,索取他人财物的,或者非法收受他人财物,足以为他人谋取利益的,是受贿罪。"与现行立法相比,修改后的立法的规制范围相对更广,可以名正言顺地处罚部分收受礼金的行为,从而起到防微杜渐、预

---

[1] 参见:车浩.贿赂犯罪中"感情投资"与"人情往来"的教义学形塑[J].法学评论,2019(4):27-35.

[2] 同[1].

防后续严重犯罪的效果。同理,还有刑法第 338 条的污染环境罪,也应当将"严重污染环境的"修改为"足以严重污染环境的"。

2. 对犯罪范围的合理控制

第一,微罪不罚。在进行抽象危险犯立法时,应当对行为进行类型化规定,只挑选出性质十分严重的行为,而不能将所有行为都纳入实行行为的范畴。对于十分轻微的犯罪,其造成危险的可能性较小,尚不足以被刑法所规制。以妨害公务罪为例,刑法仅规定了暴力与胁迫两种行为方式,而没有将挣扎、辱骂、欺骗、单纯不配合等方式全部囊括在内。理由无外乎在于前述行为的危害程度过低,即使能够对国家公权力的正常行使造成危险,也无法满足"量"的要求,只需要用行政法予以规制即可。再如结社型犯罪,一般的犯罪集团甚至恶势力组织,尽管具有一定的危害性,但显然要低于黑社会性质组织与恐怖组织。故组织、参加者无论从主观上的反社会性,还是客观上对法益的间接危害性,都尚未达到需要提前予以刑事处罚的标准。基于这一考虑,刑法只针对黑社会性质组织与恐怖组织设置了结社型犯罪,对于其他犯罪组织,根据其具体实施的犯罪进行处罚即可。

而在没有对行为类型进行明确限制的情况下,为了避免处罚范围过广,还可以为抽象危险犯设立独立的"微罪不罚"条款,从而在立法上将情节显著轻微的抽象危险行为排除出犯罪的处罚范围。德国及我国台湾地区的环境犯罪中均有类似规定。如德国刑法第 326 条第 6 款明确规定,如果由于废物量少而明显排除对环境,特别是对人、水、空气、土壤、牲畜或农作物的有害影响的,则该罪行不受惩罚。而我国刑法中却没有类似规定。虽然该问题亦能够通过刑法总则的"但书"解决,以"情节显著轻微,危害不大"为由不作为犯罪处理;但在分则中直接规定微罪不罚,无疑更为明确、具体,并且方便公众理解。

第二,设置客观处罚条件。立法者还可以通过设置具体事件等客观处罚条件,适当限缩犯罪成立的范围。考虑到刑罚的比例原则,在未出现法定情形时,即使实施了抽象危险行为,也不予以处罚,从而限制刑罚权的发动。例如非法出租、出借枪支罪与丢失枪支不报罪,条文中的"造成严重后果"并不意味着这两个犯罪是结果犯,否则将难以解释犯罪的主观方面。而应将两罪理解为对公共安全的抽象危险犯,并把严重后果的发生作为限制处罚问题的客观处罚条件。这些立法例在域外并不罕见。如德国破产犯罪规定,破产行为必须发生在行为人出现经济危机(负重债、濒临支付不能或已支付不能等情形)时,如行为人满足已经停止支付、已遭裁定破产等特定客观可罚性条件时,破产行为才可被处罚。我国台湾地区所谓"刑法"中也有类似规定,如第356条规定,债务人于将受强制执行之际,意图损害债权人之债权,而毁坏、处分或隐匿其财产的,成立犯罪。该罪的立法目的在于行为人给他人的债权造成难以清偿的抽象危险,但设置了发生时机作为客观处罚条件,从而亦限制了犯罪的成立范围。

第三,设置特殊中止条款。原则上,抽象危险犯的构成要件行为一经实施,就推定具有危险,成立犯罪既遂,是不可能具有中止形态的。[1] 但是,如果一概否定犯罪中止的成立、在刑法设置上缺乏相应的优待,则不利于行为人积极主动地消除危险,在刑事政策上并不妥当。因此,可以考虑为危险犯设置特殊的犯罪中止条款,如德国环境犯罪中的"犯罪情节轻微,且行为人真诚消除污染的,可以减轻或免除处罚"。当然,对于适格犯的立法模式,其中间结果作为判断危险结果的媒介,描述了行为状态的危险性。行为必须首先引起特定的事件或状态,才能进一步推知法益侵害的风险或危险之射程。如果认为程度轻微的行为尚不"足以"引发特定危险的发生,就可以在构成要件该当性的判断阶段否定犯罪的成立。

三、累积犯的合理性论证

相较于狭义的抽象危险犯,累积犯在我国得到的关注并不多,是一个相对陌生的概念。近年来,累积犯概念被引入我国,与国外理论界类似,支持与反对之声并存。笔者认为,累积犯理论具有较强的合理性,并且我国刑法中也存在为数不少的累积犯。部分对累积犯的批评意见,事实上也在不断促进该理论的逐步完善。接下来,本书将首先对累积犯立法的合理性进行论证,进而在此基础上对其成立范围进行适度限缩。

(一)支持累积犯的代表性学说

关于累积犯合理性的论证,理论上存在多种观点,分别从不同角度进行切

---

[1] 当然,如果还相应规定了实害犯,则可以构成实害犯的中止。

入。如该理论的开创者 Kuhlen 教授认为,处罚累积犯的合理性之一在于经济学意义上的"搭便车"(free rider)理论。在经济学背景下,搭便车者被认为是"寄生虫",他们不公平地利用集体中其他成员对规则的遵守,自己却不为维护集体利益付出必要的代价。对应到法律领域,行为人不认同团结互助的理念,也无视互惠承认的规范结构,非但拒绝参与对集体法益的维护,还希望从其他人对规范的遵守中谋取利益,属于一种不负成本却坐享其成的"搭便车"行为。这种行为具有效仿性,一旦相同的行为大量出现,势必会损害共同体对法律规范有效性的期望,进而给社会造成重大损失。因此,有必要处罚搭便车者的这种"不当得利"行为。[1]

日本有学者从危险犯的法益构造出发,论证累积犯的合理性。其指出,危险犯的法益可以分为"不法构成要素意义上的法益"(第一类型的法益/中间法益)和"法益保护主义意义上的法益"(第二类型的法益/最终法益)。具体的危险以附着于行为客体上的第二类型法益受到现实侵害的可能性为内容;而抽象的危险则以反复实施附着于行为客体上的第一类型法益,会使第二类型法益受到将来侵害的可能性为内容。其中,对第一类型法益的现实侵害满足了刑法最低程度的报应要求,可称为"报应性法益";对第二类法益的潜在侵害则满足了刑法的预防要求,可称为"预防性法益"。对于累积犯而言,当侵害报应性法益的行为在将来被反复实施的情况下,可能引起侵犯预防性法益的危险,因此具有成立犯罪的正当化基础。例如,尽管将一张伪造的 1 万日元纸币置于流通领域中,对于顺畅的货币体系几乎没有任何风险;但如果这样的行为人不断出现,社会上就会到处充斥着伪造的 1 万日元纸币,最终导致国家丧失货币的公共信用。因此,在使用伪造的货币罪中,行为人将伪币作为真正的货币放在流通中,损害了作为报应性法律利益的"货币制度适当、灵活的功能状态";而累积起来,则将使人们对货币制度从"失望"转变为"不信赖",进而损害作为预防性法益的"货币的公共信用"。[2] 可以说,这一观点从法益角度出发,强调累积行为对保护法益的预期损害,具有较强的合理性。张明楷教授也

---

[1] KUHLEN L. Umweltstrafrecht-auf der suche nach einer neuen dogmatik[J]. Zeitschrift für die gesamte Strafrechtswissenschaft,1993(4):697-726.

[2] 矢田悠真.放射性物質の危険に関する法的規制の考察[J].慶應法学,2015(32):247-325.

支持这种观点,认为某一行为表现为对显在法益或者阻挡层法益的实害或者具体危险,但如果累积起来,会侵犯其背后隐藏的集体法益时,设置累积犯就是合理的。[1]

退一步讲,即使累积犯因不能明确证明累积行为与危害结果之间的因果关系,从而无法在客观上起到安全保障的效果,但至少可以发挥安抚人心、提升大众安全感的效果。通过规定累积犯,人们会认为政府对社会的管理是无微不至的,即便连最微量的风险也在其管控之中,被消弭于无形。只要大家都按照这些规则行事,就能够拥有安全、有序的社会氛围,自然会大幅提升安全感。

(二)对批评意见的回应

面对累积犯这一尚属新生的事物,除了少数支持者外,理论界的质疑声更是不绝于耳。很多学者从各个角度出发,对累积犯的合理性展开批判。但笔者认为,这些批评其实不尽合理,有些观点更是系对累积犯概念的误读。接下来,笔者将列举出代表性的批评意见,并逐一进行回应。

第一,对"搭便车"理论的批评与回应。有学者明确反对 Kuhlen 教授的"搭便车"理论,认为从本质上讲,任何犯罪都存在"搭便车"的情况,犯罪人都是自己破坏规则,却希望他人遵守规则的人,因此不是保护集体法益的专利。[2] 但笔者认为,这一批评意见并不合理。"搭便车"理论有适用范围的限制,针对的是公共财产而非个人利益,缘起于公共物品生产和消费的非排他性和非竞争性,而这一点正好与集体法益的特征契合。因此,"搭便车"理论可以在一定角度上为处罚累积犯提供理论依据。

第二,对"双层法益"理论的批评与回应。有学者反对前述矢田悠真教授的双层法益构造理论,认为累积犯恰恰表明了双层法益结构的局限性。只要行为已经造成了秩序或者制度运行中不被期待的状态,就可以充分说明结果不法。故没有必要设置双层法益模式,而是承认构成要件行为直接指向的秩

---

[1] 参见:张明楷.集体法益的刑法保护[J].法学评论,2023(1):44-58.
[2] 参见:徐凯.抽象危险犯正当性问题研究[M].北京:中国政法大学出版社,2014:171-172.

序法益具有独立的保护必要性即可。[1]但笔者认为,这一批评意见并不合理,并且有自相矛盾之嫌。累积犯并不是像该论者所主张的那样,直接侵犯秩序法益,同时间接危害个人法益——这其实是集体法益与个人法益中"还原论"的观点。设置累积犯所保护正是集体法益,并且是那些"危险化状态不明确、无法判断的集合性法益",这一点也恰恰为该论者所认可。正因为侵犯的是集体法益,才需要设置一些容易判断的媒介,亦即所谓的"报应性法益",以及时处罚可能引发效仿的侵害行为。至于为什么不直接认为累积犯侵犯的是报应性法益,则有必要对论者所引用的 Roxin 教授的观点展开进一步回应。

Roxin 教授认为,累积犯这一概念是没有任何意义的,无非是"点状的实害犯"。对于累积犯而言,单一行为本身就已经会造成比较小的实害,这与一个极为普通的日常犯罪没有本质区别。不能因为其造成的危害极小,就不认为其是犯罪。既然打一个耳光就可以构成暴行罪、诈骗到价值低廉的财物就可以构成诈骗罪,那么一次污染环境的行为也足以成立犯罪。[2]但笔者认为,Roxin 教授所举的例子全是侵犯个人法益的犯罪,恰恰相反,累积犯被广泛用于集体法益、而非个人法益的保护。与清晰、明确的个人法益相比,集体法益的破坏标准则要模糊得多,二者并非 Roxin 教授所认为的没有区别。打了一个人,可以很轻松地认定个人法益受到了损害,但是单纯排污一次,就能够认定环境法益遭受了损害吗?他人受贿一次,就能认为一国公务员整体上的不可收买性遭到了损害吗?试想,如果将受贿罪的法益界定为单个人职务行为的不可收买性,就将使该罪成为侵犯个人法益的实害犯,从而得出很多与现行立法与司法相悖的结论。因此,显然不能对个人法益与集体法益采取同一判断标准。否则,就是将行为客体与法益相混淆,将犯罪破坏的对象等同于法益了。而在达到一定的阈值之前,集体法益是完全可以容忍一定侵害结果的。更何况,Roxin 教授所举的例子中,其实有很多在实践中也不可能作为犯罪论处,而是在起诉阶段就被消化掉了。因此,这就更说明了将累积犯作为实害犯所带来的处罚上的局限性——如此轻微的行为本身,是不足以提供被刑

---

[1] 参见:于润芝.抽象危险犯的解构:从法益关联和危险控制展开[J].南大法学,2022(3):110-126.

[2] Claus Roxin.法益讨论的新发展[J].许丝捷,译.月旦法学,2012(12):257-280.

法处罚的理由的,最多仅构成行政不法或民事侵权而已。

第三,对累积犯处罚范围的批评与回应。不少批评观点都认为,累积犯是将犯罪事实打成无数碎片,单个行为所起的作用微乎其微,[1]就好似沧海一粟。例如,倘若每个人都随地吐痰,也会造成严重的环境污染,难道可以将随地吐痰规定为犯罪吗?因此,累积犯在事实上严重扩张了处罚范围,将本不属于犯罪的行为作为犯罪论处,有侵犯人权之嫌。但是,累积犯一方面强调效仿效应的真实性,另方面也为"报应性法益"设置了最低侵害程度要求,这就回应了累积犯会无限扩大处罚范围、侵犯公民自由的质疑。以前述的随地吐痰为例,或许吐痰行为是否会引发他人纷纷效仿还存在一定争议,但可以肯定的是,随地吐痰这一行为的社会危害性远远没有达到刑法最低程度的报应要求,根本无法被评价为累积行为。在任何国家,都不可能将这一行为作为累积犯而予以处罚。

第四,对累积犯缺乏明确性的批评与回应。Roxin 教授还指出,由于无法充分明确地判断,造成严重法益损害的足够数量的贡献何时会出现,故累积犯的可罚性也是值得怀疑的。[2]诚然,我们确实无法准确指出不法侵害究竟累积到什么程度,国家的货币制度或某种经济制度才能被破坏。但在实际上,根本也不需要确定这个时点。因为累积犯的存在,正是为了防止这一结果的发生,而采取的一种防患于未然的措施。因此在立法中,重要的是确定累积犯本身的入罪标准,即单一行为达到何种程度就值得被刑法处罚,而非累积到何种程度才会给法益造成损害。二者指向的显然不是一个问题。

最后,对累积犯违反罪责原则的批评与回应。包括 Roxin 教授在内的批评意见还认为,累积犯被处罚的主要理由在于存在于外部、行为人无法控制或影响、处于未来预测中的他人行为。此时,个人不是由于自己所招致的法益侵害,而是由于别人可能实施类似行为而被处罚。但从法理上讲,行为是否属于不法行为,理应由行为人自己决定,而不能因为他人会实施相同的行为而具有

---

[1] ANASTASOPOULOU I. Deliktstypen zum schutz kollektiver rechtsgüter [M]. München: C. H. Beck, 2005:181.

[2] ROXIN C, GRECO L. Strafrecht allgemeiner teil, band 1: grundlagen, der aufbau der verbrechenslehre[M]. München: C. H. Beck, 2020:73.

可罚性,否则就违反了罪责自负原则。[1] 正如 Anastasopoulou 教授所指出的,当个人行为的不法内容不再是基于自身的行为,而是基于与潜在的大众行为的混杂时,行为人又如何能够在规范意义上对自己的行为负责呢?[2] Samson 教授为此还专门举了一个例子:甲乙丙三人没有通谋,先后往一条河中排污。甲的排污行为虽然改变了水质,但并未超过该河流可以自净的阈值。但累加上乙的行为,就使得水质造成了污染。而最后丙的排污行为,则使得污染程度更为严重。显然,对乙和丙定罪没有争议,但甲的行为并未造成实际污染,是否也要被处罚? 如果定罪的话,是否意味着其实际上为后两人的排污行为买单?[3]

  但本书认为,这一批评亦不合理。从归责上看,累积犯并不要求证明单一行为的作用和整体损害之间的因果关系——因为在事实上根本也无法证明。否则,就只有逾越了不可避免地损害集体利益这一门槛的行为才是可归责的,但这显然无法起到提前保护法益的效果。单独累积性行为既无法直接影响他人的行为,也无法控制他人的行为,故其只能、也只需要为自身的行为和过错负刑事责任,法律并不要求其为他人的行为负责。[4] 例如行为人非法排污的,无疑只能根据自己的相关情节及污染后果承担责任,至于他人的排污行为造成了何种损害结果,显然与自己无关。在前述案例中,甲虽然构成犯罪,但最终需要承担责任的只能是自己排放的那部分污水,而不需要承担乙和丙的那部分;乙和丙亦然。即使乙和丙没有排污,水质尚未被实质污染的,甲也应当因为累积效应而构成犯罪。因此,在累积犯中,各行为人也只会对自己的行为负责。如果还需要为他人造成的结果负责,则该行为的法定刑势必会大幅提高。但就目前来看,累积犯的法定刑设置仍然是以个人罪责为中心的。

---

  [1] 参见:ROXIN C,GRECO L. Strafrecht allgemeiner teil,band 1:grundlagen. der aufbau der verbrechenslehre[M]. München:C. H. Beck,2020:73. 艾泽勒,蔡桂生. 抽象危险型犯罪的立法缘由和界限[J]. 法治社会,2019(4):110-118.

  [2] ANASTASOPOULOU I. Deliktstypen zum schutz kollektiver rechtsgüter[M]. München:C. H. Beck,2005:181.

  [3] SAMSON E,Kausalitäts-und Zurechnungsprobleme im Umweltstrafrecht[J]. Zeitschrift für die gesamte Strafrechtswissenschaft,1987(4):617-636.

  [4] 参见:张志钢. 论累积犯的法理:以污染环境罪为中心[J]. 环球法律评论,2017(2):162-178.

此外，只要足够数量的违反规范行为即可造成法益侵害的效果，那么个别行为人就不得主张，其行为对于结果发生的贡献是微不足道的。因为在这种情形下，法秩序没有理由让该行为人比其他规范相对人取得更有利的地位。并且根据刑法理论，并非直接导致结果发生的行为才能入罪，为结果发生创设风险的行为也应当受到刑事处罚。而累积犯正是通过自己的行为创造出了侵犯法益的风险，一方面包括对法益最终损害后果的直接风险，另一方面则包括诱导、促进他人实施类似累积行为的风险。至于行为人主张即使自己不实施该行为，他人的行为也仍然会导致结果发生的辩护理由，更是不能成立——因为假定的因果关系并不影响刑法意义上的归责，否则每个行为人都可以依托这一借口而逃避制裁了。因此，设置累积犯并未违反罪责自负原则。

综上所述，尽管理论界对累积犯的正当性提出了多角度的批评意见，但本书通过论证与反驳，否认了批评意见的合理性，认为累积犯无论从价值基础、犯罪性质、处罚范围还是与刑法基本原则的调适等方面，都具有坚实的存在基础与理论依据，应当肯定其合理性。当然，上述反对观点也为累积犯划定了一个基本轮廓，从而为我们合理限缩累积犯的成立范围提供了有益借鉴。

四、累积犯的设置标准

在明确了累积犯的概念与理论基础后，就可以有的放矢地在立法中设置这一犯罪类型。由于累积犯属于广义上的抽象危险犯，甚至比狭义的抽象危险犯处罚更为提前，故应当慎重设置并合理限缩其范围，以免不当侵犯公民自由。本书认为，在进行累积犯的立法时，必须牢牢把握其正当化依据，重点考虑以下因素：

首先，累积犯所针对的是某些重大的集体法益，其一旦受到侵害就难以恢复，具备"不可逆性"。如果保护法益不具备上述特征，则不应设置累积犯。通常而言，刑法的行为禁止与法益保护之间是"一对一"的关系，如禁止杀人之于保护他人的生命权；而累积犯则是"一对多"的关系，刑法禁止实施多个行为，目的仅是为了保护一个法益。从这个角度看，出于利益平衡的考虑，累积犯必须得保护重大法益才行。实践中，累积犯主要被用于保护环境与重要的经济制度。这些法益一旦受到严重破坏，将会给国家、社会乃至全体国民带来不可挽回的损失，甚至直接导致国家制度的崩溃。因此，在这些领域设置累积犯是合理的。

尽管个人法益也十分重要，但实践中，缺乏意思联络的多人对同一个人实施累积危险行为的情形极其罕见，故其很难面临"搭便车"式的累积效应。并且在德日，侵犯个人法益的犯罪大多没有入罪门槛，只要实施了相应的行为，就可以单独构成犯罪，而无须通过累积犯理论。我国虽然没有暴行罪、恐吓罪等犯罪，并且对财产犯罪也大多规定了数额要求，但对于一次未达到入罪标准的行为，可以予以治安处罚甚至成立未遂犯；多次实施的，则可根据次数或罪数理论入罪，也无须诉诸累积犯理论。因此笔者认为，对于侵犯个人法益的行为，不应设置累积犯。

其次，累积的效果必须是现实的，达到经验基础上的高度可能性，即具有"真实的累积效应"。亦即，此处不是一个单纯的怀疑问题，而是一个可以通过经验证明的犯罪学发现，能够认定存在明显的、足够现实的积累倾向。在本质上，累积犯系以不法行为发生的频率取代了对行为本身危险的判断，是行为与法益侵害之间缺乏因果关系时的实质替代品。因此，绝不是说只要猜测某种行为具有累积效应，就应当设置为累积犯；而是需要进行科学的预测与具体的判断，在缺少刑法的干预时，很可能，甚至会有大量的人实施这类行为。反之，故如果行为系偶然实施的，不会引发他人效仿并反复实施，就不应被评价为累积犯。例如深夜在大街上吹口哨的，不应认为如果大家都效仿该行为，就会造成难以忍受的噪声，从而影响多数人休息，故有设置为累积犯的必要。[1] 毕竟，吹口哨是对情绪的表达，受制于人们的情感状况，人们一般都不会吹口哨，更很少会有人在深夜吹口哨。因此，这种行为通常引发的不是效仿，而是大家的谴责。但排放污水则不然，这种行为在现实中屡见不鲜，发生概率较高。行为人排放了一次污水后，由于尝到了甜头，不太可能会立刻罢手，通常还会继续排放；而他人在发现后，也有加以效仿的可能性。这些后果累加起来，就可能造成较为严重的环境污染。正如 Kuhlen 教授所明确指出的，"立法者有充分的理由相信，污染水域的人要比在公共场所吹口哨的人多得多"[2]。伪造货币亦然，行为人不可能只伪造几张货币就罢手，并且一张假币可以在社会中

---

[1] 参见：钟宏彬. 法益理论的宪法基础[M]. 台北：元照出版公司，2012：274.

[2] KUHLEN L. Umweltstrafrecht-auf der suche nach einer neuen dogmatik[J]. Zeitschrift für die gesamte Strafrechtswissenschaft，1993(4)：697-726.

广泛流通,从而影响到很多人,故对货币信赖的破坏具有真实累积的可能性。而设立累积犯的规范目的正在于防堵这种可能发生的"溃堤效应",以避免发生无法恢复的系统崩坏问题。综上所述,如果行为带来的获利较大,并且容易被一般人所实施的,就更容易被一般人所效仿,进而产生累积效应。

对此,可能会有人提出疑问,认为为什么对于累积犯要额外考虑"真实性""大量性"等条件,而在认定其他犯罪时则不需要?如前所述,有些犯罪在实践中很少发生,相关条文基本上处于备而不用的状态,但却不能因此认为其属于象征性刑法,理由不外乎对潜在犯罪人的威慑,以及确实可以用来惩治极少数的犯罪人。那么,为什么不能对累积犯也适用这一原则,只要能够在事实上制止一两起行为,就应当认可其合理性呢?本书认为,答案其实是显而易见的,即实害犯与具体危险犯主要针对单一行为就能对法益造成巨大风险状态的情形,而累积犯针对的则是微量风险的累积。单个累积行为的社会危害性尚无法达到刑法所要求的程度,如果不能累积起来,就没有刑事可罚性。甚至在达到累积犯的"阈值"之前,部分累积行为也没有任何社会危害性,如果缺乏真实的累积效应,又凭什么将其规定为犯罪呢?

最后,从规范的观点看,累积犯的实行行为必须具备一定的可罚性。[1]对于实施累积行为的主体,只要其行为的不法程度不明显弱于其他平行行为,就有充分的根据追究其责任,任何人都不得主张超越他人的特权。因此,有必要为累积行为的处罚设置最低的量的门槛,即"最小自重",[2]要求行为与结果达到一定的"显著性门槛",呈现出引发损害的潜力。事实上,即使大家都竞相实施一项合法行为,也可能会造成一定程度的混乱,例如都去一家打折商店购物,或许会造成交通拥堵或者公共场所的秩序混乱。但是,购物是最为普遍的日常生活行为,本身完全没有任何可罚性。因此,只要行为人实施的是不会侵害法益的合法行为,无论是否与他人的类似行为累积并造成损害结果,都不可能构成累积犯。此外,如果一项行为虽然也能造成一定危害,但这种危害是如此轻微,以至于远未达到可罚的程度时,也不能构成累积犯,否则就将构成对法益的过度保护。正如 Luhmann 先生所认为的,即使汽车尾气是造成森林

---

[1] 参见:李婕.抽象危险犯研究[M].北京:法律出版社,2017:28.
[2] 参见:陈金林.现象立法的理论应对[J].中外法学,2020(2):470-493.

枯萎的原因，发动汽车也不能被认为是一个危险的选择。[1]再如德国有学者所举例的，行为人不小心将一壶牛奶洒入河中一部分，或者涂抹防晒油后在河水中洗澡的，也不应当满足污染水域罪的犯罪要求。[2]

　　有学者指出，由于累积犯的处罚时机比抽象危险犯更早，因此有必要适当提高入罪门槛，对累积行为的量进行一定限制。并且基于累积犯的特征，在达到一定"阈值"之前，行为其实是不会对重大法益造成实质性影响的，故只需要划定一定的"临界值"，而不需要将所有的累积行为都纳入刑法规制范围，就足以保护集体法益，并且也不至于过分限制国民的活动自由。[3]具体而言，处罚累积犯不是为了使社会上的所有人都不能从事该行为（累积量为0），而是使累积量处于0到临界值之间。另外，如果行政处罚可预防累积犯侵害的发生，也不应适用刑罚。事实上，我国关于累积犯的立法与司法解释中，也大多根据行为的直接结果划定了入罪门槛，只有达到一定量的累积行为才可构成犯罪，从而最大限度地实现法益保护与自由保障之间的平衡。例如，根据污染环境罪的司法解释，排放、倾倒、处置含铅、汞、镉、铬、砷、铊、锑的污染物，超过国家或者地方污染物排放标准三倍以上的，才属于"严重污染环境"，这无疑考虑到了环境的自净功能与行刑衔接等问题。

---

　　[1] SEELMANN K. Risikostrafrecht: die „risikogesellschaft" und ihre „symbolische gesetzgebung" im umwelt-und Betäubungsmittelstrafrecht[J]. Kritische Vierteljahresschrift für Gesetzgebung und Rechtswissenschaft, 1992(4):452-471.

　　[2] SAMSON E. Kausalitäts-und zurechnungsprobleme im umweltstrafrecht[J]. Zeitschrift für die gesamte Strafrechtswissenschaft, 1987(4):617-636.

　　[3] 参见：李志恒.集体法益的刑法保护原理及其实践展开[J].法制与社会发展，2021(6):111-132.

第三节 独立预备犯的立法限制

一、独立预备犯的可罚性依据

关于刑法中的预备犯,西方学者长期以来都持非常谨慎的态度,要么直接否认预备犯立法的合理性,要么主张对其适用范围进行十分严格的限制。纵观世界各国刑法,基本上都是以处罚预备犯为例外的。甚至有学者不无讽刺地指出,如果设置了预备犯,法官就有权对任何购买毒药、枪支或绳索的人进行调查,询问他们这么做是不是出于犯罪的意图,并且可以在其他一千种情况下,以令人发指的方式对公民的生活进行干预。如果将国家视为执行道德的监狱,就会希望每个人胸前都有一面反映其思想的镜子,从而识别出每一个不道德的思想并施以相应的惩罚。[1] 因此,对预备犯的立法将会干预国民的正常生活,混淆不道德、违法与犯罪的界限。与抽象危险犯的独立侵害法益不同,预备犯的行为本身并没有侵犯法益,只是为自己或他人后续实施侵害法益的犯罪创造了条件,属于对法益的间接侵害。而与未遂犯相比,预备犯对法益的危险更为遥远、稀薄,甚至是微不足道的。因此,要想处罚预备犯,尤其是设置独立预备犯,必须给出有说服力的理由。

从政策上看,处罚犯罪预备最常见的理由是——通过允许国家的早期干预降低完成犯罪的风险。但是,防范风险本身的重要性不能单独作为刑法设立预备犯的依据,否则国家完全可以越早干预越好,甚至在犯罪预备之前乃至犯意形成阶段就予以处罚。因此,必须从法理上寻找其他依据。多数学者主张,独立预备犯的可罚性在于其行为对法益造成了较高的抽象危险。如有学者认为,如果立法者认为某些典型的预备行为本身已经具有了较高的失控危险,就可以将其独立成罪。[2] 也有学者认为,刑法分则对个别预备犯既遂化,

---

[1] HAASE A. Computerkriminalität im Europäischen Strafrecht [M]. Tübingen:Mohr Siebeck,2017:172-173.

[2] 参见:蔡圣伟.刑法问题研究(一)[M].台北:元照出版公司,2008:448.

是因为该行为的抽象危险十分严重，值得作为既遂犯处理。[1]但是，为什么能够认为部分预备行为对法益具有较高的危险呢，这种危险的来源是什么？笔者认为，可以分情况予以讨论。独立预备犯一般包括持有工具型犯罪、制造条件型犯罪与结社型犯罪。持有工具型犯罪如我国刑法第120条之六的非法持有宣扬恐怖主义、极端主义物品罪，系同条之四的宣扬恐怖主义、极端主义、煽动实施恐怖活动罪的预备犯。制造条件型犯罪如刑法第120条之二的准备实施恐怖活动罪，系后续恐怖活动犯罪的预备犯。而结社型犯罪的典型则是刑法第120条的组织、领导、参加恐怖组织罪与第294条的组织、领导、参加黑社会性质组织罪。

对于持有工具类犯罪的立法正当性，根本原因在于典型犯罪工具对法益的抽象危险。[2]在当今社会，随着科技的发展，犯罪也呈现出智能化、技术化的趋势。部分犯罪能否成功实施，是否拥有"合适"的犯罪工具往往会极大减少行为实施过程中的阻碍，发挥出至关重要的决定性作用。例如，一个已经将木马植入计算机系统的黑客，根本不需要进一步展示其才智或技术，就能够轻松地将资金从一个银行账户转移到另一个银行账户，或者不费吹灰之力地检索高度机密的文件。因此，为了更为周延、及时地保护法益，出于风险预防的需要，有必要对持有典型犯罪工具的行为予以禁止。如Jakobs教授认为，国家无权将纯粹的"内部"问题，如思想和观念等定罪，除非它们表现为对社会等"外部"的侵害。如果行为人制造、获取或者持有了典型的犯罪工具，而这些工具又能够为任何人在将来实施相应犯罪行为提供便利的，此时就实现了法益从相对安全状态向危险状态的转变，从而体现出对"外部"的干扰性，具有抽象的危险，应当予以处罚。[3]而这里的"任何人"，既可以包括自己或所在团体，也可以包括他人——如Hefendehl教授认为，预备行为危险性和可罚性的一个重要标志是，第三方有可能为实现犯罪目的而利用现有装置和类似装置。

---

[1] 参见：张明楷.论《刑法修正案（九）》关于恐怖犯罪的规定[J].现代法学，2016(1)：23-36.

[2] HEFENDEHL R. Zur vorverlagerung des rechtsgutsschutzes am beispiel der geldfälschungstatbestände[J]. Juristische Rundschau，1996(9)：353-357.

[3] 参见：徐凯.抽象危险犯正当性问题研究[M].北京：中国政法大学出版社，2014：179-180.

如果系行为人自己将在今后使用该工具，对其处罚自然没有争议。以持有枪支为例，其本身就是高度危险的前在行为。因此，立法者没有必要非得等到行为人举枪瞄准时才能予以处罚——此时能否有效制止犯罪也是大有疑问的，完全可以在购买枪支时就予以规制。但如果可能被非共犯的他人所使用，行为人却仍需承担责任的，是否违反了刑法的自我答责原则？对此，Frisch 教授指出，行为人在此时违反了安全义务，系一种不作为犯罪。具有特殊危险性的某些物品，只能托付给值得信赖的人进行管理与使用，以免该物品被不当使用，进而给法益造成侵害。如果违反了该义务，导致他人也可以较为容易地得到这些物品时，就具有了侵犯法益的潜在危险。Ashworth 教授与 Zedner 教授也认为，当行为人预见到且有义务防止他人可能造成的损害而未防止时，则应当对其他人在今后实施的行为承担责任。[1]

反对观点主张，对于本身具有危险性的物品（如自爆物品）或在第三方手中可能变得危险的物品（如武器），适当地储存完全可以排除或尽可能防止立法者所担心的损害。如果发生了结果，原则上也能够以相应的过失犯论处即可。只有当发生结果的危险性很大，以至于不出现这种情况似乎只是一种巧合时，才有处罚持有该类物品的必要——但就这些物品而言，因自爆或第三方滥用而发生的损害始终是例外的，故没有必要得到如此高度的重视。[2]但本书认为，由于这些条文所保护的法益是如此重要，以至于立法者不允许其面临这种例外情况，因此即使是抽象的危险，也不愿意冒这个风险。当然，为了进一步加强规制持有类犯罪的合理性，应当严格限制具有特殊危险性的物品，或者说典型性犯罪工具的范围。如 Puschke 教授认为，这种物品必须根据其自身性质，通常被用于犯罪之中，不容易被人得到，并且对于后续侵害具有决定性作用，能够典型地标示出与着手行为的直接接近。例如对个人而言，抛开自卫功能，枪支基本上不会被用于合法领域，无疑属于这类具有特殊危险性的物品，但菜刀则完全相反。再如，炸弹属于会直接导致危险的典型性犯罪工具，

---

[1] ASHWORTH A, ZEDNER L. Prevention and criminalization: justifications and limits[J]. New Criminal Law Review, 2012(4):542-571.

[2] SCHROEDER F C. Besitz als straftat[J]. Zeitschrift für Internationale Strafrechtsdogmatik, 2007(11):444-449.

而安装炸弹的读物却不算。[1]因此,这一理论可以解释持有型犯罪的合理性问题。

与持有型犯罪相比,准备条件型犯罪与结社型犯罪的立法正当性更好理解。在这两类犯罪中,行为人就是为了自己或团伙犯罪而实施预备行为的,犯罪决意更加明确,对法益的危害更为接近,实施犯罪的可能性也更高。在实践中,有些预备行为其实是很难与着手行为进行明确界分的。并且,既然是为了犯罪,则行为人更不可能采取安全措施,以阻止实施下一步犯罪,也难以以"未必真的会继续实施犯罪"为由进行推脱。因此,对其予以处罚也是合适的。[2]尤其是在结社型犯罪中,组织本身能够为实施后续犯罪提供巨大支持,团队协作使得行为人具有更高的能动性,并可能产生"中和效应",使其在与他人共同犯罪时为自己的行为找到合理化或正当化的理由,从而进一步消除其实施犯罪的障碍。[3]此外,行为人如果不执行组织的相关任务,还可能会面临受到组织惩罚的威胁。因此,加入者相当于将自己的部分"主权"交给了组织,难以无视他人的想法而随意放弃犯罪计划,这无疑会对其坚定犯罪决意起到重要影响。综上所述,如果所保护的法益十分重要(如重要的个人法益与集体法益),并且行为本身也具有高度危险性,是可以对预备行为予以处罚的。

最后,还需要明确指出本书所研究的独立预备犯的范围。研究范围的差异,无疑会导致可罚性基础的不同。有学者认为,无论刑法条文中是否明确使用"预备""准备"等字样,只要在本质上系其他犯罪的预备行为,均属于独立预备犯。我国刑法就出于预防目的规定了大量的独立预备犯,主要包括将部分严重犯罪的预备行为独立成罪,将犯罪的组织行为独立成罪,以及将持有可能用于实行犯罪的特定物品的行为独立成罪,等等。[4]笔者对此基本赞同,但认为对独立预备犯处罚范围的探讨,还需要进一步加以限定。有些独立预备

---

[1] 参见:徐凯.抽象危险犯正当性问题研究[M].北京:中国政法大学出版社,2014:185-187.

[2] 同[1].

[3] 齐白.全球风险社会与信息社会中的刑法:二十一世纪刑法模式的转换[M].周遵友,江溯,等,译.北京:中国法制出版社,2011:218.

[4] 参见:梁根林.预备犯普遍处罚原则的困境与突围:《刑法》第22条的解读与重构[J].中国法学,2011(2):156-176.

犯的可罚性并不依赖于对应的实行行为,本身就具有对法益的侵害性,并且与实行行为侵犯的法益不同。典型代表为伪造公文、证件、印章类犯罪,虽然属于诈骗罪等后续犯罪的犯罪预备,但二者侵犯的法益是不同的。伪造公文后又诈骗的,应当根据罪数理论,择一重处罚或数罪并罚。关于这类犯罪的可罚性,理论界一般不存在争议,甚至还有学者明确否认该类型属于独立预备犯。[1] 但除此之外,还有一些独立预备犯的可罚性完全依赖于对应的实行行为,侵害法益也完全相同,如准备实施恐怖活动罪。实施准备活动后继续实施恐怖活动的,本质上属于同一犯罪行为的不同发展阶段,应当以一罪论处。在德日等国,为什么能将这些实行行为的处罚时机提前到预备阶段,才是独立预备犯立法争议的核心问题。我国虽然原则上处罚所有的犯罪预备,但为什么能够将这些预备行为单独成罪,从而扩张刑法的处罚范围,也是需要讨论的问题。接下来,本书将主要针对这部分独立预备犯展开讨论。

二、独立预备犯的设置标准

如前所述,对法益的抽象危险只能说明预备犯可罚性的原因,而无法为其提供据以判断可罚与否的明确标准。[2] 由于独立预备犯会导致刑法的过早介入,为了更好地保障公民自由,必须综合多方面因素,全面考虑、合理划定独立预备犯的设置标准。2009 年,在伊斯坦堡举行的国际刑法学协会(AIDP)第十八届国际刑法大会决议指出,对预备行为的惩罚不能被认为是合法的,除非符合下列条件:(1)防止犯下非常严重的罪行,对他人的生命、身体或自由造成伤害;(2)法律明确规定了哪些预备行为可以受到惩罚,描述了客观和具体的行为,避免使用非常笼统的表述,最重要的是,不能将单纯的犯罪意图定为犯罪;(3)被定为犯罪的行为与主要罪行的实施密切相关,这种关系必须是可客观识别的,同时对上述合法利益构成具体的、迫在眉睫的威胁;(4)犯罪行为人

---

[1] 参见:彭文华,刘昊.论我国刑法中实质预备犯的范围[J].中国应用法学,2018(3):153-166.在德日,也有学者否认这些罪名属于预备犯,否则就与处罚重罪预备的传统相违背。因此,这些学者将理解为对其他新型法益的抽象危险犯,而非作为其他既有犯罪的预备犯。

[2] 参见:尚勇.准备实施恐怖活动罪的法教义学分析:以处罚范围的限定为核心[J].法律适用,2018(19):90-98.

对实施具体和特定的主要罪行具有直接故意。上述标准为本书关于独立预备犯的处罚范围提供了重要参考。本书认为,只有同时满足以下几方面条件的,才可以设置独立预备犯。

(一) 为了保护重大法益

初看起来,法益概念似乎并没有为预备行为的刑事可罚性提供限制性标准。甚至还可以说,对法益的保护有利于消除预备犯惩罚上的障碍——因为刑法越早介入,对法益的保护力度就越大。但无论如何,都需要找到一个具有明确轮廓以及足够具体内容的法益,而单纯的"安全感"无疑不能作为法益。本书认为,只有针对的是重大法益,才有提前预防的必要;如果仅针对一般法益,则没有必要过分提前保护。那么,哪些法益属于这里的"重大"法益呢?有学者主张,预备行为所针对的法益必须是影响人们"生存"的重大法益,故独立预备犯只限于侵犯国家安全、公共安全等性质十分严重的犯罪;与之相对,财产、名誉、自由、秩序等只是影响人们"生活"的法益,故不能作为独立预备犯的保护法益。此外,重大法益的主体应当是社会公众而非个人,故此处的"重大法益"也不包括个人的生命、身体。[1]

诚然,根据学者们的研究,我国独立预备犯主要针对的是侵害集体法益的犯罪。[2] 也有学者明确主张,对于独立预备犯的设置,必须构成在要件中要求具有经验上更高度的发生盖然性,以及影响范围的广泛性,如行为客体需限定在不特定多数人。[3] 但据此将个人法益完全排除于"重大法益"的范畴,也不尽合理。从法益的位阶上看,没有比生命更为重大的法益,同时也不能认为多个人的生命重于少数人的生命。如前所述,公共安全本身并非适格的集体法益,而是多个个人法益的集合。因此,既然认为可以为危害公共安全犯罪设置独立预备犯,就没有理由排斥对故意杀人设置独立预备犯。而且纵观德日

---

[1] 参见:姜敏,詹惟凯.论持有型犯罪的性质、正当性根据及其限度[J].中国人民公安大学学报(社会科学版),2022(1):55-66.

[2] 参见:商浩文.预备行为实行化的罪名体系与司法限缩[J].法学评论,2017(06):167-175.

[3] 参见:谢煜伟.风险社会中的抽象危险犯与食安管制:"搀伪假冒罪"的限定解释[J].月旦刑事法评论,2016(1):70-90.

等国家的刑法典,在为数寥寥的独立预备犯条文中,基本上均包括了杀人罪的预备。当然,这一结论并不意味着我国应当增设故意杀人罪的独立预备犯,只是论证预备杀人罪的合理性。

  与生命法益不同,身体法益则不宜作为这里的重大法益,换言之,故意伤害行为不宜增加独立预备犯的规定。理由在于身体法益涵盖的范围极广,下至轻伤,上至伤害致死,导致故意伤害罪法定刑的跨度也很大。如果笼统地增设独立预备犯的规定,会导致针对轻伤害的预备行为也受到刑事处罚,无疑大幅扩张了处罚范围,也与我国实践中原则上连轻伤未遂都不处罚的做法矛盾。但倘若将行为限制为重伤的预备,也会造成实践中的适用难题。毕竟,伤害程度不仅与工具有关,也与打击部位、强度、次数、被害人体质等因素密切相关,司法机关很难准确判断出行为人究竟系为轻伤做准备,还是为重伤做准备。基于此,日本刑法与我国台湾地区所谓"刑法"中,也均未规定伤害罪的独立预备犯。这也变相说明了,不宜为了保护身体法益而增设独立预备犯。此外,财产法益的位阶比身体法益更低,亦不应属于特别有价值的法益。综上所述,应当将"重大法益"理解为关乎国家存续与发展的重大制度,以及个人的生命。最初,立法者原则上只会对上述影响人类生存的特别重要的法益进行提前保护。但目前的趋势是,即使在中等严重的犯罪现象领域,如计算机犯罪中,也针对数据和数据处理系统的完整性设定了独立预备犯。[1] 这无疑是一种值得警惕的立法现象。

  此外,在判断是否属于重大法益时,法定刑可以作为重要的参考依据。如果某一罪名本身法定刑过低,就表明其社会危害性并不严重,没有必要为其设置独立预备犯,否则会导致实行犯与预备犯的刑罚幅度拉不开档次。例如德国刑法第202条a的探知数据罪,其法定最高刑为3年有期徒刑;202条b的截获数据罪,其法定最高刑仅为2年有期徒刑。而第202条c却为上述两项性质较轻的犯罪设置了独立预备犯,法定刑为1年以下有期徒刑。这就导致探知、截获数据的实行行为与预备行为的量刑,有相当一部分存在重合,从而

---

[1] HAASE A. Strafbewehrte vorfeldhandlungen im sicherheitsrecht-computerstrafrecht jenseits von rechtsgüterschutz und ultima ratio? [C]//GUSY C, KUGELMANN D, WÜRTENBERGER T. Rechtshandbuch zivile sicherheit. Berlin: Springer,2016:517-526.

无法充分体现出实行行为与预备行为危害程度的差别。因此,对于这些预备行为,原则施以行政处罚就足够了。此外,规制轻罪的预备行为还会产生处罚上的漏洞。原因在于一般而言,轻罪的未遂是不可罚的。如果行为人没有实施法律规定的独立预备行为,而是直接着手实施犯罪,倘若未能成功,则属于不可罚的未遂行为,同时也不能构成独立预备犯,从而可以逃脱刑法的制裁;但如果实施了预备行为,即使未着手实施后续行为,也将构成犯罪。这一结论无疑显失公平。仍以前述德国侵犯数据的犯罪为例,黑客甲制作了用于截获数据的软件,直接构成 202 条 c 的预备罪;乙使用该软件截获数据,但未能成功,则不构成任何犯罪。但从对法益的侵害程度与紧迫性上看,乙无疑比甲更严重。

(二) 预备行为具有明确性与类型化

立法者既不应将针对某一犯罪的所有预备行为均规定为独立预备犯,也不宜采取兜底条款等立法技术,对预备行为进行过于宽泛的规定,而必须有选择性地挑选出重要的、值得处罚的类型化的预备行为,只将这类行为规定为独立预备犯。否则,在同时处罚独立预备犯与从属预备犯的刑法中,就将导致二者的处罚范围完全等同,不但失去了独立预备犯本应当具有的明确性,也完全没有进行重复规定的必要。即使是不处罚从属预备犯的立法,也会因为处罚范围的模糊性与广泛性而受到诟病。如有学者不乏戏谑地指出,英国对恐怖主义活动预备行为的处罚过于宽泛,当潜在的恐怖分子为了今后实施恐怖活动而努力训练时,就已经触犯了刑法。再这么持续下去,恐怕除了带着恐怖目的吃饭等日常行为之外,都将成为被提起公诉的对象。[1]我国的准备实施恐怖活动罪也存在这一问题,基本上囊括了为实施恐怖活动进行策划或准备的所有行为。这种宽泛的罪行设置不仅失去了保护自由的功能,并且也没有提供有效的行为指引。综上,只说"准备",而不更加详细地描述具体行为,在任何情况下都是不够明确的。

相较而言,在范围的明确性问题上,德国刑法第 89 条 a 就具有较强的代

---

[1] CORNFORD A, PETZSCHE A. Terrorism offences[C]//AMBOS K, et al. Core concepts in criminal law and criminal justice. Cambridge: Cambridge University Press, 2020:172-210.

表性。该罪虽然处罚严重危害国家的暴力犯罪的预备行为,但对于哪些犯罪属于"严重危害国家的暴力犯罪"进行了较为清晰的界定,仅限于满足特定条件的 4 个刑法条文所规定的犯罪。此外,该条第 2 款还对预备行为的具体手段进行了严格限制,只有满足特定类型的三种预备行为,才属于本罪的预备行为,而不包括所有准备实施严重暴力犯罪的行为。这样一来,虽然该条的正当性仍然被部分学者所诟病,但已经较为严格地限制了该罪的成立范围,在立法技术上是较为科学、合理的。

反观我国的非法利用信息网络罪,虽然刑法对其行为方式进行了明确限制,但由于兜底性规定的存在与示例性规定的不明确,理论界对该罪的处罚范围一直存在较大争议。例如,该罪的第三种行为方式——"为实施诈骗等违法犯罪活动发布信息的",由于立法者仅列举了"诈骗"这一种犯罪,导致对"等"的解释存在无限可能,从广义上讲,似乎可以包括所有犯罪行为。但这一观点使得该罪能够涵盖所有非法利用信息网络实施犯罪的预备行为,显然范围过大,进而导致完全丧失了定型性。因此,在立法时一定要重视独立预备犯行为方式的明确性,尽量不使用模糊性或兜底性的立法语言。

(三) 预备行为具有侵犯法益的显著危险

与前一问题紧密相关的是,在为数众多、范围广泛的预备行为中,应当选择哪些作为独立预备犯的实行行为呢?本书认为,独立预备犯应当在一般的危险之外,要求行为人在规范意义上深度介入了直接的法益损害,即独立预备行为"显著"降低了下游行为人侵犯法益的难度,[1]能够使行为人轻易、顺利达成法益侵害的结果。[2] 根据经验,刑法再晚一点介入,就难以有效抵御行为人所创设的危险。反之,如果上游行为对下游行为的作用微不足道,或者仅能发挥出次要作用,则不应规定为独立预备犯。[3] 这些预备行为需要行为人付出大量努力,已经非常接近应受惩罚的未遂行为,并且很有可能会导致着手

---

[1] 参见:陈金林.现象立法的理论应对[J].中外法学,2020(02):470-493.

[2] 参见:姜敏,詹惟凯.论持有型犯罪的性质、正当性根据及其限度[J].中国人民公安大学学报(社会科学版),2022(1):55-66.

[3] 参见:陈金林.虚开增值税专用发票罪的困境与出路:以法益关联性为切入点[J].中国刑事法杂志,2020(2):38-58.

实施犯罪，进而促进犯罪结果的发生。否则，在行为人对随后或其他决定性行为作出反应时，刑法再予以保护也不迟，而没有必要提前到预备阶段。

具体而言，对于持有型犯罪的设置，必须要求所持有的物品为典型的犯罪物品。在持有该物品之前，对法益的侵害可能性还非常低，甚至只停留在计划或者意图的阶段。而一旦获得了该物品，就为行为人实施后续犯罪提供了极大便利甚至是支配性作用，从而打通了向法益侵害结果发展的道路。此时，行为人不再需要依赖于他人的行为，也不需要自己再获得其他能够发挥关键作用的工具、物品或材料，亦不需要对该物品实施加工、改造等实质性操作，最多根据具体情况进行一些辅助性操作，就可以直接利用该物品实施后续犯罪。[1] 再如，网络犯罪的预备行为往往可以直接决定实行行为的危害后果，是决定犯罪成功与否的关键。并且一个预备行为，如设立网站，能够被多个犯罪实行行为所利用，针对多数人进行侵害。因此，网络犯罪的预备行为具有发生重大危害的较大可能性，从行为角度出发，适合作为独立预备行为予以规定。

不过，在讨论这一标准时，也要避免走入另外一个误区，即过于强调预备行为对法益的风险程度，要求行为本身应当对重大法益造成紧迫危险或实际侵害。[2] 与行为的过于泛化相比，这一观点又走进了另一个极端，在理论上不能自洽。首先，预备犯原则上属于抽象危险犯的一种类型，不可能对法益造成实际损害，否则也不会产生处罚范围上的争议了。至于伪造文书等犯罪，严格意义上并不属于本书讨论的独立预备犯的范畴。其次，如果认为预备犯必须对法益造成了紧迫危险，则相当于将其理解为具体危险犯，势必会混淆犯罪预备与犯罪未遂的界限。尽管有学者认为，随着技术的发展，部分网络犯罪的预备行为实质等同于进入实行阶段，很难对"着手"时点进行清晰判断，但笔者认为，这一特点是网络犯罪所独有的，不能推而广之。对于绝大多数犯罪，如恐怖主义犯罪等，仍能够较为明确地区分犯罪预备与未遂，故不应将该特点作为所有独立预备犯的共同特征。因此，这一标准实际上将预备犯的"创设"危

---

[1] 参见：姜敏，詹惟凯.论持有型犯罪的性质、正当性根据及其限度[J].中国人民公安大学学报(社会科学版)，2022(1):55-66.

[2] 参见：高丽丽.准备实施恐怖活动罪:以预备行为实行行为化为视角的宏观解构[J].法学论坛，2018(2):152-160.

险误解为"实现"危险,解决的其实不是"预备行为实行化"的问题,而是"实行行为实行化"的问题。[1]

(四)预备行为具备侵害法益的适宜性与典型性

独立预备犯的行为必须是通常为侵害法益做准备的,能够显示出对法益危险的增加,并与损害法益的意图建立起足够的联系,而非日常生活中大家均可从事的中立性行为。相反,纯粹的日常行为在客观上并不明显以损害法益为特征,如果只是通过与某些意图相联系而应受到刑事处罚,就必须注意确保刑法不会滑向纯粹的"思想刑法"(Gesinnungsstrafrecht),从而将关注的焦点由犯罪转为罪犯。例如,即使购买手机可能是为了将来引爆炸弹,学习英语也可能是为了方便去美国实施恐怖袭击,但这些行为是日常生活中再普遍不过的行为,如果仅因为具有犯罪目的就进行处罚,难道没有处罚思想的嫌疑吗?德国学者普遍对该国刑法典第89条b提出批评,认为其不当地处罚了日常的中立行为。该条处罚与严重危害国家的暴力犯罪组织建立或保持联系的行为,但通信自由是公民的基本权利,该行为本身并不会直接对法益造成侵害。如果双方联系的内容并不涉及犯罪,对其予以刑事处罚的依据究竟何在?[2]再如第89条a第二款中的"搜集财产",如果被认为系为了资助恐怖活动而积极地累积财产,大体上还算符合明确性的要求;但英国的反恐立法却表明,完全可以将消极的节省开支也包括在内,这就明显导致处罚范围漫无边际。正如 Sieber 教授所指出的,"甚至可以将那些决定若干年后成为恐怖分子并因此从现在开始存钱的青少年加以处罚。"[3]这一结论无疑是荒谬的。

实践中,德国法院对这一问题把握得相对严格。在一起案件中,警方在搜查一名嫌疑犯的公寓时,发现并缴获了一瓶盐酸。盐酸既可以用来制造爆炸装置,也可以用来清洁。而在搜查期间,嫌疑犯的妻子主动地告诉警察,她购

---

[1] 参见:詹惟凯.论预备行为实行化的立法界限.上海法学研究[C].2020(2):57-62.

[2] ZÖLLERMark A. Terrorismusstrafrecht: ein handbuch[M]. C. F. Müller, Heidelberg:2009:585.

[3] 齐白.全球风险社会与信息社会中的刑法:二十一世纪刑法模式的转换[M].周遵友,江溯,等,译.北京:中国法制出版社,2011:216.

买盐酸是为了清洁浴室。最终,法院认为在缺乏相关证据的情况下,持有盐酸的行为在日常生活中并不罕见,不能与制作爆炸物产生直接关联,从而否定了这一起指控。当然,如果行为人所支配的危险性物品已经远远超出了日常生活或职业所需的数量,且不能进行合理解释时,则已经突破了日常中立行为的范围,可以认定存在与犯罪行为的高度关联性。

综上所述,如果将日常的中立行为作为独立预备犯,无疑需要以明确的犯罪目的作为支撑,甚至主观因素将会发挥决定性作用。这样一来,就存在违反客观主义刑法、进行主观归罪的风险。为了避免这一风险,基于防止对社会的危险而禁止某种本属于中性行为的权力,原则上应当继续保留给警察法(行政法),而不应被刑法所轻易使用。

(五)行为人对将要实施的犯罪行为具有明确的犯罪故意

被犯罪化的行为离所预防的危害越遥远、危害程度越低,就越有理由提出更严格的主观罪过要求。[1] 不处罚犯罪预备的重要原因之一是行为人可能在预备阶段随时放弃犯罪决意,从而避免对法益的侵害。如果将预备行为直接规定为犯罪,可能会促使行为人一不做二不休,进一步着手实施犯罪。因此,在设置独立预备犯时,原则上应要求行为人主观上具有实施后续行为的目的,[2] 并且这种目的已经超越了单纯准备的意图。尽管主观故意这一要件更多体现在司法认定中,但在实践中,有些行为人对实施后续犯罪具有较为强烈的追求,不会轻言放弃,可以在立法中重点予以关注,甚至明确规定其主观要件。例如,德国刑法典第91条第2款规定的持有指导实施严重危害国家暴力犯罪的文书罪中,明确要求行为人必须具备实施后续犯罪的目的。再如,恐怖分子大多具有十分坚定的犯意,很难期待他们在准备犯罪工具后中止犯罪。[3] 因此,将恐怖活动的预备行为规定为独立预备犯,也契合对主观要件

---

[1] ASHWORTH A, ZEDNER L. Prevention and criminalization: justifications and limits[J]. New Criminal Law Review, 2012(4):542-571.

[2] 参见:詹惟凯. 论预备行为实行化的立法界限. 上海法学研究[C]. 2020(2):57-62.

[3] 参见:张明楷. 法益保护与比例原则[J]. 中国社会科学,2017(07):88-108+205-206.

的要求。

三、独立预备犯立法中的其他问题

（一）与刑法其他条文的协调问题

首先,独立预备犯的规定必须与刑法总则相协调。在目前我国原则上处罚犯罪预备的背景下,独立预备犯与总则规定是"特殊"与"一般"的关系,在确定法定刑时也应遵循总则"对于预备犯,可以比照既遂犯从轻、减轻处罚或者免除处罚"的要求。只不过在具体量刑时,就不应再重复适用总则的规定了。基于此,有学者认为的应当在我国现有犯罪预备立法基础上,增加"但只对刑法分则规定的预备犯进行处罚"的观点,[1]就有自相矛盾之嫌——如果只处罚独立预备犯,那么刑法总则关于犯罪预备的规定就没有任何意义;如果还要对独立预备犯从宽处罚,显然进行了重复评价,亦不可取。至于独立预备犯的具体法定刑设置,本书将在下文展开进一步讨论。

其次,应当注意独立预备犯与其他分则罪名的关系,不应与其他犯罪不相协调。例如,德国刑法典第263条a规定了计算机诈骗罪,其第三款处罚以获取他人财产为目的,制作实施相应犯罪的计算机程序等预备行为。但是,德国刑法典对传统的诈骗、盗窃等行为,连未遂都不处罚,更遑论犯罪预备了。这就给立法者提出了一个难题:为什么要处罚利用计算机实施诈骗行为的预备,而不处罚所有诈骗的预备行为?利用计算机实施的行为究竟有何特殊之处,值得如此扩张处罚范围?毕竟,立法者之所以设置计算机诈骗罪,核心理由是为了解决"机器不能被骗"的问题,而绝非认为这种行为具有远超普通诈骗罪的危害性,以至于需要将处罚时机提前到犯罪预备阶段。[2]再如,根据德国刑法典第205条的规定,前述第202条a与第202条b是亲告罪,但作为这些条文独立预备犯的202条c反而是非亲告罪——这就造成了犯罪越严重,可诉性反而越低的尴尬局面。而产生这一问题的根本原因无非是在预备阶段,

---

[1] 参见:许健.犯罪预备行为处罚限度研究[M].北京:中国人民公安大学出版社,2015:182.

[2] HAASE A. Computerkriminalität im Europäischen Strafrecht[M]. Tübingen:Mohr Siebeck,2017:169.

不存在刑法意义上的被害人,自然就不可能有人提起自诉。德国的这一规定也给我们提供了启示,即对于亲告罪,不应设置独立预备犯,否则反而会大幅提前刑法的介入时机,从而违背亲告罪的设立初衷。

(二) 能否处罚违法行为的预备问题

非法利用信息网络罪针对的是"违法犯罪活动",从字面上看,显然可以包括预备实施违法行为;在实践中,司法机关也将利用信息网络发布卖淫嫖娼等违法行为信息的行为认定为本罪。而相关司法解释亦指出,"违法犯罪"包括犯罪行为和属于刑法分则规定的行为类型但尚未构成犯罪的违法行为。这就完全突破了传统的犯罪预备理论,提出了一个十分尖锐的问题——在目标行为尚且不构成犯罪的情况下,处罚其预备行为的理由何在?对此,部分学者肯定该规定的合理性,理由主要在于:从文义解释的角度,该罪明确规定了"违法";从立法目的的角度,如果局限于犯罪,就无非是以独立预备犯取代从属预备犯,难以充分起到提前保护法益的效果。[1] 但也有不少学者坚持认为,本罪应当仅处罚针对犯罪的预备行为,此处的"违法"最多具有语感上的意义,或是起到对"犯罪"的补充作用。此外,还有部分学者持折中说,认为应当区分三种行为类型中的"违法犯罪",其含义并不相同。其中,第二种方式中的"违法犯罪信息"包括单纯的违法信息。理由主要在于:虽然卖淫行为在我国不是犯罪,但教唆、协助卖淫等行为却均是犯罪;因此,即使目标行为不是犯罪,预备行为完全也可以独立成罪。倘若仅限于犯罪信息,由于后续行为多为重罪,将基于该罪第三款规定的从一重罪处罚原则,导致该罪名几乎无用武之地,存在被虚置的危险。[2] 并且,在当今的网络社会中,发布的违法信息会飞速扩散并引发广泛影响,造成难以预计的危害后果,故将其认定为犯罪亦符合比例原则。当然,如果是第一种与第三种行为方式指向的设立用于实施违法活动的网站,或者为实施违法活动发布信息的,由于目标行为仅为违法活动,则基于举重以明轻的基本法理,行为人不应构成犯罪。因此,应当对这两项中的"违

---

[1] 参见:孙道萃.非法利用信息网络罪的适用疑难与教义学表述[J].浙江工商大学学报,2018(1):42-57.

[2] 参见:周光权.网络服务商的刑事责任范围[J].中国法律评论,2015(2):175-178.

法犯罪活动"进行限缩解释,即理解为"既实施犯罪,也可能还实施违法活动",但无论如何,必须包括犯罪活动。[1]

对于上述三种观点,笔者均不完全赞同。犯罪预备可以分为为自己犯罪预备与为他人犯罪预备,[2]需要分情况予以讨论。持折中说的学者以共犯理论切入,以刑法处罚无正犯的共犯为由,主张亦可以处罚"无实行的预备"。但是,修正的犯罪构成理论对于未遂犯、狭义共犯修正的只是"实行行为的程度",而对于预备犯修正的却是"实行行为的有无",二者的程度存在重大差别,不应相提并论。[3]刑法之所以处罚部分违法行为的教唆、帮助行为,一方面涉及被害人承诺理论带来的法益侵犯阙如,另一方面也与对法益的侵害程度有关。但预备行为与实行行为之间则并不具有这种关系。无法想象在自己意图实施的行为都不构成犯罪的情况下,前期的预备行为竟然能具有更高的社会危害性。因此,在为自己实施犯罪进行预备的情况下,无法通过共犯理论论证处罚违法行为合理性。笔者认为,对于这种情况,是不能处罚违法行为的预备犯的。

如果系为他人实施违法行为做准备,可能确实存在帮助多人、多次帮助等危害性更高的情况,似乎可以套用共犯理论解决。但如果将这种行为入罪,也会面临理论上的重大困扰——并非所有的违法行为都会量变引发质变,上升为犯罪行为,很多违法行为与犯罪之间具有不可逾越的鸿沟,存在质的差异。例如,无论自己卖淫多少次,都不能因此上升为犯罪;同理,不管为他人单纯卖淫准备多少次,也不应构成犯罪。究其本质,就在于刑法分则根本未规定这种类型。例如,刑法只规定了传授犯罪方法罪,而未规定传授违法方法罪,故无论传授多少次违法方法,都不可能上升为犯罪。那么,为他人传授违法方法设立网站的,也不可能突破这一限制。反之,如果系司法解释所规定的,实行行为属于分则规定的犯罪类型,只是因为数额、情节等未达到入罪标准的,则预

---

[1] 参见:胡莎.非法利用信息网络罪适用问题研究:"被虚置"与"口袋化"[J].法治社会,2019(3):11-22.

[2] 有学者认为独立预备犯只能为自己预备,而不能为他人预备。但笔者不赞同这种观点,为了突出重点,此处就不再详述了,具体论证可参见:张明楷.论《刑法修正案(九)》关于恐怖犯罪的规定[J].现代法学,2016(1):23-36.

[3] 参见:熊亚文.实质预备犯立法的法教义学审视[J].刑事法评论,2020(1):203-220.

备行为的危害性确有可能高于实行行为。这是因为在网络社会，由于"技术为王"，预备行为能够突破时空限制，从"一对一"发展到"一对多"，从而使犯罪危害成几何倍数增长，甚至远超单个实行行为，具有较强的独立性。这种"积量够罪"的特征，使得"预备行为的不法性低于实行行为"不再是不证自明的金科玉律了。例如，为他人诈骗设立多个通信群组，尽管他人的诈骗行为均未达到入罪数额，但累计金额可能已经非常巨大，如果达到了十分严重的社会危害性，就存在作为犯罪论处的可能性。此时，刑法将该行为单独设立为犯罪，也完全符合罪刑法定原则。

而在该罪第二种行为类型的认定上，不少学者都走入了一个误区，即"发布违法信息"的，并不意味着该行为本身是违法而非犯罪的。此处的"违法"用以修饰的是"信息"，而不是对行为性质的描述，与前述的"违法活动"存在根本区别，不能将"发布违法信息"理解为"违法发布信息"。从常理上看，这里的"违法"并不是指信息内容涉及违法的事实，否则，公安机关发布的警情通报等，就都属于违法信息了；而是指法律、行政法规禁止这些信息在互联网上发布。相应的，"犯罪"信息就是指刑法禁止其在网上发布。这样一来，判断"违法"信息与"犯罪"信息的区别，就不在于信息内容是否涉及犯罪、是否服务于犯罪活动（例如，发布卖淫信息的，是违法信息；发布卖枪信息的，是犯罪信息），而在于刑法是否禁止发布这一信息。而根据我国刑法，发布违法信息的行为完全可能构成犯罪，并不一定非要发布服务于犯罪行为的信息，如未经著作权人许可公开发布的信息、影响证券期货交易的虚假信息、不应公开的案件信息、一定数量的淫秽色情信息，等等。这些信息的内容并不涉及犯罪，但发布行为却仍然被规定为犯罪。因此，发布"违法信息"的行为并不一定属于违法行为，如果立法者认为其社会危害性达到了犯罪的程度，完全可以将其规定为犯罪。而非法利用信息网络罪本身就是独立犯罪。也就是说，如果行为人发布的是被刑法禁止发布的信息，如销售枪支、毒品等，属于相关犯罪的犯罪预备，其可罚性自不必说；为犯罪者发布信息的，如帮助组织卖淫者发布卖淫信息的，亦可以构成组织卖淫罪的帮助犯；即使发布的是尚未被刑法明确禁止发布的信息，但如果属于违法信息，且情节达到了一定程度，也可以被非法利用信息网络罪规定为独立的犯罪。此时，其可罚性并不依赖于信息内容涉及行为的违法性，而取决于发布行为本身的危害性。

综上所述,为自己实施违法行为进行预备的,无论如何也不能成立独立预备犯,不具有可罚性;为他人实施属于刑法分则规定的行为类型,但尚未构成犯罪的违法行为进行预备,尽管他人不构成犯罪,但如果预备行为具有严重的社会危险性且被刑法明文规定的,亦有成立独立预备犯的余地。

(三)特殊悔过条款的设立问题

在犯罪预备阶段,行为人并未完全形成犯罪决意,仍有可能放弃实施犯罪,从而避免实害结果的发生。故与抽象危险犯类似,也应当为独立预备犯设置独立的免责或减轻处罚条款,以协调特殊悔过情形下的刑法裁量问题。对于从属预备犯,行为人在着手实行犯罪前主动中止的,属于犯罪预备阶段的犯罪中止,原则上不予处罚。而由于独立预备犯被立法者设置为单独犯罪,尽管仍然具有犯罪预备形态,如为了发布违法犯罪信息而编写信息的;但原则上只要实施完犯罪行为,如发布了违法犯罪信息,就将因成立犯罪既遂而不再存在犯罪中止的余地,从而丧失法定的从宽处罚情节。但从实质上讲,这种变化完全是立法者造成的,犯罪行为的性质并没有改变,只是由于被规定为独立预备犯,才导致由其他犯罪的预备行为转变为独立的实行行为。如果一概否认独立预备犯可以成立犯罪中止,对于行为人而言无疑是不公平的,不利于其悔过自新、及时停止实施更严重的行为或者有效阻止后续结果的发生。如德国就有学者指出,对于伪造类犯罪,应当让伪造者有机会通过放弃自己的行为并使伪造的文件无害化,来获得免于起诉的权利。[1] 因此,建议我国参考德国刑法第 89 条 a 第 7 款等特殊悔过条款的规定,有选择地为刑法中的部分独立预备犯设置特殊减免处罚条款。如果行为人自愿放弃进一步实施危害行为,并且避免或在实质上降低了前行为所造成的危险的,法院可以从轻、减轻甚至免除处罚。

---

[1] JESCHECK H H. Die Vorverlegung des strafrechtsschutzes durch gefährdungs-und unternehmensdelikte[M]. Berlin:Walter de Gruyter,1987:19.

第四节　共犯行为正犯化的立法限制

一、共犯行为正犯化的合理性论证

将共犯行为作为正犯论处，似乎违反了传统的共犯理论；但面对日益增加的立法现实，学者们也应当对传统共犯理论进行一定程度的发展与完善，以适应时代的发展需要。本书认为，共犯行为正犯化的立法符合共同犯罪的基本原理，并不违反罪刑均衡原则与共犯从属性原则。

一方面，将共犯作为正犯处理，并不会造成处罚力度的不当拔高。尽管通说认为，共犯的类型化不法程度确实低于正犯，但这一结论仅针对一般抽象化的状态。[1] 而在具体案件中，共犯的危害完全可以不低于正犯。更何况，我国刑法对共同犯罪采取的是"作用"＋"分工"的双层评价模式，狭义的共犯并不与从犯画等号，完全也可以成为主犯，如教唆犯。因此，对此种共犯的处罚重于彼种正犯，或者等同于此种正犯，都不违反罪刑均衡原则。而且在实践中，我国关于共犯行为正犯化的立法，尤其是帮助行为正犯化的立法，其法定刑设置往往要较单独的正犯行为为低。这也昭示了共犯行为正犯化原则上只是将本属于共犯的行为评价为正犯行为，而非将其作为正犯进行量刑。

另一方面，共犯行为危害性的新发展，也使传统的共犯从属性原则产生了松动。当前，部分共犯行为本身就已经具有了较为严重的社会危害性，完全可以被独立处罚。在传统共犯理论中，共犯的可罚性依附于正犯，如果正犯都不构成犯罪，原则上更不可能处罚共犯。但随着社会的发展，部分共犯行为已经发生了"异化"。以帮助行为为例，如前所述，"一对多"型帮助行为的危害性并不亚于其所帮助的行为，在整个犯罪中发挥着举足轻重的作用，能够直接影响到他人的犯罪能否顺利实施。甚至针对这类行为的帮助与教唆行为，也是值

---

[1] 参见：王华伟. 网络语境中帮助行为正犯化的批判解读[J]. 法学评论, 2019 (4):129-138.

得处罚的。故即使单个帮助行为的危害性不如其实行行为,但累积起来,也足以达到入罪的门槛。例如,提供诈骗软件供 20 人实施诈骗行为,虽然每人的诈骗数额均未达到立案标准,但累加计算后,自己所帮助的数额就足以构成犯罪。此时,抛开正犯对其进行独立处罚,实质上也并不违背共犯的从属性原则。以我国的帮助信息网络犯罪活动罪为例,司法解释明确规定,即使无法查证被帮助对象是否达到犯罪的程度,但只要行为人本身的情节或后果满足一定要求,就足以成立该罪。这一规定正说明了帮助行为的独立可罚性。

最后,共犯行为正犯化的立法技术还能解决实践中认定共犯的难题。如前所述,随着时代的发展,尤其是网络信息技术的发展,司法实践中对共同犯罪的认定面临严峻挑战。共犯之间的联络较为松散,上下家之间很可能都从未见过面,只是通过网络进行联系,彼此也不知道对方的名字。因此,侦查机关很难查清所有的犯罪参与人,更不好确定他们之间的作用大小。此外,共犯之间的意思联络也较难认定,在一个完整的犯罪产业链条中,各犯罪分子可能只是心照不宣地各司其职、分工进行,而未与上下游犯罪人进行直接联系,最多存在一种片面的认知。如果按照传统共犯理论及相关证明标准,可能会导致侦办相关案件的难度与成本激增,甚至造成处罚上的漏洞。而一旦将共犯行为正犯化后,就可以名正言顺地处罚"无正犯的共犯",从而严密刑事法网,更好地保护法益。

二、共犯行为正犯化的立法要求

在明确了共犯行为正犯化的理论基础后,接下来所要解决的就是其立法标准问题——具有哪些特征的共犯行为,可以被立法者正犯化。笔者认为,可以主要从以下角度展开思考:

第一,共犯行为能够对于正犯行为的顺利实施发挥多大作用。如前所述,之所以将共犯行为正犯化,其可罚性的提升无疑是重要原因。共犯对正犯所起的作用越大,正犯化的必要性就越高,反之亦然。通常而言,正犯才是犯罪流程中起决定或支配作用的人,共犯尤其是帮助犯,所发挥的只是辅助作用。但对于部分犯罪而言,帮助犯提供的工具或其他帮助行为,在实质上能够对后续犯罪的顺利实施起到至关重要的作用。只要其顺利提供了相关犯罪工具,接下来的犯罪过程将会是一片坦途;但如果缺少关键工具,正犯就将"巧妇难为无米之炊",几乎不可能顺利完成犯罪。例如,在考试作弊环节中,作弊器材或者考试的试题、答案无疑是决定作弊成功与否的关键因素;甚至可以说,拿到考试试题,作弊就已经成功了99%。因此,为他人组织的考试作弊提供上述帮助的,作用与危害性并不亚于正犯,完全可以将其作为正犯论处。再如,为了实施信息网络犯罪,提供互联网接入、服务器托管、网络存储、通信传输等技术支持显然是不可或缺的基础性环节,缺少这些环节,就无法实施后续犯罪。因此,将这些帮助行为正犯化,也是具有合理依据的。

第二,共犯行为所加功的正犯行为是否具有广泛性,是否体现出法益侵害上的"一对多"。陈兴良教授指出,帮助行为正犯化包括同一犯罪的帮助行为正犯化与同类犯罪的帮助行为正犯化这两种类型。[1]对于后者而言,一个帮助行为可能会同时帮助多人实施侵犯多个法益的犯罪,这种"一对多"的特点与传统帮助行为侵害法益的单一性具有明显差别。例如提供信息网络技术支持的行为,可以被用于实施多个轻重差异较大的犯罪,故法益侵害无法定型化,也不单独取决于后续的某一个行为。此时,与其认定为数个犯罪的帮助犯,再结合罪数理论予以解决,不如直接设置为独立犯罪。套用车浩教授的话,可谓是对所有信息网络犯罪活动的某些特定类型帮助行为的正犯化,也被有学者称之为"帮助形式的正犯行为"。[2]再如资助类犯罪,如为他人实施危害国家安全犯罪活动罪提供资助的,由于危害国家安全犯罪种类较多,并且行为人在提供资助时,未必会明确知道受资助方会实施哪一犯罪;而受资助方在接受资助后,也可能会实施多个犯罪。如果分开认定,势必会带来共犯与罪数认定中的难题,故将其设置为独立犯罪也是合适的。

第三,共犯行为的类型是否明确、具体。正因为是"某一特定"的共犯行为,故无论是帮助行为还是教唆行为,都应当具有类型化,而不能泛泛地涵盖所有类型的帮助行为,否则就丧失了定型化,容易沦为口袋罪。相较而言,我国刑法中资助类犯罪,帮助恐怖活动罪,提供侵入、非法控制计算机信息系统程序、工具罪中的行为方式都是较为明确的。以帮助恐怖活动罪为例,其实行

---

[1] 参见:陈兴良.共犯行为的正犯化:以帮助信息网络犯罪活动罪为视角[J].比较法研究,2022(2):44-58.

[2] 参见:王肃之.论为信息网络犯罪活动提供支持行为的正犯性:兼论帮助行为正犯化的边界[J].刑事法评论,2020(1):465-486.

行为仅包括资助与招募、运送人员两类。但在其他帮助行为正犯化的条文中,则或多或少存在不够明确的问题。如协助组织卖淫罪,在"招募、运送人员"后又加上"其他协助"这一兜底条款;帮助信息网络犯罪活动罪亦然,立法者在明确列举了互联网接入、服务器托管、广告推广等多种行为后,补充了"等技术支持""等帮助",从而很容易导致上述犯罪范围的无限扩张。又如教唆、煽动他人实施恐怖主义活动,我国刑法的规定较为广泛,基本上囊括了所有的宣扬、煽动行为。相较而言,德国刑法的规定就更为明确。德国刑法典虽然规定了指导实施严重危害国家的暴力犯罪、煽动民众等犯罪,但方式以散发文书为主,其他煽动行为则要求以扰乱公共安宁的方式进行,范围相对而言更为有限,并且原则上不处罚间接宣扬的行为。再如资助恐怖主义的行为,德国刑法将其限制为在明知的情况下,提供会被他人直接用于实施特定犯罪的资产。倘若行为人为恐怖分子提供医疗设备或药品的,由于这些物品并不能被直接用于犯罪,最多只与恐怖活动具有间接联系,就不能被刑法典第 89 条 c 所规制。[1]

笔者认为,既然共犯行为正犯化的立法方式本身就变相扩大了处罚范围,能够将一些本来难以认定为帮助犯的行为囊括在内,那么立法者就要对其成立范围进行严格限制,以免将所有的帮助行为均予以规制,从而在事实上造成刑法总则条款规定的虚置。事实上,即使赞同帮助行为正犯化的德日学者,也仅限于特定范围内的帮助行为,而非所有行为。[2] 因此,立法者在进行共犯行为正犯化的立法时,应当有所取舍,明确地挑选出一些危害性大、代表性强、关联性高的共犯行为予以正犯化,不应再设立行为类型的兜底条款,从而形成这么一个明确、适当的罪刑阶梯:帮助行为符合法条规定类型的,按照正犯化后的条文论处(从罪刑均衡角度看,如果同时构成其他犯罪共犯的,按照想象竞合处理)——不符合的,以相应犯罪的共犯论处——难以认定为共犯的,无罪处理。否则,将会导致将所有的帮助行为均被纳入其中,从而排除后两种处

---

[1] BIEHL S. Strafbarkeitslücken im terrorismusstrafrecht?: eine analyse der bestehenden sanktionsmöglichkeiten terroristisch motivierten handelns[J]. Juristische Rundschau,2018(7):317-323.

[2] 参见:皮勇,杜嘉雯.帮助行为正犯化理论与立法探究[J].齐鲁学刊,2021(1):108-117.

理结果。而对于现有立法中的兜底条款,则应当进行严格解释,尽可能限制其成立范围。如陈兴良教授就主张,对帮助信息网络犯罪活动罪的行为类型进行限缩,将该罪的"帮助"仅限于提供广告推广与支付结算这两种方式。[1] 这样一来,相当于将"等"解释为"等内"而非"等外"。而除了客观行为的类型化之外,在主观方面也应予以适当限制,通过立法明确共犯行为正犯化的主观要素,从而起到控制处罚范围的作用。以德国刑法典第 89 条 c 为例,行为人在实施资助恐怖主义的行为时,必须明知实施恐怖活动者具有特定的犯罪目的时,才能构成该罪。这一立法例值得我国刑法借鉴。

第五节 预防刑法的刑罚设置

在一个完整的罪刑结构中,尽管罪状无疑是核心因素,但法定刑的设置直接关乎罪刑法定、罪刑均衡等原则的实现,也具有十分重要的地位。即使对预防刑法的处罚范围进行了科学的限定,但倘若法定刑畸轻畸重,也难以起到预期的预防效果。因此,在进行预防刑法立法时,有必要慎重思考应当对犯罪规定何种刑罚。[2] 通说认为,对犯罪的惩罚,必须与受保护法益的重要性,以及犯罪行为危害法益的程度相适应。因此,应当根据预防刑法所保护法益的特点及行为类型,综合审查刑罚设置的合理性。本书认为,从整体上看,预防刑法的刑罚设置应当满足以下几方面要素:

一、刑罚的轻缓性

从立法本意上看,预防刑法的设置系以规制轻罪的路径,以避免更为严重犯罪的发生。因此,这就要求在刑罚设置上,预防刑法所规制犯罪的法定刑,原则上应当轻于作为其预防目标的犯罪。亦即,不应对预防刑法条文设置过

---

[1] 参见:陈兴良.共犯行为的正犯化:以帮助信息网络犯罪活动罪为视角[J].比较法研究,2022(2):44-58.

[2] 参见:张明楷.法益保护与比例原则[J].中国社会科学,2017(7):88-108+205-206.

重的法定刑。这是因为其一,刑法的提前介入意味着入罪的危害程度降低。基于罪刑均衡原则,既然构成犯罪的危害程度降低了,刑罚后果自然也应当轻缓。[1] 其二,预防刑法也应当受到"轻轻重重"刑事政策与刑法谦抑性的制约,而不能无限扩张,更不能广泛增设重罪。当前,预防刑法所增设的不少犯罪都属于原本的行政不法行为,反社会性较弱,无须适用重刑即可发挥预防功能;如果动辄设置重罪、过分依赖刑罚,在浪费司法资源的同时,甚至可能会起到适得其反的效果。其三,从经济分析的角度出发,如果对甲罪处罚重,行为人就可能以实施具有关联性的乙罪来置换。[2] 故倘若对前置性犯罪处罚过重,行为人便有很大可能去选择直接实施性质更为严重的犯罪,或者在实施轻罪后,基于所面临的重刑而在实施严重犯罪的道路上继续前进、难以回头,从而使预防刑法的目的落空。而通过增设必要的轻罪,既可以更为周延地提前保护法益,实现预防刑法的初衷,也能够增强公众对预防刑法观的认同感、避免实施危险行为,具有十分重要的意义。

但在目前我国的预防刑法条文中,还有一些条文的刑罚设置不合理,需要予以完善。如周光权教授明确指出,我国刑法对部分独立预备犯或共犯行为正犯化的罪名规定了过重的法定刑。[3] 我国台湾地区也不例外,许宗力教授以台湾地区的制造、贩卖、运输枪支罪为例,认为该罪一方面属于对他人生命、健康的抽象危险犯,但最低法定刑竟然高达有期徒刑5年,比强制性交罪等对他人人身权利的实害犯还要重;另一方面属于后续犯罪的预备犯,但法定刑也比预备杀人罪、预备劫机罪等独立预备犯还要重。因此,该罪的法定刑设置可谓过于严苛,与其危害程度相比明显失衡。针对立法中的上述问题,如果泛泛而谈预防刑法在整体上应当如何设置轻罪,对实践提供的参考着实有限。因此,应当根据预防刑法所保护法益的特点及具体犯罪类型,逐一研讨其轻罪设置问题。接下来,笔者仍将从抽象危险犯、独立预备犯与正犯化的共犯这三种立法类型出发,分别讨论目前我国预防刑法中存在的重刑化趋势问题。

---

[1] 参见:付玉明.立法控制与司法平衡:积极刑法观下的刑法修正[J].当代法学,2021(5):15-27.

[2] 参见:周光权.法典化时代的刑法典修订[J].中国法学,2021(5):39-66.

[3] 参见:周光权.法定刑配置的优化:理念与进路[J].国家检察官学院学报,2022(4):38-53.

(一) 抽象危险犯

绝大多数抽象危险犯的行为距离法益侵害的发生十分遥远，故刑罚设置应当尽量轻缓。具体而言，抽象危险犯应满足"直接禁止的制约"，即除了处罚时点的提前以及与其直接相关的要素外，抽象危险犯有关罪刑的规定不得比实害犯这类"直接禁止"更严厉。[1]不过，这种"严厉"与否并非法定刑的泛泛比较，不能说抽象危险犯的法定刑必须完全低于对应的实害犯，而是应当避免其重于侵犯相同数量、价值法益的实害犯的法定刑。实践中，各国都不乏对抽象危险犯处罚过重的问题。例如，德国不少学者都批评醉酒驾驶罪的法定刑过高，根本没有必要对没有发生危害结果、单纯的醉驾行为设置高达5年的有期徒刑。目前，我国对抽象危险犯的立法原则上能够秉持轻缓化的态度，如危险驾驶罪、妨害药品管理罪等，都是相对而言较轻的犯罪；但也有一些犯罪，如破坏交通工具罪，非法采集、供应血液、制作、供应血液制品罪等，存在法定刑过高的问题，需要予以完善。以非法采集、供应血液、制作、供应血液制品罪为例，对人体健康造成抽象危险的，最高就可以处5年有期徒刑，而这一法定刑幅度对应的是对他人造成重伤的实害结果。两相对照，罪刑显然不相适应。再如刑法分则第三章的经济犯罪，我国对集体法益的保护，着眼的乃是各种制度正常运作的利益，而这种利益正是为维护个人的自由发展所服务的。因此，在未发生侵害个人法益结果的前提下，对侵犯集体法益犯罪设定的法定刑，原则上不应高于对应的侵犯个人法益的犯罪。并且，有些经济犯罪行为人的持续危险性有限，或是违法性认识的可能性较低；而有些行为是否成立犯罪，则完全取决于国家是否采取缓和的经济规制政策。[2]因此，侵犯集体法益的经济犯罪，其危害性相对而言要小于危害生命健康等个人法益的犯罪，故不宜动辄设置或适用重刑，以维持惩治犯罪与促进经济发展之间的平衡。

除了处罚过重的问题之外，我国抽象危险犯在刑罚设置上的问题还在于：部分抽象危险犯与实害犯共享同一法定刑幅度，从而导致实践中出现了对抽

---

[1] 参见：陈金林.虚开增值税专用发票罪的困境与出路：以法益关联性为切入点[J].中国刑事法杂志，2020(2)：38-58.

[2] 参见：周光权.法定刑配置的优化：理念与进路[J].国家检察官学院学报，2022(4)：38-53.

象危险犯适用实害犯法定刑的情形,从而变相提升了抽象危险犯的刑罚幅度。从逻辑上看,发生了导致中介法益或对象实害结果的行为,肯定要重于单纯实施危害行为的情形。因此,这两种行为的法定刑理应在一定程度上予以区别,可以分别设置法定刑幅度,规定在发生具体危险或实害结果时,加重其法定刑。但是,我国刑法中有些条文却未能做到这一点。例如破坏交通工具,尚未造成严重后果的,处3年以上10年以下有期徒刑。这里的"尚未造成严重后果的",显然既包括仅造成了抽象危险,也包括造成了并不严重的实害结果。此时,就要注意设置合理的量刑阶梯,仅对法益造成抽象危险的,原则上属于适用法定最低刑的情况。哪怕对多人的生命健康具有抽象危险,也不能基于"多人"而加重刑罚。毕竟,本罪是侵犯公共安全的犯罪,无论将保护法益理解为集体法益还是个人法益的集合,都得首先满足"公共"的基本要求,否则就不可能构成本罪。因此,侵犯不特定或多数人生命健康的,只是成立本罪的基本条件,故不能据此提升处罚力度。而在抽象危险之上,还有具体危险、对个人的实害、对多人的实害等多个行为阶梯。在理论上,只有造成了多人轻伤等仅次于重伤的后果的,才能顶格判处10年有期徒刑。通过对比不难看出,对多人生命健康造成抽象危险的社会危害性要远低于造成多人轻伤,量刑自然也应当轻缓得多,以适用3年有期徒刑为主。因此,虽然立法者为某一抽象危险犯在整体上设置了较高的法定刑,但在具体司法适用中,完全可以通过区分不同的犯罪后果,从而对只造成抽象危险的行为予以轻缓的处罚。当然,笔者认为解决这一问题的最佳途径还是修改立法,如将破坏交通工具罪修改为:"破坏火车、汽车、电车、船只、航空器,足以使火车、汽车、电车、船只、航空器发生倾覆、毁坏危险的,处三年以下有期徒刑。"倘若发生了实害结果,完全可以根据想象竞合犯的处断原则,按照过失致人死亡罪、故意伤害罪、故意杀人罪等犯罪处理。

再如污染环境罪,根据司法解释相关规定,该罪共有多种具体行为类型,其中有些只要求实施特定危险行为即可,有些则要求造成一定的危害后果,但它们都适用同一档次的法定刑。再如,根据该罪所处的章节、罪名与法律规定,污染环境是成立犯罪的必备要件。因此,对于致他人中毒、受伤等情形,无疑必须先造成污染环境的后果,再间接作用于人体。此时,行为不但侵害了环境法益,也侵害了个人法益,危害性显然更大,但法定刑的幅度却与只侵犯环境法益的行为完全相同。虽然有人会认为,此时法官可以通过行使自由裁量权来消解这一问题,但不同类型的行为之间确实轻重不一,无法形成有效的罪刑阶梯。最为关键的是,由于结果对危险的包容关系,会导致结果犯类型规定的虚置,从而造成司法资源的浪费。实践中,由于环境污染行为与后果之间的因果关系较难确定,出于起诉与认定的便利,司法机关大量采取了行为犯的认定方式,导致结果犯的入罪标准几乎被架空,从而沦为仅具有象征性的规定。

(二)独立预备犯

如前所述,独立预备犯包括为自己犯罪进行预备,以及为他人犯罪进行预备两种情形。其中,为自己犯罪进行预备的,如果未被规定为独立预备犯,根据我国刑法总则的规定,可以比照既遂犯从轻、减轻处罚或者免除处罚;如果为他人犯罪进行预备,并且成立共同犯罪的,原则上也应当属于从犯(帮助犯),亦应当从轻、减轻处罚或者免除处罚。故从这个角度出发,独立预备犯的法定刑设置显然应当轻缓化,远较对应的既遂犯或实行犯为低。但是,目前我国的独立预备犯却存在较为明显的重刑化态势。例如,准备实施恐怖活动罪的第一档法定刑就高达5年以下有期徒刑,而法定最高刑为有期徒刑15年,甚至比部分所意图实施的恐怖活动犯罪的实害犯还要重。[1] 在理论探讨中,有些学者关于我国增设独立预备犯的法定刑设置的立法构思,也存在重刑主义之嫌。例如有学者指出,预备劫持航空器罪的法定刑应当为3—10年有期徒刑。[2] 但是,劫持航空器罪的基本法定刑为10年以上有期徒刑,独立预备犯的法定刑幅度仅低于此一档,与未遂的法定刑幅度基本相当,相对而言过重。并且这一规定也与该学者主张的预备杀人罪的法定刑不协调。根据我国刑法规定,故意杀人罪与劫持航空器罪的基本法定刑相同,均为10年以上有期徒刑,因此对二者预备犯的处罚也应大体相当。该学者主张预备杀人罪的法定刑为3年以下有期徒刑(对此笔者也赞同),但却对劫持航空器罪设定如此之高的法定刑,未免导致了罪刑失衡。

---

[1] 参见:周光权.法定刑配置的优化:理念与进路[J].国家检察官学院学报,2022(4):38-53.

[2] 参见:许健.犯罪预备行为处罚限度研究[M].北京:中国人民公安大学出版社,2015:182.

国外刑法中也存在这类法定刑轻重倒置的现象。例如,德国刑法典第129a条将建立恐怖组织的行为规定为重罪,但其禁止相关组织实施的诸多行为本身却只是轻罪,从而导致罪刑失衡。[1] 又如,该条第二款规定,建立旨在实施特定犯罪的组织,处1年以上10年以下自由刑。但在后面列举的犯罪中,第303条b破坏计算机行为的基本法定刑仅为3年以下自由刑,第305条b的毁坏建筑物罪的法定刑也仅为5年以下自由刑。两相对比,不难发现成立组织行为本身的量刑比组织后续实施的犯罪还要重,这就无怪乎会引发理论界的批评。

那么,独立预备犯的法定刑究竟应当轻缓到何种程度呢?根据我国最高人民法院的量刑指导意见,对未遂犯尚可以比照既遂犯减少基准刑的50%以下,预备犯无疑可以减少更多。笔者认为,可以再比照未遂犯减少50%以下。因此,独立预备犯的法定刑设置应当远低于对应的既遂犯,原则上需要低两个量刑幅度。或许有人会提出疑问,认为根据我国刑法第63条的规定,具有法定减轻处罚情节的,只能在法定量刑幅度的下一个量刑幅度内处罚。但是,对预备犯不仅可以减轻处罚,甚至还可以免除处罚。显然,既然刑法都允许免除处罚,无疑也应当允许跨档减轻处罚,这也算是一种变相的"举重以明轻",从而能够更好地实现罪刑均衡。因此,笔者认为,由于可以对预备犯免除处罚,那么无论减轻处罚到何种程度,都不违反立法本意。在此基础上,有必要重新审视我国独立预备犯的量刑幅度,对法定刑设置偏重的罪名予以调整,原则上都应设置为3年以下有期徒刑。

此外,还有部分学者认为,对于网络犯罪的独立预备犯,其行为与对应犯罪的未遂难以界分,发展为既遂实属常态,危害性也急剧扩大、显著提升。因此,其法定刑设定应当趋向与犯罪实行乃至既遂相符合。但笔者认为,无论是从客观危害性还是主观恶性来看,对预备犯的处罚均应明显低于犯罪未遂,更遑论犯罪既遂了。尽管有学者指出,网络犯罪预备行为的危害性和独立性甚至可以与实行行为相当,例如盗窃电子货币能否成功的关键在于是否获取了侵入计算机信息系统的木马程序,故该行为的重要性已经超过了后续的盗窃行为本身;但笔者认为,对这一观点仍应进行具体分析。对于不少犯罪,预备

---

[1] 参见:王钢.德国近五十年刑事立法述评[J].政治与法律,2020(3):94-112.

行为都可以直接决定结果的发生与否,而不限于网络犯罪,如购买到杀人的毒药、准备好撬门的工具,等等。理由在于犯罪从预备到既遂,是一个发展渐进的过程,缺少前一步的行为,自然会影响后续行为的发生。但是,显然不能以时间上的发生在前,就认为预备行为是整个犯罪环节中最重要的一步。毕竟,法益侵害才是犯罪认定的核心要素,预备阶段并不存在对法益的紧迫危险与现实侵害,即使在理论上对后续行为的完成具有重要意义,其危害性也应当低于犯罪未遂与犯罪既遂。否则,就会造成一些违背常理的结论,如部分非预备行为对于犯罪完成起到的作用更大,更应受到刑事处罚。当然,对于前述"一对多"的预备行为,单个行为的危害性虽然低于实行行为,但累加起来则完全可能达到较为严重的程度,故可以适当提高对这类预备行为的处罚;不过仍应控制在合理的范围内,而不能出于应对极端情况的考虑而过于提升法定最高刑。否则,在我国当前仍然存在重刑化倾向的背景下,司法机关势必会不自觉地向刑罚的上限靠拢。如果真的出现情节极其严重的个案,即使以最高刑论处也难以实现罪责刑相适应,则可考虑数罪并罚等处理措施。

(三)正犯化的帮助犯

从历史的角度看,我国自古以来就认为"造意者为首",有严厉处罚教唆犯的传统。而在我国当前的立法与司法实践中,教唆犯也是共犯中较为特殊的存在,在多种场合下均被作为主犯处理,处罚相对较重。由此可见,我国刑法格外重视教唆犯的处罚,故即使教唆行为正犯化的法定刑设置大多与实行犯相同,也是可以被接受的,不会引起太大争议。

而帮助犯则不同,在我国原则上是被作为从犯对待的,处罚要低于主犯。而帮助行为正犯化的立法也主要是为了填补法律漏洞,而非加重对帮助犯的处罚,故法定刑设置也应当尽可能轻缓。[1]从共犯的原理上看,"一对一"特征比较明显的帮助行为的危害性低于实行行为乃是应有之义,刑罚设置自然也应当更轻。但我国刑法条文中,却存在正犯化的帮助条文和对应正犯法定刑完全相同的情况,这就违反了罪刑均衡原则。例如,根据刑法第284条之一

---

[1] 参见:王华伟.网络语境中帮助行为正犯化的批判解读[J].法学评论,2019(04):129-138.

规定,提供考试作弊器材或者其他帮助的行为,以及非法出售、提供考试试题、答案的行为,其法定刑与组织考试作弊完全相同。但前述两行为充其量只能算是组织考试作弊这一实行行为的帮助行为;即使刑法不对这两类行为进行规定,也完全可以以组织考试作弊罪的共犯论处,[1]并很大可能被认定为从犯,从而得到从宽处罚。而一旦被规定为独立犯罪,则法官在审理案件中就可能会直接按照法定刑判决,而不考虑从犯等从宽情节。当然,在实践中,绝大多数法官都会认定实施这些犯罪的行为人与组织考试作弊者构成共犯,并且系从犯;但这一做法虽然科学、合理,却导致刑法将帮助行为正犯化的规定毫无意义,沦为单纯的宣示性条款。更何况,在没有抓到组织考试作弊者的情况下,也可以根据刑法第284条之一第三款的规定,将非法出售、提供试题、答案的行为人单独定罪。此时,由于不能构成共同犯罪,就无法从共犯上寻找从宽处罚的情节,导致行为人最终将面临与组织考试作弊者相同的刑罚,处罚未免过重。与之类似的还有强迫劳动罪,提供侵入、非法控制计算机信息系统程序、工具罪等犯罪。它们将共犯行为单独列出并设置与正犯行为相同的法定刑,在适用中要么会造成预防刑法条文形同虚设,要么会导致罪刑失衡,建议立法者予以调整,适当降低其法定刑。至于"一对多"式提供一揽子帮助的罪名,如帮助信息网络犯罪活动罪等,由于所帮助的行为及对应的罪名不确定,故可以根据帮助行为自身的社会危害性设置法定刑;但仍应注意设置较低的法定刑幅度,以应对情节较轻的情形。

综上所述,基于预防刑法的自身属性,其更多属于对处罚漏洞的填补与处罚时机的提前,本质上属于一种"查漏补缺"型立法,是对"严而不厉"立法模式的纠偏。因此,相较于处罚范围的扩大,预防刑法处罚的严厉程度就应当适度降低,在整体上呈现出"厉而不严"的趋势。如果不能遵循这一要求,而是一味设置较重的法定刑,就会使得罪刑体系演变为"又严又厉",进而侵蚀法治国的根基与国民的基本自由。

---

[1] 参见:全国人大委员会法制工作委员会刑法室.中华人民共和国刑法修正案(九)解读[M].北京:中国法制出版社,2015:170.

二、刑罚的协调性

预防刑法刑罚的设置不但要尽量保持轻缓,更要注重与其他罪名法定刑的均衡与协调。对于抽象危险犯,由于行为类型相当较为明确,故在协调性上问题不大。但对于独立预备犯和正犯化的帮助行为,其在立法上通常表现为"一揽子"立法,针对的实行行为往往不是某一明确、具体的犯罪行为,而是一类犯罪行为。如此一来,就需要在刑罚设置上体现出一定的弹性,使得法定刑幅度能够涵盖这些危害性不同的犯罪行为。但纵观我国的相关立法,部分预防刑法条文虽然涵盖范围很广,却只有一个法定刑幅度,这就难免会造成实践中的操作难题。

例如,我国刑法第287条之一的非法利用信息网络罪,该罪的规制范围包括为了实施违法犯罪活动而实施的种类繁多的预备行为。一方面,根据相关司法解释,这里的违法犯罪不仅包括犯罪既遂,也包括犯罪未遂(违法),后果十分广泛,危害后果也差别很大。另一方面,犯罪信息的内容也没有限制,从字面上看可以囊括我国刑法分则中的所有犯罪;而且,立法者在这里列举的制作、销售毒品或枪支、诈骗、传授犯罪方法等犯罪,本身也具有多个量刑幅度。例如,贩卖毒品罪,法定刑下至3年以下有期徒刑、拘役或者管制,上可涵盖死刑,故其对应预备行为的危害性也可能存在很大差别。但非法利用信息网络罪却仅有一个法定刑幅度——3年以下有期徒刑或者拘役,能否与这么多种犯罪、这么多种情节进行有效的衔接与对应呢?而同样是作为独立预备犯代表的准备实施恐怖活动罪,立法者却设置了两个量刑幅度。但从两罪的行为方式与内容上看,恐怕没有人会认为"恐怖活动"的范围比"违法犯罪"的范围更广。帮助信息网络犯罪活动罪亦然,也仅有一个量刑幅度。而与之形成鲜明对照的是,帮助恐怖活动罪、提供侵入、非法控制计算机信息系统程序、工具罪与协助组织卖淫罪这几个典型的帮助行为正犯化条文,都设置了两个档次的法定刑。同理,与上述犯罪相比,帮助信息网络犯罪活动罪的规制范围更广,但量刑空间却更小,势必会面临个案中罪刑失衡的困扰。

对此,或许可以认为,立法者已经预料了这一问题,故在两罪的立法中均规定了择一重罪处罚的条款。但是,如果难以证明行为人与他人构成共犯,就无法运用想象竞合犯理论解决量刑失衡问题。更何况,帮助行为正犯化本就是为了解决共犯认定上的困难而设立的兜底性罪名,要是能够轻易认定共犯,立法者又有什么必要增设新罪呢?预备行为实行化也是如此,要是等到实行后再予以处罚,提前规制预备行为又有什么意义呢?对此,有学者明确指出,这一问题的产生,可能系立法者主要关注证据难题引发的定罪问题,却忽视量刑问题所产生的立法缺陷,应当予以修正。

第五章

预防刑法的法治限度：司法层面

与立法限制的相对滞后性相比，预防刑法的司法限制则更为直接、高效，能够有的放矢地解决具体案件。在本章中，将从司法适用层面出发，主要结合我国刑法的既有规定，对抽象危险犯、预备犯与共犯行为正犯化这三种刑法介入早期化的犯罪类型进行合理限缩。与上一章所讨论的立法限制相比，司法限制的内容更为具体、操作性更强，大体上表现为"如何设置"与"如何适用"的差异。此外，还将针对责任范围扩张化这一类型，对刑法中日益增加的纯正不作为犯与单位犯罪的规制范围进行探讨。

第一节 抽象危险犯的司法限制

一、抽象危险犯的范围

危险犯可以分为具体危险犯与抽象危险犯。其中，具体危险犯的可罚性基本上没有争议，犯罪认定也较为清晰、明确；抽象危险犯的争议则要大得多，更需要在司法上予以合理限制。因此，有必要对我国关于危险犯的现行立法进行分类界定，以明确其究竟是具体危险犯还是抽象危险犯，进而决定是否进行限缩解释。在立法中，具体危险犯的经典标志是"发生……危险"；而抽象危险犯则没有明确的标志,既可以规定"足以发生……危险",也可以不进行任何限制,例如大家公认的醉酒型危险驾驶罪。如果从严格意义上看,我国整部刑法中可能都没有完整意义上的具体危险犯,基本上都存在着被解读为抽象危险犯的可能性。但本书认为,由于抽象危险犯对公民权利的限制远大于具体危险犯,故应当对此进行严格限制,凡是基于立法目的,可以被解释为具体危险犯或实害犯的,原则上均不应认定其属于抽象危险犯。具体而言,可以从以下几方面进行考虑:

第一,"危及""危害"等词语,从字面上理解,应当意味着在客观上发生了危险,亦属于具体危险犯的标志。以我国刑法总则第 20 条第三款为例,特殊防卫的对象是"严重危及人身安全的暴力犯罪"。显然,这里的"危及"至少意味着对他人的生命健康造成了现实、紧迫的具体危险,而非法律拟制的抽象危险,否则连最基本的防卫条件都不具备。根据体系解释,刑法分则中的"危及"也应做此理解;尤其是"危及公共安全"等表述,更是对结果的一种描述。因此,刑法分则中的暴力危及飞行安全罪,非法携带枪支、弹药、管制刀具、危险物品危及公共安全罪、"违反危险化学品安全管理规定运输危险化学品"型危险驾驶以及妨害安全驾驶罪,均应被解释为具体危险犯而非抽象危险犯。同理,"危害……的""对……造成危害的",也代表发生刑法意义上的具体危险与结果。因此,刑法分则中的叛逃罪,放火罪,破坏电力设备罪,破坏广播电视设施、公用电信设施罪,非法制造、买卖、运输、储存危险物质罪,盗窃、抢夺枪支、弹药、爆炸物、危险物质罪,危险作业罪,非法采集人类遗传资源、走私人类遗传资源材料罪,战时违抗命令罪等犯罪,也均属于具体危险犯而非抽象危险犯。

对此,有学者表示反对,认为刑法第 115 条、第 119 条中的损害后果是具体危险的标志,故第 114 条、116 条、117 条与 118 条规定的放火等犯罪是抽象危险犯。[1] 但从逻辑上看,第 115 条的致人重伤、死亡等后果明显属于实害,第 119 条也应当作同样理解,因此均为实害犯而非具体危险犯。或许该论者认为只有对不特定或多数人的利益产生严重后果时,才会对公共安全造成具

---

[1] 参见:李婕.限缩抑或分化:准抽象危险犯的构造与范围[J].法学评论,2017(3):36-45.

体危险,但如前所述,笔者认为公共安全并非适格的集体法益,上述犯罪本质是保护个人法益的犯罪。既然对个人法益造成了危害后果,就显然属于实害犯而非具体危险犯。相应的,"尚未造成严重后果"的就可以被解释具体危险犯。当然,明确规定了"足以发生……危险"的破坏交通工具罪,破坏交通设施罪,妨害药品管理罪,生产、销售不符合安全标准的食品罪,生产、销售不符合标准的医用器材罪以及非法采集、供应血液、制作、供应血液制品罪,则均属于抽象危险犯中的适格犯。

第二,对于侵犯集体法益的犯罪,基于累积犯的基本构造,原则上均应认为是抽象危险犯。因为从规模来看,这类法益很难被单一行为所直接影响。试想,某一行为能够对国家的正常运行或社会的基本制度造成毁灭或濒临崩溃的危险,例如非法吸收公众存款的行为影响到整个国家的信贷业务,无疑是很难想象的。但倘若这些结果真的发生了,也绝不能等到此时才予以处罚,一是处罚时机太晚,二是在这种情境下,国家甚至已经没有能力进行处罚。正如有学者所指出的,无论是内线交易还是操纵市场,其所导致的实害结果是一整套资本主义市场经济制度的消灭,[1]这是一些国家无法承受之痛。而具体危险不过是因为偶然因素没有发生实害结果而已,在侵害对象上与实害犯没有本质差别。因此,如果认为实害犯不适合保护集体法益,则具体危险犯也同样如此。但对于侵犯个人法益的犯罪,哪怕是不特定多数人的法益,也应首先考虑具体危险犯。这是因为与制度等抽象内容相比,个人生命、健康、自由等权利是否陷入危险较为明确、具体,易于判断,没有必要解释为标准较为模糊的抽象危险犯。例如,遗弃罪、放火罪等犯罪,本质上均是侵犯个人生命健康的行为,故应当属于具体危险犯而非抽象危险犯。

第三,作为入罪标准的"情节恶劣"不能成为区分具体危险犯与抽象危险犯的绝对标准。"追逐竞驶"型危险驾驶罪要求"情节恶劣"才能构成犯罪,这也引发了本罪属于何种类型的危险犯的争论。对此,笔者赞同张明楷教授的观点,认为既然刑法并未明确规定本罪需要发生现实危险,故"情节恶劣"只是用来限制处罚范围,交由司法者在个案中进行具体判断。只要根据案情,追逐竞驶行为足以给公共交通安全造成危险的,就可以认定为"情节恶劣",进而构

---

[1] 参见:王皇玉.论危险犯[J].月旦法学,2008(8):235-244.

成犯罪。[1]此时,该犯罪仍然属于抽象危险犯。当然,如果发生了具体危险,原则上更应认定为该罪。

第四,是否发生实际的犯罪后果不能成为区分实害犯与抽象危险犯的标准。实害犯与结果犯并不是同一概念。从广义的角度看,任何犯罪都会产生结果,都可以被归类为结果犯;只有对保护法益造成实际损害的,才属于实害犯。因此,某一犯罪可能既属于抽象危险犯,也属于结果犯。[2]以伪造货币罪为例,其是典型的抽象危险犯,侵犯的法益是货币的公共信用。但该罪无疑有具体的犯罪后果,即伪造出来的假币。只不过,伪造出假币正是累积犯所要求的现实结果的体现,充其量只在一定时期造成了局部的损害,并不足以损害整个国家的货币信用,只有累积起来,才会对法益造成危害。因此,从本质上讲,伪造货币罪虽然会发生犯罪结果,但由于并非对该罪所保护法益的实害结果,只是犯罪既遂的标志,故仍然属于抽象危险犯。例如表现为由部分组成整体形态的集体法益,如环境法益,即使对其局部造成了一定的实际损害,也宜认定为对整体环境法益的抽象危险犯,而非对局部地区环境的实害犯。理由在于,首先,"局部"范围具体有多大并不好判断,如果完全不做要求,可能会将不值得刑法处罚的行为纳入;但如果门槛过高,就可能形成处罚漏洞。其次,某些行为即使没有造成实害结果,也有处罚的必要性。例如,大自然有一定的自净能力,排放污水未超过这一阈值的,并不会造成实际损害;但倘若累积起来,就可能污染环境,故仍有处罚的必要。最后,某些行为即使造成了实害结果,但如果不会引起他人效仿,进而形成累积效应的,就没有必要仅因为造成了危害后果就予以处罚。

二、抽象危险犯的判断立场

抽象危险犯用以判断"行为危险性"或"物的危险性"的根据不是依附在某个个案中的相关事实资料,而是依靠日常生活中的经验,从过往发生的侵害事实中,统计、萃取出抽象一般性的特征。但统计本来就是以数字来记述不规则现象的经验,具有变动性。如果存在确定不变的规则,例如 A 行为必然导致 B

---

[1] 参见:张明楷.刑法学:第 5 版 下[M].北京:法律出版社,2016:725-726.
[2] 参见:张明楷.抽象危险犯:识别、分类与判断[J].政法论坛,2023(1):72-88.

结果的发生,就根本用不着统计了。因此,并不排除基于个案的特殊情况,不会发生通常可能出现的危险的例子。那么,如果在具体案件中,确实没有危险发生,或者发生危险的概率很低,则应当如何处理?这里其实存在两个密切相关的问题:第一,抽象危险犯是否允许进行个案的实质判断?第二,如果个案中没有发生危险的可能性,是否需要作为犯罪论处?对此,在理论界与实务界,主要存在形式说与实质说观点的对立,兹简述如下。

(一)国内外理论综述

1. 形式说

理论上的传统观点是形式说,认为只要实施了立法者所拟制的行为,就成立抽象危险犯,而无须进行具体判断与反证推翻。如法益危险拟制说认为,抽象危险乃是立法者将一些被认为对法益具有"典型危险"的行为,拟制为一旦实施该行为,就会发生立法者所预定之危险,而毋庸积极举证证明即可认定,也不需要法官再对危险是否存在作出实质判断。基于这一理论,只要行为人实施了法条中所规定的行为,就将构成抽象危险犯,而无须进行具体判断。例如,即使虚假的证词从未产生误导司法的危险,行为人也要承担伪证的责任。储存麻醉药品只是供自己使用,而不可能对他人健康造成危险的,也会成立犯罪。关于该理论的正当性,可以从以下几方面展开论证:

第一,在整个社会中,没有人是一座孤岛——规则不仅约束单个行为人,也设定了其与他人互动的条件。我们之所以对彼此负有责任,不仅是确保行动安全,也是在这个缺乏对他人了解的世界中向彼此保证,自己会按照社会的预期开展行动——例如,遵守大家公认的公共安全保护规则。如果以他人无法预料的方式行动,本身就属于一种危险。[1] 第二,如果行为人声称自己在特定情况下,即使忽略安全规则也不会造成危险,就意味着他们要比一般人优越——因为按照这一逻辑,一般人不能对自己的能力与危险的发生与否做出准确判断,因此必须遵守公认的规则。姑且不论这一声称的荒谬性,其至少否认了自己与其他公民处于一种平等的地位。例如,在公共交通领域,如果每个

---

[1] SIMESTER A P, VON HIRSCH A. Remote harms and non-constitutive crimes[J]. Criminal Justice Ethics,2009(1):89-107.

司机都根据自己的安全判断行事,就无法解决彼此之间的协调问题。我们不能简单地通过在每个规则中增加一个例外条款来做到这一点,比如"你必须遵守国家的速度限制,除非你能安全地超过它们",或者"除非你知道你能安全地超过它们";否则就将鼓励那些过于自信或愚蠢的司机将自己视为例外条款的适用对象。[1] 因此,在一个彼此尊重、共同生活的社会中,即使自己确有充分理由认为不会发生危险,但只要法律并未给自己施加过于沉重的负担,出于公民身份的表达与对公民义务的履行,就理应遵守大家共同制定的规则。[2] 最后,德国的"学习理论"认为,如果行为人违反规则的行为不受处罚,无疑会引发大家的效仿,这就势必会显著提升风险转化为实害的可能性。只有大家都能够不存在侥幸心理,不折不扣地执行规定,才能切实实现立法目的。

至于可能会对特殊情况下的行为人造成不公的问题,有学者明确指出,此时应当让实质正义的追求做出退让,例外地不去理会少数具体个案中可能存在的极端特殊性——这是法律所难以避免的事情。当然,在具体适用中,可以通过检察官不起诉、法官从宽处罚等路径,尽量做出符合大众认知的处理。例如,德国在对该国刑法典第 306 条 a 第 1 款对他人居住的建筑物纵火进行解释时,一直都秉持无须个案判断的观点,否则就将导致该款与同条第 2 款的冲突。当然,如果在纵火时该建筑物确实无人居住的,可以适用同条第 3 款从宽处罚,法定刑将由 1 年以上有期徒刑大幅下降为 6 个月以上 5 年以下有期徒刑。

2. 实质说

近年来,传统的形式说日渐式微,德日不少学者都主张对危险犯进行实质性的审查,认为即使是抽象危险犯,也必须结合个案做实质的危险判断,并允许对是否存在危险进行反证;否则,可能会导致处罚无实际危险的行为,有侵犯人权之虞——此时,刑法惩罚的不是行为,而是具有不服从意图的行为人。目前,实质说已经成为非常具有代表性的理论,得到了许多学者的支持。如山

---

[1] DUFF R A, MARSHALL S E. „Abstract endangerment", two harm principles, and two routes to criminalization[J]. Bergen Journal of Criminal Law and Criminal Justice,2015(2):132-161.

[2] DUFF R A, GREEN S P. Defining crimes: essays on the special part of the criminal law[M]. Oxford: Oxford University Press,2005:61-62.

口厚教授持"某种程度的具体危险说",认为抽象危险意味着更高度的抽象化判断与更低度的法益侵害可能性。还有不少学者主张"危险内在说",又可区分为对行为本身危险性的事前判断,以及针对"是否发生危险"的事后判断,等等。[1] 按照这些观点,抽象危险犯的法律推定不是无可辩驳的"霸王条款",法院有权在个案中提供针对危险性的反证。即使构成要件行为已经在经验上十分贴近立法者预设的典型,但仍不能排除在具体适用上,可能存在极端例外的少数个案,虽然符合构成要件行为,但却没有对保护法益造成任何可以想象的危险。此时,就不应适用抽象危险犯的条文,将这种情况认定为犯罪。

在实质说中,根据个案中是否存在发生危险的可能性,又存在不同的处理方法。一种观点认为,只要个案中不可能发生任何危险,就一律不得作为犯罪论处。理由在于从法益保护的观点出发,由于刑法规制的应当是有危险的行为,故无危险的行为自始就欠缺实质不法。如果有确凿的证据证明符合构成要件的行为完全不会引发抽象的危险,该行为当然是不可罚的。[2] 而从一般预防的观点来说,个案中行为人无实质危险的行为,根本无法撼动法共同体其他成员对法的信赖,从而没有预防的必要。对此,德国立法与判例也能提供相应佐证。例如,德国刑法典第184条第1款第3项禁止在营业场所之外出售,或者以邮寄等方式出售淫秽文书,理由在于其他场所缺乏有效监管。但在个案中,完全可能存在有效的监控措施,以避免青少年接触到淫秽文书。而德国青少年保护法第1条第4款对"邮件"的定义,也明确强调了"没有采取技术或其他预防措施,来确保不向儿童和青少年发货"。这就从侧面印证了,如果行为人采取了切实有效的预防措施,那么即使在营业场所以外出售淫秽文书,也不会对青少年存在任何危险,不应作为犯罪处理。而刑法典第184条第1款第3a项更是直接明确规定:不得以职业性出租等方式向他人提供淫秽文书,但不满18周岁的未成年人不得进入的商店除外——理由无非在于这一情形彻底排除了未成年人接触到淫秽文书的可能性。

---

[1] 参见:谢煜伟.风险社会中的抽象危险犯与食安管制:"掺伪假冒罪"的限定解释[J].月旦刑事法评论,2016(1):70-90.

[2] SCHRÖDER H. Die gefährdungsdelikte im strafrecht[J]. Zeitschrift für die gesamte Strafrechtswissenschaft,1969(1):5-28.

除了前述一概否定可罚性的学说之外，还有不少学者持区分说，主张根据危险之所以未发生的理由判断是否需要处罚——即使没有发生危险，也仍有作为抽象危险犯处罚的可能性。其中，有学者从抽象危险犯的保护法益与对象出发，认为如果抽象危险犯用于保护某些特定、具体的对象，并且在具体案件中可以准确判断这些对象是否处于危险之中，则必须始终允许对没有危险进行反证。反之，如果危险犯是针对公众，或是针对在犯罪发生时尚未确定的对象，则没有必要允许反证。[1] Tiedemann 教授的观点与之类似，主张如果抽象危险犯是为了保护个人法益，则应当允许提出反证；如果是为了保护集体法益，则仍应予以处罚。[2] 例如，德国刑法典第316条的醉酒驾驶罪，因为系保护集体法益的抽象危险犯，故无论是否可能对他人的生命健康产生危险，均应予以处罚。Schünemann 教授则针对抽象危险犯的类型进行区别讨论。他认为，在没有发生危险的情况下，对于单纯违反禁止规范行为的抽象危险犯，如果法官根据个案判断，认为行为人已经履行了主观上的注意义务，则不应予以处罚。但对于基于规范与交通有关的大众行为而设定的抽象危险犯，无论在范围还是对象上都极为广泛，涉及集体大众行为，故人们应当毫无例外地遵守规则，只有这样才更有利于对整体法益的保护。而对于保护"精神化的中介法益"的抽象危险犯，在中介法益被侵害时，原则上就说明了行为的可罚性，只有在行为是如此轻微，以至于在抽象上都没有影响法益时，才例外地不予处罚。[3] 此外，还有学者从未发生危险的原因这一角度出发，指出如果危险性的排除是基于某个符合构成要件的典型行为没有引发危险的"事实特征"的可能，则行为仍然具有可罚性，否则既是将抽象危险的有无理解成了具体危险的有无，又是对立法原意的不尊重。反之，如果这种危险性的排除是基于典型行为本体之外的理由（例如行为人采取了额外的预防措施），则应认为此时不具有可罚性。以醉酒驾驶为例，如果抽象危险的排除是基于驾驶行为本身不能

---

[1] SCHRÖDER H. Die gefährdungsdelikte im strafrecht[J]. Zeitschrift für die gesamte Strafrechtswissenschaft，1969(1)：5-28.

[2] TIEDEMANN K. Tatbestandsfunktionen im nebenstrafrecht：untersuchungen zu einem rechtsstaatlichen tatbestandsbegriff, entwickelt am problem des wirtschaftsstrafrechts[M]. Tübingen：Mohr，1969：165.

[3] SCHÜNEMANN B. Moderne tendenzen in der dogmatik der fahrlässigkeits- und gefährdungsdelikte[J]. Juristische Arbeitsblätter，1975：798.

导致具体风险,例如驾驶者有高超的技术与较高的酒精耐受性,饮酒后仍然实际具备安全驾车的能力,原则上仍是可罚的。但是,如果因为醉驾发生在荒无人烟之处,能够彻底排除危险发生的,则可能因为欠缺法益而导致行为不可罚。[1]

(二) 本书立场:实质判断

本书认为,相较于形式说,实质说的观点无疑更为合理。抽象危险犯条文背后所设定的经验法则,固然要在个案适用上予以尊重,但却并不意味着经验法则本身不能被检验。既然处罚抽象危险犯的出发点是可能对法益造成危险,那么换言之,如果不可能对法益造成任何危险,又怎么可能认定为抽象危险犯呢?因此,如果在个案中不存在发生危险的可能性,就应否定抽象危险犯的可罚性。具体而言,对于狭义的抽象危险犯,需要讨论"侵害附着于行为客体的报应性法益的行为"如果在其他时机发生时,预防性法益是否存在被侵害的可能性。例如,对现在无人居住的房屋放火的,需要考虑这间房屋是否存在住人的可能性。如果完全没有这种可能性,就应当否认抽象危险犯的成立。同理,在对累积犯进行判断时,也应当考虑侵犯报应性法益行为在今后被反复效仿的可能性,并且抽象程度更高。为了进一步阐明观点,并回应可能引发的疑问,本书接下来将围绕以下几个问题展开讨论:

问题1:具体判断是否会混淆抽象危险犯与具体危险犯的区别?

主张不应对抽象危险犯进行实质判断的主要理由,在于这一做法会模糊抽象危险犯与具体危险犯的界限,从而导致二者的混同。这一观点认为,具体危险犯与抽象危险犯的核心区别在于是否需要在个案中对危险发生与否进行具体判断——具体危险犯需要对危险发生与否进行实质审查,而抽象危险犯属于立法拟制的危险,不应进行具体判断。否则,所有的抽象危险犯都将在实质上成为具体危险犯,从而丧失了立法的意义。不得不说,这一学说被不少学者所支持,具有较大的影响力。

对于如何区分抽象危险犯和具体危险犯,理论上确实存在较大争议。本

---

[1] 参见:熊琦.刑法总论视野下"醉酒驾驶"行为的中德对比研究:兼析该行为之"准具体危险犯"的性质[J].刑法论丛,2011(4):318-351.

书大体上采取传统观点,认为具体危险犯必须要求在个案中发生现实危险,而抽象危险犯则不需要;当然,如果发生危险的,自然早就构成了抽象危险犯。不过,不需要发生现实危险,与是否需要在个案中进行实质判断完全是两码事。进行具体判断,是认定是否发生危险的前提,而不能将两者混为一谈。只有进行了具体判断,才能考察是否会发生危险。从这个角度看,抽象危险犯与具体危险犯的核心区别不在于论者所谓的是否需要在个案中进行具体判断,而在于是否需要实际发生危险——发生了危险的,是具体危险犯;虽未发生危险,但具有发生危险可能性的,是抽象危险犯。因此,抽象危险犯并不完全排斥具体分析,只是基于保护法益的类型、累积犯的构造等原因,原则上只要实施了立法者预设的行为,就足以认为具有发生危险的可能性。要求抽象危险犯的构成要件行为、对象等要素反映出行为对法益的危险,是理所当然的,而不是在构成要件中另外地、偶然地增加了"危险"这一要素,[1]不会造成抽象危险犯与具体危险犯的混同。

问题2:抽象危险犯是否天然排除法官的自由裁量?

有学者认为,立法者设立抽象危险犯的目的,就是在于排斥法官进行自由裁量权。[2]因此,如果坚持对抽象危险犯进行实质判断,就是司法机关僭越了立法者设定的权限,滥用了自由裁量权。但笔者认为,根据本书前述的抽象危险犯的立法目的,无法推断出条文旨在限制司法人员对行为危险性的判断。恰恰相反,要是不允许对危险性进行判断,很多抽象危险犯根本就无法定罪——例如危险驾驶罪中的"醉酒",立法者并未进行明确规定,最终还是得靠司法解释给法官提供明确标准。设置抽象危险犯,主要是为了避免实害犯与具体危险犯的处罚漏洞,更早地保护法益,并培养国民的规范意识;虽然其在一定程度上简化了证明标准、节约了司法资源,也是相对于上述两种犯罪类型而言的,不再明确要求行为与结果的关联,但并不当然排除行为与危险之间的关联。这是因为行为仅是单纯的事实判断,而是否有发生危险的可能性,还需

---

[1] 参见:张明楷.抽象危险犯:识别、分类与判断[J].政法论坛,2023(1):72-88.
[2] 参见:王飞跃.论抽象危险犯个罪裁判规范的续造[J].中国法学,2022(2):144-162.

要进一步展开规范判断,二者并不是完全对应的。[1]综上所述,设置抽象危险犯虽然使得法官无须在个案中具体判断是否发生了危险,但这种判断不过是自由裁量权的很小一部分而已,法官仍需对是否可能发生危险进行判断。那种认为抽象危险犯排斥法官判断的观点,无疑犯了以偏概全的错误。当然,实践中确实存在多种限制法官行使自由裁量权的因素,需要在今后予以改进。

此外,即使坚持对抽象危险犯进行实质判断,也不会给法官造成过于沉重的负担。或许有人会担心,如果法官在每一起危险犯案件中都进行自由裁量,将会极大提升工作量。但本文认为,这一担心也是多余的。因为在抽象危险犯的场合,司法人员无须像具体危险犯那样,逐一判断每一个案件是否造成了危险,而只需在少数特殊案件中,例外地进行反面判断。[2]对于绝大多数案件,只要行为人实施了立法者所预设的行为,原则上就有发生危险的可能性——否则,就需要质疑相关抽象危险犯立法的合理性了。因此,要求对抽象危险犯进行实质判断,给法官增加的工作量应该也在可以接受的范围之内。

问题3:判断内容是危险还是危险的可能性?

在肯定了对抽象危险犯进行实质判断的基础上,随之需要解决的是判断的内容——究竟是该行为在个案中完全没有造成危险,还是在个案中没有发生危险的可能性?或许会有学者认为,二者的结论并无差异,因为没有发生危险的可能性,则自然不可能发生危险。但反过来却不能得出相同的结论,因为即使有发生危险的可能性,也可能实际上没有发生任何危险。而前述实质说内部之所以会产生一体化判断还是分别判断的争议,其实很大程度上在于判断内容的分歧。由于本书认为具体危险犯与抽象危险犯的根本区别在于是否将发生危险作为构成要件,故从逻辑的自洽上看,抽象危险犯的实质判断也应当立足于是否可能发生危险,而非是否发生了危险,否则就是将抽象危险犯等同于具体危险犯了。因此,如果在进行实质判断的过程中,能够认为在具体个案中,行为完全不可能发生任何危险的,就不应构成抽象危险犯。倘若具有发生危险的可能性,只是因为偶然因素排除危险发生的,仍应成立犯罪。以德国

---

[1] 参见:王飞跃.论抽象危险犯个罪裁判规范的续造[J].中国法学,2022(2):144-162.

[2] 参见:张明楷.抽象危险犯:识别、分类与判断[J].政法论坛,2023(1):72-88.

对供人居住的住宅放火罪这一抽象危险犯为例,基于住宅的根本属性,在行为时的立场进行判断,对其放火很可能会产生致人伤亡的加重后果。即使当天正巧无人在内,也应成立犯罪。但如果行为人在放火前进行了反复确认,能够肯定当时无人居住时,就排除了对他人生命健康产生危险的可能性,不应成立犯罪。

问题4:进行实质判断时应当采取何种标准?

根据本书的观点,抽象危险犯并不要求危险实际发生,规制的是发生危险的可能性;但是,这种危险性却没有被限制为抽象的危险性,而是还包括具体的危险性。因此,对危险性的判断不能过于抽象,而需要在一定程度上予以具体化。就像刑法上的"一般人"绝不是统计学意义上的、泛泛而谈的所有人,而是一类具有相似特点、事实上"不一般"的人群的集合;[1]行为的危险性也是如此,必须针对由具体个案对象抽象出的同类对象,然后再进行一般性的判断。例如,对某一商店放火的,我们就不能将商店简单等同于所有建筑物,而必须考虑其整体特征。显然,绝大多数商店都有营业时间,不在该时间段内的,店内不会有人,这也是其与住宅的重要区别。因此,在营业时间内放火的,应当认为具有一般性的危险;而在营业时间外放火的,原则上就不会对人的生命健康产生一般意义上的危险,因此不能构成抽象危险犯。学生宿舍亦然,也不能等同于一般的建筑物,而要考虑到在假期的情况下,宿舍内一般是没有人居住的。当然,也不能完全排除学生假期留校的可能性,此时仍需结合具体情况进行判断。

即使是适格犯,也存在对"足以"的判断标准问题,亦即是在一般意义上进行抽象的判断,还是根据个案情况进行具体的判断。例如,我国的妨害药品管理罪中规定了"足以严重危害人体健康的"这一要件。那么,行为人妨害药品管理的行为,是只需要足以严重危害一般人的身体健康即可构成犯罪,如生产儿童用药的,足以危害适用人群的健康;还是需要结合个案,判断是否足以危害特定人的身体健康呢?对此存在不同观点。德国实务界的一种观点认为,必须依据个案中的具体情况,去判断犯罪的构成要件是否成立。例如,使人服

---

[1] KINPORTS K. Defending battered women's self-defense claims[J]. Oregon Law Review,1988(2):393-466.

用的物品的质与量,服用的方式,以及被害人身体状况等,都是在认定是否足以损害健康时所必须考虑的。[1]理论界也有学者主张,对于抽象危险犯中的具体危险性犯,需要考虑个别事态,从行为起点的事前角度观察,法益是否可能出现在行为的作用范围内。[2]笔者认为,这一观点如果应用在对象较为具体的犯罪,例如破坏交通工具罪中,是较为合适的;但如果适用于对象为不特定多数人的犯罪,例如生产、销售药品、食品等行为,则会造成实践中的难题。因为行为人在生产、销售药品、食品时,显然无法确定将来被何人、在何种情况下使用。如果坚持具体判断,就将使行为人的可罚性完全取决于购买、使用者的个体状况——而这些情况是其之前完全无法预料的。因此,此时采取抽象的判断标准更为妥当。

三、抽象危险犯的实质解释

在实质判断的立场下,应当根据立法目的,通过对抽象危险犯构成要件的实质解释,判断行为是否属于立法者所规制的抽象危险行为,即是否达到了引起应罚危险的基准。事实上,抽象危险犯是一种沟通犯(Kommunikationsdelikt),其行为内涵是改变公众关于个人权利行使的心理性条件。因此,单纯满足构成要件文字描述的行为模式仍为不足,行为还必须在个案涉及的社会语意脉络中体现出犯罪意涵。如果行为人所实施的行为虽然符合抽象危险犯的文字描述,但并未显现出一般经验上的犯罪意涵时,即有采取合目的解释的必要,以合理限缩抽象危险犯的文义射程范围。[3]否则,就会使抽象危险犯沦为严重侵害公民自由的单纯的不服从犯。因此,应当从法益保护的角度出发,将不可能引发危险,或者只能引起社会生活上可以忽略不计的危险的行为,视为"不符合构成要件的行为"而予以排除。[4]具体而言,在对抽象危险犯进行限缩解释时,应当先将条文背后的经验法则明确化,包括经验法则与保护法益之

---

[1] 参见:蔡蕙芳.从危险理论论不能安全驾驶罪[D].台北:台湾大学,2000.

[2] 参见:徐凯.抽象危险犯正当性问题研究[M].北京:中国政法大学出版社,2014:154.

[3] 参见:周漾沂.重新理解抽象危险犯的处罚基础:以安全性理论为中心[J].台北大学法学论丛,2019(1):161-210.

[4] 矢田悠真.放射性物質の危険に関する法的規制の考察[J].慶應法学,2015(32):247-325.

间的关联性、经验法则的射程范围,以及其所欲保护的领域。在文义范围内分析出哪些属于"经验法则的前提条件",然后在个案中实际判断这些前提条件是否已经齐备。[1]

一方面,在个案中的保护法益欠缺时,不能构成抽象危险犯。例如,如果认为醉酒型危险驾驶罪的保护法益是交通制度,则醉酒驾驶具有危险性的前提条件是发生在存在不特定或多数人参与的公共交通领域。倘若行为人于凌晨驾车行驶在荒无人烟的郊外,由于此时除了行为人外,其他人参与交通的可能性微乎其微,故自始就不满足本罪保护法益的前提,不应构成危险驾驶罪。再如伪证罪的保护法益是刑事诉讼证据制度或者国家审判职能的适当性,故如果伪证行为根本不足以影响法官认定事实,或者虽出于伪证故意但指认了正确的犯罪嫌疑人的,也均不满足侵犯该罪法益的前提条件,亦不成立伪证罪。同理,买卖公民个人人工繁殖的野生动物的行为,不可能导致野生动物的灭绝;[2]将伪造后的文书锁在柜子里,不让他人看到的行为,不可能损害国家文书的信用;不以流通为目的伪造货币,并进行了妥善管理的行为,也不可能破坏国家的货币信用。因此,上述行为因为欠缺保护法益而自始不可能发生危险,不成立抽象危险犯。

另一方面,即使在个案中有发生危险的可能性,但如果危险程度过低,处于社会可容忍的范围内或者属于"情节显著轻微",也不能构成抽象危险犯。仍以醉酒驾驶为例,如果认为其保护的法益是个人的生命健康,就需要考虑什么样的行为会对这些法益产生经验上的一般危险;即使认为保护的法益是交通制度等集体法益,也不是只要实施了醉酒驾驶行为就一定构成犯罪,仍然需要具有一定"量"的要求。如果该行为过于轻微,也不会影响交通制度,或者破坏交通参与人对交通制度的信赖。基于此,司法解释才对醉酒的程度进行了规定,目的就是排除那些尚不会对法益造成严重侵害,不需要被刑法规制的行为。再如,诬告陷害罪属于典型的抽象危险犯,立法者并未对其进行任何限制性规定。但理论界普遍认为,该罪属于适格犯,即行为人的诬告陷害行为必须"足以"引起公安或司法机关的刑事追究活动,否则就达不到入罪所要求的"情

---

[1] 参见:谢煜伟.风险社会中的抽象危险犯与食安管制:"掺伪假冒罪"的限定解释[J].月旦刑事法评论,2016(1):70-90.

[2] 参见:张明楷.集体法益的刑法保护[J].法学评论,2023(1):44-58.

节严重",不应构成犯罪。[1]

同理,也应对袭警罪的客观行为进行限缩解释,而不能将所有暴力行为均囊括在内。袭警罪是针对国家公权力行使的抽象危险犯,而非侵害个人法益的实害犯。因此,在对该罪进行认定时,重点在于行为人的袭警行为是否足以妨害公务的执行,而非对警察的人身侵害程度。故不能基于该罪将"严重危及其人身安全"设置为情节加重犯,就推定任何危及人身安全的行为都可以成立该罪;但反过来,也没有必要将"轻微伤"这一无关法益作为入罪门槛。周光权教授认为,如果行为人的暴力行为并未对警察依法履行职务产生实质影响或造成任何"阻碍",事态与局面仍能够被人民警察轻易掌控的,就不应成立袭警罪。[2]但该观点显然是将袭警罪理解为具体危险犯,进而根据案件事实判断是否发生了妨碍公务的危险。本文认为,由于袭警罪是抽象危险犯,故只需结合具体情况,判断行为人的袭警行为是否足以妨碍警察正常行使职务即可,而不要求造成实际影响。即使暴力行为对警察造成了一定程度的强制乃至损伤,但只要根据具体案情,不可能阻碍其成功执行职务或妨碍程度显著轻微的,就不能成立袭警罪。

为了更加合理地框定抽象危险犯的司法适用范围,与立法上主张设立适格犯类似,本书也主张在司法上将抽象危险犯解释为适格犯。由于适格犯既可以避免结果犯在证明上的困难,也能够通过对行为应具备特定危险特征的适格性要求,避免行为犯的无限扩张;因此,即使在立法者并未明确规定的情况下,也应尽量将抽象危险犯认定为适格犯,以实现惩罚犯罪与保障人权的有机结合。正如有学者所指出的,如果立法预设作为构成要件核心不法内涵的法益典型危险性,在个案类型中根本不可能发生,就不具备对抽象危险犯的处罚基础。为了避免违反罪责原则,在解释上应当加入"该行为至少应具备发生法益危险的可能性"这一不成文的构成要件要素,即至少具备可能发生法益危险的适格时,才足以该当抽象危险构成要件。亦即,应当将所有的狭义的抽象

---

[1] 参见:张明楷.刑法学:第5版 下[M].北京:法律出版社,2016:903.
[2] 参见:周光权.刑事司法领域的宪法判断与刑法制度文明[J].中国社会科学,2022(8):4-23+204.

危险犯都理解为适格犯。[1]例如,将醉酒型危险驾驶罪的构成要件理解为"醉酒在道路上驾驶机动车,足以危害公共安全",等等。当然,这一观点是否合理,还有待理论与实践中的进一步检验。

第二节 预备犯的司法限制

预备犯可以分为独立预备犯与从属预备犯。由于绝大多数国家都不处罚从属预备犯,并且从属预备犯被规定在刑法总则中,属于修正的犯罪构成的一种类型,在立法上讨论如何规定的意义不大,故在对预备犯立法限制的研讨中,本书仅选择了独立预备犯这一种类型。但在司法适用中,从属预备犯也存在较多疑难问题,值得深入研究。因此,本节将分别对这两种预备犯的司法限制进行讨论。

一、独立预备犯的司法限制

(一) 犯罪范围的限制

在对独立预备犯进行司法认定时,首先需要合理界定独立预备犯的成立范围。有些罪名虽然看似包括了预备行为,但实质上却并不处罚预备行为,故只是"表面上"的预备犯。因此,应当从实质角度把握这些犯罪的构成要件,不应仅根据罪名扩张处罚范围,将不属于立法规制范围的预备行为单独成罪进行处罚,甚至处罚预备行为的共犯等行为。以我国刑法的生产、销售伪劣产品罪为例,从文义上看,"生产"无疑属于"销售"的预备行为,可能对该罪所保护的集体法益造成损害,而犯罪主体也明确包括了"生产者"。故从这个角度出发,存在将生产伪劣产品罪作为独立预备犯的可能性。但根据法条中的入罪门槛——"销售金额"却不难看出,本罪所规制的行为应当是销售行为而非生

---

[1] 参见:林书楷.吸毒不能安全驾驶罪之危险概念[J].月旦法学教室,2020(210):35-46.

产行为。毕竟,单纯的生产行为是不存在销售金额的。实践中,在刑事审判参考案例第143号"韩俊杰、付安生、韩军生生产伪劣产品案"中,法官也明确指出:"根据本罪的立法规定,单纯的生产伪劣产品罪是无从成立的。因为如果生产者只是生产了伪劣产品,而并没有推向市场,就谈不上销售金额较大,因而不符合本罪的客观要件。只有当生产者生产了伪劣产品,同时又推向市场时,才可能销售金额较大。"至于司法解释将单纯生产行为认定为本罪未遂的规定,更是存在较大问题:第一,本罪的罪名是选择性罪名,包括单纯的生产行为。因此,即使非要定罪,也不应将生产行为认定为生产、销售伪劣产品罪的未遂,而应认定为生产伪劣产品罪的既遂。第二,从本质上看,生产行为只是销售行为的犯罪预备而非未遂。综上所述,司法机关对本罪的罪名认定有误,应当确定为"销售伪劣产品罪";生产者之所以被处罚,根本原因在于其实施了销售伪劣产品的行为,而不在于单纯的生产行为。因此,单纯生产而未销售的行为,只能构成该罪的犯罪预备或者共同犯罪,而不能被作为成立实质的预备犯,更不应认定为犯罪未遂。那么,为他人生产伪劣产品提供帮助的,就不能构成对实行行为的帮助,最多属于预备行为的帮助,故不应成立该罪的共同犯罪。

(二) 行为类型的限定

在我国的立法背景下,独立预备犯与从属预备犯的关系,一直是理论界讨论的热点。如果仅从条文所处的位置来看,位于总则中的从属预备犯应当同样适用于分则条款,与独立预备犯属于普通法条与特殊法条的关系——分则中同时有明确规定的,以独立预备犯论处;未明确规定的,依照总则的犯罪预备规定认定。但实践中产生的问题在于:对于独立预备犯中未明确规定的其他预备行为,是否应当适用刑法总则关于从属预备犯的规定?例如,我国刑法中的非法利用信息网络罪,立法中只列举了三种行为方式,并且没有兜底条款。那么,行为人利用信息网络实施其他犯罪预备行为的,应当如何处理?对此,张明楷教授认为,如果独立预备犯是为了限制预备犯的处罚范围,就不应适用总则关于犯罪预备的规定;反之,如果是为了扩张范围并加重处罚,则应当适用。显然,我国刑法中的独立预备犯原则上都属于后者,不但在一定程度上提高了对犯罪预备行为的处罚,还将预备行为的共犯与未完成形态纳入规制范围。因此,对于这种情况,直接按照相应犯罪的犯罪预备处罚即可。[1]但笔者对此持否定观点。理由在于从限制预备犯的处罚范围出发,独立预备犯显然比从属预备犯更为清晰、明确。在我国普遍处罚犯罪预备的基础上,立法者之所以将特定的犯罪预备行为挑选出来独立成罪,也没有设置兜底条款,无疑代表了其处罚上的倾向性,可以从中推断出这么一个信号:除了立法刻意选择的行为类型之外,该犯罪的其他预备行为原则上是不可罚的。事实上,即使如准备实施恐怖活动罪那样规定了兜底条款,这些规定的合理性也是值得质疑的。因为该条款将使立法者对该罪先前的类型化建构完全失效,最终仍然采取总则上对犯罪预备的形式判断标准。[2]因此,需要对这类条款进行限制性解读,不能将"其他准备"作为整个犯罪的兜底性规定,[3]而应将其限定为与同项的"策划"相当或类似的行为。[4]综上,笔者认为,由于独立预备犯系将本属于犯罪预备的行为升格为实行行为论处,故应当对行为类型进行严格限定。兼之为了合理限缩从属预备犯的成立范围,原则上应当对独立预备犯的构成要件进行较为严格的限缩解释,而不宜采取扩大解释,至于对兜底条款的解释,更应当慎之又慎。只要不是明确属于独立预备犯的行为范畴的,就不应再以相应犯罪的犯罪预备论处。

在这一理念的引导下,可以发现我国有些司法解释其实对独立预备犯的行为类型采取了扩大解释甚至类推解释的方式,在一定程度上扩张了其成立范围。仍以准备实施恐怖活动罪为例,司法解释将"为实施恐怖活动出入境或者组织、策划、煽动、拉拢他人出入境"认定为该罪的实行行为。但是,这一内容却难以在该罪的条文中找到明确依据,最接近的恐怕只能是该罪第三项规定的"为实施恐怖活动与境外恐怖活动组织或者人员联络"。不过细究起来,这两种行为类型还是存在一定差距的,例如行为人为与境内恐怖活动组织联

---

[1] 参见:张明楷.论《刑法修正案(九)》关于恐怖犯罪的规定[J].现代法学,2016(1):23-36.

[2] 参见:熊亚文.实质预备犯立法的法教义学审视[J].刑事法评论,2020(1):203-220.

[3] 参见:全国人大常委会法制工作委员会刑法室.中华人民共和国刑法修正案(九)解读[M].北京:中国法制出版社,2015:39.

[4] 参见:高丽丽.准备实施恐怖活动罪:以预备行为实行行为化为视角的宏观解构[J].法学论坛,2018(2):152-160.

络而入境的,或者组织境内恐怖组织人员出境的,虽然符合司法解释,但显然不满足刑法要求。因此,司法解释的这一规定有违反罪刑法定原则之嫌,应当否认其合理性。

(三) 主观罪过的限制

除了犯罪的客观行为类型之外,还应当从犯罪的主观方面对独立预备犯的司法认定进行限制。根据实施预备行为的目的,可以将独立预备犯区分为为自己实施犯罪进行预备的独立预备犯,以及为他人实施犯罪进行预备的独立预备犯。对于前者类型的独立预备犯,应当要求行为人不仅具有准备犯罪的故意,还应具有实施后续犯罪的明确意图。如果没有这种高度的罪责限制,犯罪行为与可能造成的最终伤害之间就缺乏充分联系。对此,德国刑法理论要求行为人具备造成直接法益侵害的直接故意,并认识到此预备行为可能被用于促进后续犯罪行为;除此以外,诸如单纯的"接受""放任""认真对待""明知"等主观心态都是不够的。如德国判例指出:"行为人的行为计划中,不能只'赞同考虑'通过实施预备行为造成直接法益侵害,或真诚地认为通过实施预备行为可能造成直接法益侵害,而是要求行为人已决定通过实施预备行为造成直接法益侵害。""从限缩解释的角度出发,(德国刑法典第 89 条 a——笔者注)行为人在实施预备行为时,必须已经确定要实施危害国家的严重暴力行为,只有这样才不违反确定性要求与相称性原则。"[1]因此,具有实施后续行为的目的,只是刚达到了独立预备犯所要求的主观方面的门槛,而不能过分夸大其作用,甚至上升到成立后续犯罪的高度。

至于为他人实施犯罪提供预备的独立预备犯,由于更多表现为行为人对后续犯罪流程的失控,故只需要具备间接故意即可。但是,倘若行为人仅具备一个较为宽泛的认知,觉得其行为可能被第三人利用的,还尚不足以被认定为具备足够的主观不法。[2]以英国的一起真实案件为例,警方在 Bilal Mohammed 经营的书摊上查获了一些美化恐怖主义的书籍。尽管他们也承

---

[1] SCHÄFER, ANSTÖTZ. § 89a. in Münchener Kommentar zum StGB, 4. Auflage[M]. München: C. H. Beck, 2021: 8.

[2] 参见:敬力嘉.实质预备犯语境下宣扬恐怖主义、极端主义罪的教义学重述[J].当代法学,2019(4):126-139.

认被告人没有宣扬恐怖主义的意图,但指控其明知这些书籍会落入某些人手中并起到宣扬的效果,在主观上属于轻率,故应当成立犯罪。不过,这种对主观责任的认定明显过于宽泛。此时,行为人仅认识到可能被他人利用的风险,并不具备对宣扬恐怖主义的放任心态,远未达到间接故意的程度,在德国甚至不可能被起诉。[1]

上述观点也给我们限缩认定独立预备犯提供了理论借鉴。排除前述的堵截型持有类犯罪,我国绝大多数持有型犯罪都属于独立预备犯。在司法实践中,法官往往只注重认定行为人是否明知自己持有的是何种物品,而忽视了对其实施犯罪或放任他人利用该物品实施犯罪的意图的认定。或许会有观点认为,对主观意图的认定将给司法机关带来过于沉重的负担;而且从立法初衷上看,持有类犯罪就是为了在难以认定后续犯罪时起到填补处罚漏洞的作用,倘若能够证明行为人持有某类物品是为了实施某一犯罪,则直接认定为该犯罪的犯罪预备即可,又何必认定为持有类犯罪呢?笔者也承认该观点具有一定的合理性,但认为对持有类犯罪主观意图的认定,只需要达到行为人希望或放任这些物品被用于犯罪的程度即可,而不要求认识到具体被用于何种犯罪,故不成立相应犯罪的预备犯。例如,行为人非法持有枪支的,只需要证明其具有在今后使用枪支或放任他人使用枪支的意图,而不要求证明用于杀人、伤害或者抢劫等具体犯罪。通常而言,这些物品都是具有社会危害性的违禁品,行为人既然予以持有,原则上就足以推定其主观上明知这些物品可能被用于后续犯罪,仍予以希望或放任。但在特殊情形下,如果能够在个案中完全排除行为人实施后续犯罪的目的,就不应认定为犯罪。以赵春华非法持有枪支案为例,无论是否将赵春华所持的气枪评价为刑法意义上的"枪支",都难以认定其具有将这些枪支用于犯罪行为的意图,故不符合非法持有枪支罪的主观方面,不应构成犯罪。再如非法持有宣扬恐怖主义、极端主义物品罪,如果能够证明行为人对所持有的相关图书进行慎重保管,不但自己不阅读,他人也难以获得,只是由于害怕被警方查获而未交出的;或者研究反恐问题的学者为进行学术研究而持有少量宣传品的,由于他们的主观方面均不具备实施后续犯罪的犯

---

[1] CORNFORD A, PETZSCHE A. Terrorism offences[C]//AMBOS K, et al. Core concepts in criminal law and criminal justice. Cambridge:Cambridge University Press,2020:172-210.

罪故意,也不应成立该罪。

(四) 犯罪形态的限制

首先,是否需要处罚独立预备犯的预备或未遂形态？在德日,由于预备犯均系刑法分则所明确规定的,故只要刑法未将独立预备犯的预备形态单独规定为犯罪,显然就不应予以处罚。但我国由于总则中犯罪预备条款的存在,导致问题更为复杂。显然,经过刑法的预备行为实行化或既遂化后,独立预备犯的行为已不再是预备行为,而是实行行为。故从形式上说,为实施独立预备犯规定的构成要件行为而准备工具、制造条件的,属于刑法总则意义上的犯罪预备,原则上是可罚的。但从实质上讲,基于刑法第13条但书的限制,以及对犯罪扩张范围的合理控制,原则上不应处罚独立预备犯的犯罪预备。立法者之所以设置独立预备犯,主要是为了降低证明难度,提前保护法益,但绝不意味着无限度的超前保护。除非经过实质判断,确有严重侵害法益危险的,方可予以处罚;否则,就应当秉持审慎处罚的态度。例如非法利用信息网络罪,其法定刑最高仅为3年有期徒刑,足以表明其社会危害性较低。那么,其预备行为就更不值得处罚了。至于是否处罚独立预备犯的犯罪未遂,亦应当结合保护法益的重要程度与法定刑设置进行综合判断。

其次,是否需要处罚独立预备犯的共犯？对此,有学者主张,不能处罚独立预备犯的共犯。理由主要在于根据共同犯罪理论,无论是教唆犯还是帮助犯,其针对的都是犯罪的实行行为,而非预备行为。因此,独立预备犯其实不存在教唆犯或帮助犯,故没有处罚这些行为的依据。[1]但笔者认为,或许难以承认预备犯的教唆犯,但在理论上,完全能够成立帮助犯。例如提供犯罪工具的行为,是典型的帮助行为。不过在提供工具时,他人还远未实行犯罪,而是处于犯罪预备阶段。一旦这种帮助被延续到实行阶段,就可以处罚帮助行为。因此,在犯罪预备阶段提供帮助的,本身就具备一定的可罚性,除非行为人只希望他人的犯罪止于预备阶段——但这种情况显然十分罕见,也难以证明。即使否认预备犯的帮助犯,但独立预备犯已不再是相应犯罪的预备犯,而

---

[1] 参见:阎二鹏.预备行为实行化的法教义学审视与重构:基于《中华人民共和国刑法修正案(九)》的思考[J].法商研究,2016(5):58-65.

是被刑法分则规定为独立犯罪,从而将原本的预备行为升格为实行行为。从这个角度看,根据共犯的基本原理,处罚其帮助犯与教唆犯并不存在理论上的障碍。此时,就需要判断教唆行为与帮助行为对独立预备犯的作用高低以及危害大小,进而确定是否需要进行处罚。如张明楷教授指出,由于刑法将资助恐怖活动培训的行为明确规定为犯罪,而资助显然是一种帮助行为,由此可以推断出,为恐怖活动培训提供帮助的行为也应具有可罚性。[1]

二、从属预备犯的司法限制

从理想状态看,废除刑法总则中关于犯罪预备的规定,仅在分则规范中针对特定犯罪规定独立预备犯,只处罚具有法益侵害抽象危险、具有定型化的实质预备行为,[2]应当是更为科学、合理的做法。但在我国目前的立法框架下,仍有必要结合总则规定,对未被规定为独立预备犯的犯罪预备行为的可罚性进行合理限定。我国刑法除了分则中的独立预备犯之外,总则中也对犯罪预备进行了原则性规定,表明了普遍处罚的原则性立场。不过,结合刑法第22条与第13条的规定,刑法绝不应处罚所有的犯罪预备行为,而必须将属于"情节显著危害不大"的犯罪预备行为排除于刑法的规制范围。这就要求我们对从属预备犯的构成要件进行实质解读与合理限缩,不能使其囊括不值得处罚的情形。尽管不少学者认为,司法实践中处罚犯罪预备的案件非常少,在事实上已经导致了犯罪预备立法的虚置,甚至还有学者主张我国犯罪预备的成立范围实际上明显小于大多数国家;[3]但是,犯罪预备在实践中是否被处罚,与其应否被处罚是两码事——"实体法应不应该构成犯罪,是一个问题。至于诉讼上能不能有足够的证据证明事实,又是另外一个问题"[4]。因此,我们不能因为处罚数量少而忽视这一问题,仍有必要在教义学立场上对从属预备犯的处罚范围进行合理的限定。根据我国刑法规定,犯罪预备被定义为"为了犯

---

[1] 参见:张明楷.论《刑法修正案(九)》关于恐怖犯罪的规定[J].现代法学,2016(1):23-36.

[2] 参见:梁根林.预备犯普遍处罚原则的困境与突围:《刑法》第22条的解读与重构[J].中国法学,2011(2):156-176.

[3] 参见:胡同春.论罪量限制下我国未完成罪的成立范围[J].刑法论丛,2020(2):127-155.

[4] 黄荣坚.刑罚的极限[M].台北:元照出版公司,1999:326.

罪,准备工具、制造条件"。接下来,本书就围绕这一规定,主要从以下方面厘清对从属预备犯予以司法处罚的合理界限。

(一)"为了犯罪"的认定

"为了犯罪"这一主观方面的规定,能够在一定程度上限缩从属预备犯的成立范围。尽管可能会有观点指出,在刑事诉讼中,几乎没有嫌疑人会主动承认其准备工具是为了犯罪,因此,行为人的主观方面只能由客观证据推断出来。故在通常情况下,准备工具、制造条件既作为客观方面,又被作为推断主观方面的依据,从而导致"为了犯罪"这一条件被虚置。但本书认为,此处强调"为了犯罪"这一目的,还是有积极意义的,能够为嫌疑人提供一条通过证明自己具有合法目的,以反驳主观上出于犯罪目的的路径。倘若不能排除行为人不具备犯罪目的的合理怀疑,就应当否定犯罪的成立。故在司法适用中,为了合理框定犯罪预备的处罚范围,仍应当对"为了犯罪"这一要件进行适度的限缩解释。

首先,应当对此处"犯罪"的范围进行一定限制。如有学者指出,单纯的财产犯罪,无特定法益侵害对象的犯罪,为了保证法律实施的行政犯、不直接关乎个人利益的派生条件犯罪和共生犯罪的犯罪预备,[1]不应被处罚。笔者对此表示赞同,认为这些犯罪行为普遍属于轻罪,社会危害性较低,法定刑设置也较轻。因此,为了实施这些犯罪而进行准备的行为,对法益的侵害程度更低,没有必要作为犯罪论处。

其次,还需要对"犯罪"的形态进行限定。通说认为,"为了犯罪"应当被限制为"为了实行犯罪",而不包括为了实施犯罪预备行为。例如,为了杀人而买刀的,因为杀人是实行行为,故买刀属于故意杀人罪的犯罪预备;但为了买刀而打工赚钱的,由于买刀本身只属于预备行为,故打工就不能被评价为故意杀人罪的犯罪预备。否则,将会导致犯罪预备的范围过广,以至于处罚预备的预备这种与法益侵害关联度极低的行为。但在实践中,仍存在着扩大处罚范围的倾向,通过对"犯罪"进行扩大解释,将本应构成轻罪犯罪预备的行为评价为

---

[1] 参见:蔡仙.论我国预备犯处罚范围之限制:以犯罪类型的限制为落脚点[J].刑事法评论,2014(1):415-466.

重罪的犯罪预备。例如,2009年"两高一部"《关于办理制毒物品犯罪案件适用法律若干问题的意见》规定,为了制造毒品或者走私、非法买卖制毒物品犯罪而采用生产、加工、提炼等方法非法制造易制毒化学品的,应当按照其制造易制毒化学品的不同目的,分别以制造毒品、走私制毒物品、非法买卖制毒物品的预备行为论处。根据这一规定,不难推断出司法机关的态度是:如果为了制造毒品而非法制造易制毒化学品的,就应当以制造毒品罪的犯罪预备论处。这一精神在2012年"两高一部"联合制定的《关于办理走私、非法买卖麻黄碱类复方制剂等刑事案件适用法律若干问题的意见》中得到了延续。该意见规定:以加工、提炼制毒物品制造毒品为目的,购买麻黄碱类复方制剂,或者运输、携带、寄递麻黄碱类复方制剂进出境的,以制造毒品罪定罪处罚。由此可见,立法者是以行为人的主观目的作为重要标准,来决定其究竟构成何罪的犯罪预备。

但本书认为,上述规定值得商榷,即使在颁布司法解释时刑法尚未规定非法生产制毒物品罪,这一权宜之计也明显违背了法理。如前所述,犯罪预备中的"为了犯罪"是指"为了实行犯罪",故"为了制造毒品"也应当被理解为"为了直接使用制毒物品制造毒品"。根据相关司法解释,麻黄碱类复方制剂等易制毒化学品的本身并不是制毒物品。因此,要想利用麻黄碱类复方制剂制造毒品,必须首先对其加工、提炼出制毒物品,然后再在此基础上制造毒品,中间需要经历多个环节。显然,购买、制造麻黄碱类复方制剂只是为了"生产制毒物品",而"生产制毒物品"绝非制造毒品罪的实行行为。不能仅因为行为人主观上具有制造毒品的故意,就径行认定为制造毒品罪的预备行为。而在当前刑法明确规定了生产制毒物品罪的情况下,无论行为人主观上是否具有制造毒品的目的,制造易制毒化学品的行为均应成立该罪的犯罪预备,而非制造毒品罪的犯罪预备。

此外,还有学者主张,"为了犯罪"包括所有为了便利犯罪而实施的准备行为,甚至包括为了在实行或完成犯罪后逃脱而准备,[1]但本书并不赞同这种观点。理由在于犯罪后的脱逃行为与法益侵害程度以及对应的犯罪构成没有关联,无论是否成功逃脱,均不影响犯罪的认定。因此,将为脱逃而准备的行

---

[1] 参见:邢志人.犯罪预备研究[M].北京:中国检察出版社,2001:62.

为认定为预备犯,是没有任何意义的。更何况,从期待可能性的角度出发,除了极个别犯罪外,刑法并不处罚犯罪后的单纯逃跑行为。那么,为逃跑而进行准备的行为就更不可罚了。倘若将该行为认定为犯罪预备,则原则上是可罚的,这显然与刑法规定及基本原理相冲突;如果认为不予处罚,则这一认定就纯属多余了。

(二)"准备工具"与"制造条件"的认定

在犯罪发展的过程中,准备实施犯罪和着手实施犯罪之间的区别可以用"收集"力量和"释放"力量进行类比。因此,犯罪预备的核心在于为了实施后续犯罪而进行准备工作。根据我国刑法,这些工作被分为"准备工具"与"制造条件"两大类。但遗憾的是,立法只对犯罪预备规定了较为模糊的行为轮廓,而没有进行明确的方式限定。本书认为,不是所有的"准备工具"与"制造条件"行为,都能准确反映出立法者在"经验上妥当的危险判断",而必须进行限缩解释,挑选出值得处罚的、对后续犯罪具有较大促进作用的类型。一旦预备工作发挥了实质性作用,消除了继续实施犯罪的重大障碍,也表明了行为人的犯罪意图更为坚定,今后放弃犯罪的可能性微乎其微。也只有这类行为,才可以作为犯罪预备的客观行为。

1. "准备工具"的具体限制

一方面,必须对"工具"本身进行限制,而不能将所有能够促进犯罪实施的工具都囊括在内,否则就会不当地扩大犯罪预备的处罚范围,甚至导致刑法条文之间产生矛盾或冲突。例如日本刑法第163条之四第一款非法获取电磁记录信息的行为规定,与该条之四第三款的准备器材或原料行为的法定刑完全相同。初看起来,二者同为第163条之二的非法制作电磁信息的预备行为,法定刑相同也是应然之义。但问题在于,购买用于非法获取电磁记录工具的行为,似乎从广义角度也可以被评价为为了实施非法制作行为,进而准备器材或原料的行为。而日本刑法第163条之五对非法获取行为规定了未遂。这就意味着,行为人购买用于盗窃信息的器材的,其处罚甚至要重于利用该器材盗窃未遂的情形,因为后者可以从宽处罚。此时,正是由于对准备工具中"工具"一词的宽泛理解,造成了这种罪刑失衡的尴尬境地。对此,有关部门只能将购买盗窃信息器材的行为评价为准备器材或原料行为的预备行为,而非非法制作电磁信息行为的预备行为,进而对其免除处罚。[1]

因此,本书认为,"准备工具"中的工具,必须是能够直接实现犯罪目的的工具,而非实现中间步骤进而间接实现犯罪目的的工具。为体现犯罪工具的主客观双层面向,应当以"目的性"与"直接性"对工具进行限缩,前者指行为人具有将其用于犯罪实行行为意图的明确性,后者指此工具在客观上能够对实行行为的顺利完成起到"加功"作用,[2]属于直接作用于犯罪对象或法益的工具。例如,为杀人而开车前往商店购买毒药,其中毒药系直接作用于犯罪对象,属于犯罪工具;但其中的车辆不属于犯罪工具,准备车辆的,不能成立犯罪预备。当然,如果所准备的工具不可能造成后续的实害结果,也不应成立犯罪。例如,为了杀人而购买毒药的,如果能够证实该毒药的毒性不可能致人死亡,则无法直接实现其犯罪目的,故不构成故意杀人罪的预备犯。如此一来,便可将犯罪工具和其他与犯罪无直接因果关联性的物品予以区分。

另一方面,刑法所处罚的预备行为不能是社会上不引人注意的正常行为,例如购买普通日用品、单纯的旅游行为等;而是要求该行为必须在客观上达到了一定程度的危险性。因此,需要将"工具"限制为仅指那些行为人需要付出努力才可以获得,且主要功能用于违法犯罪的物品。行为人得到这些工具后,犯罪成功的可能性就会大幅增加,甚至迈出了具有决定性的步骤。例如,为了伪造信用卡而购买相关设备后,基本上只要按照要求操作,就可以较为顺利地完成犯罪,而不会面临其他障碍。同理,类似的工具还包括万能钥匙、毒药、炸药、计算机木马程序、管制刀具、窃听器等。但为了盗窃而准备螺丝刀或扳手、为了伤人而准备棒球棒则不然,因为这些工具是日常生活中唾手可得的物品,获取它们无须投入大量的时间、金钱或精力,也难以表明行为人将犯罪进行到底的坚定意图。行为人在准备这些工具后,还得依赖自己的技术或体力,才能完成下一步的侵害行为。因此,上述工具在犯罪过程中所发挥的作用十分有限,并且具有较强的替代性,故仅准备这类工具的行为,原则上不应被认定为犯罪预备。

---

[1] 神例康博.日本刑法における「支払用カード電磁的記録に関する罪」[J].立命館法学,2013(5):397-408.

[2] 参见:王鹏飞.普遍处罚模式下预备行为的类型建构[J].法学杂志,2021(6):119-127.

通常而言,可以将持有的工具分为三类:一是危险工具,其在被使用时可以直接造成严重伤害。二是特殊工具,原则上只用于违法犯罪场合,或结合具体案件,在当时只能被用于实施不法行为。三是日常工具,系指除了危险工具之外,被广泛适用于日常生活之中的工具,但也可能被用于违法犯罪活动。对于第二类工具,原则上应当被认定为此处被论述的"工具";对于第一类工具,需要结合其日常使用情况进行判断,持有该物品是否具有社会相当性,行为人是否具有明确的犯罪意图;对于第三类物品,即使行为人具备实施后续犯罪的意图,原则上也不应认定为犯罪预备中的"工具"。

2. "制造条件"的具体限制

从本质上看,"准备工具"其实属于"制造条件"的一种具体类型,只不过立法者将二者分别规定而已。因此,与"准备工具"类似,"制造条件"也应当是直接加功于实行行为的行为,并且属于具有法益侵害(危险)性的行为,具有一般观念意义上的、与实行行为紧密相接的显性特征。[1] 日本判例指出,根据相应的犯罪类型,作出了客观上对其实现"具有重要意义"或者"直接起作用"的准备时,即具备了只要想着手实行犯罪,任何时候都可以利用它实行犯罪的程度的准备时,才成立预备罪。[2] 本书认为,基于预备行为与实行行为的接近性原则,准备工作必须对法益侵害具有实质影响,消除了犯罪实施过程中的重大障碍。例如,为了侵入计算机而获取密码的行为,就如同获得了他人住宅的钥匙,能够使行为人畅通无阻地进入计算机信息系统,实施篡改数据的行为。因此,该行为能够被评价为犯罪预备行为。但为了抢银行而准备面罩则不然,尽管这一行为确实有助于其在犯罪过程中隐藏身份,但我们不能说此时行为人就已经完成了一项重要任务,或者清除了一个重大障碍,从而决定性地增加了完成犯罪的机会。[3]

实践中,接近犯罪目标是制造条件的主要表现之一。行为人接近犯罪目标的行为,可以根据意义中心的不同,类型化为距离上接近犯罪目标的行为与机会上接近犯罪目标的行为两类。前者的核心特征在于,从空间层面提升了

---

[1] 参见:郑延谱.预备犯处罚界限论[J].中国法学,2014(4):236-249.

[2] 参见:张明楷.未遂犯论[M].北京:法律出版社,1997:435.

[3] OHANA D. Desert and punishment for acts preparatory to the commission of a crime[J]. Canadian Journal of Law and Jurisprudence,2007(1):113-142.

法益遭受现实侵害的危险性；后者则在于增加了犯罪行为得以顺利实施的实际可能性，故从概率层面提升了法益遭受现实侵害的危险性。对于那些并无直接目标的犯罪行为，则应以抽象意义上的法益载体作为判断标志，即以"从距离或机会上接近法益载体的行为"为准，判断该行为是否增加了法益遭受侵害的危险。[1] 虽然接近了目标，但却没有较大幅度提升法益侵害危险的，如在人群密集的场所尾随犯罪目标，就不能认定为预备行为。

（三）"不能犯预备"的处理

司法实践中，如果为了实施犯罪进行了准备，但由于本人无法决定的客观情况导致不可能实施后续行为，因此也不可能对他人的法益造成侵害的，是否仍应被处罚？例如，行为人为了谋杀而积极准备了工具，但当其以行凶为目的来到犯罪对象家中时，却发现对方已经死去。此时，是否需要追究行为人故意杀人罪预备的责任？如果该行为对应的是独立预备犯，例如日本刑法中的预备杀人罪，由于法律已经将预备行为实行化，故显然已经构成犯罪既遂，不过可以根据刑法规定适当减免处罚。但对于从属预备犯，则会存在是否予以处罚的考量。笔者参照"不能犯未遂"概念，将这一情形概括为"不能犯预备"。根据我国的通说，成立犯罪预备的重要特征之一就在于在预备阶段，基于意志以外的原因而没有继续实行。由于犯罪客体的不存在属于意志以外的原因，故行为人理应成立犯罪预备。国外也有学者认为，行为人的预备行为违反了相应的禁止性规范，虽然这一次未能成功实施犯罪，但其完全可以将目标转移到下一个人，故从长远来看，受保护的法益仍然处于危险之中。[2] 因此，事实上犯罪能否成功，并不影响对犯罪预备的认定。从主观恶性上看，行为人并不比其他预备犯罪的人低，只不过基于运气等偶然因素导致不可能发生危害后果，故没有理由受到法律上的特殊优待。但是，这种观点具有较大的局限性。对于危害公共安全或是一般性财产的犯罪，行为人可能确实会存在目标的转

---

[1] 参见：王鹏飞.普遍处罚模式下预备行为的类型建构[J].法学杂志，2021(6)：119-127.

[2] BOCK S, STARK F. Preparatory offences[C]//AMBOS K. Core concepts in criminal law and criminal justice. Cambridge：Cambridge University Press，2020：54-93.

移;但如果针对的是特定的人或物,犯罪客体的缺失将会对其今后是否实施犯罪造成决定性影响——毕竟,喜欢滥杀无辜的犯罪人是十分罕见的。而一味强调行为人的犯罪意图或者主观恶性,也存在着过度定罪的风险。

严格来说,"不能犯预备"因为尚未着手实施犯罪,故不属于不能犯未遂的范畴,但可以参考不能犯的相关理论进行思考。根据立场的不同,行为无价值的学者倾向于不能犯构成犯罪未遂,而结果无价值的学者则更倾向于不能犯不构成犯罪。当然,关于其中更详细的具体观点,尤其是判断时点与判断标准的选取,囿于篇幅与主题,这里就不再加以展开了。笔者想要强调的是:与犯罪未遂相比,犯罪预备与法益侵害的距离无疑更远,虽然均未发生侵害法益的后果,但如果按照行为人预期的计划进行,也是未遂者对法益造成的危险更直接、更迫切。而在事实上均不存在侵害法益危险的情况下,不能未遂的行为人主观上已经具有了着手实行犯罪的明确故意,对规范的背离程度要远高于仅实施预备行为的人。因此,即使根据规范违反说,能够对不能未遂者进行处罚,但同样的理由适用于预备者就远远没有那么充分了,需要慎重对待。从犯罪类型上看,预备犯属于广义上的抽象危险犯。而根据前文的论述,抽象危险犯虽然不要求实际上发生危险,但需要存在发生危险的可能性。如果根据具体判断,虽然行为人实施了预备行为,但基于其他因素,导致个案中不可能出现侵害法益的抽象危险时,则不宜以犯罪论处。综上所述,笔者认为,行为人虽然实施了从属于其他犯罪的预备行为,但由于客观因素,导致事实上不可能存在继续实施犯罪的可能性时,因为欠缺侵害法益这一实质性的定罪要求,故这种"不能犯预备"不构成犯罪预备,不应予以处罚。

第三节 共犯行为正犯化的司法限制

共犯行为正犯化包括帮助行为的正犯化与教唆行为的正犯化。在本质上,帮助行为与教唆行为都是狭义上的共犯行为,具有较为密切的联系与诸多共同之处。实践中,帮助行为正犯化的立法现象更为普遍,受到的关注也更多。本节也主要以帮助行为正犯化为例,探讨对这类犯罪在司法上的限制适用问题。对于教唆行为正犯化的限制,如教唆、煽动的对象是否需要产生犯罪故意,是否需要着手实施犯罪等,属于二者的共性问题,可以参照适用。

一、帮助对象的限制

(一) 帮助对象可否实施违法行为

在我国部分帮助行为正犯化的条文中,明确规定了帮助对象实施的是"违法犯罪"。如提供侵入、非法控制计算机信息系统程序、工具罪明确规定,明知他人实施侵入、非法控制计算机信息系统的违法犯罪行为而为其提供程序、工具,情节严重的,构成本罪。这就与传统的刑法理论中,只处罚对犯罪的帮助犯存在较大出入。笔者认为,正如前文关于独立预备犯中讨论的那样,帮助行为一旦被正犯化后,其社会危害性就不再完全依附于正犯,故无须再严格适用"无正犯则无共犯"的认定准则。如果该行为的社会危害性已经累积达到了值得刑法处罚的程度,则无论被帮助行为是否达到了犯罪的程度,均应予以处罚。因此,对于提供侵入、非法控制计算机信息系统程序、工具罪这类明确规定了帮助违法行为的正犯化条文,应当肯定对违法行为的帮助亦可构成犯罪。不过需要注意的是,这里的"违法"应当被理解为因为情节或数额尚未达到刑法上的入罪标准,而不能泛指一切违法行为。倘若被帮助者实施的根本不是刑法规定犯罪类型,则无论帮助行为造成了多么严重的后果,也不能"积量够罪"。[1]

存在争议的是,如果刑法中仅规定了"犯罪",而未包括"违法"时,为违法行为提供帮助的,能否成立相应犯罪？显然,根据罪刑法定原则,是不能随意对"犯罪"进行扩大解释的。既然刑法并未规定对违法行为的帮助,就不能将这类行为作为犯罪处理。但在实践中,却有司法解释变相突破了刑法规定。例如,刑法明确规定,帮助信息网络犯罪活动罪的帮助对象是利用信息网络实施犯罪的他人。但《关于办理非法利用信息网络、帮助信息网络犯罪活动等刑事案件适用法律若干问题的解释》第12条却规定,实施该罪所规定的帮助行

---

[1] 参见:喻海松.帮助信息网络犯罪活动罪的司法限定与具体展开[J].国家检察官学院学报,2022(6):101-113.

为,确因客观条件限制无法查证被帮助对象是否达到犯罪的程度,但相关数额总计达到前款第二项至第四项规定标准五倍以上,或者造成特别严重后果的,仍可构成帮助信息网络犯罪活动罪。由此不难看出,被帮助的行为并不一定需要构成犯罪。对此,也有学者明确指出,这一例外规定将"犯罪"扩大解释为虽未达到犯罪程度,但为刑法分则规定的行为,属于解释的最大限度。[1] 不得不说,司法解释的这一规定和立法存在一定矛盾。而在承认其有效性的前提下,可否对这一规定推而广之,适用于其他正犯化的帮助犯呢?或者如前述学者所认为的,包括查证后未达到犯罪程度的行为呢?笔者认为,由于这一规定本身存在较大争议,故不应适用于其他犯罪。即使对于帮助信息网络犯罪活动罪,由于司法解释规定的是"无法查证"是否构成犯罪,故主要目的还是解决证明标准问题,而非扩大被帮助的行为类型。如果能够明确证明被帮助的行为达不到入罪标准,虽从理论上讲,确有处罚帮助行为的可能性,但出于慎重处罚的精神,此时明显不属于司法解释所要求的"无法查证"的情况,仍不应构成帮助信息网络犯罪活动罪。

(二)帮助对象是否需要着手实施犯罪

帮助行为正犯化的另一个关键问题是帮助行为与实行行为之间的关系,是否仍以实行上的从属性作为定罪的前提条件。以强迫劳动罪(帮助型)、组织考试作弊罪(帮助型)、协助组织卖淫罪,提供侵入、非法控制计算机信息系统程序、工具罪等犯罪为例,是否要求被帮助者着手实施犯罪后,才能处罚提供帮助者?例如,为他人提供了非法控制计算机信息系统的程序,他人在尚未使用该程序侵入计算机时即被抓获,则行为人能否成立该罪?按照共犯从属性理论,处罚共犯的最初时点必须是正犯已经着手实施犯罪。如果正犯仅处于犯罪预备阶段,距离法益侵害还相当遥远,就没有处罚共犯的必要。但是,既然立法者已经将帮助行为规定为独立的犯罪,就不应再将其视为帮助犯,从而不必再受到共犯从属性的约束。因此,对于帮助对象是否需要着手实施犯罪的判断,没有必要再受到共犯理论的约束,而是应当根据行为本身对法益的

---

[1] 参见:喻海松.帮助信息网络犯罪活动罪的司法限定与具体展开[J].国家检察官学院学报,2022(6):101-113.

侵害程度,进行具体判断。

笔者认为,对这一问题需要分情况进行讨论。一方面,应当以处罚犯罪实行行为的帮助为原则,这是因为为了合理控制处罚范围,需要对构成要件进行实质解释,将不值得刑罚处罚的帮助行为排除在犯罪圈之外。因此,原则上,只有帮助对象已经着手实施犯罪,帮助行为才与法益侵害具有较为紧密的关联度,进而具有处罚的必要。以帮助信息网络犯罪活动罪为例,为他人实施信息网络犯罪提供互联网接入等帮助,但他人尚未着手实施犯罪的,此时行为人距离法益侵害还十分遥远,社会危害性极低,尚不足以构成犯罪。另一方面,以处罚犯罪预备行为的帮助为例外。此时,要求犯罪预备阶段的帮助行为可能引起的法益侵害具有重大性(性质重要或数量众多),并且应当严格限制中立帮助行为的处罚范围。[1] 例如帮助恐怖活动罪,由于恐怖犯罪的严重危害性,资助恐怖活动或恐怖分子等行为本身就具有高度的可罚性;即使被资助者尚未实施后续犯罪,也应认为资助者侵犯了帮助恐怖活动罪的法益,从而构成犯罪。不过,需要对这类犯罪进行严格限制。

二、行为程度的限制

在行为的实施程度上,应当从帮助行为的实施形态、实际作用与整体评价三方面进行限制。首先是帮助行为必须实施完毕,这是其能够对正犯行为起到作用的前提条件。如果仅实施了预备行为,而尚未着手实施帮助行为的,就不能将其评价为相应罪名所规制的实行行为。德国学者以对恐怖组织提供资助为例,认为如果资助的物品由于在中途被拦截而没有到达组织,就不可能对组织发生作用,因此是不可罚的。[2] 这一观点显然受到了共犯从属性说的影响。笔者认为,虽然某些被正犯化的帮助行为本身就具有可罚性,而无须依赖于被帮助的行为,但至少也得要求行为人实行了该行为。倘若行为人仍处于预备阶段,则距离法益侵害过于遥远,尚不值得被刑法处罚。以我国的帮助恐

---

[1] 参见:熊亚文.从共犯论到法益论:帮助行为正犯化再审视[J].法学,2021(8):83-95.

[2] BIEHL S. Strafbarkeitslücken im terrorismusstrafrecht?: eine analyse der bestehenden sanktionsmöglichkeiten terroristisch motivierten handelns[J]. Juristische Rundschau,2018(7):317-323.

怖活动罪为例,该罪第一款规定的实行行为是"资助"。但根据相关司法解释,以募捐、变卖房产、转移资金等方式筹集资金的,亦能成立该罪。显然,"筹集"可谓"资助"的预备阶段。如果行为人仅筹集资金而尚未进行资助的,既不会给恐怖活动提供实质性帮助,本身的危害程度也不大,充其量只能按照帮助恐怖活动罪的犯罪预备论处,原则上不应予以处罚。此外,帮助的帮助在广义上也可能对实行行为产生加功效果,可谓是刑法意义上的帮助行为。但需要注意的是,间接帮助行为往往距离实行行为更为遥远,其危险性要低于直接帮助行为,在认定是否构成犯罪时也应格外慎重,并且严格遵循罪刑法定原则的要求。仍以帮助恐怖活动罪为例,该罪第二款规定的实行行为是"招募、运送人员",但相关司法解释却将为运送人员提供中介服务、中转运送、停留住宿、伪造身份证明材料等便利条件的行为认定为该罪。显然,这些行为属于"运送人员"的帮助行为而非实行行为,将二者等而视之,已经超出了扩大解释的范畴,有类推之嫌。因此,只能将这类行为认定为帮助恐怖活动罪的帮助犯,综合情节等因素考虑是否予以处罚。

其次,在行为实行完毕的基础上,帮助活动还必须在客观上对正犯实施犯罪发挥实质性的作用,产生某种程度上的积极影响。以为恐怖组织提供帮助为例,帮助行为不能仅仅表现为对恐怖组织的理解、认可或支持,而是需要为其提供切实的帮助。对此,德国理论界与实务界均认为,需要对德国刑法典第129a第5款的"为恐怖组织招募成员或帮助者"进行严格限制。在招募内容上,所招募的人员必须旨在为特定的恐怖组织服务,而非仅仅一般性地号召大家参与恐怖活动或"圣战"。而在招募方式上,仅张贴宣传海报也是不够的;法院会对文本进行审查,以确定它们是否真的在招揽新成员或支持者。[1]

最后,由于被正犯化的帮助犯的可罚性并不完全依附于实行犯,而是具有独立的入罪标准,故必须对行为的性质进行整体评价与综合判断,判断其是否达到了值得刑法处罚的程度。根据我国刑法规定,帮助信息网络犯罪活动罪,提供侵入、非法控制计算机信息系统程序、工具罪等犯罪都要求"情节严重"。这其实对犯罪的成立范围起到了一定的限缩作用。亦即,即使被帮助的行为

---

[1] CORNFORD A, PETZSCHE A. Terrorism offences[C]//AMBOS K, et al. Core concepts in criminal law and criminal justice. Cambridge:Cambridge University Press,2020:172-210.

本身已经构成犯罪,但如果帮助行为不属于"情节严重",则既不应作为本罪处理,也不能另作为被帮助犯罪的共犯论处,否则就违反了立法者限缩处罚范围的本意。其实,仅在一个犯罪内部,其行为类型的危害程度也存在较大差异。以帮助信息网络犯罪活动罪为例,为犯罪分子提供互联网接入、服务器托管等帮助的,对法益的侵害程度明显要大于仅仅为其取款提供银行卡等行为的。因此,司法机关在审理相关案件时,必须根据提供帮助者的具体行为类型,综合判断其是否属于"情节严重",而不能简单地"一刀切"。如相关司法解释规定,"为三个以上对象提供帮助的",就应当认定为属于帮助信息网络犯罪活动罪的"情节严重"。但是,为三个对象提供互联网接入服务与为三个对象各出售一张信用卡,在情节上看是存在显著差异的,都作为犯罪处理势必显失公平。因此,建议根据不同的行为类型,区分确定独立的入罪标准,以实现罪责刑相适应原则。

三、中立帮助行为的认定

不可否认的是,部分被正犯化的帮助行为属于日常生活中十分常见的业务行为,例如提供互联网接入、广告推广、支付结算等帮助。此时,就产生了是否需要将这种中立的帮助行为认定为犯罪的难题,也引发了理论界的广泛讨论。在德日,围绕如何限制中立帮助行为的处罚范围,理论界存在多种学说,虽然可以从整体上区分为主观说、客观说与折中说,但在各种学说内部,仍然存在十分激烈的争论。例如,在明知对方会利用螺丝刀进行入室盗窃的场合,五金店店员还予以销售的行为,就存在"日常行为说""社会相当性说""获得难度说""职业关联性说""危险印象说""特别工具说""义务违反说""利益衡量说""帮助故意说""犯罪目的说"等多种处理方案。[1] 笔者认为,这些方案并不完全冲突,甚至在内部是相通的,在部分场合下完全可以混合使用,进而从多个角度出发限制中立帮助行为的处罚范围。但是,以往学者们讨论这一问

---

[1] 各观点详细内容可参见 NIEDERMAIR H. Straflose beihilfe durch neutrale handlungen? [J]. Zeitschrift für die gesamte Strafrechtswissenschaft,1995(3):507-544. 西贝吉晃. 中立的行为による帮助における现代的课题[J]. 東京大学法科大学院ローレビュー,2010(5):87-147.

题时,并未从帮助对象上进行分类讨论。在"一对一"[1]的帮助与"一对多"的帮助情形下,无论是客观行为还是主观责任的认定上,还是存在较大差别,不可混为一谈。相较而言,"一对一"的中立帮助行为更容易认定,故首先对此展开讨论。

(一)"一对一"的中立帮助行为

在客观方面,可以运用危险分配的基本原理,根据客观归责理论,判断结果是否应当归属于中立帮助行为。具体而言,应当根据帮助者是否偏离了既定的客观职责分工,来区分可罚行为与不可罚行为。而帮助者是否存在角色偏离,取决于帮助行为是否被特别塑造,以符合正犯的犯罪计划。只有在帮助者与正犯的犯罪计划或者正犯行为特别适合,并为此付出了专门的努力时,才能被认为制造了法所不允许的危险。因为正是基于这样的适合性,正犯的犯罪对共犯来说才成为"自己的事情";否则,这些行为由于与职业领域的密切关系,在客观上已经不会给公众留下值得惩罚的深刻印象,就应认为"完全是别人的事情",而不能将结果归属于间接引发者。

以提供物品为例,能否将提供两用产品的行为归类为帮助犯,重要的是该物品是否具有相应的制造商、销售商或用户设定的额外特征,而这些特征能够明显促进犯罪的实施。如果提供那些能够在"任何街角"轻松获得的物品,其可罚性就非常低,并未产生法律上的风险,原则上不能被认为是重大帮助。[2]但是,为了提供实施犯罪所必须的对象物而付出巨大努力的行为,或者提供对实施行为具有特定异常性质的特别制作物的行为,则应当被认定为重大帮助。此时,帮助者专门为他人犯罪提供帮助,所实施的根本就不属于中立的业务行为。[3]例如,五金店店员将螺丝刀卖给小偷的,因为螺丝刀并不能被评价为

---

[1] 这里的"一对一"并不仅指数量,而是指被提供者对物品的使用用途是一致的。例如,行为人为多人犯罪提供工具的,也属于"一对一"。如果多人的使用用途不一致,有的合法,有的非法,则属于"一对多"。因此,这个词后面的"一"与"多",关注焦点还在于用途。

[2] BECHTEL A. Die neutrale Handlung-Problemfeld im rahmen des förderungsbeitrags iSd § 27 StGB[J]. JURA-Juristische Ausbildung,2016(8):865-871.

[3] 参见:张明楷.论帮助信息网络犯罪活动罪[J].政治与法律,2016(2):2-16.

入室盗窃的专用工具,故店员不应成立帮助犯;但如果应邀制作万能钥匙并销售的,则属于为盗窃提供了特殊的帮助,应当成立犯罪。

再如为他人提供服务的,也应根据具体情况进行判断——"若技术很容易在他处获得,则提供该技术较难构成可罚的参与行为"[1]。例如,司机明知老板去行贿,而仍将其送到指定地点的,就很难说司机的行为对行贿受贿犯罪具有物理上的促进意义。因为即使没有司机,行贿人也完全可以很轻松地采取其他方式到达目的地,并且早到一点或者晚到一点也没有太大关系。但毒品交易则不然,由于毒品交易一般都严格约定了时间地点,如果行为人不能按时到达目的地,交易受到影响的可能性就将大增。从这个角度出发,司机为行为人实施犯罪行为提供了机会,具有实质上的促进作用。再如,乘坐公交车与出租车的评价也不相同。公交车的线路是固定的,不会因犯罪人的计划而改变,犯罪人只能被动适应公交线路。因此,很难说公交车运送犯罪人到目的地的行为对犯罪起到了重大、独特的作用。相较而言,其运送正常乘客所起的作用更突出,能够在客观上淡化对犯罪的加功。而出租车则可以根据乘客的意思自由行驶,从而受到犯罪人的支配,并且唯一的目的就是将其送往犯罪地。故而,出租车司机更可能起到帮助效果。

在主观上,也应当对帮助的故意进行分类讨论,区分行为人是出于自己的行为可能被犯罪所利用的意图,还是在对"明显具有犯罪倾向"的人实施帮助行为。如 Roxin 教授指出,如果帮助者明确地意识到了正犯的犯罪计划,此时其行为就丧失了"中性的"日常交易特征,而变成了对法益的攻击,故原则上是可罚的;只有在例外情况下,如其行为即使在缺乏主要行为目的情况下,对自己也是有意义时才不可罚,如将饭菜卖给组织卖淫者、为非法排污者提供经营原料等行为。但如果其仅仅估计到对方可能会实施犯罪行为时,原则上则是不可罚的。[2] 这一观点也得到了德国司法实践的广泛认可。相关判例认为,如果参与者不知道其贡献如何被正犯利用,只是认为该行为有可能被犯罪实施所利用的,则该行为通常还不能被评价为可罚性的帮助行为。除非他认识

---

[1] 叶强,李雪健.网络犯罪及其刑事追诉研究[M].北京:当代中国出版社,2022:84.

[2] 参见:罗克辛.德国刑法学总论:第2卷[M].王世洲等,译.北京:法律出版社,2013:156-163.

到被帮助者实施犯罪的风险是如此之高,以至于通过援助促进了一个明显愿意实施犯罪的罪犯。日本也有学者指出,帮助者应当确定地认识到正犯的犯罪决心,亦即,正犯必须有犯罪的征兆。如果其只意识到被帮助者可能实施犯罪,也可能不实施犯罪时,基于信赖原则,就不应成立帮助犯。[1] 笔者对上述观点表示赞同,认为在这种类型的中立帮助行为中,帮助者必须对正犯行为与结果具有确实性的认识,而不能只是一种大体上的预测。[2]

(二)"一对多"的中立帮助行为

在"一对一"的场合下,只需要讨论个别行为的可罚性即可。但在"一对多"时,亦即对不特定人提供"一揽子"式帮助的情况下,问题显然更为复杂。例如,行为人向不特定多数人一并提供某种常见的、中立的工具,但有的被提供者将所提供的工具用于合法用途,有的则企图将其用于犯罪。此时,行为人很难针对广泛涉及的相对方逐一采取个别化的防范措施,进而导致提供行为与违法犯罪行为的联系略显单薄。如果仍坚持"一对一"时的判断思路,即使将所提供的工具用于犯罪的人在整体上为少数,但只要有人用于犯罪,提供者就应当成立帮助犯。从这个角度来看,提供行为的危险性的大小、因果性的强弱,不应受到将其用于犯罪人数的多寡与比例的影响。但在实践中,并非总能轻松地认定提供工具者与实施犯罪者之间的意思联络——而正是在难以认定为共犯的情况下,才凸显出共犯行为正犯化的立法价值。只不过在这里,我们仍然需要思考——在"一对多"提供所谓中立帮助的情况下,行为人的可罚性究竟体现在什么地方,应当如何限缩帮助行为的成立范围,以及如何准确认定行为人的主观故意。

关于"一对多"的中立帮助行为,日本经典案例——Winny 案可以为我们提供理论参考。在该案中,被告将自己研制开发的 Winny 软件在网络上公开发布。该软件是一种基于 P2P 技术的网络文件交换软件,能够使电脑用户不通过计算机服务器,而直接与其他互联网用户进行数据交换。基于交换的匿

---

[1] 濱田新.帮助犯の処罰範囲限定理論について:中立的行為事例を素材として[J].法學政治學論究:法律・政治・社会,2012(6):233-264.

[2] 参见:张明楷.犯罪故意中的"明知"[J].上海政法学院学报(法治论丛),2023(01):38-54.

名性和隐蔽性,该软件亦被用来发送非法文件。在使用者构成侵犯著作权犯罪的前提下,被告也因为开发这款软件而涉嫌构成帮助犯。针对这一指控,辩护人提出,即使是帮助的故意,也需要"识别或预见特定的正犯"。如果向不特定多数人提供帮助,并且仅认识到在为数众多的人中有实施犯罪行为的可能性,而没有推动特定正犯实施犯罪的故意时,就不成立刑法意义上的帮助犯。最终,法院吸收了部分辩护意见,采取了全面考察标准,判决被告人无罪。以该案为契机,日本刑法学界也围绕帮助犯的帮助故意与对象展开了激烈的讨论。肯定说认为,帮助者是否认识到特定的帮助对象,并不是决定帮助犯成立与否的关键因素,只要知道自己在帮助某个人,就具有了共犯之间的意思联络。而从体系解释的角度出发,煽动的对象是不特定多数人,并不完全等同于教唆;既然刑法设立了煽动型犯罪,那么就没有必要对帮助的对象进行限制,否则就造成了共犯行为处罚上的不协调。但否定说则表示,这一观点使得帮助犯的成立范围失去了清晰的轮廓,存在无限扩张的危险。有学者明确指出,从事计算机技术开发的人总能意识到技术被滥用的危险,因为越先进的技术,就越可能被滥用于犯罪。此时,就很容易认定存在帮助的故意。但将其一概认定为犯罪,无疑会对某些行业造成毁灭性的打击,影响经济发展与技术进步,甚至侵犯宪法所保护的职业自由。因此,主观上仅仅只明知、放任是不够的,必须具有促成犯罪实施的直接故意。[1]

在德国,教唆的对象虽然不必是特定的人(Individuell Bestimmte Person),但应当是个别确定之群体(Personenkreis)中的特定或不特定者。而对于帮助对象,则没有进行特殊限定。学者们给出的理由在于教唆犯是使无犯罪故意者产生犯意,因此必须针对特定对象勾勒出犯罪的大概轮廓;而帮助犯则是帮助已具有犯罪故意者,故没有必要要求得这么严格。

不得不说,日本学者关于肯定说的观点不无道理。尤其是类比煽动型犯罪的论述,在我国将帮助行为正犯化的立法背景下更有说服力。或许可以大胆地认为,我国之所以将教唆、帮助行为正犯化,目的就是解决教唆、帮助不特定对象的问题。这么一来,教唆、帮助特定对象的,成立相应犯罪的共同犯罪;

---

[1] 豊田兼彦.不特定者に対する幇助犯の成否[J].立命館法學,2009(5・6):569-585.

针对不特定对象的,则被立法者单独设立为正犯以示区别。但是,倘若因为行为人对其中一人具有帮助故意,就在整体上肯定犯罪的成立,也未免过于武断。事实上,是否旨在规制"一对多"的帮助,与是否肯定"一对多"的故意认知并非完全对应的关系。煽动型犯罪所煽动实施的,都是法律所禁止的行为,故行为人的主观故意相对而言较易认定,也不需要从整体上考虑有多少人会实施其煽动的行为。但"一对多"的帮助则不然,基于行为的中立性,被帮助者既会实施合法行为,也可能实施违法行为。如果仅因其中极少数人可能会实施犯罪,就认定帮助者具有犯罪故意,不得不说过于严苛,在实践中也很难操作,甚至可能会出现扼杀技术进步等尴尬局面。因此,还得进行必要的法益衡量,以判断帮助行为给社会发展所带来的利益是否小于其间接造成的法益侵害。[1]

本书认为,在这种情况下,既然不能将广泛涉及的利用者的个别情况进行逐一识别,便不得不考虑全体利用者的情况。有学者主张,在这种情况下,不仅需要考虑各个被提供者的具体使用状况,还应考虑物品在"整体"上的用途,以判断提供行为的可罚性。无疑,这一观点能够限制帮助和教唆犯罪的范围,因为提供工具行为的"风险性"会根据打算使用工具犯罪者的数量与比例而变化。以提供网络技术支持或相关工具为例,尽管可以追究接受服务者实施犯罪的刑事责任,但对被害人而言,可能面临侵权人数量众多、难以取证等问题。此时,侵权者之所以能够轻松得手,根本原因在于提供者这一"危险源"的存在,为侵权行为的发生提供了便利条件与催化环境;只要不消除能够针对不特定人反复实施的条件,无论处罚多少侵权者,都会不断出现后来者。因此,从整体上把握帮助行为的危险程度,判断帮助者与实行者谁才是侵犯法益的"危险中心",更符合这类犯罪的本质特征,也更有利于从根源上解决问题。[2] 对此,有学者提出反对意见,认为考虑使用者对工具的使用状况是不合理的。因为究竟将其用于犯罪还是用于合法活动,完全取决于使用者本人,而与提供者无关。因此,试图以无法左右的他人行为来论证行为人的刑事责任,显然违反

---

[1] 参见:张明楷.论帮助信息网络犯罪活动罪[J].政治与法律,2016(2):2-16.
[2] 豊田兼彦.幇助犯における「線引き」の問題について[J].立命館法學,2012(5・6):458-474.

了刑法中的责任主义原则。[1] 但是,他人如何使用工具不应被理解为提供帮助后的行为,而是提供帮助时可以被预见的行为。刑法中的明知不但包括明知"必然",还包括明知"可能"。故只要能够认识被提供者可能会将工具用作何用,就不应否认主观上的认知。因此,综合考虑使用者对工具的使用状况并不违反罪责原则。

综上所述,只要行为人提供的物品可能被用于违法犯罪活动的比例较高时,就能够肯定行为的帮助性质。当然,这绝不意味着采用统一的百分比(如超过半数)来划定界线,而是从实质上理解为是否达到了在社会公认的规范下所不能忽视的程度。对此,应当结合提供帮助的性质(被用于犯罪的可能性大小)、提供方式和其他因素进行综合考量。反之,只要该物品不是"侵权专用产品",而是属于"价值中立物品",通常而言就难以确定会有多少人非法使用。可以说,只要局限于这种一般性、抽象的危险,就应当认为其属于刑法中被允许的风险,从而尽量消除对提供者正当业务行为的限制。否则,如果强调必须在完全没有犯罪危险的情况下才能提供,显然对行为人提出了过高的要求。当然,随着物品的广泛使用,如果发现被用于违法犯罪活动的比例逐渐升高,危险性愈发增加时,与对提供者职业自由的限制相比,保护法益的要求就更为优越了。[2]

此外,要想成立帮助犯,还需要行为人主观上对此有认识。在我国刑法中,广泛使用的是"明知他人"一词。如帮助信息网络犯罪活动罪就明确规定了"明知他人利用信息网络实施犯罪"。显然,明知"他人"不等于明知"有人"。"他人"是具体的、确定的人,而"有人"则更多体现出一种模糊、概括、泛化的可能性,甚至属于主观上的一种抽象猜测。正如车浩教授所指出的,说"有人"犯罪,就意味着群体中还有人没有犯罪。只有能够甄别出是哪些人在犯罪时,才是刑法上的"明知"。具体到"一对多"的中立帮助行为,绝不能仅因行为人认识到可能会有人利用自己的业务行为去实施犯罪,就满足犯罪成立的主观条件。试想,发送诈骗短信或拨打诈骗电话,利用支某宝从事洗钱,利用微某群

---

[1] 濱田新.関与者によって提供される物の利用状況と幇助犯の成否[J].法學政治學論究:法律・政治・社会,2013(3):211-241.

[2] 深町晋也.ネットワーク犯罪における刑法上の諸問題[J].立教法務研究.2014(7):189-220.

传播淫秽物品或者聚众赌博等，显然，上述犯罪行为每时每刻都在发生，但我们无论如何也不能将电信运营商、支某宝与微某等平台认定为帮助信息网络犯罪活动罪，否则就会给他们施加超出其能力范围的监管义务，也将严重限制国民的正常业务活动，进而阻碍经济社会的正常发展。因此，只有上述主体明确认识到自己的中立行为在帮助哪些具体的对象实施犯罪时，才具有主观罪过。此时，虽然并不要求帮助者认识到被帮助者具体是谁，叫什么名字，但要求其明知有这么一个特定的人存在。

四、犯罪竞合的处理

如果帮助行为同时构成被正犯化的犯罪与被帮助犯罪帮助犯的，应当按照想象竞合犯择一重罪处罚的处断原则，根据具体情节认定适用哪一罪名处罚更重，进而定罪处罚即可。此时存在疑问的是，如果此时以帮助犯论处更轻，应当如何处理？张明楷教授举例指出，行为人为他人虚假广告提供网络支持情节严重的，由于虚假广告罪的法定刑轻于帮助信息网络犯罪活动罪，则虚假广告罪的从犯无疑更低于帮助信息网络犯罪活动罪的正犯。从罪刑均衡的角度出发，只能认定行为人构成虚假广告罪的从犯，而不能依照处罚较重的犯罪定罪处罚，否则就将导致对从犯的处罚重于对主犯的处罚，显失公平。因此，他对"同时构成其他犯罪"中的"犯罪"进行限缩解释，认为仅指法定刑高于帮助信息网络犯罪活动罪的犯罪。[1] 笔者虽然赞同张明楷教授所举的例子，但认为其结论却失之片面。诚然，在"一对一"帮助的情况下，这种认定思路完全没有问题；但在"一对多"的情形下，则不能轻易下结论。例如，行为人给多个虚假广告者提供网络技术支持的，只能查明其中一名被帮助者张三构成虚假广告罪，而无法查证其他人是否构成犯罪，但从行为人获利数额可以推断出，其帮助的对象肯定为数众多。此时，我们只能说在帮助张三的那一起事实中，行为人的量刑应当轻于张三，但综合其他帮助事实，则未必低于张三。再如，行为人同时为张三的虚假广告行为与李四的损害商业信誉行为提供网络技术支持的，尽管这两个犯罪的法定刑均低于帮助信息网络犯罪活动罪，但数罪并罚后则不一定。因此，从这个角度看，就不能一概排除法定刑较低的犯

---

[1] 参见：张明楷.论帮助信息网络犯罪活动罪[J].政治与法律，2016(2):2-16.

罪。综上所述,笔者认为,应当对"同时构成其他犯罪"进行如下限制解释:在适用该款时,法官需要从罪刑均衡的角度出发进行综合考量,具体问题具体分析。如果依照重罪处罚会造成量刑失衡时,虽然仍应以重罪论处,但处罚时不得高于轻罪所对应的法定刑上限。以张明楷教授所举的例子为例,依照刑法规定,行为人构成帮助信息网络犯罪活动罪,但对其进行处罚时,不得高于虚假广告罪共犯的法定刑。

第四节　刑事责任扩张的司法限制

除了抽象危险犯、正犯化的共犯与预备犯等刑法介入早期化的犯罪类型之外,预防刑法实践中的主要表现还包括刑事责任范围的扩张化。一方面,刑法与行政法等法律互动交织,越来越多的行政法上的义务,被通过不作为犯的形式纳入刑法之中,从而提升了公民的注意义务。另一方面,单位犯罪的数量也日益增多,进而导致未直接实施犯罪构成要件行为的人,也会受到刑事处罚。上述现象虽然能够起到预防犯罪的功效,但如果不加限制,就会侵犯公民自由。在本节中,笔者将秉持合理限缩处罚范围的基本思路,对这两类犯罪的司法认定进行研究。

一、纯正不作为犯的司法限制

如前所述,为了更有效地预防公民实施违法犯罪行为,立法者将行政法、民法等法律中的部分义务上升为刑法义务;公民未履行上述义务,造成一定危害后果的,将以不作为犯罪论处。在我国刑法中,这类犯罪的典型代表为逃税罪、拒不支付劳动报酬罪、拒不履行网络安全管理义务罪以及拒绝提供间谍犯罪、恐怖主义犯罪、极端主义犯罪证据罪。在刑法修正之前,上述行为原则上只能作为民事或行政违法行为处理,但在增设为犯罪后,就给公民增加了相关领域的刑事义务,进而扩张了犯罪的成立范围。不可否认的是,与国外刑法中的相关犯罪相比,我国这类犯罪的成立条件相对而言更为严格,绝非对违反其他法律义务的重申,而是要求符合"情节严重"等要件,对法益造成实际损害。

以拒不履行网络安全管理义务罪为例,行为人必须满足致使违法信息大量传播、致使用户信息泄露、造成严重后果等情形的,方可构成犯罪。如此一来,就针对同一类型的行为形成了轻重分明的阶梯——仅不履行行政义务的,属于行政违法行为,应当受到行政处罚;在此基础上进而造成严重后果的,构成犯罪,应当受到刑事处罚。并且,我国刑法还创造性地增设了行政机关责令履行这一构成要件要素,往往只有在行政命令无效的情况下,才会启动司法程序,从而给行为人提供改过机会与补救回转的空间。因此,从整体上看,我国刑法中因为不履行法律义务而构成的纯正不作为犯,其设置是较为科学、合理的,符合刑法的最后手段性,也不会造成行政义务与刑事义务的混淆。不过,为了进一步合理限制这类不纯正不作为犯罪的成立范围,准确界定行政违法与犯罪行为,在司法认定中仍应重点考虑下列问题,以免将行政义务不当扩张为刑事义务。

(一) 客观行为的限缩

立法者之所以设立纯正的不作为犯,旨在通过刑法促进义务的履行,以保障国民的生命、健康、财产安全及其他基本权利,而非仅维护国家行政管理秩序或行政行为的效力。因此,不纯正不作为犯必须发生一定的法益侵害结果才能构成犯罪。但这绝不意味着只要不履行行政义务,进而发生危害后果的都将成立犯罪。刑法系有选择性地将部分重要的行政义务上升为刑法义务,因此必须考查相关刑法条文的规范保护目的,进而判断不履行义务的行为是否符合犯罪构成要件,所发生的结果是否属于刑法规定的危害后果。虽然不作为导致的涉案人数多、金额大、范围广,但只要没有侵犯法益,或者不符合刑法条文的规范保护目的的,就不应成立犯罪,只需要进行行政处罚。

以拒不履行网络安全管理义务罪为例,法律、行政法规规定的信息网络安全管理义务种类繁多,不履行这些义务所可能造成的后果也十分广泛。但根据刑法规定,这些义务原则上仅限于事前积极的技术防控义务与危害行为发生后的止损义务,[1]并且只处罚造成特定三类危害结果的不履行义务的行

---

[1] 参见:于冲.“二分法”视野下网络服务提供者不作为的刑事责任划界[J].当代法学,2019(5):13-26.

为。至于对"有其他严重情节的"这一兜底条款的理解,亦应参照示例进行谨慎解释,而不能肆意扩张其成立范围,否则就会使该罪成为无所不包的"口袋罪"。实践中,出租、销售 VPN 行为的定性较为复杂,存在以提供侵入、非法控制计算机信息系统程序、工具罪,非法经营罪甚至拒不履行网络安全管理义务罪论处的多种做法。如在"胡某拒不履行信息网络安全管理义务案"[1]中,法院就以胡某的行为符合兜底条款为由,将其认定为拒不履行网络安全管理义务罪。诚然,《中华人民共和国计算机信息网络国际联网管理暂行规定》第六条明确规定了"任何单位和个人不得自行建立或者使用其他信道进行国际联网",故胡某违反了相应的信息网络安全管理义务。但仅就判决书中呈现的案情,胡某的行为未违反本罪所要求的事前防控与事后止损等义务,并且既未致使违法信息大量传播,也未致使用户信息泄露,造成严重后果,更未致使刑事案件证据灭失。如果根据涉案人数和金额认定"情节严重",则明显扩张了该罪的成立范围,将本属于行政违法的行为作为犯罪论处。事实上,VPN 软件属于技术中立软件,使用者固然可以利用其实施违法犯罪活动,但更多的恐怕只是单纯浏览网站或查找资料,并不会对法益造成什么危害。因此,根据拒不履行网络安全管理义务罪的犯罪构成与立法目的,出租、销售 VPN 的行为尽管违反了行政法上的义务,但原则上不应被上升为刑法义务,不能被一概认定为该罪;只有在他人利用 VPN 大量传播违法信息等情形下,方可成立犯罪。

(二) 主观罪过的限制

首先,行为人必须认识到自己履行相关法律义务的基础性条件、身份等要素,否则,其就没有认识到自己的保证人地位,属于事实的认识错误,阻却故意犯罪的成立。如果误以为自己无须履行相应义务的,则需要进一步考察其是否具有正确认识的可能性,进而决定是否承担相应的刑事责任。当然,对于"拒不履行"型的纯正不作为犯,其主观上必须明确认识到自己未履行法律义务,并且在相关部门命令后仍然故意不履行。

其次,行为人对于不履行行政义务的故意和过失态度,并不能直接说明其在刑法上的故意或者过失态度。即使明知自己未履行义务,却并不意味着就

---

[1] 参见:(2018)沪 0115 刑初字第 2974 号刑事判决书。

具备犯罪故意,甚至在有些场合下连犯罪过失都认定不了。因此,在行为人对自己不履行行政义务有所认识的情况下,仍应当结合其对犯罪结果的具体态度来判断主观罪过。我国刑法中的这类纯正不作为犯,原则上都是故意犯罪。因此,行为人必须认识到其不履行义务的行为会造成危害社会的后果,并且希望或放任该结果的发生。此处存在争议的是拒不履行网络安全管理义务罪主观方面的认定,尽管多数学者持"故意说",但也有学者主张"过失说""混合罪过说""模糊罪过说"等观点。[1] 笔者认为,这类犯罪以不履行其他法律规定的义务为前提,涉及刑行交叉、刑民交叉等问题。这类犯罪均为义务犯,危害结果往往是由他人引起的,行为人对法益侵害结果仅具有潜在的支配可能性,[2] 仅对"损害的扩大部分"承担责任。因此,对犯罪主观方面的要求理应更为严格,以充分体现出行为人的主观恶性,从而与行政违法行为进行合理界分。倘若认为行为人的主观罪过可以是过失,则难免为其增加了过重的负担。故本书认为,只要刑法并未明文规定为过失犯罪,就宜将这类犯罪理解为故意犯罪——行为人不履行相关义务,过失导致危害结果发生的,尚不构成犯罪,依照相关行政规范处罚即可;如果希望或放任自己的不作为导致危害结果发生的,才可能构成犯罪。

(三)履行义务可能性的判断

不作为犯罪的成立条件是"应为能为而不为"。因此,在犯罪认定时,还需要考虑行为人是否具有履行义务的可能性。在绝大多数不作为犯罪中,是否"能为"的认定不会存在争议,但对于不履行法律义务的纯正不作为犯,由于实践中存在的多种因素及可能出现的义务冲突,在认定时就需要格外慎重,准确判断行为人是否具有履行义务的可能性。笔者认为,影响作为可能性判断的因素主要包括:第一,法律规范设定的义务过高、过多。有些规范广泛设定宣示性条款,而不考虑实际中的可操作性。甚至立法者都明知有些义务在实践中不好落实,从而并未规定相应的行政处罚。对此,周光权教授明确指出,当

---

[1] 参见:赵秉志,詹奇玮.论拒不履行信息网络安全管理义务罪的罪过形式[J].贵州社会科学,2019(12):61-67.

[2] 参见:周光权.拒不履行信息网络安全管理义务罪的司法适用[J].人民检察,2018(9):16-22.

前禁止网络服务商开展正常业务的指令过多,如果都执行的话,势必会导致相关工作无法开展。[1]因此,必须注意平衡国家监管职责与行业监管义务的关系,[2]而不能将责任全部推给相关市场主体。第二,法律规范分散,彼此可能存在冲突。目前,某些领域尚缺乏统一的法律进行规制,相关制度散见于多部法规或者部门规章中。由于部分规范颁布较早,已经不再适应时代发展要求,再加上立法中可能存在的部门利益主导现象,导致条文之间可能存在矛盾或冲突之处。例如,要求及时删除违法信息的义务,就可能与保留刑事案件证据的义务相冲突。在这种义务冲突的情况下,会导致行为人难以选择,无所适从。因此,在行为人确实难以同时履行相互冲突的多个义务的情况下,应当认为其只要合法履行了一个义务,就不应成立犯罪。第三,法律规定滞后于科技发展。当今社会,技术发展日新月异,新生事物层出不穷。大数据、创新、高速、便捷等,已经成为网络时代的标签。立法者在当初设定义务时固然考虑到了履行的可行性,但随着科技进步,本来容易履行的义务却可能成为十分沉重的负担。面对亿万用户、海量数据和全新的技术手段,要求网络服务商尽到全面的注意义务,无疑是强人所难,也会阻碍社会发展。因此,基于以上因素,司法机关必须结合具体情况,判断行为人能否履行相应义务;如果得出了否定答案,就不应构成犯罪。

(四) 不纯正不作为犯的限制适用

不可否认,纯正不作为犯可能与不纯正不作为犯发生竞合。例如在"快播案"中,就有不少学者认为快播公司不履行删除违法信息等义务的行为,构成了不作为形式的传播淫秽物品牟利罪。如果不考虑刑法溯及力,则亦可能成立拒不履行网络安全管理义务罪这一纯正的不作为犯。此时,根据想象竞合犯的处断原则,应当从一重罪处断。虽然,笔者认为不排除这种竞合的可能性,但主张在罪名选择时,如果刑法已经明确规定了纯正不作为犯,就应当尽可能压缩不纯正不作为犯的适用空间。理由在于与纯正不作为犯相比,不纯

---

[1] 参见:周光权.拒不履行信息网络安全管理义务罪的司法适用[J].人民检察,2018(9):16-22.

[2] 参见:于冲."二分法"视野下网络服务提供者不作为的刑事责任划界[J].当代法学,2019(5):13-26.

正不作为犯更具"弹性",存在较大的解释空间,可能导致为了实现网络空间管控的目标,而盲目扩大传统罪名评价半径,[1]进而引发犯罪圈的扩张。因此,在进行具体认定时,必须准确判断不作为是否与作为具有等价性,是否支配性地、排他地引起了侵害法益的后果。如果只对法益侵害起到了配合、促进等辅助作用,就不能对损害结果整体负责,而仅对不履行义务本身所引发的结果负责。此时,行为人就只成立纯正不作为犯。综上所述,在认定不履行行政义务的行为是否成立犯罪时,应当优先考虑适用纯正不作为犯;只有在经过严格判断,认定不作为具有和作为的等价性时,才可以考虑构成不纯正不作为犯。如果随意扩大不纯正不作为犯的适用范围,则基于法定刑的差异,势必会导致纯正不作为犯形同虚设,从而违背立法者的初衷。

二、单位犯罪的司法限制

基于预防组织体犯罪的需要,目前在世界各国的刑法中,单位犯罪的比例不断增加,我国刑法也不例外。相较于自然人刑事责任认定的种种困难,单位犯罪能够"一揽子"地解决整个单位的刑事责任问题,认定起来相对更为便捷,可以更充分地发挥预防作用。但我国刑法对单位犯罪的规定较为简略,刑法第30条仅规定了单位犯罪的主体范围,而未明确单位犯罪的具体判断规则。相关司法解释为单位犯罪的认定确立了几条基本原则:必须以单位名义实施犯罪;犯罪所得必须归单位而非个人所有;单位必须合法设立,不以违法犯罪活动为主要业务。但在实践中,这些规则仍然有些笼统,并未涉及单位犯罪判断的核心领域,不仅仍然存在认定上的困难,还可能会扩大单位犯罪的成立与处罚范围。例如,只要是单位负责人、法人代表或授权的分管负责人实施的犯罪,都可能被认定为单位犯罪。这种单位负责人的刑事责任与单位刑事责任的混同,导致了单位刑事责任的扩张,也是当前理论界与实务界热议的刑事合规的重要背景之一。接下来,本书将首先对单位犯罪的认定路径进行研究,厘清单位犯罪与自然人犯罪的界限;然后再对单位犯罪中应受处罚的自然人的范围进行合理限缩。

---

[1] 参见:刘艳红.无罪的快播与有罪的思维:"快播案"有罪论之反思与批判[J]. 政治与法律,2016(12):104-112.

(一) 单位犯罪的认定路径

对于如何合理区分单位犯罪与单位内部的自然人犯罪,基本思路是坚持组织体的刑事责任,判断哪些行为能够被评价为体现单位意志、为了单位利益的单位行为。[1] 具体而言,应当从单位这一组织体本身所固有的制度政策、精神文化等要素出发,而非单位中哪些成员应当被处罚出发;是单位通过成员的行为实施了单位行为,而非从成员的行为推断是否属于单位行为。

第一,在客观上,必须实施了单位犯罪行为,即单位成员实施的某一行为是在单位的意志支配下、代表单位所实施的。而认定行为是否属于单位行为的关键,就是其是否受到单位的支配与控制,行为实施者能否被评价为单位的"手足"。通常认为,单位法定代表人、负责人因其地位和职责,能够代表单位行使权利与履行义务,其意志在原则上可以代表单位的意志。团体需要对决策者的犯罪负责,这是团体只能由决策者行为的必要结果。[2] 因此,在有明确证据的情况下,可以将接受单位领导、管理成员命令的行为评价为受到单位支配,从而认定为单位行为。但在现代化的企业中,高层管理者一般只就全局性或重大事项进行统筹策划,并不会事必躬亲,参与到具体的业务活动中;员工也按照企业的规章制度、长期惯例等开展业务工作,不可能每项工作都经过请示或汇报。因此,犯罪行为通常发生于单位一般工作人员的业务活动中;单位集体研究决定或负责人决定犯罪的情况并不多见,即使有,也很难证明单位对犯罪行为存在意志上的直接主动控制。[3] 另一方面,由于决策层或高级管理人员之间存在许多相互间的意思沟通与协力,想明确认定主观犯意及行为支配的困难也较大,往往需要综合组织体政策、决策结构与运作程序、实际存在之组织体文化及习性等因素,判断能否对所属内部个别成员实际行为与选择产生导向作用。因此,并非只要经过单位实际控制人、主要负责人或者授权

---

[1] 关于单位组织体刑事责任论合理性的具体论证,可参见:黎宏.组织体刑事责任论及其应用[J].法学研究,2020(2):71-88.黎宏.企业合规不起诉改革的实体法障碍及其消除[J].中国法学,2022(3):246-265.

[2] 王士帆.法人刑法合宪:奥地利宪法法院 2016 年裁判[J].月旦刑事法评论,2017(7):5-16.

[3] 参见:王志远.环境犯罪视野下我国单位犯罪理念批判[J].当代法学,2010(5):74-79.

的分管负责人决定、同意而实施犯罪行为的,就一律认定为单位犯罪。如果单位代表机关或高层人员决定实施的犯罪没有经过单位规定的决策程序,[1]或是与单位固有的管理模式、宗旨、目标完全背离时,[2]就有对单位免责的余地。在我国司法实践中,也有判决明确肯定了这一观点,如认为"村委会负责人未按照法定的决策程序以村委会名义处理涉及村民利益重大事项的行为构成犯罪的,该村委会不构成单位犯罪"[3]。

综上所述,某一行为是否得到了负责人的授权,只是认定单位行为的表象,具体还要判断单位对该行为的支配力。在小型企业,老板就是直接管理者,其部门化程度低、控制幅度宽,职权集中在一人身上。这种直接指挥的支配比较接近人对人的支配,亦即下令者与执行者的支配关系。但对于组织体架构完整的大型企业,其内部成员所从事的业务活动是在专业分工与部门下,辅以制定标准作业流程与相关程序进行的,受到组织体的高度操纵与支配。此时,无论是少数人还是多数人,只要其行为受到单位的支配与约束,属于单位的日常业务,就可以直接采用集体行为的观点来建构单位本身的客观不法行为,而无须考虑是否得到了负责人的明确肯定。反之,如果组织体内部个别成员的犯罪行为并非来自组织体管理阶层的职权运作,不受组织体的支配,而是自行决定的,即使得到了单位负责人个人的授权或追认,也只能被评价为自然人犯罪。

第二,在主观上,犯罪必须体现出单位意志,即单位对犯罪的发生具有故意或过失。正如立法反映的不是立法者的个人意志一样,单位意志也不是单个人、数个人意志甚至章程制定者意志的体现,而是在长期的执行与动态的态度、政策、规范、行为及业务方针中所体现出来的。我们可以从单位章程及相关制度、经营活动中推断出"单位意志"。如果个人行为与组织体的目标、政策、文化、一贯做法等保持一致或受到其约束与影响,就应当认为是单位意志的体现。正如有学者所指出的,依据法人政策而为的决定与行为,与其说是某

---

[1] 参见:黎宏.组织体刑事责任论及其应用[J].法学研究,2020(2):71-88.

[2] 参见:耿佳宁.污染环境罪单位刑事责任的客观归责取向及其合理限制:单位固有责任之提倡[J].政治与法律,2018(9):39-50.

[3] 王中义.单位犯罪中主体范围及单位意志的考察[J].人民司法(案例),2016(26):51-52.

个人或某些人的意志与行为，不如说是法人的意志与行为。[1] 如果单位内部存在着引导、鼓励、容忍等导致员工违法或犯罪行为的政策或文化，或者没有维持相关人员守法的政策或文化时，就可以被视为已授权或默认员工违法或犯罪行为，明显存在犯罪故意。因此，在判断某行为是否属于单位行为时，关键在于其究竟是成员擅自决定实施的，还是系遵守规则、受单位文化引导而做出的，其实与是否得到单位领导的授权或追认等关系不大。

在没有明确的单位意志的情况下，就应当考虑单位对其成员所实施犯罪行为的预见义务与回避义务等问题，即单位是否对成员的犯罪存在过失。由于单位犯罪制度的立法价值是通过刑事处罚，使单位自觉承担起规制其成员行为，防止单位成员在与单位职责、业务相关的活动中危害社会的责任。[2] 因此，在判断单位是否需要承担刑事责任时，就应当判断其是否尽到了注意义务，是否具有防止单位成员以其名义实施犯罪的可能性。如果答案是否定的，让单位承担责任无疑是"强人所难"。如韩国关于单位犯罪的双罚条款就明确规定：如果一个法人、一个实体或者一个自然人确实对防止其雇员犯罪尽了应有的注意和监督义务，可以免责。[3] 而英国2007年的《法人杀人法》也规定，构成法人杀人罪的条件是法人对受害人负有注意义务。[4] 因此，如果单位在生产经营活动中并无疏漏，且制定了合规计划等预防犯罪的文件，已经尽到了相关培训、风险监管与责任告知等职责，而自然人却未遵守相关规定，即使其系在开展单位业务的过程中，为了单位的利益而实施犯罪行为，但由于单位对这样的行为没有预见可能性，犯罪发生与否不在其意志支配之下时，就无须承担责任。[5] 此时，行为人单独成立自然人犯罪。因此，对于使用单位营业执照、合同书、公章、印鉴等对外开展活动，实施违法犯罪活动的，也不能一律认

---

[1] 参见：蔡蕙芳.我国法人犯罪立法之检视与理论建构[J].东吴法律学报，2017(4)：1-74.

[2] 参见：王志远.环境犯罪视野下我国单位犯罪理念批判[J].当代法学，2010(5)：74-79.

[3] 参见：张霞.韩国对单位环境犯罪的制裁[J].政法论丛，2011(4)：79-85.

[4] 参见：黎宏.组织体刑事责任论及其应用[J].法学研究，2020(2)：71-88.

[5] 参见：耿佳宁.污染环境罪单位刑事责任的客观归责取向及其合理限制：单位固有责任之提倡[J].政治与法律，2018(9)：39-50.

定为单位犯罪。通常而言,单位理应对其监管不严、管理混乱,从而给成员提供犯罪机会的行为承担责任;但如果在特殊情况下,单位的相关制度已经十分完备,但行为人采取盗窃、诈骗等犯罪手段使用上述重要物品的,显然已经超越了单位正常的监管能力,故单位不应为此承担刑事责任。

(二) 单位犯罪中自然人的处罚范围

根据我国刑法规定,单位犯罪除了处罚单位之外,还应处罚直接负责的主管人员与其他直接责任人员。一般认为,"直接负责的主管人员"指对单位犯罪起决定、批准、组织、策划、指挥、授意、纵容等作用的主管人员,包括单位实际控制人、主要负责人或者授权的分管负责人、高级管理人员等;"其他直接责任人员",则指在直接负责的主管人员的指挥、授意下,积极参与实施单位犯罪或者对具体实施单位犯罪起较大作用的人员。需要注意的是,由于处罚的是"直接负责的主管人员"而非"主管人员",故不应将单位负责人,尤其是最高领导或负责人一律入罪,而必须考虑其是否对犯罪的发生直接负有责任。否则,就有扩张刑事处罚范围之嫌,也不利于实践操作。

以美国为例,联邦最高法院通过美国诉 Dotterweich 与美国诉 Park 这两个典型案例确定了对公司管理人员定罪的规则:无论其是否实施行为或对行为知情,均要受到处罚。这一规则应用到环境犯罪中,就导致了公司管理者无论是否认识到污染环境的事实、是否与污染行为具有直接关联,都将被追究刑事责任,甚至会构成重罪,这就可能会造成不公平的后果。尽管法院认为这些高管可以将希望寄托于"检察官的良好意识,审判法官的明智指导以及陪审团的终审判决"上,[1]但刑事起诉无疑会对他们的职业生涯与未来声誉带来毁灭性的打击。因此,传统刑法理论对这一处罚企业负责人的做法进行了激烈的抨击。有美国学者明确指出,自 1990 年清洁空气法修正以来,越来越多的企业主管人员因环境犯罪而承担刑事责任。其中有些人无疑是罪有应得;但也有相当一部分在主观上并没有违反刑法的意思,亦即没有"犯意",而仅仅是

---

[1] MISKIEWICZ J, RUDD J S. Civil and criminal enforcement of the clean air act after the 1990 amendments[J]. Pace Environmental Law Review,1992(2):281-398.

替实施违法行为的员工负责;这无异于对他们适用了严格责任。[1] 这在实践中造成了一个尴尬局面:检察官指控的犯罪人几乎总是企业的最高负责人。但事实上,单位内部的决策过程往往并非如我们想象的那样,均由全知全能的最高负责人拍板决定。这是由于决策权既可以集中,也可以分散,无论采取何种方式,都是根据单位的性质或者制度设计决定的。是故,不能认为只要是高级管理人员,就当然拥有决策或控制排污的权力,或者明知下属实施了这些行为。

因此,在单位组织规模日愈庞大、管理日趋复杂的情况下,大型企业的负责人想要直接、全面管理其企业已不现实,势必在某些领域进行放权,故存在主观上不具有任何过错的现实可能性。因此,如欲使主管人员承担单位犯罪的责任,其必须对单位犯罪的实施起到了一定的促进作用。这种作用体现在两方面:一方面是直接策划、组织、指挥、实施了具体犯罪行为,此时其承担刑事责任当然无可厚非。另一方面,由于法律不仅规定了在违法行为发生时寻求和补救的积极义务,还规定了执行确保违法行为不会发生措施的义务,故对不履行企业组织所赋予的职权,未尽到监督责任,导致犯罪发生的主管人员,也应当追究刑事责任。[2] 因此,只有要么以作为方式促进了单位犯罪的发生,要么以不作为的方式未有效履行对违法犯罪活动的监督义务的人,才对单位犯罪负有直接责任。正如香港地区的《水污染管制条例》《大气污染管制条例》等法令所规定的那样:凡被判犯有本条例所订罪行的人是法人团体,且证明有关的罪行是在该法人团体的任何董事、经理、秘书或其他与管理该法人团体有关的人士的同意或纵容下而犯有的,或是可归因于该法人团体的任何董事、经理、秘书或其他与管理该法人团体有关的人士的疏忽或不作为的,则该董事、经理、秘书或其他人士亦属犯有该罪行。内地也有参考案例明确指出:是否构成犯罪与职务级别、地位高低、权力大小并无必然联系,关键在于该管理人员在单位犯罪中的参与程度、是否起到了重要作用。否则,即便该管理人

---

[1] COLVIN E. Corporate personality and criminal liability[J]. Criminal Law Forum,1995(1):1-44.
[2] UHLMANN D M. Environmental crime comes of age: the evolution of criminal enforcement in the environmental regulatory scheme[J]. Utah Law Review,2009(4):1223-1252.

员是单位的"一把手"、主要负责人,也不应对单位犯罪直接负责。[1] 综上所述,"直接负责的主管人员"应当是以自己责任为基础,在单位内实际上居于主导地位,可以通过其对单位运作所具有的控制支配能力,而故意使单位犯罪的负责人,或者未尽监督上的注意义务与防止义务而致使单位犯罪的负责人。

至于"其他直接责任人员"的范围,也应当具体判断其作用大小。对于地位较低或无职权的单位成员,就不应对其设定过重的监督义务,而以是否直接参与实施犯罪作为主要判断标准。此外,对这类地位较低的成员进行处罚时,还应考虑其期待可能性的大小及预防必要性的高低。一方面,不少行为人系出于生计受雇于人,在企业中地位较低,如果不服从安排实施排污行为,就存在被解雇的风险。此时,其期待可能性较小,所承担的责任也理应降低。另一方面,在大多数情况下,行为人之所以实施违法犯罪行为,主要是因为接受领导者的指示,本身的主观恶性很小。如果今后受雇于合法生产的企业,再次实施违法行为的概率就微乎其微,进行特殊预防的必要性也很小。原则上,这些人只需更换工作单位,就能有效防止结果发生,故没有必要通过刑法加以制裁。

---

[1] 参见:刑事审判参考第1284号指导案例——苏州市安派精密电子有限公司、庞美兴、罗正华虚开增值税专用发票案。

参考文献

1. 李琳.风险刑法的反思与批判[M].北京:法律出版社,2018.
2. 李晓龙.刑法保护前置化研究:现象观察与教义分析[M].厦门:厦门大学出版社,2018.
3. 徐凯.抽象危险犯正当性问题研究:以德国法为视角[M].北京:中国政法大学出版社,2014.
4. 许玉秀,陈志辉.不移不惑献身法与正义:许迺曼教授刑事法论文选辑[C].台北:新学林出版股份有限公司,2006.
5. 钟宏彬.法益理论的宪法基础[M].台北:元照出版公司,2012.
6. 周铭川.风险刑法理论研究[M].上海:上海人民出版社,2017.
7. 希尔根多夫.德国刑法学:从传统到现代[M].江溯,黄笑岩,等,译.北京:北京大学出版社,2015.
8. 罗克辛.德国刑法学总论:第1卷[M].王世洲,译.北京:法律出版社,2005.
9. 齐白.全球风险社会与信息社会中的刑法:二十一世纪刑法模式的转换[M].周遵友,江溯,等,译.北京:中国法制出版社,2011.
10. 阿什沃斯.刑法的积极义务[M].姜敏,译.北京:中国法制出版社,2018.
11. ASHWORTH A,ZEDNER L. Preventive justice[M]. Oxford:Oxford University Press,2014.
12. ASHWORTH A,ZEDNER L,TOMLIN P. Prevention and the limits of the criminal law[M]. Oxford:Oxford University Press,2013.

13. BECK U. Risikogesellschaft: auf dem weg in eine andere moderne [M]. Frankfurt: Suhrkamp Verlag, 1986.

14. BRUNHÖBER B. Strafrecht im präventionsstaat[M]. Stuttgart: Franz Steiner Verlag, 2014.

15. CARVALHO H. The preventive turn in criminal law[M]. Oxford: Oxford University Press, 2017.

16. DUFF R A, GREEN S. Defining crimes: essays on the special part of the criminal law[M]. Oxford: Oxford University Press, 2005.

17. FARMER L. Making the modern criminal law: criminalization and civil order[M]. Oxford: Oxford University Press, 2016.

18. GARLAND D. The culture of control: crime and social order in contemporary society[M]. Chicago: The University of Chicago Press, 2001.

19. GUSY C, KUGELMANN D, WÜRTENBERGER T. Rechtshandbuch zivile sicherheit[C]. Berlin:Springer, 2017.

20. Liang F. Abstrakte gefährdungsdelikte und ihre anwendung in der gegenwärtigen risikogesellschaft[M]. Berlin:Logos Verlag, 2019.

21. Münchener Kommentar zum StGB, 4. Auflage[M]. München: C. H. Beck, 2021.

22. PETERSEN T S. Why criminalize: new perspectives on normative principles of criminalization[M]. Cham:Springer, 2020

23. PRITTWITZ C. Strafrecht und risiko[M]. Frankfurt: Vittorio Klostermann, 1993.

24. PUSCHKE J, SINGELNSTEIN T. Der staat und die Sicherheitsgesellschaft[M]. Wiesbaden: Springer VS, 2018.

25. SIMESTER A P, VON HIRSCH A. Crimes, harms, and wrongs: on the principles of criminalisation[M]. Oxford:Hart Publishing, 2011.

26. ZEDNER L. Security[M]. London:Routledge, 2009.

后　记

近年来,犯罪化已经成为了我国刑法的发展趋势。我国刑法修正案不断增设新的犯罪,并扩张既有犯罪的构成要件,在整体上呈现出明显的预防性特征。针对这一现象,武汉大学何荣功教授首次明确提出了"预防刑法"这一概念。其发表在《法学研究》的《预防刑法的扩张及其限度》一文,引发了我对该问题的关注与思考。在何荣功教授的鼓励与多位师友的帮助下,我以"我国预防刑法的法治限度研究"为题,成功获批2018年国家社科基金青年项目。基金立项是对我莫大的鼓励,也为后续深入研究奠定了良好基础。

在研究期间,我围绕环境刑法、经济刑法等预防刑法的具体领域,产出了系列研究成果。2023年寒假,正式完成了结项成果"我国预防刑法的法治限度研究"并提交鉴定,最终获评"良好"等级并成功结项。随后,又结合法律、法规与司法解释的变动,参考理论界的最新研究成果,对结项成果进行了反复修改完善,最终形成了本书书稿。

在课题研究与书稿写作过程中,得到了诸多单位和师友的大力支持。感谢何荣功教授对我选题的肯定,并在关键问题上为我答疑解惑;感谢河南大学法学院刑法教研室蔡军教授、庞冬梅教授、晋涛副教授、谷永超副教授等为我的相关思考提供指导。时为南京师范大学法学院博士生,现已入职华东理工大学的李雪健博士是我的项目组成员,经常与我进行深入交流,并产出了丰硕的研究成果,祝他工作顺利,前程似锦!感谢河南大学出版社对本书出版的支持,以及参与本书编校工作的编辑们的辛勤付出!最后,感谢父母、妻子对我一如既往的支持,你们是我最坚强的后盾!

本书的出版并不意味着研究的结束。今后,我将持续围绕"预防刑法"这一主题展开深入研究,将视野进一步拓展到犯罪附随后果、刑事诉讼等领域,力争将其打造为自己的学术标签,为我国刑法理论发展贡献绵薄之力。

2024 年 9 月于铁塔湖